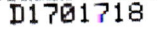

INHALT

Übersichtskarte des Schifffahrtsgebiets mit Teilkarten	Titelseite
Erläuterung der Piktogramme	Titelseite
Die Gewässer in den Südniederlanden und in Flandern erleben	2
Editorial	4
Schifffahrt im Ausland	6
Sichere Schifffahrt	7

Bekanntschaft mit:

Provinz Antwerpen (B) - *Viermal Provinz Antwerpen*	10
Flämisch-Brabant (B) - *Entdeckungstour im Grüngürtel*	11
Werbung Binnenschifffahrt Flandern (B) - *Flandern - Land der Gewässer*	12
Tourismus Limburg (B) - *Willkommen im Fahrradparadies*	13
Limburg (NL) - *Willkommen im niederländischen Limburg*	14
Brabant (NL) - *Bijzonder Brabant*	15
Schifffahrts- und Radvergnügen	16

Albertkanal	18
Biesbosch und Merwede	36
Hollandsch Diep und Amer	44
Kanal Bocholt-Herentals	50
Kanal Dessel-Kwaadmechelen	62
Kanal Dessel-Turnhout-Schoten	66
Kanal Leuven-Dijle	76
Kanal Wessem-Nederweert	82
Krammer-Volkerak	86
Maas	90
Mark und Dintel	122
Roosendaalse und Steenbergse Vliet	132
Rupel und Unter-Nete	138
Schelde/Seeschelde und Antwerpen	144
Schelde-Rhein-Kanal	154
Wilhelminakanal	162
Seekanal Brüssel-Schelde	176
Süd-Willemskanal	182

Gewässerindex	202
Adressenliste Vermietung	204
Wichtige Publikationen	206

GEWÄSSER IN DEN SÜDNIEDERLANDEN UND FLANDERN ERLEBEN

Touristischer Schifffahrtsführer

Vor Ihnen liegt der neue touristische Schifffahrtsführer für die Südniederlande und Flandern. Ein vollständig erneuertes und aktualisiertes Nachschlagewerk für die Freizeitschifffahrt. Alle wichtigen Informationen über die Schifffahrt und Freizeitmöglichkeiten wurden erneut inventarisiert und gesammelt und in diesem wasserreichen Gebiet in einem Buch verarbeitet. Die Schifffahrtskarten wurden übersichtlicher und 'ruhiger' gestaltet. Der Schwerpunkt liegt auf der nautischen Information und nur sehr wichtige touristische Informationen werden in den Karten angegeben. Der neue Schifffahrtsführer ist über www.landvanmaasenschelde.com auch digital verfügbar.

Der touristische Schifffahrtsführer behandelt alle Fahrgewässer im Benelux-Zentralgebiet, d.h. den Provinzen Nordbrabant, Niederländisch und Belgisch Limburg, Antwerpen und Flämisch-Brabant (Bezirk Leuven). Der Schifffahrtsführer ist eine Initiative der provinzialen Werbepartner in diesem Gebiet, Tourismuswerbung Binnenschifffahrt Flandern und Tourismus Flandern.

'Ein Wachstumsbrilliant'

In den vergangenen 10 Jahren wurde in den Niederlanden und in Flandern viel Zeit und Geld investiert, um die Möglichkeiten der Freizeitschifffahrt im Schifffahrtsgebiet zwischen Maas und Schelde zu verbessern. Dank dieser Anstrengungen und der Unterstützung der Europäischen Union, sowie von Tourismus Flandern, provinzialen und regionalen Behörden, Werbepartnern und Wassersportorganisationen ist bereits viel zustande gekommen. So wurden beispielsweise Hunderte Durchreiseanlegestellen angelegt, und die Qualität der Anlegemöglichkeiten wurde verbessert. Es wurden Abwasser- und Umweltstationen verwirklicht, die Bedienungszeiten der Schleusen wurden erweitert und die Schleusenbedienung an vielen Orten vereinfacht. Die erste Ausgabe des Schifffahrtsführers hat das Schifffahrtsgebiet buchstäblich und bildlich auf die Karte gesetzt. Man kann das Gebiet mit einem Wachstumsbrillianten vergleichen, dessen Schönheit und Umfang im Laufe der Jahre zunehmen!

Glücklicherweise zieht die Region auch immer mehr Erholungssuchende an, und die Anzahl der Menschen, die das Gebiet per Schiff entdecken möchten, steigt. Sie sehen, dass an der Verbesserung der Wasserwege und ihres Umfeldes intensiv gearbeitet wird. Dörfer und Städte versuchen, sich immer besser am Wasser zu präsentieren. Es werden sogenannte Wasserfronten mit Promenaden und schönen Plätzen entwickelt, die zum Aufenthalt am Wasser einladen.

Das Wasser wird 'erlebbar', nicht nur vom Boot aus, sondern auch am Ufer! Dies alles, damit Sie Ihren Aufenthalt im burgundischen und gastfreundlichen Grenzgebiet von Niederlande und Belgien optimal genießen können.

Eigentlich ist es logisch, dass in diesem Gebiet zusammengearbeitet wird, um den Wassersport zu verbessern. Ein Rückblick auf die Geschichte der Niederlande und Belgiens zeigt, dass die Entstehung der verschiedenen Wasserstraßen eng mit der Geschichte dieser Länder verflochten ist.

Anfang 1800 – als Belgien noch zu Frankreich gehörte - beschloss Napoleon Bonaparte - den 'Canal du Nord' anzulegen. Nach dem Fall von Napoleon wurde Wilhelm I König der Nördlichen und Südlichen Niederlande. Er ließ eine kürzere Verbindung zwischen Maastricht und 's Hertogenbosch ausheben: Die Zuid-Willemsvaart (Süd-Wilhelmskanal). Die südlichen Provinzen musten auf die Gründung des belgischen Staates warten, bevor sie eine Verbindung von Ost nach West erhielten. 1843 wurde der Kanal Bocholt-Herentals ausgehoben, und danach kam das gesamte Kempische Kanalnetz zustande. Im 19. Jahrhundert wurde somit ein Großteil der Wasserstraßen angelegt, da die ehemaligen nördlichen und südlichen Provinzen ihren eigenen Weg gingen. Im 20. Jahrhundert kam das Nötige durch eine enge Zusammenarbeit zwischen Belgien und den Niederlanden zustande. Der Schelde-Rheinkanal ist dafür ein Beispiel

Abwechslungsreiches Schifffahrtsgebiet

In diesem grenzüberschreitenden Schifffahrtsgebiet stehen nicht weniger als 1000 Kilometer Fahrgewässer für die Freizeitschifffahrt offen, die aus allen

Windrichtungen (Niederlande, Belgien und Deutschland) gut erreichbar sind. Sie finden Wasserstraßen aller Arten und Maße: Von schmalen malerischen Kanälen und mäandernden Flüssen bis zu modernen Transportfahrstrassen, Gezeitenströmen und Seekanälen. Das Netzwerk eignet sich hervorragend zur Planung von mehrtägigen Fahrrouten.

Rund 200 Jachthäfen begrüßen Sie mit allen modernen Einrichtungen. Außerhalb der Häfen können Sie auf eigens gestalteten Stellen anlegen, beispielsweise bei einem ländlichen Hotel, einer Kaimauer in einer Stadt oder der offenen Landschaft. Möglichkeiten für Rundfahrten und Bootsvermietung sind an mehreren Orten vorhanden. Möchten Sie das Fahren mit Wander- oder Radtouren abwechseln? Im Schifffahrtsführer werden viele Vorschläge unterbreitet. Und wenn Sie Ihr eigenes Fahrrad nicht mitgenommen haben, steht nahezu überall ein Fahrradverleih zur Verfügung.

Am Kai genießen

Bei einer Schifftour im Gebiet zwischen Maas und Schelde können Sie mit einer Vielfalt an Landschaften Bekanntschaft schließen. Die Wasserseite variiert von grünem Marschland bis zu straff gestalteten Ufern und faszinierendem Deichvorland. Bei Ebbe finden Sie sogar Sandplatten an den Seiten der Gezeitenflüsse. Erleben Sie die Vergangenheit in einer der vielen Festungsstädte entlang den Flüssen.

Mit dem Boot kommen Sie bis ins Herz wichtiger Kulturstädte wie beispielsweise Antwerpen, Mechelen, Lier, Turnhout, Leuven, Hasselt, Maastricht, Heusden, Breda und 's Hertogenbosch. Radeln Sie durch ausgedehnte Naturschutzgebiete oder besuchen Sie ein Museum oder einen Vergnügungspark. Nach einem Tag am Wasser oder einem Besuch an Land können Sie der Abend auf einer der vielen Terrassen entlang dem Wasser oder in Restaurants der nahegelegenen Dörfer und Städte ausklingen lassen.

Leinen los für eine Entdeckungstour im abwechslungsreichen und gastfreundlichen Schifffahrtsgebiet Flanderns und der Südniederlande.

Gute Fahrt!

EDITORIAL

Einleitung
Dieser touristische Schifffahrtsführer wurde entwickelt, um das Fahren im Süden der Niederlande und einem großen Teil Flanderns zu fördern und um Ihnen Informationen über die Schifffahrts- und Erholungsmöglichkeiten zu bieten, die diese Region in petto hat. Von einigen Teilen des Schifffahrtsgebiets gibt es gute Fahrkarten (siehe Publikationen), aber nicht vom gesamten Gebiet. Dieser Führer versucht, bestehende nautische Karten zu ergänzen, ist aber sicherlich kein Ersatz dafür. Wir empfehlen Ihnen folglich, bestehende nautische Karten des Gebiets, sowie den Almanach für Wassertourismus Teil 1 und 2 während Ihrer Reise an Bord zu haben.

Die Karten
Dieser Schifffahrtsführer behandelt alle befahrbaren Gewässer in den Provinzen Nord-Brabant und Limburg in den Niederlanden sowie in Limburg, Antwerpen und Flämisch-Brabant (Bezirk Leuven) in Belgien. Sie finden die Gewässer in alphabetischer Reihenfolge, wobei man sich entschieden hat, einige Gewässer gemeinsam zu behandeln. Dies sind Biesbosch & Merwede, Hollandsch Diep & Amer sowie Schelde, Seeschelde & Antwerpen. Der 'Gewässerindex' auf Seite .... gibt an, auf welcher Seite Sie welches Gewässer finden. Einige Gewässer haben im Volksmund eine andere als die offizielle Bezeichnung. Im Gewässerindex wird in diesem Fall auf die offizielle Bezeichnung verwiesen.

Alle Gewässer beginnen mit zwei einleitenden Seiten, auf denen Sie außer etwas Geschichte auch eine Zusammenfassung der wichtigsten nautischen Daten finden, wie beispielsweise die Bedienungszeiten für Schleusen, UKW-Schiffsfunkkanäle und ähnliches.
Die Kapitel direkt danach behandeln Wissenswertes über die Schifffahrt im In- und Ausland, und es werden Tipps gegeben, um sicheres Fahren zu fördern. Im Kapitel Schelde, Seeschelde und Antwerpen wird übrigens dem sicheren Fahren durch Antwerpen und den eventuellen Zollformalitäten besondere Aufmerksamkeit gewidmet.

Die Texte
Die Textseiten entsprechen immer dem Gebiet, das Sie rechts auf der Karte sehen. Die wichtigsten Freizeitmöglichkeiten werden hier dargestellt, aber es ist natürlich unmöglich, dabei vollständig zu sein. Bei den Verkehrsvereinen und Tourismusdiensten können Sie noch weitere Informationen über das Gebiet und interessante Ausflüge erhalten, aber auch über die Möglichkeiten zum Radeln, Wandern, Skaten, Reiten, für Rundfahrten, Kulturgeschichte, Naturerlebnis, köstliches Essen und Trinken ...... Kurzum alles, damit Ihr Urlaub auf dem Schiff ein herrlicher Aufenthalt in diesem Gebiet wird.

So viele Gewässer, so viele Landschaften. Die Maas bei Empel ('s Hertogenbosch)

An der Maas

Mühle bei Steenbergen

Laufende Arbeiten

Um das Gebiet noch attraktiver für Schiffstouren zu machen, arbeiten viele Organisationen zusammen, um die Einrichtungen zu verbessern. Es ist also möglich, dass Sie während des Fahrens 'Laufende Arbeiten' sehen.

Brüderlich in der Schleuse: Der Schiffer des Melassetankers erklärt während des Schleusens etwas an Freizeitschiffer.

Helfen Sie uns?

Führer und Karten weisen eine beschränkte Haltbarkeit auf. Wir versuchen, bei einem Neudruck eventuelle Änderungen und gute Vorschläge zu verarbeiten, damit wir stets einen aktuellen und überraschenden Schifffahrtsführer anbieten können. Selbstverständlich können Sie uns dabei helfen. Wir sind natürlich sehr an Ihren Vorschlägen und Korrekturen für den touristischen Schifffahrtsführer interessiert.

Über die Website www.landvanmaasenschelde.com können Sie all Ihre Anmerkungen übermitteln. Ihre Anmerkungen und Vorschläge ermöglichen uns, Verbesserungen in der folgenden Version dieses touristischen Schifffahrtsführers vorzunehmen.

Wir hoffen, dass Ihnen dieser touristische Schifffahrtsführer viel Vergnügen bereitet.

SCHIFFFAHRT IM AUSLAND

Die Schifffahrt im Ausland bringt eine Reihe von zusätzlichen Vorschriften im Hinblick auf das Boot, den Schiffer, die erforderlichen Dokumente und die Zollformalitäten mit sich. In diesem Kapitel werden die Angelegenheiten, mit denen Sie in diesem Schifffahrtsgebiet zu tun haben werden, kurz behandelt. Sehen Sie im Zweifelsfall immer im Reglement nach.

SCHIFFFAHRT IN BELGIEN

Sie müssen verpflichtend an Bord haben:
- Zahlungsbeweis Umsatzsteuer oder Mwst.
- Zulassungs- oder Eigentumsnachweis des Schiffes. Wenn dies fehlt, können Sie am besten ein Internationales Zertifikat Freizeitschiffe als inoffiziellen Eigentumsnachweis beantragen (ANWB).
- Personalausweis oder gültiger Reisepass
- Kapitänspatent, falls das Fahrzeug kapitänspatentpflichtig ist. Für das Ausland können Sie dies durch ein Internationales Kompetenzzertifikat (ANWB) ersetzen.
- Nachweis der Haftpflichtversicherung des Fahrzeugs
- Aktuelles Exemplar des "Allgemeinen Schifffahrtsreglement" und des Reglements der befahrenen Wasserstraße
- Flaggenbrief (nur für die Unter-Zeeschelde verpflichtet)

Bei vielen Projekten werden auch Versorgungseinrichtungen angelegt.

- LKW-Schiffsfunkzertifikat und Schiffsfunkpatent
- Eventuelle Karten des Schifffahrtgebiets (Unter-Zeeschelde)

WASSERSTRAßENVIGNETTE:

In Flandern sind auf den befahrbaren Wasserstraßen Vignetten erforderlich.
Jedes Freizeitfahrzeug, das in Flandern fährt, muss sich bei der ersten Schleuse anmelden. Zudem muss man sich bei der Abfahrt abmelden. Es sind Vignetten für das ganze Jahr und für kürzere Zeiträume erhältlich. Vignetten sind für Boote über 6 Meter und für Boote, die schneller als 20 km/h fahren können, vorgeschrieben.
Es gibt zwei Klassen:
- Boote von 6 bis 12 Meter, die nicht schneller als 20 km/h fahren können und Boote bis zu 6 Meter, die schneller als 20 km/h fahren können. Die Kosten für eine solche Vignette für den Frühling, Herbst oder Sommer (3 Monate) betragen EUR 25 und für ein ganzes Jahr EUR 50.
- Boote über 12 Meter oder Boote über 6 Meter, die schneller als 20 km/h fahren. Die Kosten für diese Vignette für den Frühling, Herbst oder Sommer (3 Monate) betragen EUR 50 und für ein ganzes Jahr EUR 100.

Verkaufsstellen van het waterwegenvignet der Wasserstraßenvignette
Bei den nachfolgend angeführten Adressen wird die Wasserstraßenvignette außer im Fall anderslautender Angaben während der offiziellen Öffnungszeiten gegen Vorlage der erforderlichen offiziellen Dokumente (Personalausweis des Eigentümers und Zulassung) verkauft:

Waterwegen en Zeekanaal nv
Afdeling Zeeschelde
Copernicuslaan 1, bus 13
2018 ANTWERPEN
Von 9.00 bis 12.00 Uhr und von 13.00 bis 16.00 Uhr.

Afdeling Bovenschelde
Nederkouter 28
9000 GENT
Von 9.00 bis 11.45 Uhr und von 14.00 bis 16.00 Uhr.

Afdeling Bovenschelde,
Passionistenlaan 82
8500 KORTRIJK
Von 9.00 bis 11.45 Uhr und von 14.00 bis 16.00 Uhr.

De Scheepvaart
Havenstraat 44
3500 HASSELT
Von Montag bis Freitag von 9.00 bis 12.00 Uhr und von
13.00 bis 16.00 Uhr.

Waterwegen en Zeekanaal nv
Neue Seeschleuse in Wintam
Nattenhaasdonkstraat 18
2880 WINTAM-HINGENE
Von 00.00 bis 24.00 Uhr

und bei verschiedenen Schleusen in der Region. Eine vollständige Übersicht über die Verkaufsstellen finden Sie auf www.landvanmaasenschelde.com.

Für Antwerpen gelten abweichende Durchfahrtsgebühren. Siehe diesbezüglich die Beschreibung von Antwerpen, Seite 145

SCHIFFFAHRT IN DEN NIEDERLANDEN

Sie müssen verpflichtend an Bord haben:
- Aktuelles Exemplar des örtlich geltenden Reglements (u.a. im ANWB Almanach, Teil 1)

SICHERE SCHIFFFAHRT

Was müssen Sie stets an Bord haben:
- Ein Signalhorn und Navigationsbeleuchtung
- Schwarze Kugel und rundum scheinendes Licht beim Ankern
- Schwarze Kugel für Segelboote unter Segel und mit Hilfe eines Motors
- Westen für jeden Insassen
- "Mann über Bord"-Taste (schnelle Motorboote)
- Tragbarer Feuerlöscher (für Motorboote)
- Paddel oder Ruder, Erste-Hilfe-Ausstattung, Rettungsboje, Werkzeug, wasserdichte Laterne, Funk, Anker mit ausreichender Kette
- Genügend Anlegeseile und ein Seil mit 30 Meter Länge
- Anker oder Draggen
- Ein Ösfass oder eine Handpumpe
- Ein Radarreflektor

VORSCHRIFTEN BEIM FAHREN KURZ ZUSAMMENGEFASST

Reglemente in der Region:
Im Schifffahrtsgebiet zwischen Maas und Schelde gelten folgende Reglemente:
- Binnenschifffahrtspolizeiordnung für niederländische Gewässer innerhalb des Gebiets
- Schifffahrtsordnung Gemeinschaftliche Maas
- Polizei- und Schifffahrtsordnung Unter-Zeeschelde
- Allgemeine Schifffahrtsordnung für das Königreich (belgische Binnengewässer).
- Sonderreglemente der belgischen Wasserstraßen

Altersgrenzen:
- Mit Muskel- und Windkraft angetriebene Fahrzeuge, keine Altersgrenze
- Motorboot bis 13 km pro Stunde: 12 Jahre (Niederlande)
- Motorboot, das schneller als 20 km pro Stunde fährt: 18 Jahre (Niederlande)
- Motorboote mit einem Motor von mehr als 10 PS: 18 Jahre (Belgien)

Schifferpatent/Kapitänspatent
Ein Schiffer- oder Kapitänspatent ist vorgeschrieben für:
- Schiffe mit mehr als 15 Meter Länge
- Schiffe, die schneller als 20 km pro Stunde fahren können

Geschwindigkeitsbeschränkungen:
- Standardmäßiges Geschwindigkeitslimit in den Niederlanden = 20 km pro Stunde
- Standardmäßiges Geschwindigkeitslimit in Belgien = 12 km pro Stunde
- Auf einer großen Anzahl an Fahrstraßen gelten abweichende Höchstgeschwindigkeiten
- Die Geschwindigkeiten werden nicht immer mit Schildern angegeben. Sehen Sie deshalb im Reglement nach.

Schiffsfunk:
- Die Schiffsfunkkanäle sind bei den Schifffahrtsstraßen und Kunstwerken in diesem Führer angeführt.
- Wenn Sie über Schiffsfunk verfügen, empfiehlt es sich, ihn abzuhören.
- Abhören ist auf folgenden Schifffahrtsstraßen vorgeschrieben:
- Hafen von Antwerpen
- Schelde-Rhein-Kanal
- Zeeschelde, Rupel, Unter-Nete, Unter-Dijle
- Albertkanal

TIPPS FÜR EINE SICHERE SCHIFFFAHRT

Routenplanung
Sorgen Sie für genügend Kraftstoff für die geplante Tour, da sich immer weniger Tankstellen entlang der Wasserstraßen befinden. Verhindern Sie eine Motorstörung, und sorgen Sie für saubere Kraftstofffilter und einen sauberen Kraftstofftank.
Wählen Sie eine ruhige und sichere Route. Meiden Sie Schifffahrtsstraßen mit (reger) Berufsschifffahrt. Wenn dies nicht möglich ist, planen Sie die Tour so, dass Sie dort an den ruhigeren Samstagen und Sonntagen fahren. Die Karten im Schifffahrtsführer eignen sich nicht zur Navigation. Sorgen Sie insbesondere auf großen und betriebsamen Flüssen für gute hydrographische Karten.

Ein wirklicher Freizeitschiffer hat Fahrräder, oder auch eine Schwimmtreppe an Bord.

Schiff und Besatzung
Sorgen Sie dafür, dass sich das Schiff in einem guten Zustand befindet. Schiff und Besatzung müssen den schwersten Bedingungen gewachsen sein, die Sie berechtigterweise bei Ihrer Tour erwarten können. Anders gesagt: Als Schiffer müssen Sie genau wissen, was Schiff und Besatzung bewältigen können und was nicht. Denken Sie an das Sprichwort: 'Ein Schiff ist so seetüchtig wie seine Besatzung'. Notieren Sie die Abmessungen Ihres Schiffs an einer auffälligen Stelle.

Genauso wie auf der öffentlichen Straße ist auch auf Wasserstraßen verboten, dass der Steuermann alkoholisiert am Steuer (oder der Ruderpinne) sitzt. Die Polizei kann Sie anhalten und ein Strafmandat ausstellen oder die Weiterfahrt verbieten, wenn Sie die höchstzulässige Promillezahl überschreiten. Verschieben Sie also Ihren Alkoholkonsum, bis Sie sicher im Hafen liegen.

Übernachtung an Bord

Für eine Übernachtung an Bord ist keine spezielle Bewilligung erforderlich. Geeignete Anlegestellen während Ihrer Schiffsfahrt finden Sie in (Jacht-) Häfen und an verschiedenen Stellen entlang dem Ufer. Übernachten Sie auf offener See und betriebsamen Fahrtrouten vorzugsweise in einem (Jacht-) Hafen. Wenn Sie doch ankern, denken Sie an die Ankerkugel (tagsüber) und das weiße Ankerlicht (nachts).

Sportfischen

Kentern / Über Bord gehen

Insassen, die sich der Gefahr aussetzen, über Bord zu gehen, müssen gut schwimmen können. Auf kleinen Freizeitschiffen sind dies folglich alle Insassen. Alle Personen, die nicht schwimmen können, müssen permanent eine Schwimmweste tragen. Dies gilt sicherlich für Kleinkinder: Gewöhnen Sie sich an, Ihnen die Schwimmweste direkt beim Betreten des Jachthafens anzuziehen, und sorgen Sie dafür, dass sie diese anbehalten.

Bei einer Wassertemperatur von weniger als 15 Grad Celsius müssen alle Insassen eine Schwimmweste tragen, auch geübte Schwimmer. Die Rettungsmittel müssen für einen sofortigen Einsatz bereitliegen. Üben Sie regelmäßig das 'Mann über Bord-Manöver', einschließlich des wieder an Bord Bringens des Ertrinkenden. Eine feststehende Schwimmtreppe kann in diesem Fall nützlich sein, und sie darf eigentlich auf keinem Schiff fehlen!

Wenn das Boot kentert oder sinkt, muss der Schiffer sofort die 'Köpfe' zählen: Vielleicht ist jemand unter das Boot oder die Segel gelangt, oder hat sich im Tauwerk verfangen. Nach dem Kentern niemals vom Boot wegschwimmen, solange dieses noch treibt. Das Ufer ist immer weiter entfernt, als Sie glauben! Das gekenterte Boot halten Sie am besten am Bug oder beim Spiegel fest.

Geschwindigkeit und Wasserbewegung

Für kleinere Fahrzeuge gilt eine maximal zulässige Fahrgeschwindigkeit von 20 km/h, außer im Fall anderslautender Bestimmungen des Verwalters. In Belgien beträgt diese Geschwindigkeit meistens 12 km/h. Auf den meisten kleineren Wasserstraßen gilt übrigens eine (geringere) Höchstgeschwindigkeit. Nicht alle Höchstgeschwindigkeiten werden mit Schildern angegeben. Sehen Sie im Reglement nach. Ein kleines Schiff muss seine Geschwindigkeit so regeln, dass Schäden durch Wellen und Sog vermieden werden.

Denken Sie an Ihre Heckwelle. Vor allem 'halbgleitende' Motorcruiser mit einem 'viereckigen' Spiegel verursachen gemeine Wellen.

Nähern Sie sich einem fahrenden Frachtschiff nicht zu dicht, aufgrund des Sogs und Wellenschlags, das dieses Schiff verursacht.

Wenn Sie in einer Schleuse nach oben oder unten schleusen, befestigen Sie Ihr Schiff nötigenfalls mit zusätzlichen Leinen, damit Sie den Schraubensog ausfahrender (großer) Schiffe nicht spüren.

Kleine Schiffe untereinander

Ein kleines Motorboot, das im Fahrwasser oder einer Fahrrinne nicht äußerst auf der Steuerbordseite (rechts) fährt, muss vor einem anderen kleinen Motorboot, das von Steuerbord kommt, und vor jedem kleinen Segelboot, egal aus welcher Richtung sich dieses nähert, ausweichen.

Große und kleine Schiffe

Die Schifffahrtsordnungen machen keinen Unterschied zwischen Berufs- und Freizeitschifffahrt, sondern zwischen kleinen und großen Schiffen. Die Grenze zwischen 'klein' und 'groß' liegt bei 20 Meter. Achtung: Einige Schiffe (Passagierschiffe, Schlepp- und Schubboote, Fähren und Fischerboote), die kürzer als 20 Meter sind, sind trotzdem 'groß'.

Verhältnis groß-klein

Aus dem Obengenannten geht hervor, dass die Forderung "Berufsschifffahrt hat Vorrang vor Freizeitschifffahrt" nicht durch das Reglement unterstützt wird. Es ist jedoch so, dass in den meisten Fällen ein kleines Schiff vor einem großen Schiff ausweichen muss, wenn auch NICHT IMMER!

Insbesondere die Niederländische Binnenschifffahrtspolizeiordnung (BPR) stellt ab und zu kleine Schiffe gleich. Wenn ein kleines Schiff mit Vorstrom durch eine Enge muss und sich ein großes Schiff mit Gegenstrom nähert, muss dieses große Schiff stoppen. Kleine Schiffe müssen einem großen Schiff, das überholen will, helfen, allerdings muss genügend Platz zum Überholen vorhanden sein. Andernfalls muss das große Schiff warten, bis der Platz vorhanden ist. Ein großes Schiff, das abfährt, wendet oder ein Nebenfahrwasser ein- oder ausfährt, hat Recht auf Mithilfe anderer Schiffe muss aber dabei den anderen Schiffen (auch kleiner), die sich in der Nähe befinden, genügend Platz überlassen. In Belgien müssen Freizeitboote Fracht- oder Arbeitsschiffen Platz einräumen, damit diese den Weg fortsetzen können oder um zu manövrieren.

Gefährliche Stoffe

Schiffe mit einem oder mehrerer blauen Kegeln / Lichtern sind mit gefährlichen Stoffen geladen. Fahren Sie nicht in die Nähe dieser Schiffe, und gehen Sie dort niemals an Bord.

Platz im Fahrwasser

Fahren Sie im Prinzip auf Steuerbordseite (rechts) des Fahrwassers.

Sorgen Sie dafür, dass Sie rundum eine gute Aussicht haben. Bedenken Sie, dass Ihnen eventuelle Segel viel Aussicht wegnehmen können. Fahren Sie niemals kurz vor einem großen Schiff. Halten Sie immer Abstand von Berufsschiffen, und bieten Sie ihnen genügend Platz. Insbesondere leere Frachtschiffe können die Wasseroberfläche einige hundert Meter vor ihrem Vorschiff nicht überblicken.

Verschaffen Sie sich einen guten Überblick, vor allem auch hinten! Vermeiden Sie, dass Sie ungewollt in der Kurslinie eines von hinten kommenden Schiffes fahren. Sorgen Sie folglich dafür, dass Sie stets das Steuerhaus des von hinten kommenden Schiffes sehen können, dann sieht der Schiffer auch Sie. Wir empfehlen Motorbootschiffern im Zusammenhang mit der Sichtbarkeit, einen besonders hohen Flaggenmast zu führen.

Fahren Sie vorzugsweise nicht gerade in einer Lichtkette. Dort fahren gewöhnlich große tiefgehende Schiffe.

Zusammentreffen von Fahrwassern

Die Vorschriften im Hinblick auf das Ein- und Ausfahren von Häfen und Nebenfahrwassern geben keine strikte Ausweichpflicht vor, sondern eher eine Pflicht zur gegenseitigen Zusammenarbeit. Die Regel: 'Verkehr von Steuerbord (rechts) geht vor' gilt hier nicht.

Wenn Sie Schiffsfunk an Bord haben, melden Sie sich am örtlich verwendeten Schiff-Schiff-Kanal an.

Am falschen Ufer fahren

Insbesondere auf kurvigen Flüssen kommt die Nutzung des sogenannten 'blauen Schildes' häufig vor. Die gegen den Strom fahrenden Schiffe wählen im Prinzip die kürzere Innenkurve. Wenn sich ein großes Schiff mit dem so genannten 'blauen Schild' nähert, wobei es an Backbordseite wenig oder keinen Platz zum Vorbeifahren übrig lässt, leisten Sie seinem Wunsch folge, und fahren Sie auf der Steuerbordseite vorbei. Bewegen Sie sich dann deutlich wahrnehmbar an Backbord. Die Steuerbord-Uferpflicht weicht vor der 'Blaues-Schild'-Regel (nicht in Belgien).

Navigationsbeleuchtung

Motorschiffe bis zu einer Länge von 20 Meter, also auch Segelschiffe, die auf Motor fahren, führen ein weißes Vorderlicht, Bordlichter und ein Hecklicht. Das Vorderlicht muss mindestens 1 Meter oberhalb der Bordlichter angebracht sein. Eine Kombination von Vorder- und Hecklicht bzw. Bordlichter ist zugelassen. Segelschiffe bis zu einer Länge von 20 Meter müssen Bordlichter und ein Hecklicht oder ein dreifarbenes Vorderlicht führen, in dem diese Lichter vereint sind. Unter 7 Meter Länge reicht für ein Segelschiff oder für ein offenes Motorboot, das nicht schneller als 13 km/h fährt, ein weißes rundum scheinendes Licht.

Überholen:

Überholen von großen Schiffen erfordert häufig viel Zeit. Bleiben Sie bei zu wenig Platz deshalb hinter dem großen Schiff.

Fischen in den Niederlanden

Eine Sportfischkarte ist erforderlich, wenn Sie fischen möchten. Darüber hinaus ist eine Fischbewilligung vorgeschrieben, außer wenn Sie mit einer Angel in öffentlichem Fischwasser fischen. Kinder bis zu maximal 15 Jahren benötigen keine Fischkarte.

Der Unterschied zwischen Groß und Klein ist nicht immer deutlich.

VIERMAL PROVINZ ANTWERPEN

Vier faszinierende Reiseziele

Die Provinz Antwerpen kombiniert zwei phantastische Kunststädte und zwei attraktive Grünzonen.

Ein Besuch in Antwerpen erfordert Entscheidungen! In dieser modernen Kunststadt gibt es enorm viel zu besichtigen und zu erleben: Imposante Kreuzfahrtschiffe, die einige Schritte vom Großen Markt entfernt anlegen, Meisterwerke von Rubens oder Van Dyck, Auslagen voll glänzender Diamanten oder hochwertige Mode, eine atemberaubend schöne Kathedrale, Dutzende faszinierende Museen und bemerkenswerte Beispiele aus zehn Jahrhunderten Architektur. Darüber hinaus ist Antwerpen unwiderstehlich gesellig.

Vor fünf Jahrhunderten war Mechelen die Hauptstadt der burgundischen Niederlande. Während eines Spaziergangs durch das historische Zentrum stoßen Sie mehrmals auf diese glorreiche Vergangenheit: Schöne Stadtpaläste, reichlich geschmückte Kirchen und stattliche Herrenhäuser. Vom eindrucksvollen Sint-Rombouts-Turm erklingt ein herrliches Glockenspiel. Die zahlreichen kinderfreundlichen Attraktionen machen Mechelen zu einem idealen Ausflugsziel für die ganze Familie.

Die Antwerpener Kempen lösen den Slogan 'Land des Freiluftvergnügens' mühelos ein.
Sie können dort eine erquickende Wanderung oder eine erholsame Radtour durch tiefgrüne Wälder machen. An einem fantastischen Strand in der Sonne liegen oder verschiedene Wassersportarten in kristallklaren Seen ausprobieren. In charmanten Städten herumspazieren und jahrhundertealte Abteien und Beginenhöfe entdecken. Oder einfach ein frisches Trappistenbier auf einer sonnenübergossenen Terrasse genießen. Lust, um die Definition des Zeitworts 'genießen' neu zu entdecken? Fahren Sie in das Scheldeland. Lassen Sie sich durch die Ruhe und den Charme der Scheldedörfer verführen. Radeln Sie entlang nostalgischer Plätze und Schlösser. Lassen Sie sich vom Fährmann an das andere Flussufer fahren.

Erfahren Sie mehr über die faszinierende Vergangenheit des Rupelgebiets. Eine Auswahl der regionalen Köstlichkeiten: Spargel, Aal, Duvel-Bier ...

Wer die Provinz Antwerpen auf sportliche Art und Weise erforschen möchte, wählt am besten das Fahrradwegenetz: Ein Netzwerk mit 2.500 Kilometer hervorragenden Radwegen, in zwei Richtungen ausgeschildert. Anhand von vier detaillierten Karten planen Sie selbst zahlreiche herrliche Strecken. Die grün-weißen Schilder mit Nummern weisen Ihnen den Weg.

Weitere Informationen, Broschüren und Fahrradkarten bei

Tourismus Provinz Antwerpen
Koningin Elisabethlei 16
B-2018 Antwerpen
Tel. 00 32 (0)3 240 63 73 - Fax 00 32 (0)3 240 63 83
info@tpa.be - www.tpa.be

Sie können die Publikationen online über www.tpa.be bestellen.

ENTDECKUNGSTOUR DURCH DEN GRÜNEN GÜRTEL

Eine Entdeckungstour

Der Grüne Gürtel ist eine ausgedehnte Region, die im Osten an das Hageland anschließt und die Brüssel wie ein Gürtel aus schöner Natur, Parks, Wäldern, Gärten, Feldern und charmanten Dörfern umschließt.

Stattliche Schlösser und prachtvolle Kirchen zeugen von einer reichen und faszinierenden Vergangenheit. Ein ruhiger Genuss dieses gut erhaltenen kulturhistorischen Erbguts wird Sie nie langweilen. Aber auch wenn Sie die Gegend aktiv erforschen möchten, haben Sie Auswahl genug.

Im Süden dieser Region können Sie im prachtvollen Zonienwald endlos wandern. Nur wenige Kilometer entfernt liegt die charmante Provinzstadt Halle - ein Jahrhunderte alter Wallfahrtsort - die das Tor zum Pajottenland bildet. Das Pajottenland, wo Bruegel seine Inspiration fand, wo Geuze, Kriek und Lambik zu Bauernbroten mit Käse getrunken werden, und wo ein Ritt durch das einzigartige Reitwegenetz ein Erlebnis für Reiter und Pferd ist.

Das Prunkstück der Gegend bleibt das Schloss von Gaasbeek, und auch die märchenhaften Gerüche und Farben des Hallerwaldes im Frühlingsgewand und der Rosengarten von Coloma in Sint-Pieters-Leeuw sind nicht zu verschmähen.

Ein besonderer Trumpf dieses Teils von Flämisch-Brabant sind zweifellos die touristischen Bootsfahrten auf dem Seekanal, dem Kanal Brüssel-Charleroi und dem Kanal Leuven-Mechelen, auf denen Sie die Region aus einer völlig neuen Perspektive entdecken können.

An der Nordseite des Grünen Gürtels finden Sie ebenso viel schöne Dinge: Den Nationalen Botanischen Garten von Meise beispielsweise, oder Grimbergen mit seiner Basilika, seinen Mühlen auf dem Maalbeek, seiner Volkssternwarte und dem Museum für Alte Techniken. Sie wandern dort durch viele malerische Dörfer, in denen Vokstraditionen und Folklore mit viel Respekt lebendig gehalten werden. Leireken, in der Nähe des Gestüts Diepensteyr in Steenhuffel, ist ein perfekter Ausgangspunkt für eine Fahrrad- oder Wandertour.

Radfahrer müssen im Dijleland, dem Gebiet zwischen Leuven und Brüssel, sicherlich das Fahrradwegenetz ausprobieren - 350 km geschlossene und ausgeschilderte Fahrradrouten. Entlang dieses Netzwerks liegt auch Tervuren, wo König Leopold II das enorme Museum für Zentralafrika bauen ließ, das jährlich Tausende Besucher begrüßt. Es befindet sich in einem prachtvollen Louis-XVI-Palast, umringt von französischen Gärten inmitten des ehemaligen herzoglichen Parks, und umfasst eine Sammlung afrikanischer Kunst, die in ganz Europa beispiellos ist.

Wer sich für eine Entdeckungstour durch den Grünen Gürtel entscheidet, entscheidet sich gleichzeitig für Abwechslung. So viele schöne und köstliche Dinge machen süchtig! Sie kehren sicherlich gerne zurück.

Eine gute Anleitung ist der Regionalführer 'Der Grüne Gürtel, eine Entdeckung', der ab 2007 bei der

vzw Toerisme Vlaams-Brabant erhältlich ist.
Provincieplein 1
3010 Leuven
Tel. 00 32 (0)16 26 76 20
Fax 00 32 (0)16 26 76 76
www.vlaamsbrabant.be/toerisme

FLANDERN WASSERLAND

Niemand ist heilig im eigenen Land, und so, wie dies häufig der Fall ist, waren es Freizeitschiffer von jenseits der Grenze, die die Freizeitschifffahrt in Flandern entdeckt haben. Aber die Flamen holen ihren Rückstand auf: Gemessen an der Anzahl Schleusungen am Wochenende wächst die Freizeitschifffahrt noch schneller als die Berufsschifffahrt. Von einem Revival gesprochen!

Allerdings muss festgestellt werden, dass die Flamen in minderem Ausmaß als ihre nördlichen Nachbarn Wasserratten sind. Die Niederländer waren beim Entdecken der schönsten Plätze in "Flandern - Land der Gewässer" schneller als wir selbst. Dieser Slogan ist absolut keine Übertreibung. Verglichen mit seiner Fläche verfügt Flandern mit seinen 1350 km befahrbaren Flüssen und Kanälen über eines der dichtesten Wasserstraßennetze der Welt. Darüber hinaus durchkreuzen die Binnengewässer eines der dichtbevölkertsten Gebiete Westeuropas, wodurch der Freizeitschiffer genügend Anschlusspunkte städtischer Ballungsgebiete findet.

Sowohl die Niederlande als auch Flandern verfügen über die Kombination eines dichten Wasserstraßennetzes und eines dicht besiedelten Gebiets. Aber es gibt einen großen Unterschied: Für den Wassertourismus ist in Flandern noch genügend Platz, und das schafft Möglichkeiten. Jetzt bewerben Flandern und die Niederlande gemeinsam die Vorteile der Gewässer eines Gebietes, das teilweise in Flandern und teilweise in den Niederlanden liegt. So entsteht eine Situation, in der beide Parteien nur gewinnen können.

Es gibt ein merkwürdiges Paradoxon in der Freizeitschifffahrt in Flandern. Wer eine Jacht besaß oder eine für das Wochenende mieten wollte, fuhr früher über die Grenze. Das war notwendig, denn die eigenen Einrichtungen waren früher eher dürftig. Gleichzeitig sah man in zunehmendem Ausmaß niederländische und deutsche Freizeitschiffer in unser Land kommen. Das war und ist für sie äußerst attraktiv: Wasserstraßen in Flandern sind - jedenfalls für die Freizeitschifffahrt – ein noch zu erforschendes Gebiet. Derzeit ist das Paradoxon ausgeglichen, und begegnen sich Niederländer, Flamen, Deutsche, Franzosen oder andere Besucher auf den flämischen Binnengewässern. Und ist gibt noch Platz im Überfluss!

Kunststädte

Überall in Europa ist die Freizeitschifffahrt im Aufwind. Menschen nehmen das Flugzeug, um eine Kreuzfahrt am Shannon in Irland zu machen. Sie erkunden die britischen Midlands von den historischen Kanälen aus. Oder sie fahren bis tief in die Provence oder auf den Freycinet-Kanälen der Picardie. Flandern stellt sich auf diesen Trend ein, und hat dabei einen einzigartigen Vorteil: Die Kombination seiner Polderlandschaften und seiner Kunststädte. Es ist ein Vorteil für die Flamen selbst, die ihre eigenen bekannten Plätze jetzt vom Wasser aus entdecken können. Und es ist ein Vorteil für Niederländer oder Deutsche, die jetzt ein Kombinationspaket nach ihren eigenen Wünschen zusammenstellen können.

Es hat sich sehr viel verbessert. Durch die vielen städtischen Initiativen und der Unterstützung von europäischen Programmen entstanden Durchreisehäfen und Anlegestellen. Überall wurden gute Einrichtungen ausgebaut, und es wurde in Komfort und Umwelt investiert. Wussten Sie, dass es 3.450 Anlegestellen gibt - allein in den vier flämischen Jachthäfen entlang der 67 km langen flämischen Küste? An vielen Orten schließt der Wassertourismus heute bei Freizeitmöglichkeiten in Stadt und Land an - u.a. durch den Bau von Fahrrad- oder Wanderrouten, oder durch Hinweise auf Geschäfte, ein angenehmes Restaurant oder eine attraktive Terrasse.

Es ist lange her, dass Sie entlang den schmalen Kanälen der Kempen gefahren sind? Dass Sie am Ringkanal in Brügge oder im Kanalbecken von Hasselt verankert lagen? Dass Sie entlang dem Kanal von Mechelen bis ins Zentrum Leuvens zum Shoppen fuhren? Dass Sie sich in der Genter Altstadt den unlängst freigelegten Anschluss zwischen Leie und Schelde angesehen haben? Dann ist es höchste Zeit für eine neue Entdeckungstour in den flämischen Poldern und Kunststädten.

Online können Sie Broschüren bestellen und besonders interessanten Tipps finden Sie auf : www.binnenvaart.be

Promotie Binnenvaart Vlaanderen
Kempische Kaai, 57
3500 Hasselt.
Tel. 00 32 (0)11 23 06 06
pbv@binnenvaart.be
www.binnenvaart.be.

Weitere Informationen über die Kunststädte und Freizeit in Flandern finden Sie auf www.flandern.com.

WILLKOMMEN IM FAHRRADPARADIES

Willkommen in Limburg. Willkommen im Fahrradparadies!

Im Nordosten von Belgien liegt die grünste Provinz Flanderns: Das Fahrradparadies Limburg. Dieses Paradies reicht hier übrigens weiter als die wunderbaren Radwege und das allseits gerühmte Fahrradwegenetzwerk. Den Titel verdient es sich aufgrund eines ausgeklügelten Netzwerks, in dem man über sichere, gut gepflegte und deutlich ausgeschilderte Radwege von Knotenpunkt zu Knotenpunkt radelt. Mit der übersichtlichen Radkarte kann man eine Route planen, die einem auf den Leib geschrieben ist. Und man startet am besten bei einer Fahrradannahmestelle, bei der ein Fahrradkiosk, ein Fahrradcafé und Leihfahrräder vorhanden sind. Der Trumpf schlechthin sind die erlebnisreichen Routen, die unter der Bezeichnung 'Geschichtenflüsterer' überall in Limburg auftauchen. Mittels eines Geräts, das auf Ihr Fahrrad montiert wird, hören und sehen Sie während der Radtour verschiedene Bild- und Tonfragmente über die Umgebung, die Sehenswürdigkeiten oder nette Anekdoten ... ein Muss für alle, die das Fahrradparadies auf eine originelle und fesselnde Manier kennen lernen möchten.

Die Limburger Regionen bewirten Sie nicht nur mit tagelangem Fahrradspaß, sie garantieren auch sinnlichen Genuss verschiedener Art. In charmanten Unterkünften werden sie auf Limburger Art mit köstlichen regionalen Gerichten empfangen, wie beispielsweise Hespengauer Schmortopf oder Buchweizenkuchen mit Sirup. Schlösser wie die Landkommandantur in Alden-Biesen zeugen von der Pracht Limburgs, und in Museen wie dem Galloromanischen Museum in Tongeren oder dem Flämischen Bergwerksmuseum in Beringen erfahren Sie alles über die reiche Vergangenheit Limburgs. In Hasselt finden Sie sogar einen japanischen Garten, aber Sie können dort im Nationalen Jenevermuseum natürlich auch köstlichen Jenever verkosten. Kurzum: Limburg garantiert überraschende Entdeckungen, faszinierende Regionen und Städte in Menschenmaß.

Die Limburger Hauptstadt Hasselt ist eine derartige Stadt. Klein im Umfang, aber mit einer großen Anziehungskraft. Aufregend, aber gleichzeitig beruhigend, vielseitig, aber doch übersichtlich, modern, aber doch warm. Liebhaber von Mode, Kultur, Natur, Religion, Geschichte .... sie alle finden einen Heimathafen in Hasselt, der Hauptstadt des Geschmacks.

Südlich von Hasselt beginnt der Hespengau, eine Region mit Schwung und die Obstregion schlechthin. So weit das Auge reicht sehen Sie eine Flickendecke aus Obstgärten, Wiesen und Äckern, durchwachsen mit majestätischen Schlössern, malerischen Kirchdörfern und stattlichen Vierkanthöfen. In der ältesten Stadt Belgiens - Tongeren - wird die gallo-römische Vergangenheit der Region wieder zum Leben erweckt und die Stadt beherbergt, genauso wie die andere Haspengauer Stadt Sint-Truiden, einen Schatz an religiösem Erbgut, das selbst Ungläubige zur Frömmigkeit anstiftet.

Im Maasland führt die stattliche Maas das große Wort. Das Maasland ist folglich auch die Region schlechthin für Wasserspaß der Spitzenklasse, und zwar entlang, auf oder im Wasser. Die elegante Kette geselliger Maasdörfer und die überwältigende Natur bringen die Augen noch mehr zum Glänzen. Und mit einer Fähre ist man im Nu am anderen Ufer der Maas, um unsere niederländischen Nachbarn zu besuchen.

Die Region Voeren ist ein Limburger Außenseiter. Geographisch, kulinarisch und landschaftlich. Es ist das einzige Stück Flandern an der Ostseite der Maas. Eine idyllische Region mit einer hügeligen Landschaft, Hohlwegen, Arbeiterhäusern, Kapellen, Schlössern,......... Eine grüne Oase der Ruhe, Gemütlichkeit und des Geschmacks. Mit dem Besucherzentrum in 's-Gravenvoeren als Ausgangspunkt ist diese Region einen Besuch mehr als wert.

Die limburgischen Kempen sind durch ausgedehnte Sand- und Heideebenen sowie Nadelwälder gekennzeichnet. Hier können die Allerkleinsten 1001 Arten finden, um sich zu vergnügen, denn Kinderfreundlichkeit wird hier groß geschrieben. Sie können mit der ganzen Familie stundenlang durch die wunderbaren Landschaften radeln. Halten Sie sicher bei illustren Bewohnern von einst an, wie beispielsweise Trödler und Bockenreiter (Räuberbanden), und entdecken Sie auch die militärische Vergangenheit dieser friedvoller Region.

Im Bergbaurevier schöpfen Sie buchstäblich aus der Limburger Vergangenheit. Hier finden Sie erhaltene Bergwerksgebäude, die stattlichen Aufzugsschächte, die Kohlenwägen .... und auf den Abraumhalden entstand eine Grünoase. Eine einzigartige Fauna und Flora, die Sie selbst entdecken können. In dieser multikulturellen Region ist Vielseitigkeit ein großer Trumpf: mediterrane Restaurants, Kirchen und Moscheen brüderlich nebeneinander, Märkte mit südlichen Produkten ... Der Bergbaurevier: Ein kultureller und gastronomischer Volltreffer!

Weitere Informationen und eine Reihe von Broschüren und Karten über das Fahrradparadies und die Limburger Regionen erhalten Sie bei

Tourismus Limburg
Willekensmolenstraat 140
3500 HASSELT
Tel. 00 32 (0) 11 23 74 50
Fax 00 32 (0) 11 23 74 66
www.toerismelimburg.be

WILLKOMMEN IM NIEDERLÄNDISCHEN LIMBURG

Nord- und Zentral-Limburg ist der richtige Ort für herrliche Entspannung. Die Natur zeigt hier all ihre Facetten - von Wäldern bis zu Dünen und Heide. Nicht weniger als drei Nationalparks, das einzigartige Fahrradwegenetz, die gastfreundliche Mentalität der Bevölkerung und viele Hotels, Campingplätze und Ferienparks machen diese Region zu einem Urlaubsgebiet mit besonderer Vielfalt. Lassen Sie sich mit köstlichen Leckerbissen verwöhnen - zum Beispiel mit Bier und Wein, frisch geerntetem Obst und Gemüse, aber vor allem .... mit Spargel!

Maas, Swalm, Roer und Niers sind alles Namen von Flüssen, die Nord- und Zentral-Limburg durchkreuzen. Die Maasplassen, der Leukersee und der Mookerplas sind vorzügliche Wassersportgebiete. Entlang den Ufern der Maas und der Maasplassen finden Sie gemütliche historische Städte und heimelige Dörfer. Die Region beherbergt eine große Anzahl an Schlössern, Landhäusern, Mühlen und Ruinen.

Nord- und Zentral-Limburg sind für ihren burgundischen Einschlag bekannt. Schlemmen Sie nach althergebrachter Weise zubereitete regionale Spezialitäten und kulinarische Glanzstücke. Und vergessen Sie vor allem nicht, den köstlichen Limburger Vlaai (Süßspeise) zu kosten! Eine besondere Spezialität ist das weiße Gold - saftiger, frisch gestochener Spargel - im Frühling, das in nahezu jedem Restaurant in unendlich vielen Varietäten auf dem Menü steht. Ein vor Ort gebrautes Pils auf der Terrasse, mit der Sonne im Rücken und der Maas zu Ihren Füßen.

Weitere touristische Informationen erhalten Sie telefonisch unter der Nummer NL 0900-202 55 88 (€ 0,35 pro Min.), Tel. B 00 31 (0)475 33 58 47, oder über Internet bei www.lekker-genieten.nl. Sie können auch eine E-Mail an roermond@regiovvv.nl senden oder einen unserer Verkehrsvereine besuchen.

Süd-Limburg wird noch immer als das Gebiet der schönen Hügel, Fachwerkhäuser und des Mergels gesehen. Insider wissen es mittlerweile besser. Im Süden verfügen sie nämlich über ein herrliches und eindrucksvolles Wassersportgebiet, den 'Maasplassen'!

Das Wasserfreizeitgebiet Eijsden, gelegen an der Maas nördlich von Eijsden, entstand durch Kiesgewinnung im Maastal. Dieser Teich bietet Gelegenheit zum Schwimmen, Segeln, Surfen und anderen Formen der Freizeitgestaltung am Wasser. Hier befinden sich auch ein echter Tagesstrand und ein Jachthafen. Von Eijsden aus können Sie die Maas auch mit der Fähre überqueren, um nach Belgien zu gelangen.

Die Maas eignet sich auch hervorragend für eine kurze oder sogar lange Tour mit dem Kanu oder Kajak. Die Grenzmaas zwischen Maastricht und Born ist nämlich für gewöhnliche Schiffe unzugänglich, aber nicht für Kanus und Kajaks. Das seichte Wasser mit verschiedenen Stromschnellen macht Ihre Tour zu einem spannenden Abenteuer.

Die Gemeinde Stein liegt auch nahe an der Maas. Wasser spielte und spielt noch immer eine sehr große Rolle für diese Gemeinde. Im 17. und 18. Jahrhundert florierte Stein, genauso wie Urmond, als Schifferort. Jetzt ist nur der Hafen übrig, der noch für den Transport genutzt wird. Die Orte Urmond und Elsloo haben jeweils eine geschützte Dorfansicht, und Urmond ist noch immer im Besitz eines sehr schönen Schifferhauses.

Verkehrsverein Süd-Limburg
Walramplein 6
Valkenburg
Tel. 0900 9798 (€ 1 pro G
info@zuidlimburg.nl
www.vvvzuidlimburg.nl

Erreichbar von Montag bis Freitag von 09.00-17.00 Uhr und Samstag von 10.00-14.00 Uhr.

Das gute Leben in Maastricht, davon würde jeder gerne öfter kosten. Die Lage im Maastal zwischen den Hügeln von Süd-Limburg, einen Katzensprung von Belgien entfernt, machen Maastricht zur idealen Bestimmung. Was Sie auch suchen, in Maastricht werden Sie es finden.

Die Geschichte von Maastricht beginnt vor 2050 Jahren, als die Römer eine Siedlung in der Nähe einer seichten Stelle im Fluss bauten. Der Name stammt von Mosae Trajectum, der Stelle, an der man die Maas überqueren konnte. Die Stimmung von 20 Jahrhunderten Geschichte ist nahezu spürbar in der Altstadt mit ihren schmalen Pflasterstraßen und eindrucksvollen Fassaden. Vom Wohlstand, den die Stadt im Laufe der Jahrhunderte erlebt hat, zeugen die Kirchen, Schatzkammern und Herrenhäuser. Die Überbleibsel der Stadtmauern und die unterirdischen Festungswerke erzählen eine andere Geschichte: Die Geschichte einer unruhigen und kriegerischen Vergangenheit - im Kreuzungspunkt politischer Einflussbereiche.

Die Stadt von der Maas aus betrachten? Auch das ist in Maastricht möglich, wo Rundfahrtboote für Sie bereit stehen. Während einer Rundfahrt erhalten Sie eine Erläuterung über verschiedene Sehenswürdigkeiten, die vom Boot aus zu sehen sind.

Am Westufer von Maastricht, einen Katzensprung vom Markt entfernt, befindet sich das Bassin. König Wilhelm I ließ diesen Binnenhafen 1825 erbauen. Jetzt, nahezu hundert Jahre später, ist das Bassin restauriert. In den Werftkeller unter den Lagerhäusern befinden sich einige sehr stimmungsvolle Restaurants, Cafés und Brasserien. Dieser durch einen Reichtum an architektonischem Erbgut umringte Hafen dient jetzt als Anlegestelle für Jachten und als Ausstiegsstelle für die Freizeitschifffahrt.

Verkehrsverein Maastricht,
Kleine Staat 1 (Fußgängerzone)
6211 ED Maastricht
Tel. NL 043 325 21 21
Tel. B 00 31 (0)43 325 21 21
info@maastricht.nl
www.vvvmaastricht.nl.

Der Verkehrsverein (Het Dinghuis) ist von November bis April von Montag bis Freitag von 09.00-18.00 Uhr und am Samstag von 09.00-17.00 Uhr geöffnet. Von Mai bis Oktober von Montag bis Samstag von 09.00-18.00 Uhr und am Sonntag von 11.00-15.00 Uhr.

BESONDERES BRABANT

Entdecken und erleben Sie das Gebiet der Extreme

Viele denken bei Brabant an den Efteling, den Karneval oder die herzliche Gastfreundschaft. Aber es gibt dort noch so vieles mehr.

Während eines Besuchs in Brabant werden Sie wahrscheinlich von einer Überraschung in die andere fallen. So spazieren Sie beispielsweise durch eine lebhafte Altstadt mit modischen Geschäften und besonderen Restaurants, genießen stundenlang ein Musikfestival oder lassen sich von alten Brabanter Volksliedern mitreißen. Und egal, ob Sie kurz oder lang in Brabant sind, Sie werden sich hier immer heimisch fühlen. In einem geselligen Hafen übernachten, regionale Gerichte verkosten und die Gastfreundschaft eines Sternerestaurants genießen: Es wird immer wieder eine besondere Erfahrung für Sie sein.

Bei Brabant denken Sie wahrscheinlich an malerische Dörfer mit einem Café, eine alte Wasserpumpe und einen von Lindenbäumen eingesäumten Marktplatz. Aber entdecken Sie auch einmal den Charme der großen und modernen Städte. Hören Sie die Kanonenschüsse in den ehemaligen Festungsstädten. Kurzum, lassen Sie die Architektur für sich sprechen.

Brabant ist für seine Vielseitigkeit bekannt. Der Efteling, das 'Land van Ooit' und das Safari- und Spielland Beekse Bergen sind die bekannten Vergnügungsparks. Aber Brabant hat mehr zu bieten, beispielsweise Kinderbauernhöfe, Strandbäder, Tierparks und besondere (Bauern-) Betriebe, die Sie besuchen können. Auch im Bereich der Museen findet jedermann seinen Geschmack.

Die Brabanter legen viel Wert auf Geselligkeit. Dies merken Sie an den oft traditionellen Festen und der Atmosphäre. Zahlreiche Veranstaltungen, wie beispielsweise Karneval, Jazzfestival, Blumenkorso und Radrennen sorgen das ganze Jahr über für gemütliche Betriebsamkeit.

Vom nassen Biesbosch zu den trockenen Loonsen und Drunensen Dünen, von den Moorseen in den Kampina bis zu den Wäldern des Landgutes d'Utrecht. Die Brabanter Natur wird Sie bezaubern.

Wälder, Heide, Moorseen und Dünen warten in aller Ruhe darauf, Sie kennen zu lernen. Lassen Sie also Ihr Boot einen Tag im Hafen liegen und ziehen Sie Ihre Wanderschuhe an oder steigen Sie auf Ihr (gemietetes) Fahrrad: Die Wege und Routen warten auf Sie.

Nehmen Sie sich die Zeit, um zu genießen, was der Koch für Sie zubereitet hat. Sie sind nicht umsonst im burgundischen Brabant. In den Gerichten, die serviert werden, schmecken Sie die Brabanter Großzügigkeit. Und auf der Terrasse, im Restaurant, aber auch im Café ist immer ein Tisch frei.

Es gibt so Vieles zu tun, warum bleiben Sie nicht etwas länger? Es gibt kleine Häfen, die im Schutz der Festungsmauern liegen, und moderne Häfen an größeren Wasserstraßen. Häfen inmitten der Stadt oder in der Nähe eines Nationalparks. Die Häfen sind mit allen Annehmlichkeiten ausgestattet, und Sie werden überall gastfreundlich empfangen.

Brabant ist besonders. Alle Zutaten für besondere Erfahrungen und Begegnungen sind hier vorhanden. Kommen Sie und entdecken Sie selbst die vieler Facetten des besonderen Brabants.

Auf der Website www.bijzonderbrabant.nl. finden Sie weitere Informationen. Für alle Fahrrad- und Wanderrouten sowie diesbezügliche Informationen: www.routebureaubrabant.nl.
Oder nehmen Sie Kontakt mit einem der Brabanter Verkehrsvereine auf. Die Adressen finden Sie auf der Website: www.bijzonderbrabant.nl.

VERGNÜGEN MIT BOOT UND FAHRRAD

Das Benelux-Zentralgebiet ist ein echtes Fahrradgebiet. Kilometerlange Fahrradwege entlang den schönsten Stellen der Niederlande und Belgiens. Waldwege, alte Pflasterstrassen oder schneller Asphalt, entlang dem Kanal, durch die Felder oder durch ein gemütliches Dorf - Sie können dort alles finden. Unterwegs sehen Sie spezielle Fahrrad-Cafés oder Fahrradannahmestellen, bei denen immer ein Reparaturset für Sie bereit liegt, und wo Sie gastfreundlich empfangen werden. Das macht Radfahren in dieser Umgebung zu etwas Besonderem. Auf den

> In diesem Schifffahrtsführer wird Seite für Seite Information über die Radfahrmöglichkeiten geboten, die Sie in der Nähe der Wasserstraßen und Jachthäfen finden.
>
> **FR** (Ausgeschilderte) Themenroute
> **FN** Fahrradwegenetz
> **FV** Fahrradverleih

Websites der Provinzen finden Sie weitere Informationen über die Besonderheiten.

Eine der besonderen Radfahrmöglichkeiten ist das Fahrradknotenpunktnetzwerk. Wie funktioniert es? Knotenpunkte sind jene Stellen, an denen sich die Fahrradwege kreuzen. Jeder Knotenpunkt im Netzwerk verfügt über eine Nummer. Anhand dieser Knotenpunkte planen Sie eine unbeschränkte Anzahl an Fahrradstrecken. Sie bestimmen selbst, wie lange Ihre Radtour wird, und wohin Sie fahren möchten. Addieren Sie die Entfernungen zwischen diesen Punkten und Sie wissen genau, wie lang Ihre Radtour wird. Die hervorragende Beschilderung erledigt den Rest. An jedem Knotenpunkt können Sie die Route nach Wunsch verkürzen oder verlängern. Ein guter Tipp: Nehmen Sie immer Ihre Radkarte mit. Das Aussehen der Knotenpunktbeschilderungen kann von Provinz zu Provinz unterschiedlich sein (siehe Beispiele), das System funktioniert jedoch überall gleich.

Entlang dem Fahrradwegenetz befinden sich zahlreiche Ruhebänke, um kurz zu rasten, und in regelmäßigen Abständen finden Sie Picknick-Plätze, wo Sie Ihr Mittagessen und die Natur genießen können. Ein Loch auf der Straße? Ein Schild verschwunden? Ein Wartungsteam ist täglich unterwegs, um das Fahrradwegenetz zu kontrollieren und zu warten. Auf den Websites der nachfolgend genannten Organisationen finden Sie die Meldepunktnummern und -Adressen.

Flämisch-Brabant (B)

In Flämisch-Brabant planen Sie Ihre Radtour gemäß der Freizeitkarte "Dijleland, wo Natur gleich Kultur ist".

Es wird nach Bestimmungen anstelle von Knotenpunkten gefahren. Diese Bestimmungen stehen auf einem Auswahlschild oder einem Pilz, die dazwischen liegenden Schilder sorgen dafür, dass Sie sich nicht verirren.

Erhältlich bei Tourismus Flämisch-Brabant, Provincieplein 1, 3010 Leuven, Tel. 0032 (0)16 26 76 20, toerisme@vl-brabant.be, www.vl-brabant.be/toerisme und bei den kommunalen Tourismusdiensten und Informationsbüros.

Tourismus Limburg (B)

In Belgisch-Limburg gibt es 1 Fahrradkarte: "Fahrradwegenetz Limburg".

Erhältlich bei Tourismus Limburg, Willekensmolenstraat 140, 3500 Hasselt, Tel. 00 32 (0) 11 23 74 50, www.toerismelimburg.be.

Belgisch Limburg, auch Fahrradparadies Limburg genannt, ist die Wiege der Fahrradwegenetze. Hier wurde das System entwickelt. Das System wurde beispielsweise mit Fahrradannahmestellen und Servicestellen verfeinert und erweitert: Ein großzügiger Parkplatz, Fahrrad-Café, Fahrradkiosk mit Informationen, Wetterstation, Automat mit Fahrradkarten, Broschüren, Regenjacken, Fotoapparaten, ...

Das Fahrradparadies Limburg stellt verschiedene Arten von Verleihrädern zur Verfügung, unter anderem Tourenräder, Anhängeräder für Kinder, Räder mit Hilfsmotor, Räder für Behinderte mit Begleiter. Die Fahrräder können in den Fahrradannahmestellen und Servicepunkten sowie verschiedenen Limburger Bahnhöfen gemietet werden. Nach der Radtour können Sie das Fahrrad bei einem anderen Bahnhof oder einer Annahme- und Servicestelle (erkennbar am Logo) wieder abgeben:

Tourismus Provinz Antwerpen (B)
Hier sind 4 Fahrradkarten erhältlich:
"Fahrradkarte 1" Nordosten der Antwerpener Kempen, mit u.a. Lille, Kasterlee, Retie, Ravels und Turnhout. "Fahrradkarte 2" Nordwesten, mit u.a. Kalmthout, Hoogstraten, Malle und Lier. "Fahrradkarte 3" Süden, mit u.a. Geel, Herentals, Westerlo und Mol.
"Fahrradkarte 4" Scheldeland oder Südwesten der Provinz Antwerpen, mit u.a. Bornem, Willebroek, Boom, Mechelen und Antwerpen.

Die Karten kosten 5 Euro pro Stück (+ eventuelle Versandkosten)

und sind bei den Tourismusbüros in der Provinz Antwerpen sowie bei Tourismus Provinz Antwerpen, Koningin Elisabethlei 16, 2018 Antwerpen, Tel. 00 32 (0)3 240 63 73, info@tpa.be erhältlich. Eine Online-Bestellung ist über www.tpa.be möglich.

Brabant (NL)
Unter dem Motto "Zum Fahrradfahren kommt man nach Brabant" wurden 6 Karten für Brabant herausgegeben:
"Zentral-Brabant", "De Wijde Biesbosch", "De Baronie", "Brabantser Delta", "Nordost-Brabant", "Radfahren in den Kempen" und "Radfahren im Peel". Im Jahr 2006 erscheint die Karte des Fahrradwegenetzes De Meierij. Damit steht ganz Brabant auf der Karte.

Die Karten sind u.a. bei den Verkehrsvereinen in der betreffenden Region und den größeren Brabanter Fremdenverkehrsbüros erhältlich. Diese und andere Verkaufsstellen finden Sie auf www.RoutebureauBrabant.nl.

Limburg (NL)
In Limburg gibt es drei Fahrradknotenpunkt-Karten: "Radfahren im Limburger Land von Peel und Maas und Die Maasdünen", "Grenzüberschreitendes Fahrradwegenetz Regionallandschaft Kempen und Maasland - Zentral-Limburg/Westliche Bergwerksregion - Kreis Heinsberg" und "Radfahren in Süd-Limburg".

Die Karten sind zum Preis von 5 Euro u.a. bei den Verkehrsvereinen erhältlich, und können über

die Webshops der regionalen Verkehrsvereine www.vvvzuidlimburg.nl, www.lekker-genieten.nl en www.vvvmaastricht.nl bestellt werden.

Einzigartig und überwältigend ist der Geschichtenflüsterer, eine Kombination aus GPS, Audio- und Videoführer. Sie klicken das Gerät auf Ihr Lenkrad, setzen die Kopfhörer auf und beginnen Ihre Tour. Das Gerät teilt Ihnen den zu folgenden Weg mit, und an einer im vorhinein eingegebenen Stelle beginnt automatisch ein Tonfragment, manchmal mit Bildern ergänzt. Die verschiedenen Geschichtenflüsterer-Routen sind eine sinnesbetörende Erfahrung. Erhältlich bei Tourismus Limburg (B).

DER ALBERTKANAAL

In der wirtschaftlichen Blütezeit Ende des letzten Jahrhunderts wuchs der Bedarf an einer guten Wasserstraßenverbindung zwischen Antwerpen und Lüttich. Der Engpass bei Maastricht erwies sich aus mehreren Gründen als problematisch. Er behinderte sowohl den Fluss des Maaswassers, das zur Bewässerung der Sandböden des Kempenlandes benötigt wurde, als auch die Durchfahrt der Schiffe. An anderen Stellen des Kanalsystems kam es z. B. durch Straßen- und Eisenbahnbrücken ebenfalls zu Engpässen. So dauerte die Fahrt zwischen Antwerpen und Lüttich über eine Strecke von 155 Kilometer mit 24 Schleusen durchschnittlich 16 Tage. Die Entdeckung von Steinkohle in den Kempen (1901) erhöhte zusätzlich die Notwendigkeit einer schnellen Direktverbindung sowohl zum Antwerpener Hafen als auch zu den wallonischen Industriegebieten.

Nach dem Vertrag von Versailles 1919 verschlechterten sich die Beziehungen zwischen Belgien und den Niederlanden. Die Wirtschaftsinteressen der Hafenpolitik auf der einen Seite und die Interessen des Steinkohleabbaus in Limburg auf der anderen

Albertkanal in der Nähe von Herentals

Seite führten zu Konflikten. Daher machten sich beide Länder an den Ausbau eines eigenen Wasserstraßennetzes. Das beste Beispiel dafür auf belgischer Seite ist der Bau des Albertkanaals in der Zeit von 1930 bis 1939 als Direktverbindung zwischen Antwerpen und Lüttich auf belgischem Hoheitsgebiet.

Am 24. April 1928 wurde per Gesetz ein „befristeter Sonderfonds für Großbauvorhaben" eingerichtet.

Kanalbecken Hasselt, eines der EU-Projekte

Dies war zugleich der Startschuss für die Vorarbeiten zu diesem Großprojekt. Die Verbindung zwischen Lüttich und Antwerpen wurde in mehreren Abschnitten hergestellt.

Beginn der Arbeiten war am 31. Mai 1930, als König Albert auf der Hochebene von Kaster den symbolischen ersten Spatenstich setzte. Dort wurde mit dem Einschnitt von Kaster und Vroenhoven, dem Ausheben des Ringkanals um Maastricht und des Kanals Briedgen-Neerharen begonnen. Dieser Abschnitt wurde am 16. Oktober 1934 fertiggestellt. Schon ein Jahr später konnten Schiffe bis 600 Tonnen die neue Wasserstraße befahren. Der Abschnitt Herentals-Antwerpen, der zum Teil mit dem Schelde-Maas-Verbindungskanal zusammenfiel, wurde ein Jahr später – 1935 – eingeweiht.

Zuletzt wurden folgende Bauabschnitte ausgeführt: die Schlucht von Eigenbilzen und die Streckenabschnitte Hasselt-Kwaadmechelen und Kwaadmechelen-Herentals. Am 30. Juli 1939 wurde der komplette Albertkanaal von König Leopold III. eingeweiht.

Ende der 60er Jahre wurde mit der Modernisierung und Verbreiterung des Albertkanaals für die Schifffahrt mit Schubverbänden begonnen. Die Modernisierungsarbeiten nähern sich nun ihrem Abschluss, doch an einigen Orten sind noch weitere Arbeiten im Gange oder geplant.

Albertkanal

ALBERTKANAAL

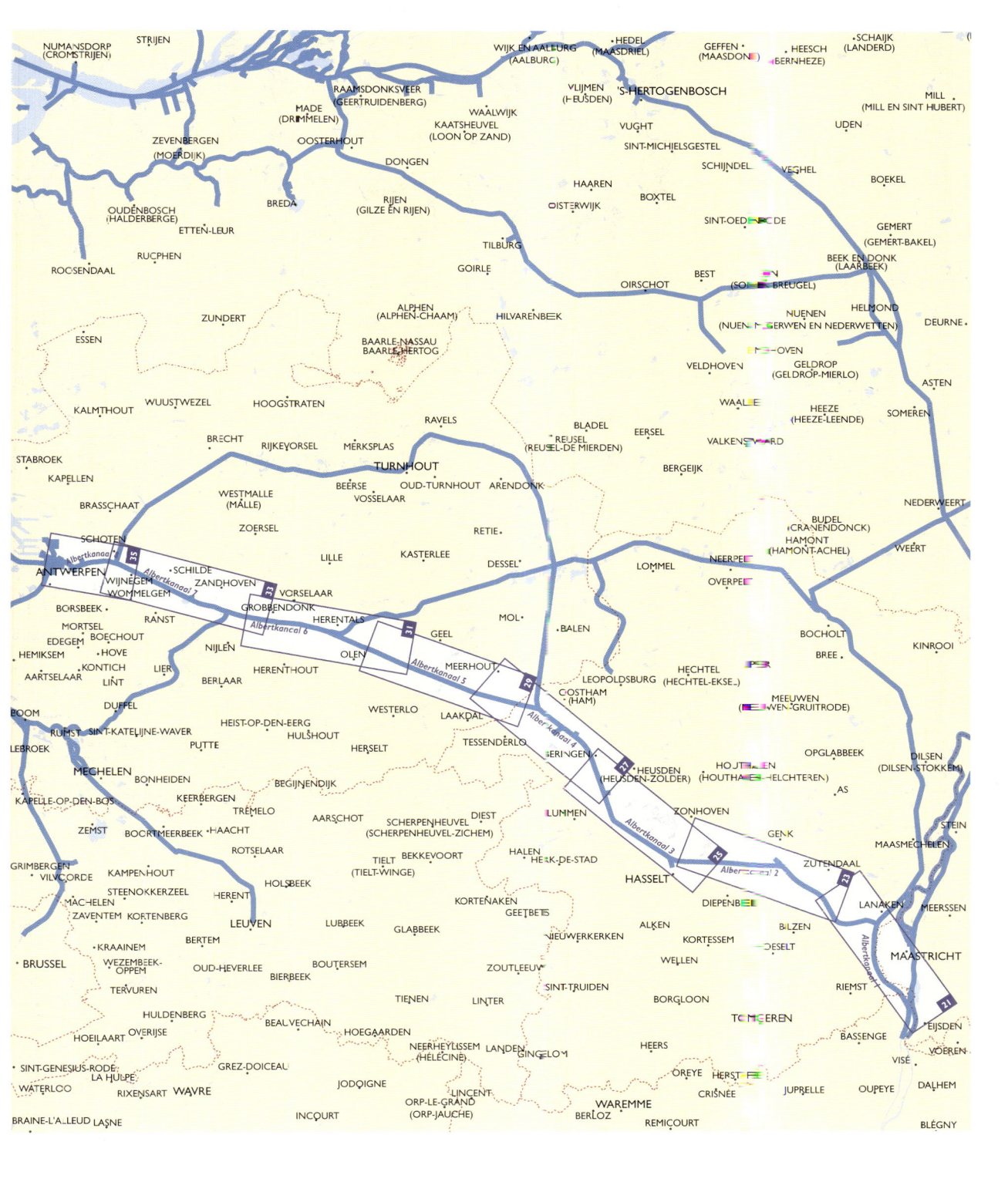

Der Albertkanaal ist ein von Frachtschiffen sehr stark befahrener Kanal von Antwerpen z- Maas. Der Kanal ist breit genug für Frachtschiffe und Sportboote. Er umfasst mehrere große Schleusenanlagen, in denen Sportboote und Frachtschiffe kombiniert geschleust werden.

Länge der Strecke:	110 km von Antwerpen bis Riemst (Kanne)		
Betreiber:	NV De Scheepvaart, Havenstraat 44, 3500 Hasselt, Tel. 00 32 (0)11 29 84 00		
Geringste Fahrrinnentiefe:	3,40 m		
Geringste Durchfahrtshöhe:	6,70 m		
Anzahl der Schleusen:	6 Schleusenanlagen		
Brücken- und Schleusenzeiten:		**ganzjährig**	
	Mo. - Fr.	00.00 - 22.00	
	Sa.	00.00 - 22.00	
	So. und Feiert.	22.00 - 00.00	An manchen Sonn- und Feiertagen und den jeweiligen Vorabenden sind abweichende Betriebszeiten möglich.
Sprechfunkkanal:	VHF 18/20/80		
Besonderheiten:	VHF Schiff-Schiff = VHF 10		

BILZEN

Bilzen liegt an der Grenze zwischen dem Limburgischen Kempen und dem Hespengau. Es ist ein beschauliches Städtchen, dessen Geschichte sich bis auf eine bescheidene Siedlung aus der Römerzeit zurückverfolgen lässt. Die Stadt ist vor allem wegen der imposanten Landkommende Alden Biesen bekannt. Von hier aus empfehlen wir Ihnen eine Wanderung zum Weinschloss Genoelselderen (Schlösserweg). Außerdem kreuzen sich am Apostelhaus in Alden Biesen zwei Fahrradwegnetze: Regionallandschaft Kempen und Maasland & Hespengau. Sie können hier Fahrräder leihen und wunderschöne Radtouren in zwei verschiedenen Regionen unternehmen.

Besichtigungstipps

- Rathaus. Baujahr: 1686, typisch maasländischer Stil, direkt am entzückenden Marktplatz.
- Alden Biesen, Kasteelstraat 6, Tel. 00 32 (0)89 51 93 93. Die Geschichte von Alden Biesen beginnt im Jahr 1220. Ab dem 15. Jhd. diente diese Kommende als Haupthaus oder Landkommende der Ballei Biesen mit 12 untergeordneten Kommenden. Besonders stimmungsvoll sind die neu angelegten Gärten und der englische Park, die dem Wasserschloss eine einzigartige Ausstrahlung verleihen.
- Apostelhaus, Bosselaar 11, Tel. 00 32 (0)89 51 18 02. Modernes audiovisuelles Landschafts- und Erlebnismuseum.

Veranstaltungen

Landwirtschafts- und Gartenbautage: Alden Biesen, 1. Sonntag im Juli
Terras Bilzen: Stadtzentrum, Mitte August
Folklorefestival: Alden Biesen, vorletzter Sonntag im August
Schottisches Wochenende: Alden Biesen, 2. Wochenende im September

Weitere Informationen:

Fremdenverkehrsamt Bilzen, Kasteelstraat 6A, 3740 Rijkhoven-Bilzen.
Tel. 00 32 (0)89 51 56 54, toerisme@bilzen.be, www.toerisme.bilzen.be.

RIEMST

Riemst besteht aus zehn ländlichen Ortsteilen mit jeweils eigenem Charakter. In Genoelselderen liegt das Weinschloss. Mergelgrotten und unterirdische Champignonzucht sind typisch für Kanne und Zichen-Zussen-Bolder, während Millen mit über 20 stattlichen Gutshöfen aufwartet. So können Sie u. a. den Biobauernhof Sèrvoswinning besichtigen. Auf dem Fahrradwegenetz Limburg lernen Sie dieses interessante Gebiet richtig kennen. Eine am Jachthafen beginnende Tour verbindet die Knotenpunkte 88-89-86-87-88 (39 km).

Radfahrer bei Alden-Biesen

Besichtigungstipps

- Wasserburg in Millen, Kattestraat 22. Euregionales Besucherzentrum mit Cafeteria, Museum und Fahrradverleih. Geöffnet dienstags bis sonntags ab 10.00 Uhr.
- Mergelgrotten in Kanne, Avergat. Ein Labyrinth von Gängen mit einer Gesamtlänge von ca. 300 km. Sie können die viele Abbildungen an den Wänden bewundern, das unterirdische Museum, die Champignonzucht und die "Grottenbier-Lagerkeller" besichtigen. Führungen sonntags um 15.30 Uhr, im Juli und August täglich um 14.00 Uhr.

Weitere Informationen:

Fremdenverkehrsamt Riemst, Tongersesteenweg 8, 3770 Riemst.
Tel. 00 32 (0)12 44 03 75, toerisme@riemst.be, www.riemst.be.

Weinschloss Genoelselderen

HESPENGAU

Im Hespengau, der südlichsten Region der Provinz Belgisch-Limburg, können Sie vollkommene Entspannung mit gesunder Aktivität kombinieren. Wandern und Radfahren quer durch die sanft geschwungenen Hügel, an Kirchtürmen und Wehrtürmen vorbei. Im Obstanbaugebiet Hespengau fühlen Sie sich fast wie in der französischen Provence. Wie könnte es auch anders sein bei diesem reichen Angebot an ausgezeichneter regionaler Küche und pflückfrischem Obst. Wie Sie sich den nötigen Appetit holen können? Zum Beispiel mit einem Stadtrundgang in Borgloon oder Sint-Truiden, einer Führung durch die historische Landkommende Alden Biesen oder einem Bummel über den Antiquitätenmarkt in Tongeren. Nach einem feinen Abendessen können Sie in einem der zahlreichen Schlösser und authentischen Gutshöfe übernachten. Unvergesslich, unvergleichlich und absolut köstlich.

TONGEREN

Die älteste Stadt Belgiens liegt zwar nicht am Kanal, ist aber auf jeden Fall einen Abstecher wert. Tongerens Geschichte geht bis auf die Römerzeit zurück und dem Zentrum liegt ein mittelalterlicher Stadtplan zugrunde. Ambiorix wacht über den Marktplatz, die Stadt und ihre vielen Antiquitätengeschäfte. Sehenswert sind: das gallo-romanische Museum, die gotische Liebfrauenbasilika mit archäologischen Ausgrabungen und romanischem Kreuzgang, die archäologische Ausgrabungsstätte und der Beginenhof. Hier findet jeden Sonntagmorgen der größte Antiquitätenmarkt im gesamten Benelux statt.

Weitere Informationen:

Fremdenverkehrsamt Tongeren, Stadhuisplein 9, 3700 Tongeren.
Tel. 00 32 (0)12 39 02 55, info@toerismetongeren.be, www.tongeren.be.

ALBERTKANAAL 1

Fest 8,25 m

Fest 16,42 m

Eisenbahnbrücke 13 m

Fest 14,80 m

Schleuse Lanaken
Tel. +32 (0)89 71 41 45 VHF 80 Verfall ca. 8,50 m

Lanaker Sportverein

Fest 17,42 m

Bassin Maastricht www.bassin.nl Tel. -31 (0)6 53 96 03 49

Fest 23,50 m

KennedyBrücke

W.V. Treech '42 Tel. +31 (0)6 20 31 78 46

W.V. M.C.C. / Jachthafen St. Pieter Tel. +31 (0)43 32 12 296

W.V. Randwyck
Fest 7,10 m

VVV Yakan VZW www.yakan.be

Jachthafen Pietersplas www.pietersplas.nl Tel. (0)43 367 18 14

Jachthafen Aqua Viva Tel. +31 (0)43 40 91 855

Schleuse Lanaye/Klein Ternaaien
Tel. +32 (0)89 71 41 45 VHF 18 Verval ca. 14 m

Yachting Sondagh Tel. 043-409 39 57

Fest

W.V. Eijsden www.wveijsden.nl Tel. +31 (0)43 40 91 816

DIEPENBEEK

Diepenbeek liegt im Demertal, wo die Anziehungskraft des kargen limburgischen Kempens und die Nähe des fruchtbaren Hespengaus ebenso spürbar ist wie die Dynamik, welche die Universität der Stadt beschert. Auf dem Marktplatz thront die St.-Servatius-Kirche mit ihrem spätgotischen Turm (65 m) aus dem Jahre 1497. Vier verschiedene Naturreservate locken mit diversen Wanderwegen. Radfahrer kommen mit dem Fahrradwegenetz Limburg auf ihre Kosten. Entsprechende Karten erhalten Sie bei den Fremdenverkehrsämtern der Region.

Weitere Informationen:
Tourist Info: DVT Diepenbeek, Dorpsstraat 14, 3590 Diepenbeek.
Tel. 00 32 (0)11 35 02 25, www.diepenbeek.be.

GENK

Genk ist eine gemütliche Stadt im Herzen der grünen Provinz Limburg. Ihrer Bergwerksgeschichte verdankt die Stadt einige architektonische Schmuckstücke. Ein Besuch der Bergbaugebäude und der Parkviertel lohnt sich auf jeden Fall. Genk ist auch eine multikulturelle Stadt. Das beweisen die zahlreichen Kirchen, Moscheen und die typisch ausländischen Geschäfte und exotischen Restaurants. Für Wanderer, Radfahrer, Maler und Naturfreunde sind die wunderschönen Naturgebiete und grünen Landschaften rund um Genk äußerst reizvoll.

Besichtigungstipps
• Domäne Kattevennen, Tel. 00 32 (0)89 65 44 49. Wanderwege, Fahrradstation, Eingang zum Nationalpark Hoge Kempen, Kunstskipiste, Karussell, Minigolf, Spielplatz, Bloso-Sportzentrum, Natur- und Planetenpfad, Geologiepark.
• Europlanetarium, Planetariumweg 19, Tel. 00 32 (0)89 30 79 90. Planetariumsvorführungen und Sternwarte.

Naturschutzgebiet De Maten

Veranstaltungen
1. Mai-Fest: Jahrmarkt, Kirmes, Blumenumzug
Genk on Stage: letztes Wochenende im Juni
Sonntagsmarkt: jeden Sonntagvormittag im Juli und August großer Flohmarkt mit Unterhaltungsprogramm
Entdecken Sie die Bergbaugeschichte von Winterslag: jeden Sonntagnachmittag im Juni, Juli, August und September

Weitere Informationen:
Fremdenverkehrsamt Genk, Dieplaan 2, 3600 Genk.
Tel. 00 32 (0)89 65 44 49, toerisme@genk.be, www.genk.be.

DOMEIN BOKRIJK

Die Domäne Bokrijk beherbergt ein großes Freilichtmuseum, in dem auf 70 Hektar Gelände flämische Bauerndörfer und ein alter (Antwerpener) Stadtteil wieder aufgebaut wurden. Mit über 100 Bauwerken wird das Flandern von vor 150 Jahren wieder lebendig. Die Bauernhöfe, Scheunen, Wohnhäuser und Kirchen sind von Blumen, Pflanzen und Bäumen der authentischen Landschaft umgeben. Auch die Inneneinrichtung der Gebäude, Mobiliar, Hausrat, landwirtschaftliche Geräte u. v. m. – alles wird originalgetreu präsentiert. Eine echte Zeitreise! An Sonn- und Feiertagen sowie täglich im Juli und August gibt es viel zu erleben, denn Bokrijk ist ein lebendes Museum. So läuft der Besucher vielleicht einem Lotterieverkäufer, dem Schulmeister oder dem Dorfhirten über den Weg. Auch für Kinder ist die Domäne eine Paradies: Mit einem großen Spielplatz im Freien, dem überdachten Spielplatz „Bokland", einem Streichelzoo, einem Wasserpark sowie einem Erlebnispark kommt keine Langeweile auf. Mit dem Fahrrad erreichen Sie die Domäne über das Fahrradwegenetz zum Knotenpunkt 71. Regionaltypische Gerichte, schnelle Snacks oder ein opulentes Mahl servieren die 7 Gastronomiebetriebe im und um das Freilichtmuseum. Das Freilichtmuseum ist ab dem Frühjahr 6 Monate im Jahr von 10.00 bis 18.00 Uhr geöffnet.

Provinzialdomäne Bokrijk

Besichtigungstipps
• Naturkundemuseum „Het Groene Huis". Das Museum bietet mit „Wir sind die Herren der Nacht" eine interessante Ausstellung über nachtaktive Tiere. Treten Sie ein in eine nächtliche Traumwelt, in der Tiere, Landschaften und Geräusche die Regie führen. Zu dieser Ausstellung schufen der Künstler Pat von Hemerijck und das Albi-Kollektiv eine phantasievolle, künstlerische Installation.
• Duft- und Farbenpark. Hier stehen die schönsten Blumen einträchtig neben Aromapflanzen, die zur Parfümherstellung verwendet werden.
• Arboretum. 12 Hektar großer Park mit Spazierwegen, Beeten, Brückchen und Ruhebänken.
• Gemüsegarten. Im Kempener Teil des Freilichtmuseums wird im öffentlichen Gemüsegarten die Entwicklung des Gemüseanbaus dargestellt.
• Kräutergarten. Hier lernen Sie allerlei Heil- und Zauberkräuter kennen.

Veranstaltungen
Straßentheaterfestival: Ende Mai
Suske & Wiske-Tag: Ende Juli
Bokrijk-Tag: Ende August
Tag der essbaren Landschaft: Ende September

Weitere Informationen:
Domäne Bokrijk, 3600 Genk.
Tel. 00 32 (0)11 26 53 00, bokrijk@limburg.be, www.bokrijk.be.

ZUTENDAAL

Zutendaal ist eine ländliche Siedlung am Rande der Kempener Hochebene. Die Gemeinde ist ans Limburger Fahrradwegenetz angeschlossen und umfasst ein interessantes Wandergebiet am Lieteberg. Sie können die prächtige Witheren-Pastorei (1783) mit dem Eingangsportal aus dem Jahre 1661 bewundern. Segler und Surfer kommen auf dem See Papendaalheide auf ihre Kosten.

Besichtigungstipps
• Bienen- und Insektenzentrum De Lieteberg, Zuurbroekstraat 16, Tel. 00 32 (0)89 61 17 51. Kollektion von gut 1500 präparierten Insekten aus Westeuropa, Bienenbefruchtungszentrum und Schmetterlingshaus.

Weitere Informationen:
Tourist Info: DVT Zutendaal, Administratief Centrum, Oosterzonneplein 1, 3690 Zutendaal.
Tel. 00 32 (0)89 62 94 51 of 00 32 (0)89 62 94 53, toerisme@zutendaal.be, www.zutendaal.be.

Brücke Schleuse fest 8,70 m

Schleuse Hasselt
Tel. +32 (0)11 30 13 40 **VHF** 20   Verfall ca. 10 m

Hängebrücke Fest 8,00 m

Brücke Schleuse fest 9,40 m

Schleuse Diepenbeek
Tel. +32 (0)11 32 18 36 **VHF** 18   Verfall ca. 10 m

Fest 7,20 m

Genker Wassersportverein   Tel. +32 (0)89 351 341
Eisenbahnbrücke Fest 9,40 m
Brücke Schleuse 11,20 m
Schleuse Genk
Tel. +32 (0)89 32 25 30 **VHF** 80
Verfall ca. 10 m
Fest 7,30 m

Fest 9,17 m

Fest 7,50 m

ALBERTKANAAL 2

HEUSDEN-ZOLDER

Heusden-Zolder ist in erster Linie durch die Rennstrecke Zolder bekannt, vor allem seit den Formel I-Grand-Prix und den WM-Radrennen im Jahr 2002. Zahlreiche internationale, nationale und regionale Wettkämpfe ziehen jedes Jahr 500 000 Besucher an. Täglich ab 18.15 Uhr können auch Sie die Rennstrecke mit dem Rad testen. Als ehemalige Bergbaugemeinde im Herzen Limburgs bietet Heusden-Zolder jedoch noch mehr: Kultur- oder Naturwanderungen, Schlösserradtouren, eine köstliche Gastronomie und die kulturelle Vielfalt bunt zusammengewürfelter Nationalitäten. Mit dem Rad ist die Gemeinde über das Fahrradwegenetz erreichbar (Knotenpunkte 301/307).

Besichtigungstipps

- Domäne Bovy, Galgeneinde 22, Tel. 00 32 (0)11 25 13 17. Parkanlage mit Einkehrmöglichkeiten, Marschweg durch Sumpf, mit Ziegenbauernhof, Wichtelpfad, Bienenhalle, Planwagen- und Kutschenfahrten.
- Heimatkundemuseum Woutershof, Dekenstraat 28, Tel. 00 32 (0)11 53 35 66.
- Ehemaliges Bergwerk „De Schacht", Tel. 00 32 (0) 11 53 02 30.

Veranstaltungen:

Siehe Veranstaltungskalender unter www.heusden-zolder.be

Weitere Informationen:

Fremdenverkehrsamt Heusden-Zolder, Terlaemenlaan 1, 3550 Heusden-Zolder.
Tel. 00 32 (0)11 53 02 30, toerisme@heusden-zolder.be, www.heusden-zolder.be.

Rennstrecke Zolder

HASSELT

Der 800 Jahre alte Hauptort von Belgisch-Limburg ist bekannt für Jenever, Spekulatius und Mode. Das Angebot an Kultur und Museen ist groß. Doch die Stadt ist in erster Linie eine belebte Einkaufsstadt. Dank des Grünen Boulevards, der kostenlosen Pendelbusse ins Zentrum und des weit verzweigten kommunalen Radwegenetzes können Besucher im Stadtzentrum nach Herzenslust flanieren. Auf dem gemütlichen Grote Markt kann man schön in einem der Straßencafés sitzen. Von hier ist es nicht weit zum Beginenhof, heute Z 33, zur Virga-Jesse-Basilika (18. Jhd.), zur Sint-Quintinus-Kathedrale (12. bis 19. Jhd.) oder zu einem der Museen. Die Museen sind auch Ausgangspunkt der Jeneverroute und der Moderoute, mit denen Sie die Stadt aus unterschiedlichem Blickwinkel kennen lernen. Des weiteren gibt es noch Routen zum Thema Bildhauerei, Damen und Fassadenmalerei. Im Zentrum haben Sie am Kanal Anschluss an das Limburger Fahrradwegenetz. Übrigens können Sie hinter dem Alten Rathaus kostenlos ein Fahrrad ausleihen (täglich von 10.00 Uhr bis 17.30 Uhr außer sonn- und feiertags). Empfehlenswert ist auf jeden Fall eine Radtour zum Naturgelände und Kinderbauernhof Kiewit.

Besichtigungstipps

- Nationales Jenevermuseum, Witte Nonnenstraat 19, Tel. 00 32 (0)11 23 98 60. Geschichte, Wissenschaft, Technik und Gastronomie der Schnapsbrennerei.
- Städtisches Modemuseum, Gasthuisstraat 11, Tel. 00 32 (0)11 23 96 21. Sammlung mit Kostümen, Kleidern und Accessoires vom 17. bis 20. Jhd. Wechselnde Ausstellungen moderner Modedesigner.
- Städtisches Museum, Maastrichterstraat 85, Tel. 00 32 (0)11 23 98 90. Kunst und Geschichte der Stadt und der Grafschaft Loon.
- Japanischer Garten, Gouverneur Verwilghensingel, Tel. 00 32 (0)11 23 52 00. Lustgarten im japanischem Landschaftsstil nach dem Beispiel der Teegärten aus dem 17. Jhd.

Kanalbecken Hasselt

Veranstaltungen

Hasselt Livel: letztes Wochenende im Mai
Pukkelpop: im August
Straßentheaterfestival: 3. Augustwoche
Hasselter Kirmes: 3. Septemberwoche
Jeneverfest: 3. Oktoberwochenende

Weitere Informationen:

Fremdenverkehrsamt Hasselt, Lombaardstraat 3, 3500 Hasselt. Tel. 00 32 (0)11 23 95 40, toerisme@hasselt.be, www.hasselt.be.

Jenevermuseum Hasselt

DIE REGION VOEREN

Die Region Voeren ist ein hügeliges, grünbraunes Fleckchen von Belgisch-Limburg am östlichen Maasufer. Hier finden Sie alles, um in Ruhe auszuspannen. In den sechs Dörfern, aus denen die Gemeinde Voeren besteht, können Sie nach Herzenslust wandern und Rad fahren. Von Moelingen an der Maas zum höchsten Punkt Flanderns in Remersdaal - überall sanfte Hügel, Hohlwege und vor allem einzigartige Sinneseindrücke. Und auch die Gastronomie von Voeren sollten Sie sich nicht entgehen lassen. Hier ist das Forellen-Eldorado und es werden Ihnen unvergessliche regionale Gerichte serviert. Wenn Sie eine oder mehrere Übernachtungen buchen, haben Sie neben einem herrlichen Bett auch eine ideale Ausgangsbasis für einen Besuch der nahe gelegenen Kulturzentren: Nach Lüttich, Maastricht und Aachen ist es nur noch ein Katzensprung.

Beringen Wasserski- und sportclub Tel. +32 (0)11 42 47 95

Fest 7,47 m

Brücke Hafen Lummen fest 6 m
Jachthafen Lumma-Ski Tel. +(0)11 42 50 84

Brücke E314 vast 9 m

Fest 7,47 m

Fest 7,47 m

Fest 7,47 m

V.V.W. Kuringen

Eisenbahnbrücke fest 7 m

Königlicher Hasseltse Jachtclub KHY Tel. +32 (0)11 24 30 82
VVW Hasseltse Jachtclub HYAC Tel. +32 (0)11 21 25 70

Fest 4,65 m
Fest 7,60 m
Fest 7 m

BERINGEN

ALBERTKANAAL 4

Genenbos

Mangelbeek

Viversel

Vijver Van Terlamen
Vijver Van Terlamen
Bolderberg
Vijver Van Terlamen

Sint-Jansvijvers
Sint-Jansvijvers
Sint-Jansvijvers
Kleine Vijver

Stokrooie

Ballewijvers
Dry Dreven
Halveweg

Bosvijver

Kuringen

ALBERTKANAAL 3

HASSELT

ALBERTKANAAL 3

25

LUMMEN

Hier kommen Wassersportler auf ihre Kosten. Am Jachthafen des Lumma-Skivereins können Sie Wasserski und Jetski fahren oder angeln. Auf dem Schulens Meer kann man Ruderboot und Kajak fahren, segeln und surfen. Zudem gibt es mehrere Wander- und Radwege. Und Sie können eine tausendjährige Eiche bewundern.

Weitere Informationen:
Kommunales Fremdenverkehrsamt, Gemeenteplein 13, 3560 Lummen.
Tel. 00 32 (0)13 53 05 89, toerisme@lummen.be, www.lummen.be.

TESSENDERLO

Tessenderlo ist eine typisch Kempener Gemeinde an der Grenze zu Flämisch-Brabant und Antwerpen. Die Abtei von Averbode liegt zum Teil in der Gemeinde Tessenderlo. Sie prägte jahrhundertelang die Geschicke des Ortes. Ein Besuch der gotischen St.-Martins-Kirche lohnt sich gewiss. Das Prunkstück der Kirche ist ein Lettner aus weißem Stein (1525) mit Darstellungen und Szenen aus dem Leben Christi. Vom Albertkanal haben Radfahrer Anschluss an die „Louis Verbeeck-Route".

Besichtigungstipps
• Besucherzentrum der Provinz Gerhagen, Zavelberg 10, Tel. 00 32 (0)13 67 38 44. Forstmuseum mit Ausstellung „Von Ei zu Ei", einer umfangreichen Sammlung mit Vögeln und Tieren aus der Region.

Veranstaltungen
Zwarte Markt (Trödelmarkt): jeden Sonntag
Große Kirmes und Nike-Classic: 2. Sonntag und Montag im Juli

Domäne Gerhagen

Weitere Informationen:
Tourist Info: VVV Tessenderlo, Gemeentehuis, Markt, 3980 Tessenderlo.
Tel. 00 32 (0)13 66 17 15, vvv@tessenderlo.be, www.toerisme.bilzen.be.

BERINGEN

Beringen ist eine der sieben Bergbaugemeinden Limburgs. An den Bergmannshäusern, dem Casino (Provinzzentrum für Musik und Tanz), dem flämischen Bergbaumuseum, der Bergbaukathedrale, aber auch der Fatih Moschee ist der Einfluss dieser industriellen Entwicklung auf die örtliche Gesellschaft deutlich erkennbar. Die Gemeinde bietet zahlreiche Freizeitmöglichkeiten: Surfen, Segeln, Kanu- und Kajakfahren und Angeln auf dem Paalse Plas, Wandern im Naturreservat „De Vallei van de Zwarte Beek" oder Radfahren auf der Route „Lus van het Zwarte Goud" durch die Limburger Bergbauregion (110 km).
Wer auf dem Albertkanal Wasserski fahren will, kann dies im Beringen Waterskiclub tun.

Besichtigungstipps
• Flämisches Bergbaumuseum, Koolmijnlaan 201, Tel. 00 32 (0)11 43 11 17. Geschichte des Steinkohleabbaus in Limburg.
• Besucherzentrum De Watersnip, Grauwe Steenstraat 7, Tel. 00 32 (0)11 45 01 91. Interaktive Ausstellung zum „Vallei van de Zwarte Beek".
• 't Fonteintje, Fonteintjesstraat 30, Tel. 00 32 (0)11 42 76 08. Freizeitpark mit Spielplatz, Spieldorf, Badeweiher.

Mein Beringen

Veranstaltungen
Drei-Provinzen-Tour: 1. Sonntag im Juni
In het Wiel van de Mijn: 2. Sonntag im September
Koersel Terrast: Pfingstwochenende
Mittsommertage Beringen: letztes Wochenende im Juni
Paal op Stelten: 1. Sonntag im August
Erntefest Beverlo: Wochenende um dem 15. August
Mijnhappening: 2. Septemberwochenende

Weitere Informationen:
Fremdenverkehrsamt Beringen, Markt 8, 3580 Beringen.
Tel. 00 32 (0)11 42 15 52, toerisme@beringen.be, www.toerismeberingen.be.

HAM

In Kwaadmechelen befindet sich ein beeindruckender Schleusenkomplex. Eine 200 m lange Schubschifffahrtsschleuse mit einer Hubhöhe von 24 m und einem Durchfluss von 50 000 m_ und zwei kleine Schleusen mit 24 000 m_ Durchflussmenge. Die hydraulische Steuerung erfolgt von einem 15 m hohen Turm aus. Die „Drei-Provinzen-Radtour" führt durch die Orte Meerhout, Ham, Beringen, Diest, Tessenderlo und Laakdal (56 km).

Weitere Informationen:
Kommunales Fremdenverkehrsamt, Dorpsstraat 19, 3945 Ham.
Tel. 00 32 (0)13 67 01 90, toerisme@ham.be, www.ham.be.

Wasserschifahren

Fest 7,21 m

Fest 7,43 m

Brücke schleuse Fest 8,47 m

Schleuse Kwaadmechelen
Tel. +32 (0)13 66 11 58 VHF 20

Fest 7,79 m

Eisenbahnbrücke Fest 7,12 m

Fest 7,49 m
Brücke Stichhafen Tessenderlo Fest 7,47 m

Brücke Kohlehafen Beringen Fest 6,62 m
V.V.W. Tervant Ski Tel. +32 (0)13 33 34 69
Fest 7,20 m

Fest 7,39 m
Beringen Wasserski- und Sportclub Tel. +32 (0)11 42 47 95

ALBERTKANAAL 4

WESTERLO

Westerlo, „die Perle des Kempenlands", ist ein beliebter, schön gelegener Ferienort. Sehenswert sind das Schloss der Familie van Merode und die Abtei von Tongerlo mit einer getreuen Replik von Leonardo da Vincis „Letztem Abendmahl".

Besichtigungstipps

- Abtei von Tongerlo. Norbertinerabtei (1130) mit alten Prälatgebäuden, Gästehaus, Zehntscheune, spanischem Türmchen und Klosterladen, alles um den Innenhof gruppiert. Führung jeden Sonntag von April bis September um 14.30 Uhr.
- Da Vinci-Museum, Norbertinerabtei, Abdijstraat 40, Tel. 00 32 (0)14 53 99 00, www.tongerlo.org. Es beherbergt nur ein Gemälde, nämlich das Letzte Abendmahl, eine getreue Replik des berühmten Freskos von Leonardo da Vinci.
- Regionalmuseum der Zuiderkempen, Sint-Michielsstraat 2, Oevel. Handwerk, Möbel, landwirtschaftliche Geräte und Fachbibliothek.
- Drehorgelmuseum, Kloosterstraat 25, Westerlo-Voortkapel, Tel. 00 32 (0)14 26 51 41.

Veranstaltungen

Schlossfest: 1. Juliwochenende
Radfahren an Laak und Nete: 3. Sonntag im Juni
Internationales Folklorefestival: Wochenende vor dem 15. August
Malerwanderung zur Abtei von Tongerlo (Kempen-Tag): letzter Sonntag im August

Weitere Informationen:

Fremdenverkehrsamt Westerlo, Boerenkrijglaan 25, 2260 Westerlo.
Tel. 00 32 (0)14 54 54 28, info@toerismewesterlo.be, www.toerismewesterlo.be.

Schloss de Merode

FR
- Pater van Clé-Route, 49 km
- Van Gansen-Route, 47 km
- Laak- und Nete-Route, 53 km
Erhältlich beim Fremdenverkehrsamt Westerlo.

FN Anschluss ans Fahrradwegenetz über die Knotenpunkte 40 und 48.

FV Monsta Fietsen, Loofven 17, Oevel, tel. 00 32 (0)14 21 96 33.

LAAKDAL

Viel zu sehen und zu erwandern gibt es im Laakdal, das mit seinen Ortsteilen Eindhout, Vorst und Veerle an der Laak in den Zuiderkempen liegt. Die Gemeinde besitzt viele geschützte Denkmäler und ausgedehnte Naturgebiete.

Besichtigungstipps

- Holzschuhmuseum im alten Gemeindehaus Eindhout, Tel. 00 32 (0)14 86 60 75.

Veranstaltungen

Infotag zur Drei-Provinzen-Tour: 1. Sonntag im Juni
Radfahren an Laak und Nete: 3. Sonntag im Juni
Nete-Wanderung: 3. Sonntag im August
Kempen-Tag: letzter Sonntag im August

Weitere Informationen:

Tourist Info: TD/VVV Laakdal, Administratief Centrum, Kerkstraat 21, 2430 Vorst-Laakdal.
Tel. 00 32 (0)13 67 03 80, info@laakdal.be, www.laakdal.be.

FR
- Pater van Clé-Route, 49 km
- Drei-Provinzen-Tour, 61 km
- Laak- und Nete-Route, 53 km
Erhältlich bei der Tourist Info Laakdal.

FN Anschluss ans Fahrradwegenetz über die Knotenpunkte 23 und 46.

Radfahren entlang der Großen Nete

MEERHOUT

Das „Wander- und Mühlendorf Meerhout" im südöstlichsten Zipfel der Provinz liegt an der Grote Nete.

Besichtigungstipps

- Prinskens-Mühle, Weversberg, Tel. 00 32 (0)14 30 45 42. Älteste Holzständerwindmühle der Provinz (1200), betriebsbereit.
- Haenvense Molen, Lindestraat 55, Zittaart, Tel. 00 32 (0)14 30 23 76. Malerisch gelegene Holzständermühle, betriebsbereit.
- Wassermühle, Tel. 00 32 (0)14 30 45 13, an der Grote Nete, nicht betriebsbereit.

Veranstaltungen

Infotag zur Drei-Provinzen-Tour: 1. Sonntag im Juni
Radeln mit De Schakel (Kempen-Tag): letzter Sonntag im August

Weitere Informationen:

Tourist Info: VVV Meerhout, P. Van Haechtplein 12, 2450 Meerhout.
Tel. 00 32 (0)14 30 15 40, vvv-meerhout@mail.be, www.meerhout.net.

FR
- Pater van Clé-Route, 49 km
- Drei-Provinzen-Tour, 61 km
Erhältlich bei der Tourist Info Meerhout.

FN Anschluss ans Fahrradwegenetz über die Knotenpunkte 11, 22, 23, 45 und 46.

Drossardhaus Marktplatz Meerhout

Fest 7,58 m

🏛

Fest 7,08 m

ℹ 🏛 🚲 🚂 ⛵

Fest 7,48 m

V.V.W. Aqua-Ski www.aqua-ski.tk Tel. +32 (0)14 56 02 76

Fest 7,68 m

ℹ ⛵

GROBBENDONK

Ländliche Gemeinde am Zusammenfluss von Nete und Aa. Das Diamantenmuseum illustriert die Bedeutung von Grobbendonk als Zentrum der Diamantenbearbeitung im Kempenland. Die Wassermühle ist einer der malerischsten Orte des Kempenlands.

Besichtigungstipps
• Diamantenmuseum, Oude Steenweg 13a, Tel. 00 32 (0)14 51 43 94. Geschichte der Diamanten(-bearbeitung) und des Kempener Diamantensektors.
• Wassermühle, Hofeinde. Unterschlächtige Wassermühle am Zusammenfluss von Kleine Nete und Aa, täglich in Betrieb.
• Mühle von Bouwel, Molenstraat. Holzwindmühle mit geschlossenem Ständer.

Veranstaltungen
Diamantenshow im Diamantenmuseum: letzter Sonntag im November und 1. Sonntag im Dezember

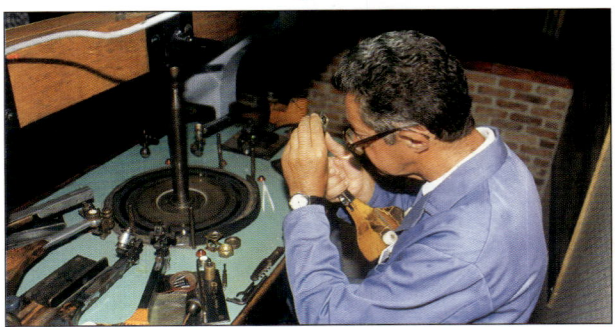

Diamantenmuseum, Grobbendonk

Weitere Informationen:
Tourist Info: VVV/Toerisme Grobbendonk, Oude Steenweg 13a, 2280 Grobbendonk.
Tel. 00 32 (0)14 51 39 64 en 51 43 94, toerisme.grobbendonk@tiscali.be, www.grobbendonk.be

FR
• Wassermühlenroute, 50 km
• Gouverneur Kinsberg-Route, 52 km
• Mühlenroute, 48 km
• Diamantenroute, 30 km
Erhältlich bei der Tourist Info Grobbendonk.

FN Anschluss ans Fahrradwegenetz über die Knotenpunkte 09 und 10.

FV Tourist Info VVV/Toerisme Grobbendonk, Oude Steenweg 13a, Grobbendonk, Tel. 00 32 (0)14 51 39 64.

HERENTALS

Herentals verdankt den Titel „historische Hauptstadt des Kempenlands" seiner geschichtsträchtigen Vergangenheit. Diese Vergangenheit ist überall spürbar: zwei Stadttore, die Tuchhalle mit Burgfried, die gotische Sint-Waldetrudis-Kirche, das renovierte Schloss Le Paige, schöne Wohnhäuser und der beschauliche Beginenhof. In der wunderschönen, grünen Umgebung liegen u. a. Aussichtstürme, der Netepark und das interaktive Wasserzentrum Hidrodoe.

Besichtigungstipps
• Beginenhof, einer der ältesten Beginenhöfe des alten Herzogtums Brabant und des Kempenlands.
• Aussichtsturm De Paepekelders, Domäne De Bosbergen, Tel. 00 32 (0)14 23 25 65. Bei guter Sicht bietet der 24 m hohe Turm ein beeindruckendes Panorama.
• Schedelhof, Bertheide 12, Morkhoven, Tel. 00 32 (0)14 26 18 13. Schädel und Skelette von Säugetieren, Vögeln und Reptilien aus allen Teilen der Welt.
• Freizeitzentrum und Schwimmbad Netepark, Vorselaarsebaan 52, Tel. 00 32 (0)14 85 97 10. Hallenbad, Spielplatz, Liegewiese und Minigolf.
• BLOSO-Zentrum Herentals, Vorselaarsebaan, Tel. 00 32 (0)14 85 95 10. Sportanlagen in der Halle und im Freien.
• Hidrodoe, Haanheuvelstraat 7, Tel. 0800 90 300, www.hidrodoe.be. Einzigartiges interaktives Wasserinfozentrum zum Mitmachen mit über 80 Versuchsaufbauten, an denen die Besucher selbst mit Wasser experimentieren können.
• De Waterral, Spaanshofpark, Tel. 00 32 (0)14 21 00 09 oder (0)475 39 20 74. Fahrten auf der Kleinen Nete.

Jachthafen Herentals

Veranstaltungen
Blumenmarkt und Roetaert-Spiel: 1. Mai
Lakenhallive: Juli und August
Radeln mit De Schakel (Kempentag): letzter Sonntag im August

Weitere Informationen:
Fremdenverkehrsamt Herentals, Grote Markt 41, 2200 Herentals.
Tel. 00 32 (0)14 21 90 88, toerisme@herentals.be, www.toerismeherentals.be

FR
• Kaiser Karl-Route, 37 km
• Mühlenroute, 48 km
• Wassermühlenroute, 50 km
• Mountainbikeroute Kasterlee-Herentals (38 km)
Erhältlich beim Fremdenverkehrsamt Herentals..

FN Anschluss ans Fahrradwegenetz über die Knotenpunkte 11, 12 und 60.

FV Fremdenverkehrsamt Herentals, Reservierung über das Hotel De Zalm, Grote Markt 21, Herentals, Tel. 00 32 (0)14 28 60 00
Jugendgästehaus De Brink, Bosbergen 1, Herentals, Tel. 00 32 (0)14 21 15 33

OLEN

Schöner Ort mit fränkischem Dorfplatz. Der dreibeinige Brunnen geht auf den legendären Besuch Kaiser Karls und die Geschichte vom „Topf mit den drei Ohren" zurück. Wandergemeinde 2005.

Besichtigungstipps
• Olens Radiomuseum, Gerheiden 57-59, O.-L.-V.-Olen, Tel. 00 32 (0)14 21 47 49, www.radiomuseum.olen.be.
• Bier-, Natur- und Heimatkundemuseum, Alter Bahnhof, Tel. 00 32 (0)14 22 10 50.
• Buul-Mühle, Holzwindmühle am Albertkanal, Tel. 00 32 (0)14 26 33 87.

Veranstaltungen
Ganzjährig diverse Aktivitäten

Weitere Informationen:
Fremdenverkehrsamt Olen, Gemeentehuis, 2250 Olen.
Tel. 00 32 (0)14 26 31 11, infodienst@olen.be, www.olen.be.

FR •Kaiser Karl-Route, 37 km
Erhältlich beim Fremdenverkehrsamt Olen.

FN Anschluss ans Fahrradwegenetz über die Knotenpunkte 61, 62 und 64.

ALBERTKANAAL 6

|i| |🏛| |🚲| |⚓|

V.V.W. Grobbendonk www.vvw-grobbendonk.tk
Tel. +32 (0)477 51 83 91
Fest 7,16 m

Eisenbahnbrücke Fest 7,06 m

Fest 7,70 m

|i| |🚲| |🏛| |🚂|

Fest 7,55 m

Fest 7,10 m

Jachthafen Herentals www.herentals.be Tel. +32 (0)14 70 00 91

|🚻| |🚰| |⛽| |🗑| |⚡| |☕| |🧺|

Brücke Schleuse fest 9,10 m

Schleuse Olen
Tel. +32 (0)14 22 04 52 **VHF 20** Verfall ca. 10 m

|i| |🏛| |⚓|

V.V.W. Olen Tel. +32 (0)14 23 21 22

31

WIJNEGEM

Ort am Kanal im grünen Gürtel um Antwerpen. Der Albertkanaal teilt den Ort in zwei Hälften. Die Schleusenanlage von 1992 reguliert den Höhenunterschied (5,45 m).

Besichtigungstipps
- Wijnegem Shopping Center, Turnhoutsebaan 5, Tel. 00 32 (0)3 350 14 44, www.wijnegemshoppingcenter.be. Einkaufszentrum mit ca. 240 Geschäften.

Weitere Informationen:
Fremdenverkehrsamt Voorkempen, Kerkstraat 17, 2970 's-Gravenwezel.
Tel. 00 32 (0)3 685 34 21, toerisme@voorkempen.be, www.voorkempen.be.

SCHILDE

Ruhige Gemeinde mit viel Grün, Villen und Landhäusern.

Besichtigungstipps
- Albert Van Dyck-Museum (Maler), Brasschaatsebaan 30, Tel. 00 32 (0)3 380 16 28.
- Die drei Rosen, Kerkstraat 41-45, 's-Gravenwezel, Tel. 00 32 (0)3 383 62 09. Altes Kempener Wohnhaus mit Innenausstattung und Gebrauchsgegenständen.

Albert van Dyck Kinderkranz

- Schloss 's-Gravenwezel. Um 1200 erbaut, barockes Torgebäude aus dem 17. Jhd., doppelter Schutzwall und wunderschöne Rokokoterrasse. Ganzjährig geöffnet.
- Wintersportzentrum Casablanca, Wouwerstraat 15, 's-Gravenwezel, Tel. 00 32 (0)3 658 52 06, www.skicasablanca.be. Hallenskipiste (3 000 m_) mit echtem Schnee.
- Domäne Schildehof, De Pont 25. Parklandschaft (46 ha) mit Teich, Waldgebiet, Kräutergarten „Doedoenstuin" und Bienengarten.

Veranstaltungen
Heemfeesten Scilla: letztes Wochenende im August
Fest im Park: jeden Dienstag im Juli und August

Weitere Informationen:
Fremdenverkehrsamt Voorkempen, Kerkstraat 17, 2970 's-Gravenwezel.
Tel. 00 32 (0)3 685 34 21, toerisme@voorkempen.be, www.voorkempen.be.

FR
- Wasserstraßenroute, 40 km
- Schlösserroute, 41 km
- Rasschaert-Route, 57 km
  Erhältlich beim Fremdenverkehrsamt Voorkempen.

FN Anschluss ans Fahrradwegenetz ab Wijnegem über die Knotenpunkte 22 und 24, ab Schilde über den Knotenpunkt 29.

OELEGEM (Ranst)

Ranst ist eine schmucke ländliche Gemeinde. Die Ortsteile Broechem und Emblem sind für den Obstanbau bekannt. Die größte Attraktion des Ortsteils Oelegem ist die Provinzdomäne Vrieselhof.

Besichtigungstipps
- Provinzdomäne Vrieselhof, Schildesteenweg 79, Oelegem, Tel. 00 32 (0)3 385 21 65, www.vrieselhof.be. Schöne Alleen, zwei Wasserläufe, Weiher und sternförmig angelegter Forst, drei ausgeschilderte Wanderwege, Waldlehrpfad und Besucherzentrum mit jährlich wechselnden Sonderausstellungen.
- Fort Oelegem (1909). Prächtige Natur, eines der größten Fledermausreservate Flanderns und Naturlehrpfad.
- Mühle Oelegem, Torenplein. Aus Stein gemauerter Bergholländer.

Provinzialdomäne Vrieselhof

Veranstaltungen
Tag der offenen Tür in Fort Oelegem: letzter Sonntag im April
Mühlenfest Oelegem: 1. Sonntag im Juni (alle zwei Jahre: 2007 – 2009)

Weitere Informationen:
Kommunales Fremdenverkehrsamt, Gustaaf Peetersstraat 7, 2520 Ranst.
Tel. 00 32 (0)3 485 79 69, cultuurdienst@ranst.be, www.ranst.be.

FR
- Obstgartenroute, 29 km
- Conscience-Route, 27 km
- Wasserstraßenroute, 40 km
- Schlösserroute, 41 km
- Rasschaert-Route, 57 km
Erhältlich beim Fremdenverkehrsamt Ranst.

FN Anschluss ans Fahrradwegenetz über die Knotenpunkte 56 und 78.

Schoten Jachtclub (SYC) Tel. +32 (0)3 658 01 19

max. 20 ton
Fest 7,33 m

Brücke Schleuse 7,00 m
Schleuse Wijnegem
Tel. +32 (0)3 353 61 56 VHF 80   Verfall ca. 5,45 m

Fest 7,54 m

Fest 7,18 m

Brücke E34 Fest 8,59 m

V.V.W. Kempen Massenhoven Tel. +32 (0) 3 485 76 79

Fest 7,29 m

Fest 7,47 m

Wasserskiclub Viersel Tel. +32 (0) 475 71 94 65
Brücke E313 Fest 7,40 m
Schleuse Viersel
Tel. +32 (0)3 485 51 27 VHF 22   Verfall ca. 5 m
Brücke schleuse Viersel Fest 5,75 m

ALBERTKANAAL 8

MERKSEM (Antwerpen)
Stadtteil Antwerpens mit großem Industriegelände am Albertkanaal.

Besichtigungstipps
• Städtisches Naherholungsgebiet Fort 1, Fortsteenweg 120, Tel. 00 32 (0)3 646 22 66. Grünanlage mit u. a. Arboretum und Angelgewässer.

Veranstaltungen
Auftritte nationaler und internationaler Künstler im Sportpalast: ganzjährig

Weitere Informationen:
Fremdenverkehrsamt Antwerpen, Grote Markt 13, 2000 Antwerpen.
Tel. 00 32 (0)3 232 01 03, visit@stad.antwerpen.be, www.visitantwerpen.be.

FN Anschluss ans Fahrradwegenetz über Knotenpunkt 31. Eine entsprechende Karte ist beim Fremdenverkehrsamt Antwerpen erhältlich.

DEURNE (Antwerpen)
Stadtteil Antwerpens mit schönen Parkanlagen.

Besichtigungstipps
• Provinzdomäne Rivierenhof, Turnhoutsebaan 246, Tel. 00 32 (0)3 360 52 17, www.rivierenhof.be. Park (130 ha) mit jahrhundertealten und exotischen Bäumen, Arboretum, Stein- und Aromagarten, Sportanlagen und Freilichttheater. Der Rosengarten (8 000 Rosensträucher) ist einer der schönsten Europas.

Provinzialdomäne Rivierenhof

• Silbermuseum Sterckshof Provinz Antwerpen, Hooftvunderlei 160, Tel. 00 32 (0)3 360 52 50, www.sterckshof.be. Ständige Silberausstellung, Sonderausstellungen.
• Turninum Volksmuseum, Koraalplaats 2, Tel. 00 32 (0)3 326 75 98. Alltag und Arbeit der Lohnarbeiter während und nach der industriellen Revolution.
• Naturhistorisches Museum Boekenberg, Boekenbergpark-Unitaslaan, Tel. 00 32 (0)3 321 54 38. Paläontologie, Frühgeschichte, Archäologie und Mineralogie.
• Skianlage Zondal, Ruggeveldlaan 488b, Tel. 00 32 (0)3 325 03 74, www.zondal.be. Fünf Abfahrten, vier Lifte, eine Loipe und ein Skikindergarten; Skifahren auf Bürsten, Skiausrüstungsverleih.
• Rollschuhbahn Ruggeveld, Ruggeveldlaan, Tel. 00 32 (0)3 325 16 16.

Veranstaltungen
Freilichttheater Rivierenhof: Ende Juni bis Anfang September

Provinzialmuseum Sterckshof Silberzentrum

Weitere Informationen:
Fremdenverkehrsamt Antwerpen, Grote Markt 13, 2000 Antwerpen.
Tel. 00 32 (0)3 232 01 03, visit@stad.antwerpen.be, www.visitantwerpen.be.

FR • Brialmont-Route, 40 km
Erhältlich beim Fremdenverkehrsamt Antwerpen.

FN Anschluss ans Fahrradwegenetz über den Knotenpunkt 30.

SCHOTEN
Schöner Ort am Stadtrand von Antwerpen mit zahlreichen Schlössern und Parks.

Besichtigungstipps
• Tibetanisches Institut, Kruispadstraat 33, Tel. 00 32 (0)3 685 09 19, www.tibetaans-instituut.org. Authentische Informationen zum Buddhismus.
• Domäne Vordenstein, Kopstraat. Parkanlage (110 ha) mit englischem Garten; im Mai/Juni sorgen Rhododendren und Azaleen für ein wahres Duft- und Farbenfestival.
• Domäne La Garenne, zwischen Kempisch Kanaal und Antitankkanaal: Naturpark (450 ha) mit Wäldern, Wiesen und Feldern.

Veranstaltungen
Internationales Folklorefestival: 2. Juliwochenende
• Pavillonabende: jeden Dienstag und Donnerstag im Juli und August
• Veranstaltungen im Park Vordenstein: ganzjährig

Weitere Informationen:
Fremdenverkehrsamt Voorkempen, Kerkstraat 17, 2970 's-Gravenwezel.
Tel. 00 32 (0)3 685 34 21, toerisme@voorkempen.be, www.voorkempen.be.

Weltfestival für Folklore

ALBERTKANAAL 8

Straatsburgbrücke Fest 9,10 m

Noorderlaanbrücke Fest 7,00 m

Eisenbahnbrücke 6.77 m
Brücke kleiner Ring Antwerpen Fest 9,42 m
Ijzerlaanbrücke Fest 6,70 m (Tiefste Brücke Albertkanal)

Fest 7,13 m

BB Brücke Dock Merksem VHF 80

DeurneBrücke Fest 6,85 m

Fest 7,47 m

Schoten Jachtclub (SYC) Tel. +32 (0)3 658 01 19

max. 20 ton

FR
- Schlösserroute, 41 km
- Wasserstraßenroute, 40 km
Erhältlich beim Fremdenverkehrsamt Voorkempen.

FN Anschluss ans Fahrradwegenetz über die Knotenpunkte 16, 22 und 30.

FV Fietsen De Rop, Paalstraat 77, Schoten, Tel. 00 32 (0) 3 658 58 75

Sluis langs het kanaal Dessel-Turnhout-Schoten

35

BIESBOSCH & MERWEDE

Bis zu Beginn des Mittelalters wechselte das Aussehen der niederländischen Flussdelta-Region fortwährend. Sowohl das Meer als auch die Flüsse konnten ganz einfach das Landschaftsbild verändern. Die Jäger und Fischer sahen keine Notwendigkeit, diese Änderungen aufzuhalten. Die sich langsam entwickelnde Landwirtschaft wurde zwar durch die Überflutungen erschwert, man warf jedoch Schutzdeiche auf, womit der Flusslauf kontrolliert wurde.

Einer der ersten Polder in diesem Gebiet war der Groote oder Zuid-Hollandse Waard. Dieser Polder bestand aus dem „Land van Heusden en Altena", dem Eiland van Dordt, dem östlichen Teil des Hoekse Waard und dem nördlichen Teil des Westens von Nordbrabant. Die Maas, die ungefähr um das Jahr 1000 von Heusden in westliche Richtung floss, wurde bei Maasdam kontrolliert. Später dann wurde die Maas bei Hedikhuizen (in der Nähe von Heusden) vollständig abgedämmt. Der Flusslauf der Maas wurde in Richtung Woudrichem verlegt, wo die Maas und die Waal zusammenflossen und als die Merwede dann in Richtung Meer weiterströmten. Für den Abfluss des Wassers der Maas war dies jedoch kein guter Eingriff. Wegen u.a. der schlechten Pflege der Deiche konnte die Flut der Heiligen Elisabeth im Jahr 1421 den großen Wohlstand des Polders beenden. Der Schaden konnte noch repariert werden, doch die Woudrichem wurde bei Andel abgeschlossen und heißt seither Afgedamde Maas.

Zu Beginn der 50er Jahre, gleich nach der Flutkatastrophe, wurden Pläne zur Eindeichung des Biesbosch entwickelt. Glücklicherweise kam es nie dazu,

Am Wasser genießen

und der Biesbosch darf sich jetzt sogar Nationalpark nennen. Die Politik der Wasserstraßenverwaltung konzentriert sich zur Zeit nicht mehr ausschließlich auf die Bewohner, sondern auch auf die Kontrolle der natürlichen Entwicklungen in einem Gebiet. Bei der Afgedamde Maas hat man sich aus Respekt vor dem kulturhistorischen Charakter der Landschaft sogar für den Bau einer Stauanlage im südlichen Teil der Afgedamde Maas (den Heusdensch Kanaal) entschieden. Ein Informationszentrum in Wijk und Aalburg gibt hierüber Auskunft.

Kanoën langs de rietkragen

Besitzer der umliegenden Polder waren damit nicht einverstanden, denn ein Speicherbecken für überflüssiges Polderwasser bot genauso viel Schutz. Einige Flutkatastrophen, die später noch folgten, sowie das Entstehen der Naturschutzgebiete „De Biesbosch" und das „Hollandsch Diep" waren eine Tatsache.

Der Abfluss des Wassers der Maas stellte weiterhin ein Problem dar. Im Laufe der Jahrhunderte wurden verschiedene Pläne ausgearbeitet, um dem südlichen Teil des Flussbetts der Maas wieder Aufmerksamkeit beizumessen. Im Jahr 1860 entschied man sich, quer durch den Biesbosch das Flussbett für die Nieuwe Merwede auszuheben. Hierdurch wurde der Abfluss des Flusswassers erheblich verbessert. Am Ende des 19. Jahrhunderts begann man, das Flussbett der Bergsche Maas von Heusden in Richtung des Hollandsch Diep anzulegen. Der Teil der Maas zwischen Heusden und

Lachsschiffchen auf der eingedämmten Maas

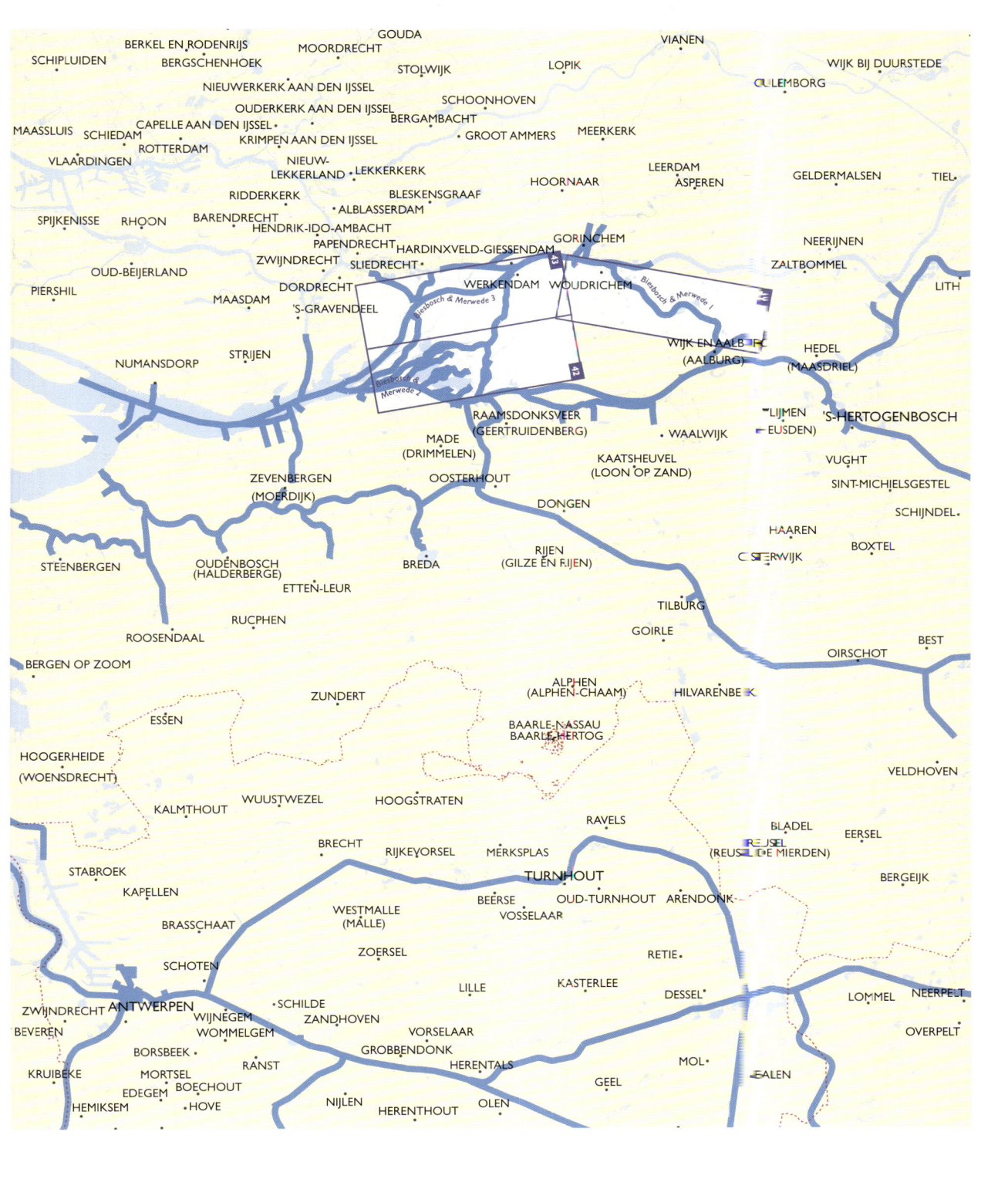

BIESBOSCH UND MERWEDE

Die Flüsse Boven Merwede, Nieuwe Merwede, Amer, Bergsche Maas, Heusdensch Kanaal und Afgedamde Maas umgeben das „Land van Heusden en Altena" sowie den Biesbosch. Die Flüsse sind beliebte Fahrgewässer mit malerischen Mäandern und Zugang zum Biesbosch.

Länge der Strecke	Flüsse: 52 km				
Betreiber:	Rijkswaterstaat Directie Zuid-Holland, Boompjes 200, 3000 AN Rotterdam, Tel. 00 31 (0)10 402 62 00				
Geringste Fahrrinnentiefe:	2,80 m (gilt nicht im Biesbosch)				
Geringste Durchfahrtshöhe:	9,80 m				
Anzahl der Schleusen:	1 Schleuse in der Andelse Maas, 2 Schleusen im Biesbosch				
Brücken- und Schleusenzeiten:		15.4. bis 16.10.	16.10. bis 15.4.		
* Schleusenzeiten variieren sehr stark!	Mo. – Fr.	08.00 - 12.00	14.00 - 19.00	08.00 - 12.00	14.00 - 17.00
	Sa.	08.00 - 12.00	14.00 - 17.00	1 Std. vor 12.00	1 Std. nach 12.00
	So. und Feiert.	geschlossen	geschlossen		
Sprechfunkkanal:	VHF 22 und 18				
Besonderheiten:	Schifffahrtsinformationen: 00 31 (0)78 613 24 21 oder VHF 7				

WOUDRICHEM

Die kleine Festungsstadt Woudrichem liegt am Zusammenfluss von Waal und Maas. Sie wird außerdem durch Festungswälle mit Bollwerken umschlossen. Die Festungswälle und –gräben sind auch heutzutage noch gut erhalten. Es lohnt sich, durch die Tore Koepoort und Gevangenpoort (aus dem 15. Jht.), die Zugang in die kleine Stadt gewähren, zu laufen oder sich die hübschen kleinen Geschäfte anzuschauen. Es gibt viele restaurierte Monumente wie das Oude Raadhuis und die Kirchen. In der Nähe des Koepoort liegt die niederländisch-reformierte Kirche, eine Kirche im gotischen Stil mit einem gedrungenen Turm, dessen Mauern mit Medaillons verziert sind. In der Hoogstraat stehen einige Häuser, die besondere Zierziegel haben. Bei Haus Nummer 37 ist ein Zierziegel mit einer Holzfälleraxt zu sehen. Die beiden gegenüberliegenden Häuser stammen aus den Jahren 1593 und 1606. Sie haben ihre Namen – "In den Salamander" (Beim Salamander) und "In den Gulden Engel" (Beim goldenen Engel) durch die Darstellungen auf dem Zierziegel erhalten.

Woudrichem hat einen kleinen Jachthafen; von hier aus fährt die Fußgängerfähre nach Schloss Loevestein ab. Von dieser schweren, aus Backstein gebauten Burg ragen nur die hohen Schieferdächer über die grüne Umgebung heraus. Das beeindruckende Gebäude hat vier viereckige Türme und wird von einem Schlossgraben und Erdwällen umgeben. Schloss Loevestein wurde in den Jahren 1357-1368 von Dirk Loef van Horne, Herr von Altena, gebaut. Im Jahr 1385 bemächtigte sich der Graf von Holland, Albrecht van Beieren, des Schlosses Loevestein und ließ rings um das Schloss eine Einfassungsmauer bauen. Im 15. Jht. wurde Gorinchem, das meistens Gorkum genannt wird, von Jacoba van Beieren erobert. Sie erteilte den Auftrag, das Schloss zu einem Gefängnis umzubauen. Hugo de Groot, der im Jahr 1618 gefangen genommen worden war, wurde im darauf folgenden Jahr im Schloss Loevestein eingesperrt. Er widmete sich hier der Vorbereitung von juristischen und theologischen Arbeiten. Seine Flucht in einer Bücherkiste (1621) ist ein bekanntes geschichtliches Ereignis. Nachdem er vorübergehend Unterschlupf in Gorkum gefunden hatte, ging De Groot nach Frankreich. In einem der Räume von Schloss Loevestein ist die Bücherkiste zu sehen, in der Hugo de Groot geflüchtet sein soll.

Besichtigungstipps

• Das Oude Raadhuis, Hoogstraat 47. Der reizende Treppengiebel wurde im Renaissancestil errichtet. Zwei heraldische Löwen schmücken die Giebelränder.

Weitere Informationen:

VVV-Faltkartenservice Woudrichem, Kerkstraat 37, 4285 BA Woudrichem, Tel. 0031 (0)183 30 12 02.

> **FR** • Altenaroute, 47 km
> Durch das Polder- und Flussgebiet vom „Land van Heusden en Altena". Verkaufsstelle Woudrichem.
>
> **FN** Das „Land van Heusden en Altena" ist auf der Karte "De Wijde Biesbosch" eingezeichnet und ist bei den Fremdenverkehrsbüros im Gebiet erhältlich.

DUSSEN

Dieser Ort liegt im „Land van Heusden en Altena". Dussen ist hauptsächlich wegen des herrlichen Schlosses Kasteel Dussen bekannt, wo sich noch so manches Brautpaar das Jawort gibt. Die verschiedenen Räume sind mit Möbeln aus dem 16. und 17. Jht. eingerichtet. In der Umgebung von Dussen stehen einige besondere altholländische Bauernhöfe.

LAND VAN HEUSDEN EN ALTENA

So seltsam es auch klingen mag, die Stadt Heusden liegt nicht im Land van Heusden en Altena. Von dieser Stadt aus wurde jedoch über das Land van Heusden en Altena regiert. Obwohl diese Gegend in unmittelbarer Nähe des städtischen Ballungsraums der Niederlande liegt, findet man hier noch Ruhe und Stille. Diese Ruhe können Sie in vollen Zügen bei einer Wanderung oder einer Fahrradtour genießen. Der Glaube spielt in dieser Region eine sehr wichtige Rolle. Die Kirchen stehen daher im Mittelpunkt, und zwar nicht nur im Dorf, sondern vor allem auch im Leben der Einwohner. Beachten Sie, dass im „Land van Heusden en Altena" die Sonntagsruhe respektiert wird!

Besichtigungstipps

• Schloss-Rathaus Dussen, Binnen 1, Tel. 0031 (0)416 39 14 31. Im 14. Jht. gebaut, schweres Mauerwerk und wenig auffallende Türme; die Keller stammen noch aus dem Mittelalter. Auffallende Säulengalerie im Renaissancestil. Besichtigungszeit: Sonntagmittag.

Weitere Informationen:

Tourismusbüro von Heusden, Pelsestraat 17, 5256 AT Heusden.
Tel. 0031 (0)416 66 21 00, info@hbtheusden.nl, www.hbt-heusden.nl.

Woudrichem

> **FN** Auch Dussen wurde in das Fahrradwegenetz aufgenommen; die Karte "De Wijde Biesbosch" ist bei den Fremdenverkehrsbüros im Gebiet erhältlich.

Auf der eingedämmten Maas

Große Merwede schleuse
Tel. +32 (0)183 633 55 78
Sleeuwijk Yachting www.sleeuwijkyachting.nl
W.V. De Merwede www.demerwede.nl Tel. +31 (0) 183 631 697

Lingehafen www.gorinchem.nl Tel. +31 (0)183 65 93 14

Immer geöffnet

Immer geöffnet

Neue Jachtschleuse

W.V. Woudrichem Tel. +31 (0)6 10 70 17 62

max. 15 ton

Wilhelminaschleuse VHF 22
Tel. +32 (0)183 44 12 07
Brücke Wilhelminasschleuse BB VHF 22

W.V. Esmeer Tel. +31 (0)6 514 59 609

max. 10 ton

Autofähre Aalst - Veen

W.V. Trident Tel. +31 (0)416 691 800

max. 12 ton

Jachthafen de Rietschoof www.rietschoof.nl

BIESBOSCH & MERWEDE 1

39

BIESBOSCH

Der Nationalpark Biesbosch ist Süßwassertideland mit sich schlängelnden alten Prielen, morastigen Weidenbäumen und einer besonderen Flora und Fauna.

Vom Tidegebiet zum "Moorwald"

Der Biesbosch ist ein sehr altes Tidegebiet; durch den Bau der Deltawerke sind die Auswirkungen von Ebbe und Flut jedoch nicht mehr zu spüren. Vor dem Bau des Absperrdamms im Haringvliet im Jahr 1970 war der Biesbosch direkt mit dem Meer verbunden. Obwohl Ebbe und Flut jetzt viel schwächer sind, lässt sich der Biesbosch nicht zähmen. Bei stürmischer See, wenn das Wasser aufgepeitscht wird, kann der Tidenhub auch heute manchmal noch einen Stand von zwei Metern erreichen.

Die Pflanzen und Tiere sind nach dem Bau des Absperrdamms im Jahr 1970 empfindlicher als die Naturgewalten selber geworden. Der nasse, reiche Lehmboden ist trockener und leichter geworden. Pflanzen, die stark von den Gezeiten abhängen, wie Schilf und Binsen, konnten kaum noch überleben, während andere Pflanzen sich prächtig entwickelten: Wiesenkerbel und behaartes Weidenröschen schossen überall aus dem Boden. Schneller noch als die Pflanzenwelt veränderte sich die Tierwelt. Seit dem Bau des Absperrdamms wimmelt es nur so von kleinen Säugetieren. Auch für die Vögel hat sich das Leben verändert. Mit den Gezeiten verschwanden die großen Sand- und Schlickplatten, die bei Ebbe austrockneten und auf denen Zugvögel Futter finden konnten. Andere Tierarten hingegen fühlten sich in der sich verändernden Umgebung immer wohler. Inzwischen ist hier ein neues natürliches Gleichgewicht entstanden. Der Biesbosch ist eines der größten wertvollen Naturschutzgebiete in den Niederlanden und darf daher auch die Bezeichnung "Nationalpark" tragen. Außerdem gehört der Biesbosch mit seinen Gewässern und Mooren auch zu den internationalen Feuchtgebieten. Feuchtgebiete wie der Biesbosch können mit den Regenwäldern der gemäßigten Zone verglichen werden. Das Gebiet besitzt große landschaftliche und naturwissenschaftliche Qualitäten.

Ein Stück südholländisches Biesbosch

Biesboschmuseum: das Leben von Mensch und Tier im Biesbosch

Der Biesbosch besteht jetzt größtenteils aus Weidenbäumen, die durch das Hervorbrechen von ehemaligen Reisighölzern entstanden sind. Diese Moorwälder wechseln sich mit Grasland und rauen Schilffeldern ab. Diese raue Landschaft wurde größtenteils durch Menschenhand geformt. Das Biesboschmuseum in Werkendam verdeutlicht, wie groß der Einfluss des Menschen auf den Biesbosch war. Binsen, Schilf und Weiden wuchsen in diesem Gebiet und wurden unter oft harten Bedingungen gewonnen. Anschauliche Darstellungen im Museum bieten Einblick in die speziellen Wohn- und Arbeitsbedingungen der Menschen, die in der Reisig- und Schilfkultur arbeiteten. Im Grenzbereich zwischen Land und Wasser schnitten Binsenschneider die

Nationalpark de Biesbosch

Binsen, und in den Reisigbrüchen hackten die Reisigarbeiter die Weidensträucher. Das Schilf aus dem Biesbosch konnte eine Länge von fünf Metern erreichen und wurde für viele Zwecke verwendet. Im Museum sehen Sie u.a. die Schilfmattenhersteller bei der Arbeit. Draußen liegt der „Pannekoek", ein Reisigbruchkomplex, wo Sie sehen können, wie es früher im Biesbosch aussah.

Auch der Fischerei wird im Biesboschmuseum Aufmerksamkeit geschenkt. In den alten Kanälen und Prielen wurde früher nach Lachs und Aal gefischt. Für leidenschaftliche Fischer gibt es in diesem Gebiet auch heute noch zahlreiche ruhige Stellen zum Fischen. Das Museum vermittelt weiterhin einen Eindruck über die Tiere, die früher und heute im Biesbosch lebten und leben, wie der Biber, der Otter, die Bisamratte und das Reh. Der Biesbosch beheimatet auch viele Vogelarten: vom Zaunkönig bis zum großen Kormoran. Auch der bunte Eisvogel ist manchmal in diesem Gebiet zu beobachten. In der Abenddämmerung sind am Waldrand und auf den Wiesen ab und zu auch Rehe zu sehen. Kleine Säugetiere wie die Erdmaus und die seltene Wühlmaus oder der Marder fühlen sich hier zuhause. Der Biber ist seit ungefähr 150 Jahren in den Niederlanden ausgestorben. 1988 hat die Niederländische Staatsforstverwaltung diese großen Nager wieder in den Biesbosch zurückgebracht. Nur mit etwas Glück bekommen Sie diese Tiere zu Gesicht. Im Frühjahr verwandeln die Sumpfdotterblume, die Sumpfschwertlilie und das Scharbockskraut den

Erleben Sie de Biesbosch mit dem Kanu

Biesbosch in ein gelbes Blumenmeer. Etwas später leuchten die übriggebliebenen Mähwiesen in allen Farben des Regenbogens. Diese Farbenpracht übt eine große Anziehungskraft auf zahlreiche Insekten aus.

Die Erholung, so wie wir sie jetzt kennen, entstand erst nach 1970. Vor dieser Zeit mussten Sie fast ein Abenteurer sein, da der Biesbosch durch die Gezeiten fast nicht zugänglich war. Auch im Zweiten Weltkrieg zeigte sich erneut, wie undurchdringbar der Biesbosch war, da auch damals die Besetzer dieses wilde Gebiet nicht in Griff bekommen konnten. So mancher benutzte den Biesbosch zum Untertauchen oder als Geheimweg zwischen Befreiern und Besetzern, da sich keiner der Besetzer gerne an diesen "verräterischen Ort" wagte. Wer es dennoch probierte, kehrte oftmals nicht mehr zurück. Heute hat man auf verschiedene Weise Zugang zum Biesbosch. Das Biesbosch-Informationszentrum in Drimmelen eignet sich gut als Ausgangspunkt für eine Kombination aus Bootstour und Wanderung, Kanutour oder für eine schöne Fahrradtour oder Wanderung. Beim Besucherzentrum in Drimmelen erhalten Sie Informationen über Tagestouren, Ausflüge, Rundfahrten mit dem Boot und andere Möglichkeiten, den Biesbosch zu erkunden.

Weitere Informationen:
Biesbosch-Informationszentrum Drimmelen, Biesboschweg 4, 4924 BB Drimmelen.
Tel. 0031 (0)162 68 22 33.

Das Biesboschmuseum, Hilweg 2, 4251 MT Werkendam
Tel. 0031 (0)183 50 40 09.

Besucherzentrum De Hollandse Biesbosch,
Baanhoekweg 53, 3313 LP Dordrecht.
Tel. 0031 (0)78 621 13 11, www.Biesbosch.org.

Kajak zu vermieten

Fahren im Biesbosch
Im Biesbosch sind die Fahrrinnen nicht gekennzeichnet. Ein einziges Mal sind ein paar Sandbänke durch in den Boden gesteckte Weidenzweige markiert. Der tägliche Wasserstandsunterschied beträgt normalerweise 0,35 Meter, kann aber unter besonderen Umständen auch bis zu 0,70 Meter hoch sein. Der Biesbosch hat verschiedene Fahrwege durch das Gebiet, die mitunter einen geringen Tiefgang aufweisen und an einigen Stellen sogar sehr untief sein können. Um sicher durch den Biesbosch zu fahren, ist eine gute Karte unentbehrlich. Vollständige Informationen bezüglich der Vorschriften und Durchfahrmöglichkeiten finden Sie in der ANWB-Wasserkarte 'Biesbosch' (Karte N). Siehe Publikationen.

Über die Amer nach de Biesbosch

BIEBOSCH & MERWEDE 2

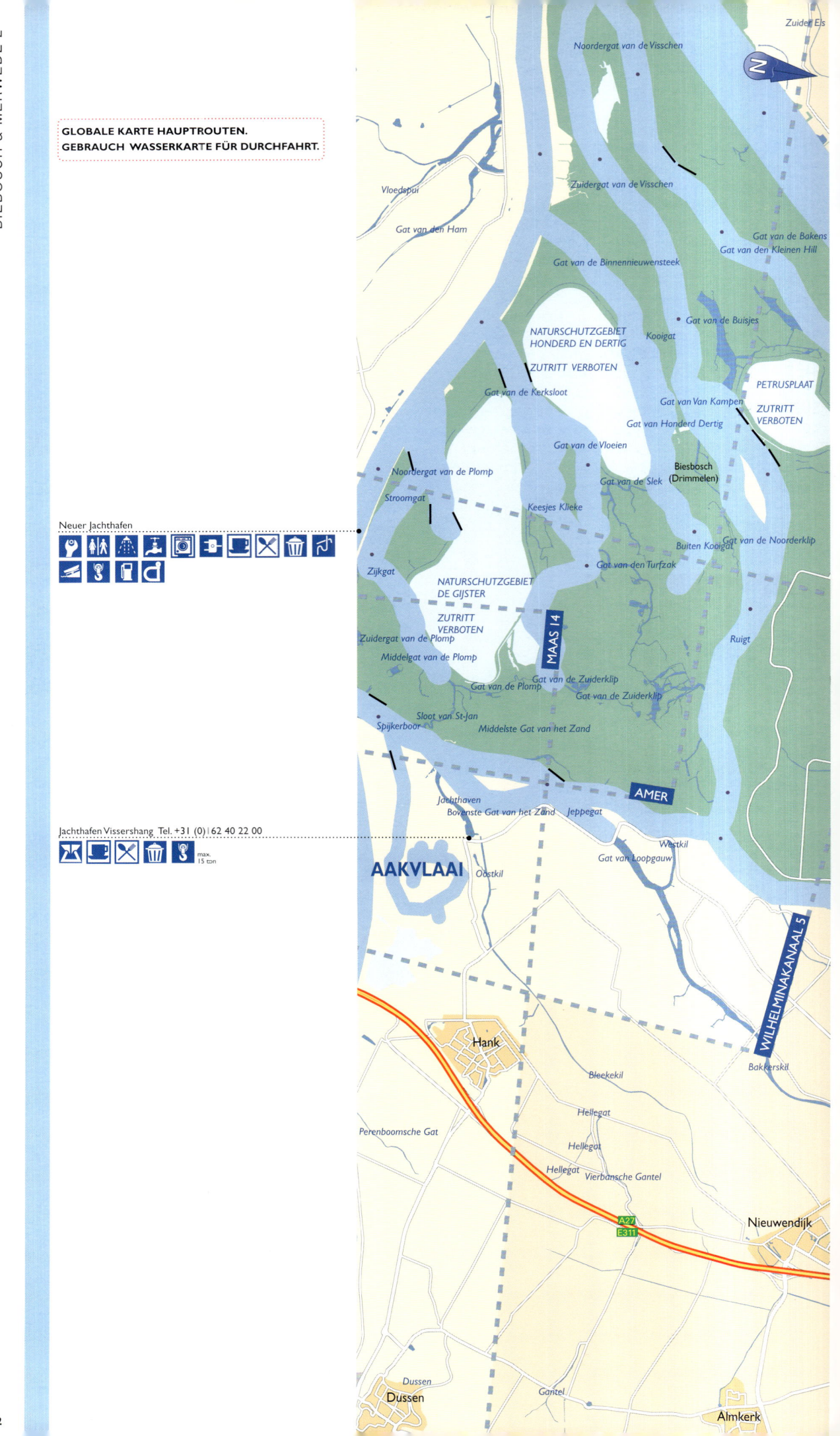

GLOBALE KARTE HAUPTROUTEN.
GEBRAUCH WASSERKARTE FÜR DURCHFAHRT.

Neuer Jachthafen

Jachthafen Vissershang Tel. +31 (0) | 62 40 22 00

max. 15 ton

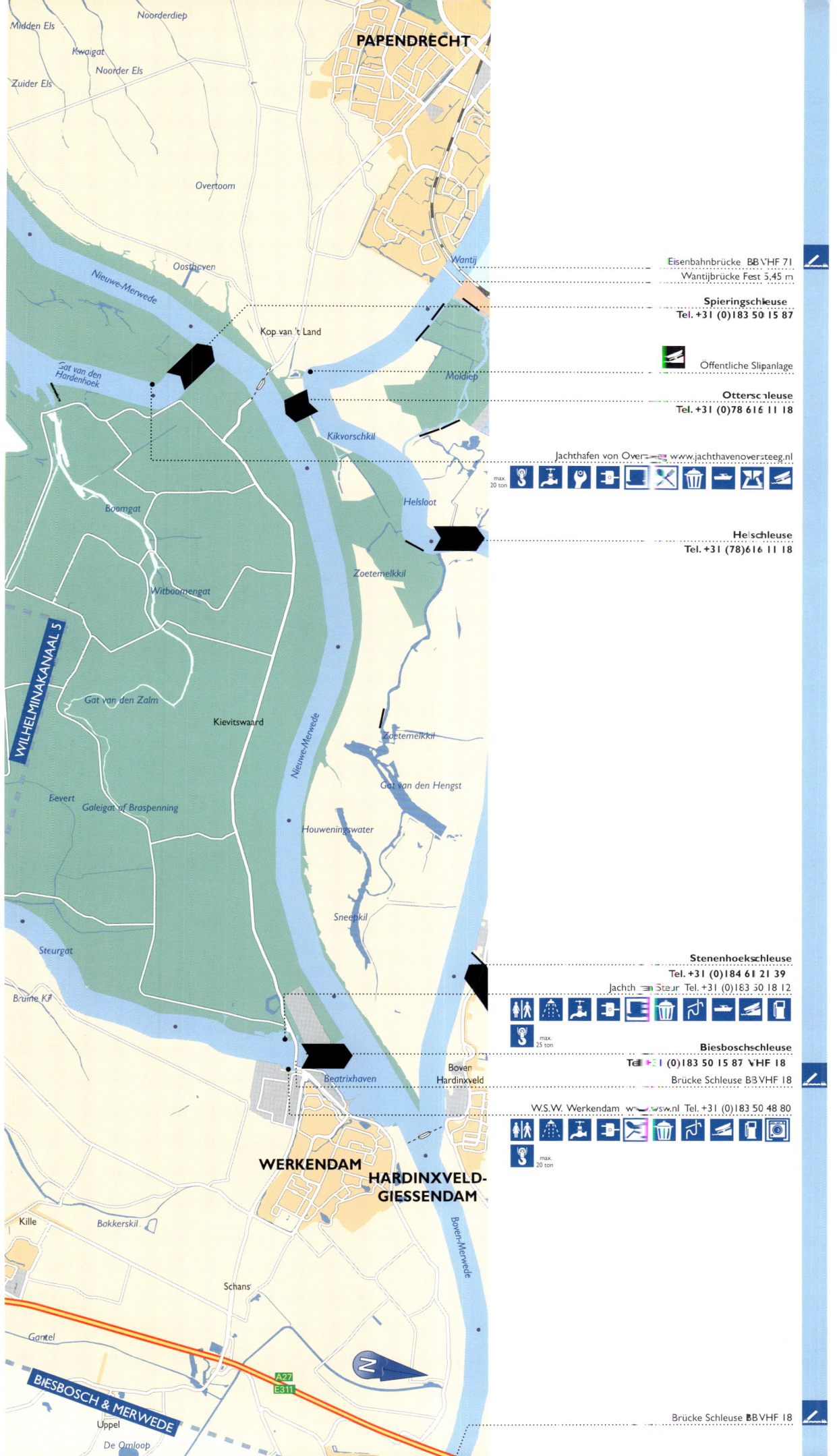

BIESBOSCH & MERWEDE 3

PAPENDRECHT

Eisenbahnbrücke BB VHF 71
Wantijbrücke Fest 5,45 m

Spieringschleuse
Tel. +31 (0)183 50 15 87

Öffentliche Slipanlage

Otterschleuse
Tel. +31 (0)78 616 11 18

Jachthafen von Oversteeg www.jachthavenoversteeg.nl

max. 20 ton

Helschleuse
Tel. +31 (78)616 11 18

Stenenhoekschleuse
Tel. +31 (0)184 61 21 39
Jachth. Steur Tel. +31 (0)183 30 18 12

max. 25 ton

Biesboschschleuse
Tel. +31 (0)183 50 15 87 VHF 18
Brücke Schleuse BB VHF 18

W.S.W. Werkendam www.wsw.nl Tel. +31 (0)183 50 48 80

max. 20 ton

WERKENDAM

HARDINXVELD-GIESSENDAM

BIESBOSCH & MERWEDE

Brücke Schleuse BB VHF 18

HOLLANDSCH DIEP & AMER

Hollandsch Diep

Das Hollandsch Diep entstand nach der Flut der Heiligen Elizabeth im Jahr 1421 und verläuft ab der Haringvlietbrücke bis an den Zusammenfluss der Nieuwe Merwede und der Amer. Eine detaillierte Beschreibung der Geschichte dieses Gebiets finden Sie unter Biesbosch und Merwede.

Willemstad

Amer

Um 1900 herum wurde beschlossen, die Maasmündung zu erneuen, und man begann mit dem Ausheben des Flussbetts für die Bergse Maas von Heusden bis zum Hollandsch Diep. Das Fahrwasser zwischen dem Hollandsch Diep und Drimmelen wird Amer genannt. Der Teil östlich des Jachthafens Drimmelen bis an den Wilhelminakanal wird Amertak genannt. Eine detaillierte Beschreibung der Geschichte dieses Gebiets finden Sie unter Biesbosch und Merwede.

Wilhelm von Oranien während der Festungsfeste in Willemstad

Der Hafen von Willemstad

HOLLANDSCH DIEP & AMER

Breite Flüsse, die sowohl von Frachtschiffen als auch von Sportbooten teilweise stark befahren werden. Auf dem Flussabschnitt zwischen dem Dordtse Kil und den Volkerakschleusen herrscht starker Frachtschiffverkehr. Beliebte Fahrroute, die an den Biesbosch angrenzt und an netten kleinen Festungsstädten vorbeifließt.

Länge der Strecke:	32 km
Betreiber:	Rijkswaterstaat Directie Zuid-Holland, Boompjes 200, 3000 AN Rotterdam Tel. 00 31 (0)10 402 62 00
Geringste Fahrrinnentiefe:	innerhalb der Fahrwassermarkierung für Sportboote 2,00 m (1,50 m bei Niedrigwasser)
Geringste Durchfahrtshöhe:	8 m
Anzahl der Schleusen:	keine
Brücken- und Schleusenzeiten:	-
Sprechfunkkanal:	-
Besonderheiten:	Schifffahrtsinformationen: 00 31 (0)78 613 24 21 oder VHF 7

WILLEMSTAD

Willemstad wurde nach Willem de Zwijger benannt, verdankt ihr Entstehen jedoch dem Marquis von Bergen op Zoom, Jan IV van Glymes. Dieser hatte die Idee, das Marschland Ruigenhil einzupoldern. Mit Marschland wird angeschwemmtes Land bezeichnet. Hierdurch entstand 1565 das Dorf Ruigenhil. Im Jahr 1582 gaben die Staaten von Brabant dem Prinzen Willem van Oranje das Dorf Ruigenhil als Schadensersatz für alles, was er für "die Sache der Freiheit" aufgegeben und verloren hatte. Willem van Oranje wollte aus dem kleinen Dorf Ruigenhil eine richtige Festung machen. Dieser Ort hatte nämlich eine sehr wichtige Lage bezüglich der großen Wasserstraßen. 1583 ging das Dorf in den Besitz von Prinz Willem van Oranje über und wurde ab diesem Zeitpunkt Willemstad genannt. Diese Festungsstadt ist zweifelsohne einen Besuch wert. Es gibt hier viele hübsche historische Gebäude, und die Stadtwälle, die noch gut erhalten und von Grachten und Spazierwegen entlang der Grachten umgeben sind, laden zu einem erholsamen Spaziergang ein. In der niederländisch-reformierten Kuppelkirche gibt es viel zu sehen, von Fenstern mit Glasmalerei, der Pastorenkanzel, den Magistrats- und Offiziersbänken bis hin zur Orgel und der Kupferkrone.

Mit dem Boot können Sie mitten in der Festung anlegen. Von hier aus haben Sie einen herrlichen Blick auf den alten Hafen sowie auf das Arsenal (1793), das einen besonderen Giebel und Tore aus Naturstein hat. Am Rand des Hollandsch Diep befindet sich der belgische Kriegsfriedhof. Im Jahr 1940, zu Beginn des Zweiten Weltkriegs, lief hier ein Schiff mit belgischen Kriegsgefangenen auf eine Mine auf und ging unter. Auf diesem Friedhof sind die Kriegsgefangenen begraben; jedes Jahr findet hier am zweiten Pfingstfeiertag eine Gedenkfeier statt.

Einige Fahrradminuten von Willemstad entfernt befinden sich das Fort de Hel und das Fort Sabina Henrica, die 1811 von den Franzosen gebaut wurden. Beide Befestigungsanlagen dienten zur Verteidigung des Küstenstreifens und wurden bis zu Beginn des 20. Jht. noch benutzt.

Alte Bastion in Willemstad

Besichtigungstipps

• Mauritshaus, Hofstraat 1, Tel. 0031 (0)168 47 60 55. 1623 von Prinz Maurits gebautes Haus in holländischer Renaissance-Architektur. Dieses Haus hieß vorher Princehof (Prinzenhof) und wurde als Gemeindehaus benutzt; auch heute noch können hier Eheschließungen durchgeführt werden.

• Kuppelkirche, Kerkring. Die Kirche wurde mit Unterstützung von Prinz Maurits gegründet. Der Bau wurde 1607 abgeschlossen. Es handelt sich um die erste Kirche in den Niederlanden, die speziell für den protestantischen Gottesdienst gebaut wurde.

• D'Orangemühle, eine Windmühle aus Stein, von der nur der obere Teil beweglich ist, aus dem Jahr 1734. Bovenkade 11, Tel. 0031 (0)168 47 25 00. Windmühle, Galerieholländer.

• Volkerakschleusen und Aussichtsturm, Hellegatsweg 2a, Tel. 0031 (0)168 47 25 54.

FR • Ruigenhilroute, 30 km. Mit herrlichem Blick auf die Volkerakschleusen und das Hollandsch Diep. Verkaufspunkt: Tourismusbüro Willemstad.

FV Autobedrijf Saarloos, Voorstraat 30, Tel. 0031 (0)168 47 23 73..

KLUNDERT

Klundert wurde wegen seiner strategischen Lage eine Festungsstadt. Die restaurierten Festungswälle sowie das Kronwerk "De Suijkerberch", wo sich in einem der Gräben ein Festungswehr aus Stein mit zwei Mönchen befindet, aber auch die zwei Grachtengürtel an der Nordseite mit dem "Verlaatsheul" in der Umwallung erinnern noch an jene Zeit. Das ehemalige Rathaus von Klundert (1621) wurde im flämischen Renaissancestil mit abwechselnd Natursteinen und roten und gelben Backsteinen gebaut.

Mit seinen prächtigen Festungswällen und seiner besonderen Naturschönheit wurde dieses Kerngebiet für den Titel "Das grünste Dorf Europas" nominiert. Die direkte Umgebung von Klundert kann auch "grün" genannt werden und ist für die Beheimatung von verschiedenem Vogelsorten von Bedeutung. Dies gilt ganz gewiss für die Sassenplaat beim Hollandsch Diep, wo Wildgänse überwintern. "De Appelzak" um das Industriegebiet Moerdijk ist ein Grünbereich, der mit jungen Bäumen und Weiden neu aufgeforstet wurde.

Auch die kleinen Kerngebiete der Umgebung wie Noordschans, Tonnekreek, Moerdijk und Noordhoek sind vor allem mit dem Fahrrad einen Besuch wert. Sie erhalten so einen guten Eindruck von der rauhen Landschaft Westbrabants.

Grün in Klundert

Weitere Informationen über Willemstad und Klundert:
Toerismus- und Arrangementsbüro Willemstad, "Mauritshuis", Hofstraat 1,
4797 AC Willemstad.
Tel. 0031 (0)168 47 60 55, TAB-willemstad@planet.nl.

FN In Willemstad und Klundert haben Sie ab dem Hafen direkten Anschluss an das Fahrradwegenetz Brabantse Delta. Diese Karte ist bei den Fremdenverkehrsbüros im Gebiet erhältlich.

Rathaus Klundert

Brücken über Schleuse BB VHF 20

Marina Numansdorp www.marina-numansdorp.nl
max. 50 ton
Tel.: −31 (0) 186 650 410

Dorpshafen Tel. +31 (0) 187 631 404

Jachthafen Willemstad Tel. +31 (0)168 47 25 76

Jachthafen Noordschans www.jachthavennoordschans.nl
max. 25 ton
Tel.: +31 (0) 168 40 33 550

Jachthafen W.V. Westhaven Tel. +31 (0)6 513 860 33
Jachthafen Strijensas Tel. +31 (0)78 67 42 762

Schleuse Roode vaart
Tel. +31 (0)168 41 23 46 VHF 20

Moerdijkbrücke Fest 10 m

Moerdijkbrücke Eisenbahnbrücke Fest 7,5 m

HOLLANDSCH DIEP

MARK EN DINTEL 3
Zuider Voorhaven
Noorder Voorhaven
Zwanenmeer
Helwijk
Tramweghaven
Willemstad
KRAMMER-VOLKERAK
Kromme Kreek
Hollands Diep
Schuringsche Haven
Schuring
Haven
Jachthaven
Westelijke Insteekhaven
STRIJEN
Croote Loo
Nieuwe Haven
Centrale Insteekhaven
Strijensche Haven
Strijensas
HOLLANDS DIEP
Insteekhaven
Schenkeldijk
Moerdijk
Jachthaven
Willemsdorp

47

HOOGE EN LAGE ZWALUWE

Die Häuser in der Raadhuisstraat in Hooge Zwaluwe bieten eine große Auswahl an Wissenswertem. Die niederländisch-reformierte Kirche wurde beispielsweise in Form eines griechischen Kreuzes gebaut. Das benachbarte ehemalige Gemeindehaus (1836) ist ein Reichsmonument. Das Haus Nummer 8 ist ein typisches Beispiel für eine reich ausgestattete Dorfwohnung aus dem 18. Jht., was an den Kopfstücken oberhalb der Fenster und der Tür zu erkennen ist.

Lage Zwaluwe ist ein typisches altes Deichdorf, alle Häuser sind hier wie ein langes Band entlang des ehemaligen Meeresdeiches angeordnet. Lage Zwaluwe hat einen katholischen und einen protestantischen Teil, was Sie vom Boot aus bereits erkennen können. Die Kirchen wurden nämlich mit dem Rücken zueinander gebaut. 1878 wurden die Bauarbeiten der reformierten katholischen Kirche in neogotischer Architektur abgeschlossen. Diese Kirche wurde 1944 von den Deutschen gesprengt. Die heutige Kirche wurde 1951-1952 gebaut. Die herrliche Pastorie ist vollständig erhalten geblieben und ist jetzt eines der Reichsmonumente. Die Pastorie wurde im Jahr 1787 zusammen mit der ersten katholischen Kirche gebaut und war eine sehr einfache und unauffällige Kirchenscheune. Der Anbau an der linken Seite ist noch ein Rest der alten Kirchenscheune und wird jetzt als Tageskapelle benutzt.

Besichtigungstipps

• Niederländisch-reformierte Kirche, Raadhuisstraat 3, Hooge Zwaluwe, Tel. 0031 (0)168 48 33 84. Aus dem Jahr 1641, möglicherweise durch oder auf Anweisungen von Jacob van Campen erbaut. Knipscheerorgel aus dem Jahr 1665, Taufbecken aus dem Jahr 1921.
• Mühle Zeldenrust, Kerkdijk 19, Hooge Zwaluwe, Tel. 0031 (0)168 48 23 86. Runder Galerieholländer aus Stein aus dem Jahr 1866, zum Mahlen von Korn.

FR • Amerlandenroute, 23, 34 oder 55 km Erhältlich beim VVV Drimmelen und VVV Oosterhout.

FN Hooge Zwaluwe und Lage Zwaluwe sind an das Fahrradwegenetz De Wijde Biesbosch angeschlossen.

Segeln oder mit dem Motorboot auf der Amer

DRIMMELEN

Das Dorf Drimmelen wurde am Ufer der Maas im Mittelalter – dem heutigen Biesbosch – erbaut. Der Dorfname geht möglicherweise auf "drumlin", ein irisch-keltisches Wort für "Erhöhung", zurück. Bezeichnend für Drimmelen war nämlich die erhöhte Lage am Fluss. Bis 1795 gehörte Drimmelen zum Haus von Nassau (seit 1545 Haus von Oranje-Nassau). Zu Beginn des Jahres 1800 wurden Drimmelen, Standhazen und Made von Willem I, dem Prinzen von Oranje, zusammengeschlossen. Zu jener Zeit zählte die Gemeinde 244 Wohnungen und 1308 Einwohner. Man beschloss, das Gemeindehaus in Drimmelen abzureißen, da Versammlungen stets im Haus des Bürgermeisters abgehalten wurden. Seit dem 25. April 1998 tragen die zusammengeschlossenen Gemeinden Made und Drimmelen, Terheijden, Hooge Zwaluwe, Lage Zwaluwe und Wagenbergde den Namen Drimmelen. Diese neue Gemeinde zählt ungefähr 26.000 Einwohner und nimmt eine Fläche von 12.400 Hektar ein. Der Nationalpark Biesbosch bildet einen wichtigen Teil dieser Fläche.

"Wer Biesbosch sagt, meint Drimmelen" ist eine häufig gehörte Redensweise. Das malerische kleine Dorf Drimmelen lebt vom Wasser. Die idyllische Herengracht im Zentrum zeigt eine geschützte Stadt- und Dorfkulisse. Auch einer der größten ausgehobenen Häfen von Europa befindet sich hier. Der moderne, gut ausgestattete Jachthafen erfüllt alle Anforderungen derjenigen, die Erholung auf dem Wasser suchen. Das Herz derjenigen, die einfach nur das Leben genießen wollen, schlägt beim Anblick der Boote in den Häfen höher. Abenteurer mieten ein Kanu und erforschen das Gebiet auf ihre eigene Weise. Wer gerne in Gesellschaft etwas unternimmt, macht eine Rundfahrt auf dem Wasser und bekommt so einen anderen Eindruck vom Uferbereich. Angler wetteifern um die besten Plätze zum Fischen. Landratten nehmen hier ihren ersten Segelunterricht. Und nach dem ganzen sportlichen Spaß schließen Sie den Tag mit einem guten Essen in der gemütlichen Atmosphäre eines der hervorragenden Restaurants am Ufer ab.

Die sog. „Vlaggetjesdagen" im Mai sind zweifelsohne einen Besuch wert. Neben den vielen Aufführungen können Sie die Gastfreundschaft Brabants genießen. Im nah gelegenen Made finden Sie ein großes Einkaufszentrum.

Besichtigungstipps

• Biesbosch-Informationszentrum, Biesboschweg 4, Drimmelen, Tel. 0031 (0)162 68 22 33.
• Rundfahrt mit dem Planwagen, Bistro 't Jacht Panorama, Biesboschweg 1, Drimmelen, Tel. 0031 (0)162 68 26 08.
• Naturpark 'Liniehof', Kievitsstraat/Reigershof, Made, Tel. 0031 (0)162 51 79 65. Garten mit wilden Pflanzen, künstlichem See, Schmetterlings- und Kräutergarten, Froschtümpel, Bienenstöcken, Heidesee, Moorwald und Dünenpfanne.

Veranstaltung

Hafenfeste von Zwaluwe: Hooge Zwaluwe und Lage Zwaluwe im April
"Vlaggetjesdagen" Drimmelen: Mai.

Weitere Informationen:

VVV-Agentur Drimmelen, Biesboschweg 4, 4924 BB Drimmelen.
Tel. 0031 (0)162 68 22 33, WWW.Drimmelen.nl, WWW.Biesbosch.org, WWW.Biesboschmarinadrimmelen.nl.

FN Im Hafen haben Sie am Anschlusspunkt 97 und 98 Anschluss an das Fahrradwegenetz De Wijde Biesbosch.

FR • Amerlandenroute, 23, 34 oder 55 km Durch Polder, über Deiche und Dörfer wie Terheijden, Made, Drimmelen und Hooge/Lage Zwaluwe. Verkaufs- und Startpunkt: Lage Zwaluwe und Drimmelen.

FN Auf der Karte des Fahrradwegenetzes De Wijde Biesbosch sind alle Fahrradmöglichkeiten und Ausflugstipps dieser Region angegeben. In Hooge Zwaluwe, Lage Zwaluwe und Drimmelen haben Sie ab dem Hafen direkten Anschluss an das Fahrradwegenetz. Diese Karte ist bei den regionalen Fremdenverkehrsbüros erhältlich.

FV Biesbosch Marina Drimmelen, Nieuwe Jachthaven 1, Tel. 0031 (0)162 68 57 95
Camping De Beverburcht, Biesboschweg 8, Tel. 0031 (0)162 68 57 95.

MoerdijkBrücke Fest 10 m

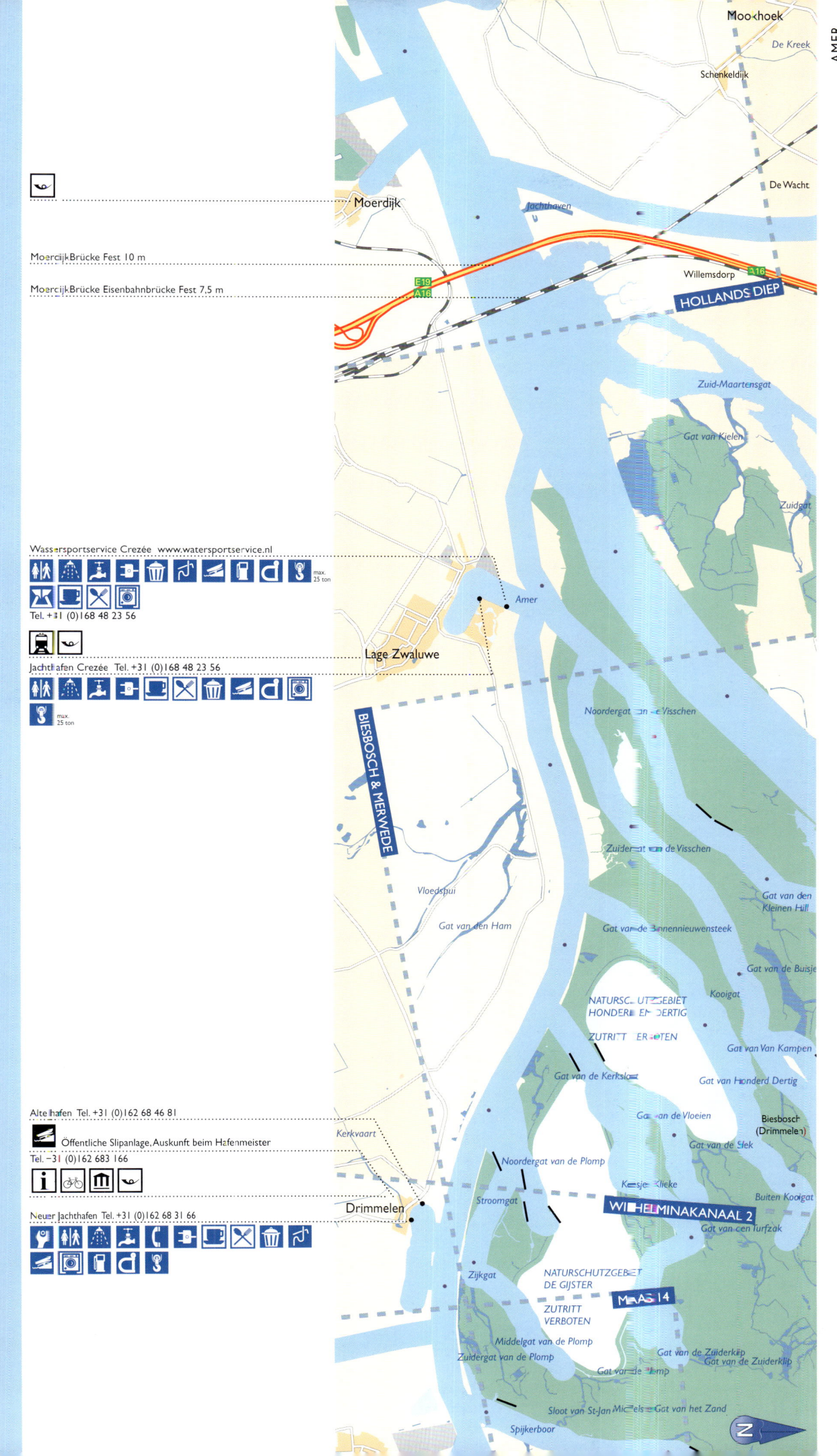

MoerdijkBrücke Eisenbahnbrücke Fest 7,5 m

Wassersportservice Crezée www.watersportservice.nl

Tel. +31 (0)168 48 23 56

Jachthafen Crezée Tel. +31 (0)168 48 23 56

Alte Hafen Tel. +31 (0)162 68 46 81

Öffentliche Slipanlage, Auskunft beim Hafenmeister
Tel. +31 (0)162 683 166

Neuer Jachthafen Tel. +31 (0)162 68 31 66

KANAAL BOCHOLT - HERENTALS (Verbindungskanal Schelde-Maas)

Die Umsetzung der Verbindung zwischen der Maas und der Schelde über einen Kanal ist schon immer der Traum von Regierungen verschiedenen Schlages gewesen. Die ältesten genehmigten Projekte für eine Schelde-Maas-Verbindung stammen angeblich aus dem Jahr 1517, der Zeit von Karl V. Erst nach der Annektierung von Belgien an Frankreich, vor allem von Limburg und der Stadt Lüttich, wurden die Pläne für eine Rhein-Maas-Schelde-Verbindung wieder aktuell. Anlässlich seines Besuchs in Brüssel im Jahr 1803 entschloss sich Napoleon Bonaparte, eine neue Verbindung zwischen der Maas und der Schelde ausheben zu lassen. Diese Verbindung sollte von Neuss am Rhein über Venlo an der Maas entlang der niedrigsten Trennlinie zwischen der Maas und der Schelde, nämlich zwischen Bocholt und Lommel, und anschließend über Herentals in Richtung Antwerpen verlaufen. Er nannte diese Verbindung den "Canal du Nord" (Nordkanal). Hiermit wurde ein definitive Schritt in Richtung des Anlegens der "Kempischen Kanäle" gesetzt. 1808 wurden die Arbeiten an verschiedenen Orten umgesetzt, und 1809 wurden der Zuflussgraben sowie verschiedene Kanalabschnitte abgeschlossen.

Von Lommel und Mol aus gelangen Sie nach Leopoldsburg

Durch den Anschluss des "Königreiches Holland" an das französische Kaiserreich wurden die Arbeiten gestoppt. Nach der Wiedervereinigung der Niederlande unter Wilhelm I wurden die von Napoleon nicht zu Ende geführten Arbeiten wieder aufgegriffen. Der Zuflussgraben des Canal du Nord wurde verbreitert und bis nach Maastricht weitergezogen. Weiter in nördlicher Richtung folgte der Kanalabschnitt den 1810 aufgegebenen Arbeiten des "Nordkanals" bis nach Nederweert und weiter bis zur Maas bei 's Hertogenbosch. So entstand der Kanal Zuid-Willemsvaart.

Die südlichen Provinzen mussten bis zur Errichtung eines souveränen belgischen Staats im Jahr 1830 warten, bis für sie eine Verbindung vom Osten in den Westen entstand. 1843 wurde per Gesetzeserlass beschlossen, den Kanal Bocholt-Herentals auszuheben; diese Arbeiten wurden 1846 abgeschlossen. Dieser Kanal wurde anschließend in Richtung Antwerpen entlang der Kleine Nete, der Beneden-Nete, der Rupel und der Schelde verlängert. An diesen Kanal wurden drei Zuflusskanäle angeschlossen: der Kanal nach Beverlo, der Kanal von Dessel nach Turnhout, später nach Schoten verlängert, sowie der Kanal von Dessel nach Hasselt.

Zusammenfassend kann gesagt werden, dass die napoleonische Zeit und die holländische Zeit den Weg für die Kempischen Kanäle bereitet haben. Außerdem hat im ersten Jahrzehnt nach der Unabhängigkeit Belgiens u.a. die Umsetzung des Kempischen Kanalnetzes bereits die einflussreiche Herangehensweise der jungen Nation angekündigt.

Übersicht über die Anlegung der Kempischen Kanäle

Übersicht über die Anlegung der Kempischen Kanäle

Kanal	Länge	Schleusen	Bauzeit
Zuid-Willemsvaart (Bocholt)	41,2	-	1823-1826
Kanalisierte Kleine Nete	25,6	6	1837-1839
Luik-Maastricht	25,6	-	1845-1850
Verbindungskanal Schelde-Maas			
Bocholt-Blauwe Kei	26,9	-	1843-1844
Blauwe Kei-Herentals	30,7	13	1844-1846
Herentals-Antwerpen	28,8	4	1846-1860
Seitenkanal nach Beverlo	14,8	-	1854-1857
Seitenkanal Dessel-Hasselt	39,2	1	1854-1858
Seitenkanal Dessel–Turnhout - Schoten			
Dessel-Turnhout	25,8	-	1844-1846
Turnhout-Sint-Lenaarts	19,5	1	1846-1866
Sint-Lenaarts-Schoten	17,8	9	1866-1875

Obwohl die Kempischen Kanäle zur Verbesserung der industriellen Umgebung des Gebiets angelegt wurden, haben sie jetzt auch eine wichtige Funktion bei seiner Entwicklung als touristisches Gebiet und Freizeitgebiet. Zur Zeit werden sowohl Bootstouren auf den Kanälen als auch Fahrradtouren und Wanderungen entlang der Kanäle und in deren Umgebung gefördert.

Alte Tuchhalle in Herentals

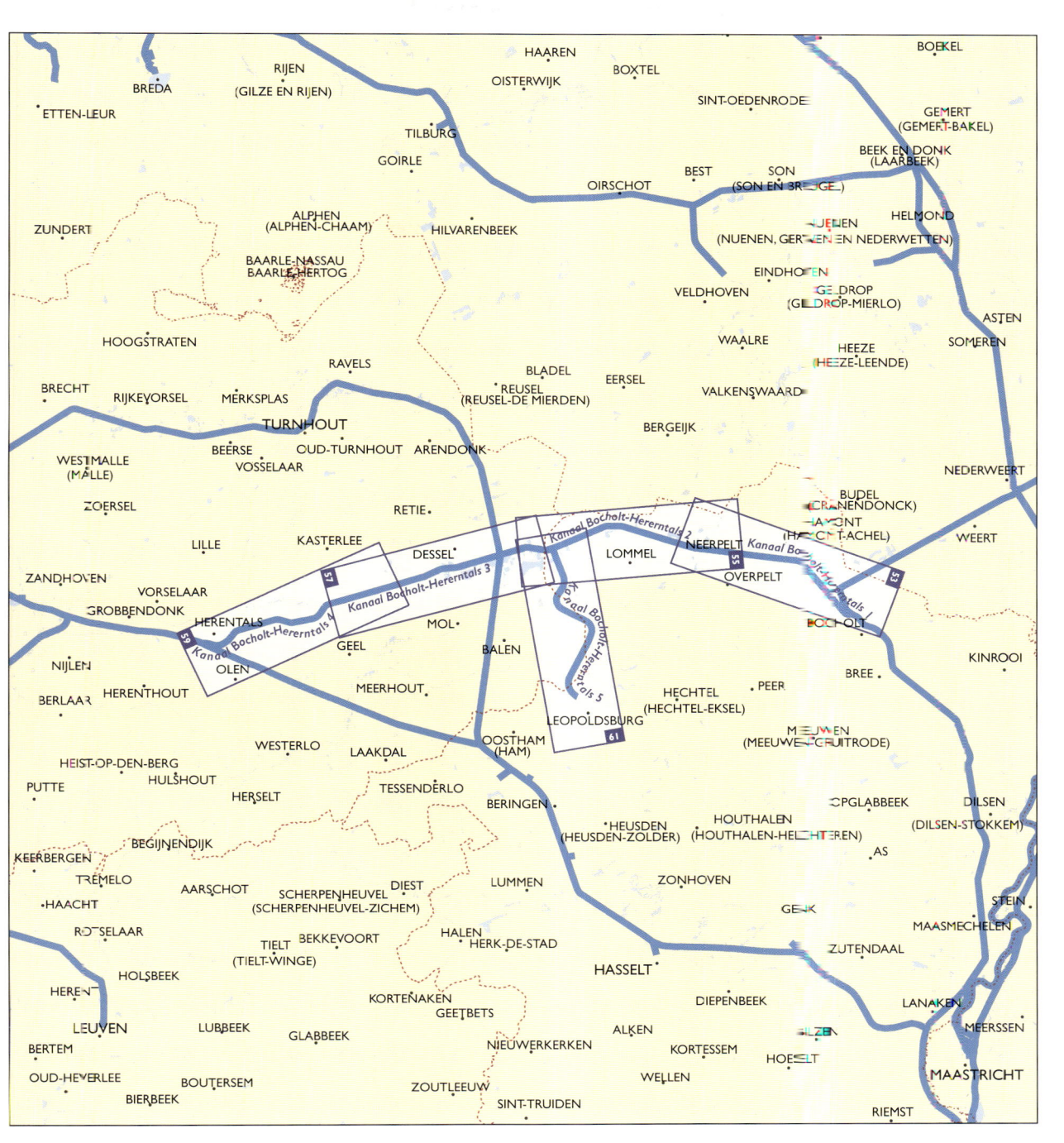

BOCHOLT-HERENTALS-KANAAL

Dieser Kanal ist bei Wassersportlern beliebt, da er durch schöne Naturgebiete führt und für die Frachtschifffahrt nur eingeschränkt zugelassen ist.

Länge der Strecke:	57,4 km
Betreiber:	NV De Scheepvaart, Havenstraat 44, 3500 Hasselt, Tel. 00 32 (0)11 29 84 00
Geringste Fahrrinnentiefe:	2,10 m
Geringste Durchfahrtshöhe:	4,93 m
Anzahl der Schleusen:	10 Schleusen

Brücken- und Schleusenzeiten:		16.3. bis 30.9.	1.10. bis 15.3.	1.5. bis 30.9.
	Mo. - Fr.	06.00 - 22.00	06.00 - 21.00	
	Sa.	07.00 - 15.00	07.00 - 15.00	
	So. und Feiert.	geschlossen	geschlossen	10.00 - 18.00

Sprechfunkkanal:	Schleuse 1 Lommel VHF 20 - Schleuse 3 Mol VHF 18 - Schleuse 4 Dessel VHF 80 - Schleuse 10 Herentals VHF 80
Besonderheiten:	sonntags nur für Sportboote

SEITENKANAL NACH BEVERLO

Sehr attraktives Fahrgewässer mit geringem Frachtschiffaufkommen.

Länge der Strecke:	14,8 km
Betreiber:	NV De Scheepvaart, Havenstraat 44, 3500 Hasselt, Tel. 00 32 (0)11 29 84 00
Geringste Fahrrinnentiefe:	1,90 m
Geringste Durchfahrtshöhe:	4,40 m
Schleusen:	keine

NEERPELT

Der Passantenhafen in Neerpelt liegt in unmittelbarer Nähe des Zentrums von Neerpelt. Diese touristische Attraktion mit ihrer Flaniermeile, hübschen Stegen und einem Picknickplatz lädt Wassersportler und Touristen dazu ein, einen kurzen Landgang einzulegen und Neerpelt zu erforschen. Der Passantenhafen ist ein geradezu idealer Ausgangspunkt für viele schöne Wanderungen in der Natur von Neerpelt, für einen Besuch der kleinen gemütlichen Terrassen im Zentrum von Neerpelt oder für eine entspannende Fahrradtour im weiten Fahrradwegenetz.

Auch die Freizeitdomänen Bosuil und Scoutsrally garantieren mit ihrem schönen, großen Spielgarten mit Café sowie ihrem breiten Angebot an Sport-, Spiel- und Erholungsmöglichkeiten eine unvergessliche Zeit. Eine Kajakfahrt auf der Dommel ist eine schöne und abenteuerliche Angelegenheit. An der Anlegebrücke in der Teilgemeinde Sint-Huibrechts-Lille können Sie einige schöne Töddenhäuser bewundern oder die Mühle Lilse Meulen besuchen.

Besichtigungstipps
- Fahrt auf der Dommel von Neerpelt (B) bis nach Valkenswaard (NL), Tel. 0032 (0)479 59 91 28. Start in der Tussentraat (nach Vereinbarung).
- Heimatmuseum Nederpeelt, St. Willibrorduskapelle, Breughelstraat, Tel. 0032 (0)11 64 67 73. Nach Vereinbarung.
- Heimatmuseum Sint-Huibrechts-Lille, Dorpsstraat 30, Tel. 0032 (0)11 64 02 09. Nach Vereinbarung.
- Mühle Lilse Meulen, Windmolenstraat, Tel. 0032 (0)11 64 02 09. Jeden zweiten Samstag und jeden vierten Sonntag von April bis Oktober zwischen 13:00 Uhr und 17:00 Uhr oder nach Vereinbarung eintrittsfreie Besichtigung.
- Besucherzentrum De Wulp – Naturreservat Hageven, Tussenstraat 10, Tel. 0032 (0)11 80 26 77. Jeden Samstag und Sonntag zwischen 14:00 Uhr und 18:00 Uhr oder nach Vereinbarung geöffnet.
- Freizeitdomäne Scoutsrally, Berkendreef, Tel. 0032 (0)11 64 26 74.
- Freizeitdomäne Bosuil, Bosuilstraat 4, Tel. 0032 (0)11 64 29 85.

Veranstaltungen
Europäisches Jugendmusikfestival: erstes Wochenende im Mai
Mittsommernachtsfeste – Neerpelt Open Air: Wochenende vom 15. August
Internationale Kanuregatta: letztes Wochenende im August

Weitere Informationen:
D.V.T. Neerpelt, Kerkstraat 7, 3910 Neerpelt.
Tel. 0032 (0)11 80 97 46, cultuur.toerisme@neerpelt.be, www.neerpelt.be.

DIE LIMBURGISCHEN KEMPEN

Die limburgischen Kempen überraschen Sie mit ausgedehnte Wäldern, beeindruckenden Landdünen, geheimnisvollen Heideseen und ... einer Wüste! In der Lommelsen Sahara fehlt nur noch eine Kamelherde, damit Sie sich wie ein Beduine fühlen und über diese Sandfläche ziehen möchten. Die Kempen sind auch von plätschernden Bächen, tiefen Heideseen, klaren Seen und einem Kanalnetz durchzogen. Mit dem Fahrrad können Sie ohne Probleme von einem Anschlusspunkt zum nächsten über autofreie Wege radeln, an denen nette Cafés und Restaurants liegen. Die Kempen sind auch das Land der Tödden und von Bruegel und war außerdem ein wichtiges Schlachtfeld im Zweiten Weltkrieg. Heute geht es hier zum Glück weitaus friedlicher zu: Ob Tagesausflüge, mehrtätige Arrangements oder kuschelige Wochenenden zu zweit - die Kempen bieten hierfür die geeignete Umgebung.

OVERPELT

In Overpelt stehen vier Wassermühlen und zwei Windmühlen. Overpelt liegt in den Nordkempen, wo Ihnen wertvolle Erholungsmöglichkeiten in der Natur angeboten werden. Das Landgut Hobos bietet Ihnen 160 Hektar unberührter Natur. In der Domäne liegt die ursprüngliche Wohnung von Drost Clercx (1759-1840), der für seinen Kampf gegen die Räuberbande Bokkenrijdersbende bekannt ist. Die Bemvoorst-Mühle wurde bereits im 13. Jht. erwähnt und ist auch heutzutage noch in Betrieb. Aber auch die Sevensmolen im Wanderpark "Heesakkerheide" sowie die Kleinmolen mit der Kunstgalerie "Daelhoxent" sind einen Besuch wert. Die Erkundung von Overpelt mit seiner extrem grünen Umgebung und den verschiedenen Mühlen mit dem Fahrrad ist ein wahrer Geheimtipp.

Weitere Informationen:
Gemeentelijke Dienst Toerisme, C.C. Palethe, Jeugdlaan 2, 3900 Overpelt.
Tel. 0032 (0)11 51 69 70, cultuur.toerisme@neerpelt.be, www.neerpelt.be.

Trappistenkloster De Kluis

HAMONT-ACHEL

In beiden Dorfkernen können Sie verschiedene Töddenhäuser bewundern. Die Tödden waren fahrende Händler; der Reichtum, den sie damit ansammelten, ist heute noch in ihren stattlichen Wohnungen zu sehen. Zeuge einer noch früheren Zeit ist der Tomp, ein umwaldeter Turm mit Ziehbrücke. 15 Wanderwege führen Sie durch die herrliche Landschaft: Weiden, Alleen und Nadelwälder. Die Fahrradwegekarte von Kempen und den Niederlanden führt Sie teilweise durch die limburgischen Kempen bis in die Niederlande herein. Die örtlichen Fahrradwege sind im Fahrradwegenetz Limburg enthalten.

Besichtigungstipps
- Achelse Kluis, De Kluis 1, Tel. 0032 (0)11 80 07 60. Das Trappistenkloster De Kluis liegt auf der Grenze mit den Niederlanden in einem Naturgebiet mit einigen Hundert Hektar Heide, Wald und Ländereien. Seit kurzem wird hier auch wieder Trappistenbier gebraut.
- Grevenbroekmuseum, Gen. Dempseylaan 1, Tel. 0032 (0)11 64 60 70. Heimatgeschichtemuseum.

Weitere Informationen:
VVV Hamont-Achel, Generaal Dempseylaan, 3930 Hamont-Achel.
Tel. 0032 (0)11 64 60 70, vvv.hamont-achel@scarlet.be.

Fest 5,70 m

Brücke N74 Fest 7 m

| i | 🏛 | 🚂 | ⚓ |

Fest 6,40 m

Passantenhafen Neerpelt www.neerpelt.be Tel. +32 (0)11 80 97 46

| 🚰 | ⚡ | 🗑 |

Eisenbahnbrücke Fest 5,55 m

| i |

Fest 5,60 m

Fest 6,20 m

Passantenhafen Sint-Huibrechts-Lille

| 🏛 |

Fest 6,30 m

Fest 6,30 m

Fest 5,50 m

| i | 🏛 | ⚓ |

Passantenhafen Bocholt

| 🚻 | 🚿 | 🚰 | 📞 | ⚡ | 🗑 |

KANAAL BOCHOLT-HERENTALS 1

LOMMEL

Tausende Hektar Wald und Dünen bilden die Landschaft von Lommel. Die Sahara ist eine ausgedehnte Sandwüste, eine einzigartige Landschaft mitten in den Kempen. Sie brauchen also nicht extra an die Küste zu fahren, um auf Sanddünen zu wandern. Ein gänzlich anderes Bild bietet das Naturgebiet "De Watering". Es entstand um ein scharfsinnig ausgedachtes Bewässerungssystem herum und ist der Aufenthalts- und Brutplatz für Hunderte von Vogelsorten. Im Wateringhuis ist eine Dauerausstellung über die Flora und Fauna dieses Gebiets untergebracht. Von kultureller Sicht her ist ein Besuch des fränkischen Marktplatzes mit seinem Rathaus und der neogotischen Kirche Sint-Pietersbanden mit ihrem gotischen Turm und den herrlichen Glasfenstern zweifelsohne lohnenswert. Oder auch die Besichtigung einer der Mühlen: die Leyssensmolen und die Rosmolen mit dem Mühlenmuseum.

De Sahara

In Lommel finden Sie einen der beiden Center Parcs in Limburg: "De Vossemeren". In diesem Park werden Sie sofort von den Wassersportseen und der waldreichen Umgebung fasziniert sein. Und im Aqua Dome werden die zahlreichen exotischen Fische und Korallen Sie sofort begeistern. Die Gäste werden von der Discovery Bay überrascht sein, einer exotischen Bucht mit Schiffswracks und Seeräubern; vollkommen neu ist der Tauparcours.

Der Blauwe Kei

DE BLAUWE KEI

Der Weiler "De Blauwe Kei" entstand nach dem Ausgraben der Schelde-Maas-Verbindung. Sein Name geht auf den großen Schiefergrenzstein an der Grenze des ehemaligen Brabants (die spanischen Niederlande), des Prinzenbistums Luik und Holland zurück. Das Material des Grenzsteins ist natürlichen Ursprungs und wurde im Laufe der Eiszeiten von der Maas angeführt. Heute ist der Blauwe Kei die letzte Umladestelle der 24 Schleusen auf dem Kempen-Kanal. Der Schleusenkomplex auf dem Blauwe Kei ist die erste Schleuse des Kanalabschnitts Bocholt-Lommel und wird seit 1844 benutzt. Heute allerdings wird sie als industrielles Erbe bewahrt. Die Abwechslung aus kleinen Kanälen, Schleusen und überraschenden Landschaften im Norden des Kempen-Kanals ist ein wahres Wanderparadies.

Kanal Bocholt-Herentals bei Lommel

Besichtigungstipps
• Museum Kempenland, Dorp 16, Tel. 0032 (0)11 54 13 35. Archäologisches Museum und Töddenmuseum.
• Deutscher Soldatenfriedhof, Dodenveldstraat z/n, Tel. 0032 (0)11 55 43 70.
• Polnischer Soldatenfriedhof, Luikersteenweg z/n, Tel. 0032 (0)11 54 02 21.
• Bürgermeisterhaus, Stationsstraat 2, Tel. 0032 (0)11 54 02 21. Ein Juwel eines Herrenhauses aus dem Beginn dieses Jahrhunderts mit einem dazugehörigen Park.

Veranstaltungen
Töddenmarkt: jeden Sonntag von April bis Oktober
Pflanzen- und Blumenmarkt: jeden letzten Sonntag ab April
Sandteppichwettbewerb und -ausstellung: von Anfang Juli bis Ende August
Tag des Sandes: am letzten Sonntag im August sowie am vierten Sonntag im Juli

Weitere Informationen:
Toerisme Lommel, Dorp 14, 3920 Lommel.
Tel. 0032 (0)11 54 02 21, info@toerismelommel.be, www.toerismelommel.be.

DAS BERGAUREVIER

Der Bergbaurevier ist das schlagende Herz vom belgischen Limburg: es ist multikulturell und vielseitig und immer faszinierend. Sie entdecken hier das herrliche industrielle Erbe aus dem Anfang des 20. Jhts. Eine spannende Geschichte von unterirdischen Gängen, Schächten und Liften, wobei das "schwarze Gold" die Hauptrolle spielt. Die Abraumhalden sind als stille Zeugen zurückgeblieben und beherrschen heute ausgedehnte Naturgebiete, in denen man herrlich radeln und wandern kann. Sie können hier sogar wortwörtlich in die Fußstapfen der Kumpel treten und das Bergwerksmuseum in Beringen, die herrlich renovierten Gartengegenden in Genk oder den multikulturellen Markt in Heusden-Zolder besuchen. Hier schöpfen Sie wortwörtlich und im übertragenen Sinne aus dem multikulturellen Reichtum Limburgs.

Schleuse 3 Mol Brücke Fest 4,93 m
Tel. +32 (0)11 14 81 60 14 VHF 18

Schleuse 2 Mol
Tel. +32 (0)14 81 60 04

Schleuse 1 Lommel
Tel. +32 (0)11 54 40 88 VHF 20

Fest 5,95 m

De Blauwe Kei www.jkl.be Tel. +32 (0)11 39 35 95

Fest 6,25 m

Fest 6,30 m

Jachthafen Lommel Tel +32 (0)11 62 28 30

Fest 5,70 m

Brücke N74 Fest 7 m

Fest 6,40 m

DESSEL

Eine der kleineren Gemeinden von den Kempen am Zusammenfluss zwischen der Desselse Nete und der Witte Nete, mit schönen Grüngebieten. Auf der Höhe von Schleuse 4, dem Grundgebiet von Witgoor, liegt ein einzigartiger Kanalkreuzungspunkt.

Besichtigungstipps
• Campinastrand, Zanddijk 62a, Tel. 0032 (0)14 37 70 75. 18 Hektar großer Freizeitpark mit Seen zum Schwimmen, Rudern, Surfen und Fischen, Strand und Liegewiese, Boule- und Sportplätzen.

Veranstaltungen
Blumenmarkt: 1. Mai
"Vaar-es-mee-dag" (Tag des Boottourismus auf den Kempen-Kanälen): 3. Sonntag im Mai
Graspop: letztes Wochenende im Juni
Fahrradfahren mit De Schakel (Kempentag): letzter Sonntag im August

Weitere Informationen:
VVV Dessel, Hannekestraat 1, 2480 Dessel.
Tel. 0032 (0)14 38 99 20, toerisme@dessel.be, www.vvvdessel.be.

FR
• Vaartketsersroute, 45 km
• Mountainbikepfad Campinapad, 25 bis 60 km
Erhältlich beim VVV Dessel.

FN
Anschluss an das Fahrradnetz über die Anschlusspunkte 73 und 96.

FV
Luc Smets, Boeretangsedreef 1, Dessel,
Tel. 0032 (0)14 37 73 73.

MOL

Beliebtes Urlaubszentrum, dessen wichtigste Attraktion die Wasservergnügungsanlage auf den Molsen Seen, die Provinzialdomäne Zilvermeer, die Abtei von Postel, 170 km ausgeschilderte Fahrradrouten, 400 km ausgeschilderte Wanderwege und das quirlige Einkaufszentrum sind. Wandergemeinde 2004.

Besichtigungstipps
• Jakob Smitsmuseum (Kunstmaler), Sluis 155A, Tel. 0032 (0)14 31 74 35, www.jakobsmits.be. Öffnungszeiten: 01.01.-31.12., mittwochs bis sonntags von 14:00-18:00 Uhr, während der Schulferien und bei Ausstellungen auch dienstags geöffnet.
• Provinzialdomäne Zilvermeer, Zilvermeerlaan 2, Tel. 0032 (0)14 82 95 00, www.zilvermeer.be. Weißer Sandstrand mit See zum Schwimmen und Rudern, See für Wassersport (Surfen, Segeln, Kajak [in Gruppen und nach Vereinbarung]), Tretboot, Spielgärten, Minigolf, Fahrradverleih, Angeln, Sportplätzen und Campingplatz.
• Zilverstrand, Kiezelweg 17, Tel. 0032 (0)14 81 00 97, www.zilverstrand.be. Badesee mit Wasserrutsche und Strand, subtropisches Schwimmbad, Tretboot, Angeln und Boule-Plätze.
• Gemeindefreibad Den Uyt, Rode Kruislaan 20, Tel. 0032 (0)14 33 07 45.
• SunParks Kempense Meren, Postelsesteenweg 100, Tel. 00 32 (0)14 81 72 52. Feriendorf mit Aquapark.
• Umweltzentrum De Goren, Postelsesteenweg 71, Tel. 0032 (0)14 81 66 07. Informationen über Umwelterziehung in den Oosterkempen, wechselnde Ausstellungen über Umwelt- und/oder Tourismus-/Freizeitthemen.

Provinzialdomäne Silbermeer

Veranstaltungen
"Vaar-es-mee-dag" (Tag des Boottourismus auf den Kempen-Kanälen): 3. Sonntag im Mai
"Spetterdag" (Tag des Kanaltourismus): letzter Sonntag im Juni
Bootstouren von Oosterkempen mit dem Zander auf den Kempen-Kanälen: Juli und August für Familien und Einzelbesucher
"Mon Mol Martre" (Kunst-Happening): erstes Wochenende im August
Vrolijke Vrijdagen (Musikauftritte): jeden Freitagabend im August
Lichterumzug vom Rozenberg: zweiter Samstag im September
Lichterumzug Ginderbuiten: am Samstag vor dem letzten Sonntag im September

Weitere Informationen:
Toerisme Mol, Markt 1, 2400 Mol.
Tel. 0032 (0)14 33 07 85, toerisme@gemeentemol.be, www.gemeentemol.be.

FR
• Vaartketsersroute, 45 km
• Kruierroute, 48 km
• Miel Ottenroute, 40 km
Erhältlich bei Toerisme Mol

FN
Anschluss an das Fahrradnetz über die Anschlusspunkte 73, 74, 75 und 96.

FV
Provinzialdomäne Zilvermeer, Zilvermeerlaan 2,
Tel. 0032 (0)14 82 95 00
Vital (SunParks Kempense Meren),
Tel. 0032 (0)477 32 98 19
Fahrradwerkstatt Mol, Sint-Appolonialaan 190, Mol,
Tel. 0032 (0)14 32 14 45.

Pfannkuchenboot

Abtei von Postel

KANAAL BOCHOLT-HERENTALS 3

Fest 7 m

V.V.W. Yachting Club Geel www.ycg.nl Tel. +32 (0)14 58 07 56

Schleuse 8 Geel
Tel. +32 (0)14 58 80 46

BB Brücke Schleuse

Schleuse 7 Mol
Tel. +32 (0)14 58 85 74

Fest 6 m

Schleuse 6 Mol
Tel. +32 (0)14 31 10 91

Fest 6,40 m

Fest 6,58 m

Schleuse 5 Dessel
Tel. +32 (0)14 31 13 69

BB Brücke Schleuse

Schleuse 4 Dessel
Tel. +32 (0)14 32 00 30 VHF 80

Fest 4,93 m

GEEL

Eine sehr ausgedehnte Gemeinde mit zwei kunsthistorischen Kirchen und dem Gästehausmuseum St.-Dimpna in der Nähe sowie vielen Grüngebieten. Die Bezeichnung "Barmherzige Stadt" weist auf die einzigartige Pflege in der Familie hin.

Geel, Sint-Dimpnaretabel

Besichtigungstipps
- Gästehausmuseum Sint-Dimpna, Gasthuisstraat 1, Tel. 0032 (0)14 59 14 43. Tägliches Leben im Gästehaus, Sint-Dimpna-Abteilung über Pflege von Geisteskranken in der Familie, Kunstschätze aus den Kirchen und Kapellen von Geel.
- Sint-Amandskirche (1490-1531) und Sint-Dimpnakirche (1349-1490) mit bemerkenswerten Altaraufsätzen.
- Bäckereimuseum Worfthoeve, Worfthoeven 5, Tel. 0032 (0)14 57 09 50 (Toerisme Geel).
- Lissenweiher, Lissenvijver 10, Tel. 0032 (0)14 30 27 36. Überdachte Skipiste.
- Mühle von 't Veld, Worfthoeven, Ten Aard, Tel. 0032 (0)14 57 09 50 (Toerisme Geel). Windmühle aus Holz mit benachbartem Bäckereimuseum.
- Mühle von Larum (1846), Tel. 0032 (0)14 57 09 50 (Toerisme Geel). Windmühle aus Holz.

Veranstaltungen
Historische Sint-Dimpna-Prozession: alle fünf Jahre um den 15. Mai (nächstes Mal: 2010)
Palmenmarkt: am Wochenende des Palmsonntag
Stadtfestival: letzter Sonntag im Juni
Reggaefestival: erster Samstag im August
Fahrradfahren mit De Schakel (Kempentag): letzter Sonntag im August

Weitere Informationen:
Toerisme Geel, Markt 33, 2440 Geel.
Tel. 0032 (0)14 57 09 50, toerisme@geel.be, www.geel.be.

FR
- Sint-Dimpnaroute, 50 km
- Pater van Cléroute, 49 km
- Prinsenroute, 48 km
Erhältlich bei Toerisme Geel.

FN Anschluss an das Fahrradnetz über die Anschlusspunkte 20, 21, 22 und 23.

FV Sportzentrum Berkven, Ericastraat 15, Geel, Tel. 0032 (0) 14 58 07 36, www.berkven.be.

KASTERLEE

Die herrlichen Dünen, der 800 Hektar große Tannenwald, die Lage an der Kleine Nete sowie die vielen Spitzenhotels machen Kasterlee und die Teilgemeinden Lichtaart und Tielen zu einem vielbesuchten Urlaubsort. Für einen etwas abenteuerlicheren Urlaub stehen viele Campingplätze und Ferienwohnungen zur Verführung.

Besichtigungstipps
- Provinzialdomäne Hoge Mouw, Lichtaartsebaan 73, Tel. 0032 (0)14 37 91 74, www.hogemouw.be. Domäne (90 Hektar) mit einer 25 Meter hohen Landdüne, ausgeschilderten Wanderwegen, Picknicktischen und Bänken.
- Heimathof De Waaiberg, Waaiberg, Tel. 0032 (0)14 84 05 19. Eingerichteter Bauernhof, der ein Bild vom Baustil und der Lebensweise des Kempen-Bauern Ende des 19. Jhts. / Anfang des 20. Jhts. vermittelt. Im „Karkot" wird ein Mini-Holzschuhmuseum eingerichtet.

Hof De Waaiberg

- Bobbejaanland, Steenweg op Olen 45, Lichtaart, Tel. 0032 (0)14 55 78 11, www.bobbejaanland.be. Familienfreizeitpark mit mehr als 50 Attraktionen und Shows für die ganze Familie.
- Weitere Freizeitdomänen: Ark van Noë (Lichtaart), Domäne De Putten (www.groepvaneyck.be), Pack-mit-an-Bauernhof De Viersprong (www.viersprong.be). Besuch des Ziegenbauernhofs Polle (Lichtaart).

Provinzialdomäne Hoge Mouw

Veranstaltungen
„Fietsdriedaagse": letztes Wochenende im Juli
Folkloremesse Lichtaart: erster Sonntag im August
Kinderfest Kabouterdag Kasterlee: zweiter Sonntag im September
Kürbistag: letzter Sonntag im Oktober

Weitere Informationen:
VVV/Toerisme Kasterlee, Markt 13, 2460 Kasterlee.
Tel. 0032 (0)14 84 85 19, toerisme@kasterlee.be, www.kasterlee.be.

FR
- Prinsenroute, 48 km
- Corsendonkroute, 46 km
- Watermolenroute, 50 km
- Mountainbikeroute Kasterlee-Herentals, 38 km
Erhältlich bei Toerisme Kasterlee.

FN Anschluss an das Fahrradnetz über die Anschlusspunkte 13, 20, 21, 22 und 23.

FV Fahrradhandel Van de Water, Geelsebaan 22, Kasterlee, Tel. 0032 (0)14 85 05 25
Jugendzentrum De Hoge Rielen, Molenstraat 62, Lichtaart, Tel. 0032 (0)14 55 84 10.

KANAAL BOCHOLT-HERENTALS 4

Brücke Schleuse Fest 6,58 m

Schleuse 10 Herentals
Tel. +32 (0)14 22 52 25 VHF 80

Fest 5,40 m

Jachthafen Herentals www.herentals.be   Tel. +32 (0)14 70 00 91

Eisenbahnbrücke Fest 5,25 m

Fest 6,60 m

Fest 5,49 m

BB Brücke Schleuse

Schleuse 9 Geel
Tel. +32 (0)14 58 81 76

Fest 7 m

V.V.W. Yachting Club Geel www.ycg.be   Tel. +32 (0)14 58 07 56

Schleuse 8 Geel
Tel. +32 (0)14 58 80 46

BALEN

Ausgedehnte grüne Gemeinde am Grenzverlauf zwischen den Provinzen Antwerpen und Limburg. Hier stehen Naturerlebnisse und Erholung im Mittelpunkt.

Besichtigungstipps
- Freizeit- und Naturpark Keiheuvel, 17de esc. Licht Vliegwezenlaan 14, Tel. 0032 (0)14 81 03 01, www.keiheuvel.be. Freibad, Liegewiese, Abenteuerspielplatz, Minigolf, Tennis- und Boule-Plätze, Wanderdomänen und Sportplätze.

Freizeit- und Naturpark Keiheuvel

- Kruiermuseum, Vaartstraat 29, Tel. 0032 (0)14 81 22 66. Bild des täglichen Lebens in einem Dorf in den Kempen zwischen den Kriegen.
- Hoolstmolen, Steenweg op Olmen, Tel. 0032 (0)14 81 22 66 (VVV). Wassermühle aus dem 13. Jht., Windmühle mit unterem beweglichen Teil auf der Grote Nete; hier wird Getreide zu Mehl und Saatgut zu Öl gemahlen.
- Topmolentje, Topmolenstraat. Wassermühle mit oberem beweglichen Teil auf dem Zweilingsloop.
- Naturdomäne De Most. Waldgebiet (104 Hektar) mit Alleen und Auenlandschaft.

Veranstaltungen
Flugtag und Fly-In Keiheuvel: 1. Wochenende im Juni
Sint-Odrada-Prozession: 3. Sonntag im Juli
Internationales Moto-Crossrennen Keiheuvel: Mitte August
Fahrradfahren mit De Schakel (Kempentag): letzter Sonntag im August
Internationales Straßenanimationsfestival: dritter Sonntag im September
Fiesta Mundial: letztes Wochenende im September

Weitere Informationen:
VVV Balen, Boudewijnlaan 15, 2490 Balen.
Tel. 0032 (0)14 81 22 66, toerisme@balen.be, www.balen.be.

FR
- Kruierroute, 48 km
Erhältlich beim VVV Balen.

Hoolst-Mühle

FN Anschluss an das Fahrradnetz über die Anschlusspunkte 73, 74 und 75.

FV Freizeit- und Naturpark Keiheuvel, Tel. 0032 (0)14 81 03 01.

LEOPOLDSBURG

Leopoldsburg ist die jüngste Gemeinde von Limburg. 1835 beschloss König Leopold I, auf der ausgedehnten Fläche von West-Limburg ein Lager für sein Heer zu bauen. Dieses Soldatenlager sollte zur Verteidigung gegen die damals feindlichen Niederlande erreichet werden. Das Lager zog sehr schnell verschiedene Kleinhändler an. Im Jahr 1850 wurde Leopoldsburg eine selbstständige Gemeinde. Einige Jahre später wurden die Verbindungswege und der Kanal von Beverlo angelegt. Am Ende dieses beliebten Kanals entstand ein Jachthafen. Aufgrund der Entstehungsgeschichte der Gemeinde werden der Charakter und die Sehenswürdigkeiten durch die Militärpräsenz bestimmt. Neben verschiedenen Fahrradwegen, der Kanalroute und den Wanderwegen können Sie auf dem Kanal von Beverlo, auf der Grote Nete, der Kleine Nete oder der Dommel kajaken. Leopoldsburg ist an das Fahrradwegenetz Limburg angeschlossen. Beim Jachthafen wurde die Verbindung zum Anschlusspunkt 275 geschaffen.

Besichtigungstipps
- Museum Kamp von Beverlo, Hechtelse Steenweg 9, Tel. 0032 (0)11 34 48 04. Geschichte der Stadt Lepoldsburg und des Soldatenlagers.
- ABC-Museum rund um das Königshaus, 100 Meter vom Jachthafen entfernt.

Evenementen
Gürtel rund um das Soldatenlager: Fahrradtouren, vierter Sonntag im Juni
Internationale Chazaltour: Wanderung, Sonntag in der 33. Kalenderwoche

Weitere Informationen:
Dienst Toerisme Leopoldsburg, Hechtelsesteenweg 7, 3970 Leopoldsburg.
Tel. 0032 (0)11 40 21 84, info@toerismeleopoldsburg.be, www.toerismeleopoldsburg.be.

Jachthafen von Leopoldsburg

KANAAL BOCHOLT-HERENTALS 5

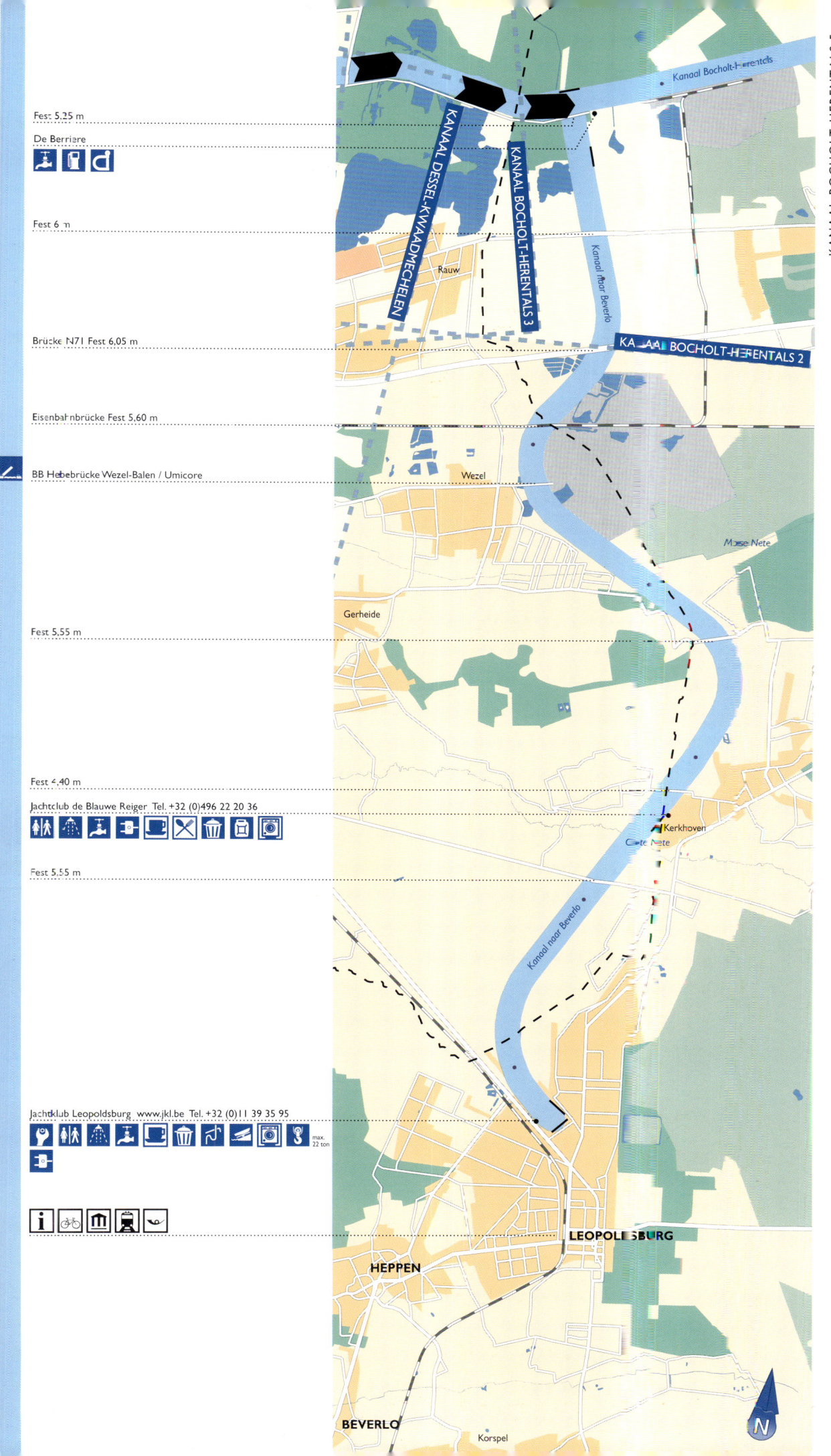

Fest 5,25 m
De Berriere

Fest 6 m

Brücke N71 Fest 6,05 m

Eisenbahnbrücke Fest 5,60 m

BB Hebebrücke Wezel-Balen / Umicore

Fest 5,55 m

Fest 4,40 m
Jachtclub de Blauwe Reiger Tel. +32 (0)496 22 20 36

Fest 5,55 m

Jachtklub Leopoldsburg www.jkl.be Tel. +32 (0)11 39 35 95

KANAAL DESSEL-KWAADMECHELEN
KANAAL BOCHOLT-HERENTALS 3
Kanaal Bocholt-Herentals
Kanaal naar Beverlo
KANAAL BOCHOLT-HERENTALS 2
Rauw
Wezel
Mese Nete
Gerheide
Kerkhoven
Grote Nete
Kanaal naar Beverlo
HEPPEN
LEOPOLDSBURG
BEVERLO
Korspel

KANAAL DESSEL - KWAADMECHELEN

In der Zeit, in der die Kempischen Kanäle angelegt wurden (für die Geschichte, siehe Kanal Bocholt-Herentals und Kanal Dessel-Turnhout-Schoten), wurde auch der Kanal von Dessel nach Hasselt ausgehoben (1854-1858).
Beim Bau des Albertkanals (1930-1939), der Verbindung zwischen Luik-Maastricht und Antwerpen, wurde die Verzweigung von Hasselt nach Kwaadmechelen verbessert. Anschließend wurde ein neues Kanalstück des Albertkanals nach Grobbendonk weitergezogen.
So wurde der Kanal zwischen Dessel und Kwaadmechelen zur Verbindung zwischen dem älteren Kempen-Kanal (Bocholt-Herentals) und dem neueren Albertkanal.

Fahren in den Oosterkampen mit der Zander

Segelfliegen am Keiheuvel, Balen

Mol an der Kreuzung der Kanäle

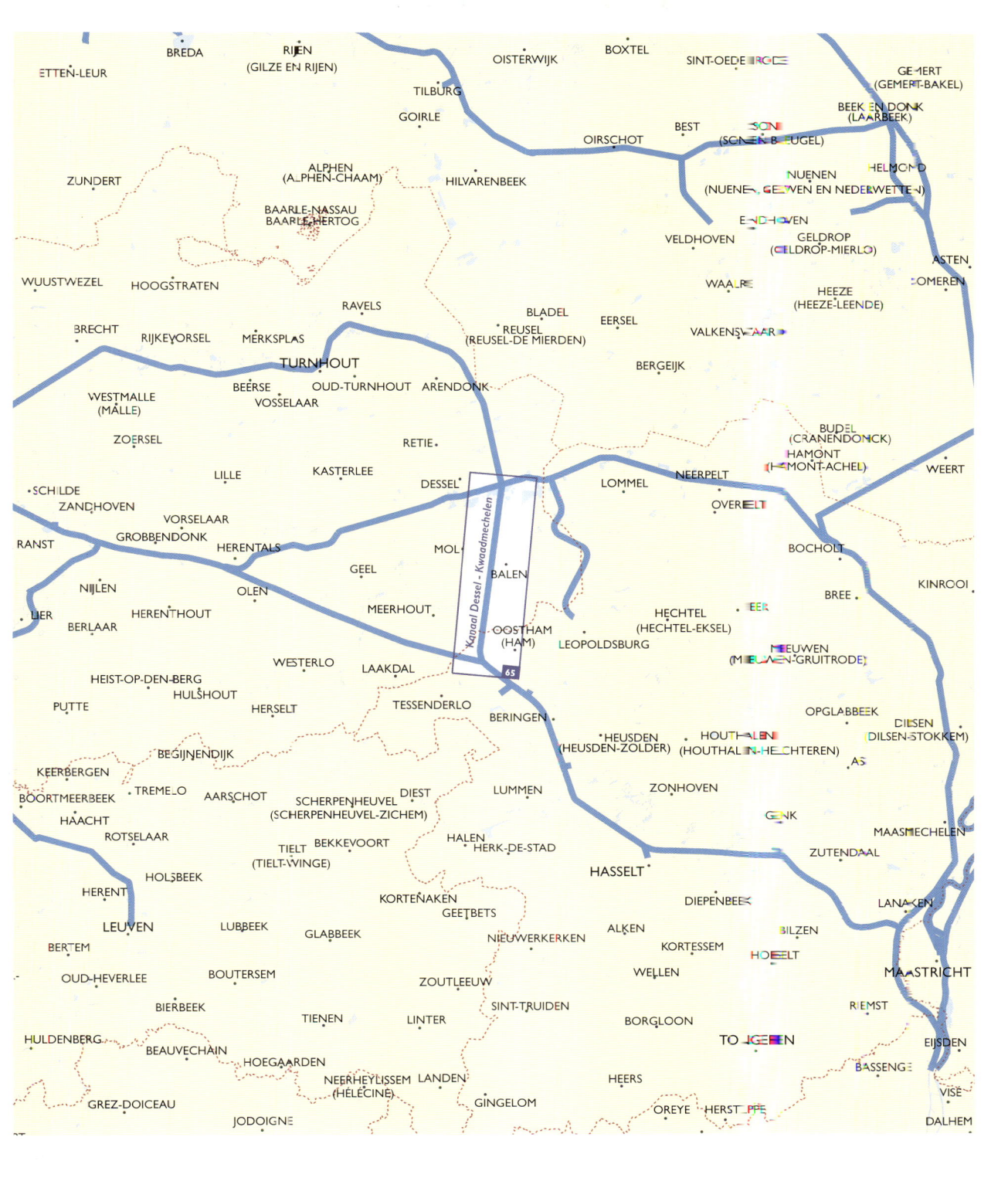

DESSEL-KWAADMECHELEN-KANAAL
Dank seines Verlaufs durch Naturgebiete und entlang verschiedener Orte beliebter Kanal.

Länge der Strecke:	15,7 km
Betreiber:	NV De Scheepvaart, Havenstraat 44, 3500 Hasselt, Tel. 00 32 (0)11 29 84 00
Geringste Fahrrinnentiefe:	2,80 m
Geringste Durchfahrtshöhe:	5,20 m
Anzahl der Schleusen:	keine
Brücken- und Schleusenzeiten:	-
Sprechfunkkanal:	-
Besonderheiten:	keine

KEMPENSE SEEN

Mol wird auch der "Lake District" der Kempen genannt. Während der Ausgrabungsarbeiten für die Kempen-Kanäle im 19. Jht. stießen die Arbeiter auf den wertvollen weißen Quarzsand. Dieser Sand wird u.a. zu Glas, Keramik, Waschpulver und Zahnpasta verarbeitet. Da der Sand eine außergewöhnlich gute Qualität besaß, wurde er in großem Umfang abgebaut, wodurch die Landschaft eine wahre Metamorphose mitmachte. Der Abbau des weißend Sandes verwandelte die Region Mol-Dessel in eine Patchworkdecke aus großen Wassertümpeln. Heute sind die Kempense Seen eine Mischung aus Tourismus, Freizeit und Naturerlebnis. Entlang der Tümpel ließen sich Freizeitdomänen wie Sunparks Kempense Meren und Zilverstrand nieder. Der größte Anziehungspunkt ist jedoch die Provinzialdomäne Zilvermeer. Die Domäne verdankt ihren Namen dem glasklaren Wasser, den prächtigen Seen und dem weißen Sandstrand. Der herrliche Badesee und der Segelsee sind die wichtigsten Attraktionen. Die letzte Errungenschaft ist eine ansprechend ausgestattete Tauchbasis.

Nach dem Abbau der Braunkohleschicht blieben flache Tümpel übrig, die sich in prächtige Naturgebiete wie "De Maat" entwickelten und eine große Anziehungskraft auf

Sunparks Kempense Meren in Mol

Wasservögel ausüben. Mol – Wandergemeinde im Jahr 2004 – bildet daher auch einen beliebten Ort für Wanderer. Auch die Kanäle bekamen eine wichtige touristische Funktion, wobei Bootstouren an erster Stelle stehen. Auf den asfaltierten Leinpfaden entlang der Kanäle kann man außerdem herrlich fahrradfahren.

Besichtigungstipps

- Provinzialdomäne Zilvermeer, Zilvermeerlaan 2, Tel. 0032 (0)14 82 95 00, www.zilvermeer.be. Weißer Sandstrand mit See zum Schwimmen und Rudern, See für Wassersport (Surfen, Segeln, Kajak [in Gruppen und nach Vereinbarung]), Tretboot, Spielgärten, Minigolf, Fahrradverleih, Angeln, Sportplätzen und Campingplatz.
- Zilverstrand, Kiezelweg 17, Tel. 0032 (0)14 81 00 97, www.zilverstrand.be. Badesee mit Wasserrutsche und Strand, subtropischem Schwimmbad, Tretboot, Angeln und Boule-Plätzen.

Provinzialdomäne Silbermeer in Mol

- SunParks Kempense Meren, Postelsesteenweg 100, Tel. 0032 (0)14 81 72 52. Feriendorf mit Aquapark.
- Umweltzentrum De Goren, Postelsesteenweg 71, Tel. 0032 (0)14 81 66 07. Informationen über Umwelterziehung in den Oosterkempen, wechselnde Ausstellungen über Umwelt- und/oder Tourismus-/Freizeittehmen.

Veranstaltungen

Sommeranimation in der Provinzialdomäne Zilvermeer

Weitere Informationen:

Toerisme Mol, Markt 1, 2400 Mol.
Tel. 0032 (0)14 33 07 85, toerisme@gemeentemol.be, www.gemeentemol.be.

FR
- Vaartketsersroute, 45 km
- Kruierroute, 48 km
- Miel Ottenroute, 40 km
Erhältlich bei Toerisme Mol.

FN Anschluss an das Fahrradnetz über die Anschlusspunkte 50, 51, 52 und 53.

FV Provinzialdomäne Zilvermeer, Tel. 0032 (0)14 82 95 00.
Vital (SunParks Kempense Meren), Tel. 0032 (0)477 32 98 19
Fahrradwerkstatt Mol, Tel. 0032 (0)14 32 14 45.

OLMEN (Balen)

Olmen ist eine Teilgemeinde von Balen. Der Zoo von Olmen, die Strahlmühle und der Wildwest-Club Centennial City sind die wichtigsten Attraktionen.

Besichtigungstipps

- Olmener Zoo, Bukenberg 45, Tel. 0032 (0)14 30 98 82, www.olmensezoo.be. Säugetiere und Vögel aus aller Welt.
- Strahlmühle, Straalstraat, Tel. 0032 (0)14 81 22 66 (VVV). Turbinengetriebene Wassermühle an der Grote Nete, mahlfähig.
- Wildwest-Club Centennial City, Vloedbeemden 44, Tel. 0032 (0)14 30 23 32. Cowboydorf aus dem Jahr 1842.

Weitere Informationen:

VVV Balen, Boudewijnlaan 15, 2490 Balen.
Tel. 0032 (0)14 81 22 66, toerisme@balen.be, www.balen.be.

Olmense Zoo

FR
- Kruierroute, 48 km
Erhältlich beim VVV Balen.

FN Anschluss an das Fahrradnetz über die Anschlusspunkte 33, 34, 37 und 38.

FV Freizeit- und Naturpark Keiheuvel, Balen, Tel. 0032 (0)14 81 03 01.

BB Brücke Schleuse
VZW Mol Ski

Brücke 2 Fest 5,25 m

Brücke 3 Fest 7,10 m

Eisenbahnbrücke 5,33 m
Brücke 4 Fest 6,90 m

| i | 🚲 | 🏛 | 🚂 | 〜 |

Eisenbahnbrücke Fest 5,20 m
(Geringste Durchfahrtshöhe des Kanals Dessel-Kwaadmechelen)
Brücke 5 Fest 6,30 m

| i | 🚲 | 🏛 | 🚂 | 〜 |

Brücke 6 Fest 6,15 m

| 〜 |

Brücke 7 Fest 6,30 m

Brücke 8 Fest 6,30 m

| i | 〜 |

Brücke 9 Fest 5,50 m

KANAAL DESSEL-KWAADMECHELEN

KANAAL DESSEL - TURNHOUT - SCHOTEN

Nach der belgischen Unabhängigkeit im Jahr 1830 wurden die Kempen, die damals das Zentrum der Niederlande bildeten, zu einem entlegenen Winkel degradiert. In anderen Teilen des Landes nahm die Industrielle Revolution Gestalt an, die Kempen jedoch blieben eine arme Gegend ohne bedeutende Industrie. Die Landschaft bestand aus spärlichem Gras, Moorgebieten, vereinzelten Bäumen und vor allem viel Heide. Es war ziemlich viel Geld erforderlich, um diese öde Gegend zu entwickeln.

Wandern in de Liereman

Um die Agrarproduktion anzukurbeln, musste die Heide abgebaut werden, und für die Ausfuhr der Produkte musste die Verkehrsinfrastruktur drastisch verbessert werden. Um den Boden fruchtbar zu machen, waren Wasser und Dung erforderlich, zwei Faktoren, die es in den Kempen kaum gab. Gemäß der allgemeinen Theorie boten Kanäle hierfür die Lösung. Sie ermöglichten eine bessere Bewässerung, wodurch fruchtbare Weiden entstanden, auf denen Vieh grasen konnte. Das Vieh wiederum produzierte den Dung, und außerdem konnte auf den Kanälen noch zusätzlicher Dung transportiert werden. Die Regierung beschloss aus diesem Grund, die Limburger und Antwerpener Kempen mit einer ganze Reihe von Kanälen auszustatten. Nachdem Überwindung der nötigen Hindernisse fielen 1845 die Würfel. Das Parlament hatte sich mit dem Kanalbau einverstanden erklärt, und ein paar Wochen später begannen die Arbeiten für den Kanal Dessel-Turnhout. Tausende von überall herbeigeströmten Arbeitern waren am Kanalbau beteiligt; nach vier Wochen Ausgrabungsarbeiten waren bereits sieben Kilometer Kanal fertig und im Jahr

Gemütlichkeit im Zentrum von Turnhout

1846 war der komplette Kanalbau dann abgeschlossen. Der Kanal erhielt (und erhält) das Wasser aus der Maas, das über den Kanal Zuid-Willemsvaart und einen Teil des Kempischen Kanals (die Maas-Schelde-Verbindung von Bocholt über Dessel nach Herentals) den Nebenkanal Dessel-Turnhout erreicht.

Der Provinzrat von Antwerpen hatte den starken Wunsch, den Kanal von Turnhout nach Antwerpen weiterzuziehen. Letztendlich wurde der Beschluss hierzu gefasst, doch der Staat wollte sich nicht engagieren, weshalb Privatunternehmer die Arbeiten übernahmen. Hierbei mussten sie sich nach den strengen Pläne des belgischen Brücken- und Straßendienstes richten, der bis ins Detail ausgearbeitet hatte, wie alles aussehen musste, einschließlich der kleinen Häuser der Schleusen- und Brückenwärter. 1866 konnte der erste Kanalabschnitt bis nach St. Lenaarts in Betrieb genommen werden, und in den Jahren 1874-1875 wurde der zweite Kanalteil bis nach Schoten für die Benutzung geöffnet. Somit lag Turnhout nun in der Mitte des 63 km langen Kanals Dessel-Turnhout-Schoten. Da die Stadt mit dem Nieuwe Kaai einen zusätzlichen bebaubaren Bereich erhalten hatte, konnten Schiffe fortan leichter anlegen. Wenn in Turnhout also über den alten Kanal, den "oude vaart", (wie beispielsweise im Straßennamen "Oude Vaartstraat") gesprochen wird, dann meint man hiermit den Kanal Dessel-Turnhout, der am Oude Kaai endet. Der Nieuwe Kaai liegt am Kanal Nieuwe Vaart, der von Turnhout nach Schoten verläuft.

Hier am Kanal bei der Brücke in Retie befindet sich ein Café mit Terrasse

Herrlich Rad fahren entlang dem Kanal

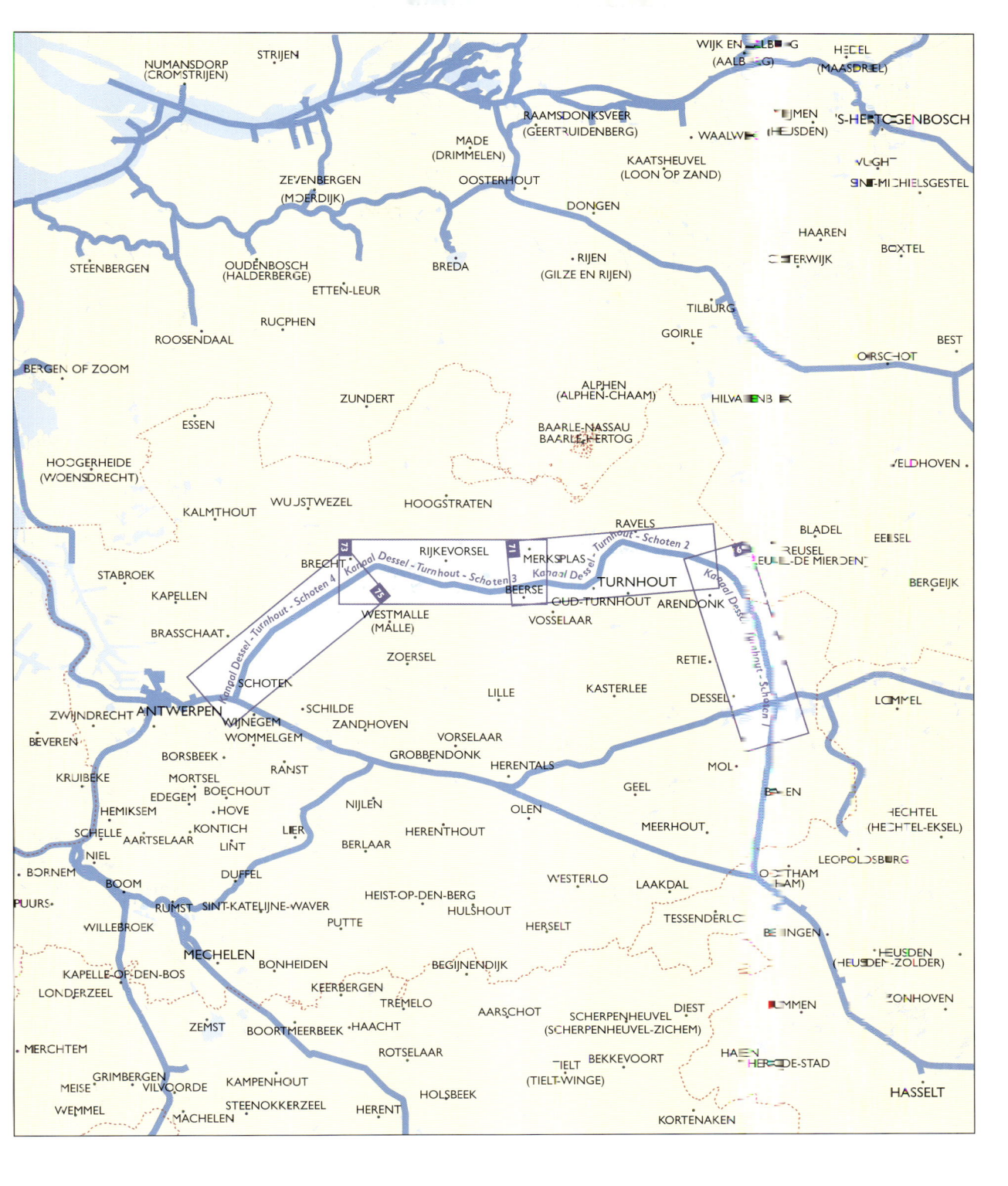

DESSEL-TURNHOUT-SCHOTEN-KANAAL

Dieser Kanal, der durch die Kempen verläuft, ist schmal und wird von der Frachtschifffahrt nicht mehr häufig benutzt. Er führt durch herrliche Naturgebiete und bietet schöne Ausblicke vom Wasser aus. An verschiedenen Orten sind noch ehemalige Ziegeleien und andere Industriegebäude zu sehen.

Länge der Strecke:	63 km	
Betreiber:	NV De Scheepvaart, Havenstraat 44, 3500 Hasselt, Tel. 00 32 (0)11 29 84 00	
Geringste Fahrrinnentiefe:	1,90 m	
Geringste Durchfahrtshöhe:	5,23 m	
Anzahl der Schleusen:	10 Schleusen, zum Teil mit kombinierter Bedienung	
Brücken- und Schleusenzeiten:	**16.3. bis 30.9.**	**1.10. bis 15.3.**
Mo. – Fr.	06.00 - 20.00	08.00 - 17.00
Sa.	07.00 - 15.00	07.00 - 15.00
So. und Feiert.	geschlossen	geschlossen
Sprechfunkkanal:	Schleuse 1 Rijkevorsel VHF 20 - Schleuse 10 Schoten VHF 20	
Besonderheiten:	Abweichende Betriebszeiten im Winter	

ARENDONK

Grüne Grenzgemeinde mit verschiedenen interessanten Naturschutzgebieten.

Besichtigungstipps
- Naturschutzgebiete De Liereman, Braekeleer und Korhaan. Abwechslungsreiche Landschaft mit Sanddünen, Trocken- und Nassheide, Mooren und Verlandungsgebieten.
- Toremansmühle, Wampenberg, Tel. 0032 (0)14 40 90 68 (VVV). Achteckige sog. "Kaffeekannenmühle" mit einer Getreide- und Ölmühle unter einem Dach.

Veranstaltungen
- Teljoorlekkersdag: letzter Sonntag im Juni

Weitere Informationen:
Toerisme Arendonk, Gemeentehuis, Vrijheid 29, 2370 Arendonk.
Tel. 0032 (0)14 40 90 68, lea.jonkers@arendonk.be, www.arendonk.be

Entlang den Kempensen Kanälen

FR
- Corsendonkroute, 46 km
- Aa-Talroute, 57 km
Erhältlich bei Toerisme Arendonk.

FN Anschluss an das Fahrradnetz über die Anschlusspunkte 59 und 67.

FV Taverne Valkenhof, de Valken 11, Arendonk, Tel. 0032 (0)14 67 06 65.

RETIE

Ländliches Dorf im Quellgebiet der Kleine Nete. Die Provinzialdomäne Prinsenpark, ein Überbleibsel der früheren Besitztümer des belgischen Fürstenhauses von Retie, ist eines der vielen unberührten Naturgebiete.

Besichtigungstipps
- Provinzialdomäne Prinsenpark, Kastelse Dijk 5, Tel. 0032 (0)14 37 91 74, www.prinsenpark.be. 190 Hektar mit hauptsächlich Nadelbaumarten, einem großen See, sechs ausgeschilderten Wanderwegen und einem Besucherzentrum.
- Kasteel van Rethy, Kasteelstraat 60, Tel. 0032 (0)14 37 71 28. Neogotisches Schloss (1906) in herrlicher Parklandschaft (30 Hektar) im englischen Stil, drei ausgeschilderte Wanderwege.
- Wassermühle, Tel. 00 32 (0)14 37 18 18. Getreidewassermühle auf der Witte Nete, mahlfähig.
- De Heerser, Kronkelstraat 7, Tel. 0032 (0)14 81 45 94. Standardmühle aus Holz in herrlichem Mühlenbiotop, mahlfähig.

Veranstaltungen
Internationales Folklorefestival: 15. August
Fahrradfahren mit De Schakel (Kempentag): letzter Sonntag im August

Weitere Informationen:
TD/VVV Retie, Gemeentehuis, 2470 Retie.
Tel. 0032 (0)14 38 92 30, info@vvvretie.be, www.vvvretie.be.

Wassermühle in Retie

FR
- Prinsenroute, 48 km
- Vaartketsersroute, 45 km
- Corsendonkroute, 46 km
- Miel Ottenroute, 40 km
Erhältlich beim VVV Retie.

FN Anschluss an das Fahrradnetz über die Anschlusspunkte 67 und 72.

FV Fahrradwerkstatt Mol, Sint-Apollonialaan 190, Mol, Tel. 0032 (0)14 32 14 45.

POSTEL (Mol)

Herrliche waldreiche Umgebung mit der Norbertinenabtei von Postel im Zentrum.

Besichtigungstipps
- Abtei von Postel. Norbertinenabtei, gegründet um das Jahr 1140, römische Sint-Nikolaaskirche aus dem Jahr 1190, Bibliothek mit mehr als 30.000 Werken.

Weitere Informationen:
Toerisme Mol, Markt 1a, 2400 Mol.
Tel. 0032 (0)14 33 07 85, toerisme@gemeentemol.be, www.gemeentemol.be
VVV-Gemeindezentrum Huyze Colibrant, Abdijlaan 10, 2400 Mol-Postel. Tel. 0032 (0) 14 37 91 69.

FR
- Miel Ottenroute, 40 km
Erhältlich bei Toerisme Mol.

FN Anschluss an das Fahrradnetz über den Anschlusspunkt 72.

FV Provinzialdomäne Zilvermeer, Zilvermeerlaan 2, Tel. 0032 (0)14 82 95 00
Vital (SunParks Kempense Meren), Tel. 00 32 (0)477 32 98 19
Fahrradwerkstatt Mol, Sint-Apollonialaan 190, Mol, Tel. 0032 (0)14 32 14 45.

Terrasse in Postel

BB Brücke 6 Arendonk

Brücke 5 Fest 5,95 m

BB Brücke 4 Arendonk

Brücke 3 Brücke E34 Fest 5,40 m

BB Brücke 2 Retie

Brücke 1 Fest

Brücke 0 bis Fest 6,30 m

Brücke 0 Fest 5,23 m

BB Brücke Schleuse

ARENDONK

RETIE

DESSEL

KANAAL DESSEL-TURNHOUT-SCHOTEN 2

KANAAL BOCHOLT-HERENTALS 3

KANAAL DESSEL-KWAADMECHELEN

KANAAL BOCHOLT-HERENTALS 2

KANAAL DESSEL - TURNHOUT - SCHOTEN 1

69

MERKSPLAS
Gemeinde mit vielen Grüngebieten in den Nordkempen, die vor allem wegen der Reichsstrafanstalt bekannt ist.

Besichtigungstipps
- Reichsstrafanstalt von Merksplas (1823), Steenweg op Rijkevorsel. Gefängnisgebäude, schöne Kapelle und Reichshof, herrliche Alleen und ein Vagabundenfriedhof.
- Domäne der Strafanstalt. Waldreiches Gebiet (600 Hektar).
- Wanderdomänen Het Wendelschoor, Graafsbos und Carons Hofke.

Veranstaltungen
Trödelmarkt Merksplas Kolonie: Ostermontag
Kempentag: letzter Sonntag im August

Weitere Informationen:
Toerisme Merksplas, Kerkstraat 1, 2330 Merksplas.
Tel. 0032 (0)14 63 94 77, toerisme@kasterlee.be, www.kasterlee.be.

Der Kanal in Höhe des Campingplatzes Baalse Hei, Turnhout

FN
- Landlopersroute, 55 km
- Enclaveroute, 46 km
- Kleidabbersroute, 49 km

Erhältlich bei Toerisme Merksplas.

FN Anschluss an das Fahrradnetz über die Anschlusspunkte 01 und 72.

TURNHOUT
Turnhout ist die Hauptstadt der Kempen, das Zentrum der Graphikindustrie und gleichzeitig das Weltzentrum der Spielkartenindustrie. Das Taxandriamuseum bietet eine hervorragende Einführung in die Geschichte der Kempen. Im Spielkartenmuseum finden Sie die wichtigste Spielkartensammlung der Niederlande. Turnhout hat jedoch noch mehr zu bieten: einen der schönsten Beginenhöfe Belgiens, das Schloss der Herzöge von Brabant, viel Einkaufsspaß und gemütliche Caféterrassen.

Besichtigungstipps
- Taxandriamuseum, Begijnenstraat 28, Tel. 0032 (0)14 43 63 35.
- Nationales Spielkartenmuseum, Druivenstraat 18, Tel. 00 32 (0)14 41 56 21.
- Beginenhof. Um das Jahr 1300 gegründet, mit Häusern aus dem 17. Jht. und einer barocken Beginenhofkirche.
- Beginenhofmuseum, Begijnhof 56, 2300 Turnhout, Tel. 00 32 (0) 14 42 12 48.
- Naturpunkt-Museum, Graatakker 11, Tel. 0032 (0)14 47 29 50.

Veranstaltungen
Stadtparkfeste: Pfingstwochenende
Terrassentheater: Juni-August
"Vrij-dagen" (kostenlose Freiluftkonzerte) auf dem großen

Spielkartenmuseum Turnhout

Marktplatz: Juni-August
Kempentag: letzter Sonntag im August
Antiquitätenmarkt: jeden Sonntagvormittag

Weitere Informationen:
Toerisme Turnhout, Grote Markt 44, 2300 Turnhout.
Tel. 0032 (0)14 44 33 55 und 44 33 39,
toerisme@turnhout.be, www.turnhout.be.

FR
- Binkenroute, 59 km
- Bels Lijntje, 33 km

Erhältlich bei Toerisme Turnhout.

FN Anschluss an das Fahrradnetz über die Anschlusspunkte 01 und 04.

FV Camping Baalse Hei, Tel. 0032 (0)14 44 84 70.

RAVELS
Gemeinde mit sehr vielen Naturschönheiten.

Besichtigungstipps
- Bezirkswald von Ravels, Jachtweg, Tel. 00 32 (0)14 42 05 32. 830 Hektar Nadel- und Laubwald und das Aufnahmezentrum Boshuis.
- "De Nachtegaal der Maatvennen", Kerkstraat, Tel. 0032 (0)14 65 21 55 (VVV). Berg- oder Kellermühle aus Stein (1869).
- "Arbeid Adelt", Koning Albertstraat, Weelde, Tel. 0032 (0)14 65 67 04. Galerieholländer aus Stein, mahlfähig.

Veranstaltungen
Historische Erntefeste Ravels: vorletztes Wochenende im August

Weitere Informationen:
Toerisme Ravels, GC De Wouwer, Kloosterstraat 4, 2380 Ravels.
Tel. 00 32 (0)14 65 21 55, info@toerismeravels.be, www.toerismeravels.be.

FR
- Aa-valleiroute, 58 km
- Bels Lijntje, 33 km
- Binkenroute, 59 km
- Smokkelaarsroute, 42 km

Erhältlich bei Toerisme Ravels.

FN Anschluss an das Fahrradnetz über die Anschlusspunkte 32 und 58.

FV Camping Tulderheyde, Poppel,
Tel. 0032 (0)14 65 56 12
Profile Guy Ruts, Koning Albertstraat 142,
Weelde, Tel. 0032 (0)14 65 00 79.

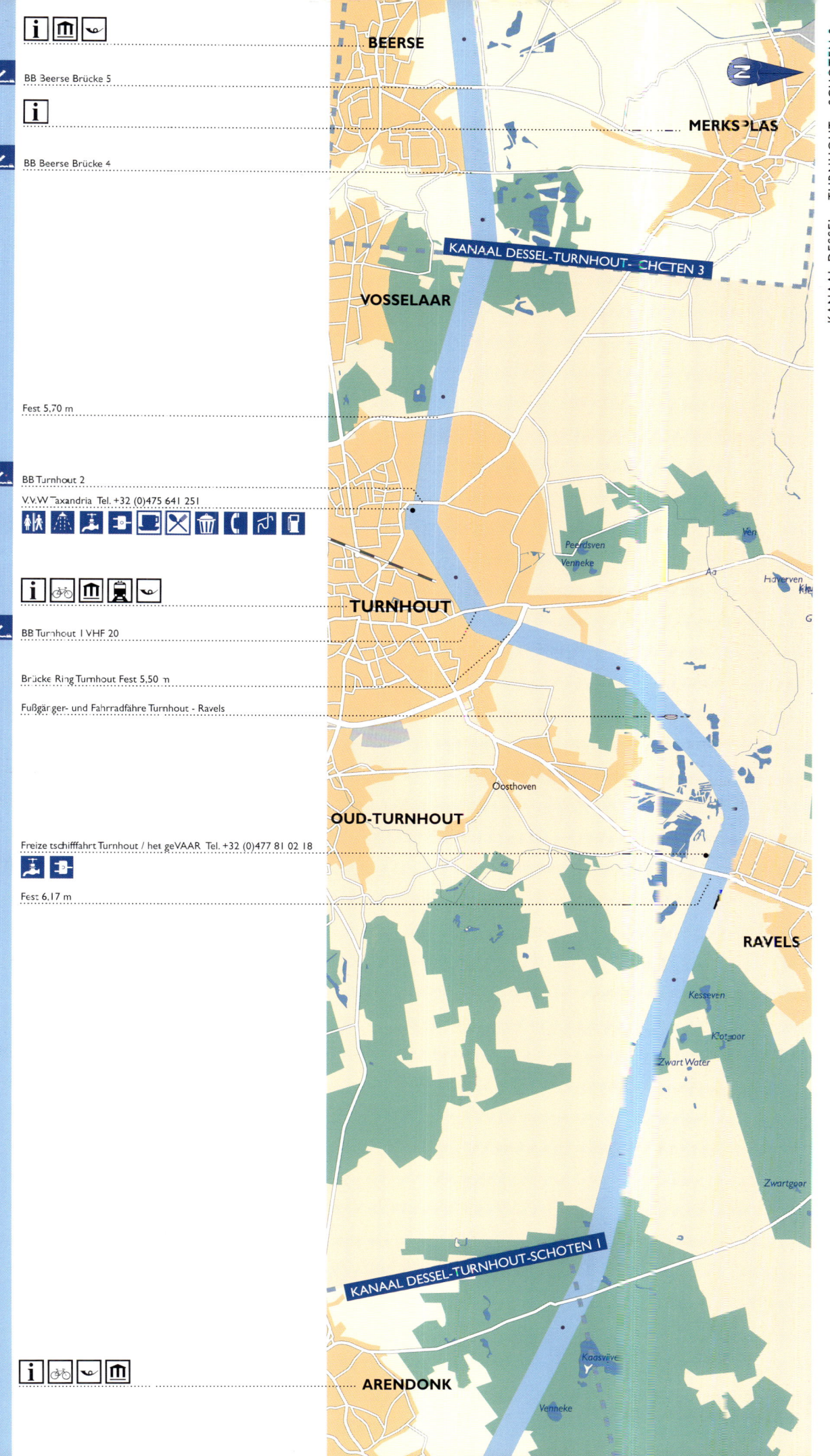

BEERSE

[i] [🏛] [⚓]

🚤 BB Beerse Brücke 5

[i]

🚤 BB Beerse Brücke 4

KANAAL DESSEL-TURNHOUT-SCHOTEN 3

VOSSELAAR

MERKSPLAS

Fest 5,70 m

🚤 BB Turnhout 2
V.V.W. Taxandria Tel. +32 (0)475 641 251

[👥] [🚿] [🚰] [⚓] [🏕] [🍴] [🗑] [☎] [♪] [⛽]

[i] [🚲] [🏛] [🚊] [⚓]

🚤 BB Turnhout 1 VHF 20

Brücke Ring Turnhout Fest 5,50 m
Fußgänger- und Fahrradfähre Turnhout - Ravels

TURNHOUT

OUD-TURNHOUT

Freizeitschifffahrt Turnhout / het geVAAR Tel. +32 (0)477 81 02 18
[🚰] [⚓]
Fest 6,17 m

RAVELS

KANAAL DESSEL-TURNHOUT-SCHOTEN 1

[i] [🚲] [⚓] [🏛]

ARENDONK

KANAAL DESSEL - TURNHOUT - SCHOTEN 2

71

MALLE

Grüne Gemeinde mit sehr vielen Wandermöglichkeiten, u.a. in der Nähe der Trappistenabtei (Westmalle) und dem Schloss Renesse (Ostmalle).

Schloss de Renesse in Oostmalle

Besichtigungstipps

- Abtei von Westmalle. 1794 gebaut, wertvolle Gemälde und reiche Bibliothek, neurömische Abteikirche (1886). Berühmte Trappistenbrauerei und Käserei (die Abtei und die Brauerei sind für die Öffentlichkeit nicht zugänglich!).
- Scherpenbergmühle, Antwerpsesteenweg 378, Westmalle, Tel. 0032 (0)3 310 05 14 (Toerisme Malle). Bergmühle aus Stein, mahlfähig.
- Schloss Renesse, Lierselei 30, Oostmalle, Tel. 0032 (0)3 311 55 91, www.domeinderenesse.be. Schloss aus dem 15. Jht. in einem 27 Hektar großen Parkgelände.

Veranstaltungen

Tag des Parks, Oostmalle: letzter Sonntag im Mai
Festimalle, internationales Chormusikfestival, Oostmalle: letztes Wochenende im Juni
Mals auf flämische Art: Juli und August
Kempen-Probierstube an der Scherpenbergmühle, Westmalle: letzter Sonntag im August

Weitere Informationen:

Toerisme Malle, Antwerpsesteenweg 246, 2390 Westmalle.
Tel. 0032 (0)3 310 05 14, toerismemalle@publilink.be, www.toerisme-malle.be.

FR
- Trappistenroute, 44 km
- Achtzalighedenroute, 51 km
Erhältlich bei Toerisme Malle

FN
Anschluss an das Fahrradnetz über die Anschlusspunkte 38, 69, 84, 85, 98 und 99.

FV
Eikelspark, Antwerpsesteenweg 506, Malle, Tel. 0032 (0) 3 383 09 58.

Abtei von Westmalle

RIJKEVORSEL

Ländliche und grüne Gemeinde im Herzen der Nordkempen.

Besichtigungstipps

- Die Bergmühle aus Stein. Restaurierte mahlfähige Windmühle aus Stein aus dem Jahr 1861.
- Gemeindeheimatkundemuseum, Molenstraat 5, Tel. 0032 (0)3 314 61 95. Vergangenheit der Nordkempen.
- Domäne De Meirheide, Merksplassesteenweg 104, Tel. 0032 (0)3 314 54 24, www.groepvaneyck.be. Badesee, Strand, Liegewiese, überdachter Spielplatz und Bowlingbahn.

Veranstaltungen

Kiosk Zomert, kostenlose Musikauftritte: an jedem Donnerstagabend im Juli

Fahrradfahren mit De Schakel (Kempentag): letzter Sonntag im August

Weitere Informationen:

Toerisme Rijkevorsel, Molenstraat 5, 2310 Rijkevorsel.
Tel. 00 32 (0)3 340 00 12, vvv.toerisme@rijkevorsel.be, www.rijkevorsel.be.

Die steinerne Bergmühle in Rijkevorsel

FR
- Kleidabbersroute, 49 km
- Achtzalighedenroute, 53 km
- Landlopersroute, 55 km
Erhältlich bei Toerisme Rijkevorsel.

FN
Anschluss an das Fahrradnetz über die Anschlusspunkte 38, 71, 84 und 85.

BEERSE

Industrialisierte Randgemeinde von Turnhout mit noch großen Grüngebieten.

Besichtigungstipps

- Museum Jan Vaerten (Kunstmaler), Peerdekensstraat 8, Tel. 0032 (0)14 61 75 02.
- Heimatkundemuseum Tempelhof, Bisschopslaan 1, Tel. 0032 (0)14 61 28 74. U.a. Steinofenbäckerei, Wallfahrtsfähnchen, Ex-Libris, Kriegsdokumente, Kirchenschätze und Genealogie.
- Wanderdomänen Luysterborgh (26 Hektar), Epelaar (100 Hektar) und De Schrieken (11 Hektar).

Veranstaltungen

Wurstfeste Vlimmeren: vorletztes Wochenende im August

Weitere Informationen:

Toerisme Beerse, Cultureel Centrum 't Heilaar, Heilaarstraat 35, 2340 Beerse.
Tel. 0032 (0)14 60 07 70, ann.janssens@beerse.be, www.beerse.be.

FR
- Kleidabbersroute, 49 km
- Achtzalighedenroute, 53 km
- Binkenroute, 59 km
Erhältlich bei Toerisme Beerse.

FN
Anschluss an das Fahrradnetz über den Anschlusspunkt 72.

BB Brücke Brecht 11

V.V.W. Brechtse Yachtclub (BYC) Tel. +32 (0)3 313 73 72

BB Brücke Sint-Lenaarts 10

Fest 5,50 m

BB Brücke Sint-Lenaarts 9

B3 Brücke Rijkevorsel 8

BB Brücke Rijkevorsel 7

BB Brücke Schleuse

Schleuse I Rijkevorsel
+32 (0)3 311 55 47 VHF 20
Fußgänger- und Fahrradbrücke Fest 5,32 m

BB Beerse Brücke 6

KANAAL DESSEL - TURNHOUT - SCHOTEN 3

BRASSCHAAT

Grüner Ferienort, attraktiv für Wanderer, Naturfreunde und Sportler. Den schönen Villengegenden und Parks verdankt Brasschaat seine Bezeichnung "das Versailles von Antwerpen".

Brasschaat Gemeindepark

Besichtigungstipps
- Sport- und Freizeitzentrum, Elshoutbaan 17, Tel. 00 32 (0)3 651 51 51. Sporthalle und Hallenschwimmbad.
- Abenteuerspielpark Torenbos im Provinzsportzentrum Peerdsbos, Bredabaan 31, Tel. 0032(0)3 640 35 70, www.sportdienst.provant.be.
- Peerdsbos, Bredabaan. 149 Hektar Waldgelände mit Wanderwegen, Sportmöglichkeiten und Picknickplätzen.
- De Uitlegger, Sionkloosterstraat. 89 Hektar Wald- und Parklandschaft, Wasseranlagen und Waldlehrpfad.
- De Inslag, Kerkedreef, Bredabaan und Wipstraat. 147 Hektar Walddomäne mit großer Baumvielfalt und Weiden, Wander- und Waldlehrpfaden, Angelmöglichkeiten und Sonnenwiese.
- Gemeindedomänen De Mik, Miksebaan und Kerkedreef. 25 Hektar mit Arboretum, Sonnenwiesen, Teich, Waldlehrpfad, Turmtor und englischem Garten.
- Gemeindepark, Elshoutbaan, Miksebaan und Hemelakkers. 147 Hektar Walddomäne mit Wanderwegen, Rosengarten, künstlich angelegtem See, Rotwildpark, Sport- und Freizeitplätzen.

Veranstaltungen
Tag des Parks: letzter Sonntag im Mai
Superman-Triathlon Flandern: letzter Sonntag im Juni
Sommerabend in Brasschaat: alle Donnerstage im August

Weitere Informationen:
TD/VVV Brasschaat, Gemeentepark 4, 2930 Brasschaat.
Tel. 0032 (0)3 651 33 00, toerismebrasschaat@skynet.be, www.brasschaat.be.

FR	• Kapittelroute, 38 km • Kastelenroute, 41 km Erhältlich bei TD/VVV Brasschaat.
FN	Anschluss an das Fahrradnetz über die Anschlusspunkte 20, 40 und 41.
FV	Provinzsportzentrum Peerdsbos, Bredabaan 31, Brasschaat, Tel. 0032 (0)3 640 35 70 (ATF).

Kempisches Museum in Brecht

BRECHT

Ausgedehnte, ländliche Gemeinde. Brecht war im 16. Jht. ein wichtiges humanistisches Zentrum. Die Teilgemeinde Sint-Job-in-'t-Goor ist ländlich und attraktiv und wird während der Sommermonate stark besucht.

Kanal in der Nähe von Sint-Job-in-'t Goor

Besichtigungstipps
- Kempisches Museum, Mudaeusstraat 2, Tel. 0032 (0)3 313 68 44. Darstellung verschiedener Seiten des kempischen Volkslebens, mit besonderer Aufmerksamkeit für Brechts Humanismus.
- Mühle von Brecht, Molenstraat, Tel. 00 32 (3)288 40 49. Poldermühle aus Stein (1842), mahlfähig. Verkauf von Mühlenprodukten.
- Gemeindewanderdomäne De Leeuwerk, Groenstraat, Sint-Lenaarts. Domäne (21 Hektar) mit Fischteich und Sonnenwiese.
- Brechtse Heide. 1700 Hektar Wandergebiet mit abwechselnd Heide, Wald, Weiden und Ackerland.
- Gemeindewanderwald. 4 Hektar, mit Fitnessparcours.

Veranstaltungen
Heilige Leonardusprozession: Pfingstmontag
Marienhuldigung Sint-Lenaarts: 15. August
Park-Happening: jeden Montagabend im Juli

Weitere Informationen:
Toerisme Brecht, Mudaeusstraat 2, 2960 Brecht.
Tel. 00 32 (0)3 313 68 44, info@toerismebrecht.be, www.brecht.be.

FR	• Jan van der Nootroute, 56 km • Kleidabbersroute, 52 km • Trappistenroute, 44 km • Waterwegenroute, 40 km Erhältlich bei Toerisme Brecht.
FN	Anschluss an das Fahrradnetz über die Anschlusspunkte 38, 69, 98 und 99.
FV	Camping Floreal Club Het Veen, Eekhoornlaan 1, Brecht, Tel. 0032 (0) 3 636 13 27.

Fest 6,35 m
Brücke Schleuse Fest 5,40 m
Schleuse 10 Schoten
Tel. +32 (0)496 57 85 04 VHF 20
Schleuse 9 Schoten
Tel. +32 (0)496 57 85 04
BB Schoten Brücke 13
Schoten Yachtclub (SYC)

BB Schoten Brücke 12

Schleuse 8 Schoten
Tel. +32 (0)496 57 85 03

BB Brücke Schleuse

Schleuse 7 Schoten
Tel. +32 (0)496 57 85 68

Schleuse 6 Schoten
Tel. +32 (0)496 57 85 68

Schleuse 5 St. Job in't Goor
Tel. +32 (0)496 57 85 02
St. Job Yachtclub

BB Brücke Schleuse
Schleuse 4 St. Job in't Goor
Tel. +32 (0)496 57 85 02
Schleuse 3 Brecht
Tel. +32 (0)496 57 85 01

Schleuse 2 Brecht
Tel. +32 (0)496 57 85 01

V.V.W. Brechtse Yachtclub (BYC) Tel. +32 (0)3 313 73 72

KANAAL DESSEL - TURNHOUT - SCHOTEN 4

KANAAL LEUVEN–DIJLE (Leuvense Vaart)

1750 stach Prinz Karl von Lothringen mit einem gravierten Silberspaten das erste Stückchen Boden für den Kanal "Leuvense Vaart" aus. Schon seit dem 13. Jht. wuchs unter dem zunehmenden wirtschaftlichen Wohlstand von Städten wie Mechelen und Leuven die Bedeutung der Dijle als Wasserstraße. Vor allem die Bierbrauer aus Leuven hatten Interesse daran, dass die

Zennegat: Zusammenfluss von Zenne, Dijle und Kanal Leuven-Dijle

Exportmöglichkeiten verbessert wurden. Im Januar 1750 beschloss man, mit dem Bau eines Kanals zwischen Leuven und Mechelen, der bis zum "Zennegat" gehen sollte, zu starten. Am 4. Mai 1750 begannen 500 Bauern aus Arden mit den Aushebungsarbeiten für den Kanal, und drei Jahre später konnte das erste Boot in Leuven anlegen. Die Stadt Leuven sollte Besitzer des neuen Kanals werden, der daher auch "Leuvense Vaart" genannt wurde. Trotz der großzügigen Festlichkeiten bei der Kanaleröffnung gab es eigentlich nicht viel zu feiern. Denn schon bald zeigte sich, dass die drei Schleusen nicht stark genug waren, um die Wassermassen, die einen Höhenunterschied von insgesamt 14 Meter hatten, abzustützen. Außerdem kam es aufgrund der Tatsache, dass die Deiche zu schwach waren, zu mehreren Deicheinbrüchen, u.a. auch in Kampenhout. Leuven beschloss, die Schleusen zu ersetzen; Ende des 18. Jhts. nahm die Schifffahrt dann auch wieder zu.

Da die Schiffe immer größer wurden, wurde die Leuvense Vaart 1835 und 1895 vertieft. Nach 1918 wurde der Kanal dann nicht mehr benutzt. Die Stadt Leuven hatte nicht die nötigen Mittel, um die Wasserstraße zu warten, und bot sie aus diesem Grund im Jahr 1930 der Regierung an. 1972 ging die Leuvense Vaart in den Besitz des belgischen Staats über. Bei der Errichtung der Gesellschaft „NV Zeekanaal en Watergebonden Grondbeheer Vlaanderen" im Jahr 1994 wurde der Kanal dieser Gesellschaft übertragen. Seitdem heißt die Leuvense Vaart offiziell Kanaal Leuven-Dijle, nur der Bürgermeister von Mechelen bevorzugt noch den Namen Kanaal Leuven-Mechelen.

Fischer entlang dem Kanal

Das Jahr 2000 war ein Festjahr, denn 250 Jahre vorher erfolgte der erste Spatenstich für die Leuvense Vaart. Am 30. Juni 2004 fusionierte die Gesellschaft NV Zeekanaal mit den Abteilungen Bovenschelde und Zeeschelde vom Ministerium der Gemeinschaft Flanderns. Die Gesellschaft heißt seitdem „Waterwegen en Zeekanaal NV" und verwaltet alle befahrbaren Wasserstraßen im westlichen und zentralen Teil Flanderns und somit auch den Kanal Leuven-Dijle. Waterwegen en Zeekanaal NV führte in den letzten Jahren mehrere Modernisierungsarbeiten, u.a. auch an Brücken und Schleusen, durch und regte damit die Planung von weiteren Projekten an,

Der neue Hafen in Leuven

wie beispielsweise das Projekt Leuven-Nord, bei dem Waterwegen en Zeekanaal NV einer der beteiligten Partner ist und das die Umformung des gesamten Leuven-Kanalbereichs zu einem Ort mit angenehmen Lebens- und Arbeitsbedingungen vorsieht.

Auch das Telematikthema ist von großer Wichtigkeit. In Kampenhout wurde ein zentraler Verkehrsposten

Schleuse in Tildonk

gebaut, von dem aus die Brücken und Schleusen auf dem Kanal Leuven-Dijle zu bestimmten Zeitpunkten betätigt werden sollen.

2004 nahm der Schiffsverkehr gegenüber dem Jahr 2003 um beinahe 10 % zu (bis 150.000 Tonnen). Projekte wie das Containerprojekt mit angepassten Schiffen bei Cargill Malz in Herent tragen in großem Maße zu diesem Erfolg bei. Auf diesem ruhigen Kanal, an dessen gesamter Länge ein ausgezeichneter Fahrradweg entlang führt, kann die Schifffahrt optimal mit Fahrradtourismus kombiniert werden. Der Kanal und die Eisenbahnschienen verlaufen parallel zueinander, und man kann an den meisten Plätzen anlegen, während gleichzeitig auch der Nahschnellverkehrszug jeden Gemeindebahnhof anfährt. Außerdem bietet das Dijleland ein Fahrradwegenetz von 350 km mit schönen Abschnitten entlang dem Kanal. Dies ist eine hervorragende Möglichkeit, um diesen Teil des Grüngürtels zu entdecken und gleichzeitig einige nette Attraktionen zu besichtigen.

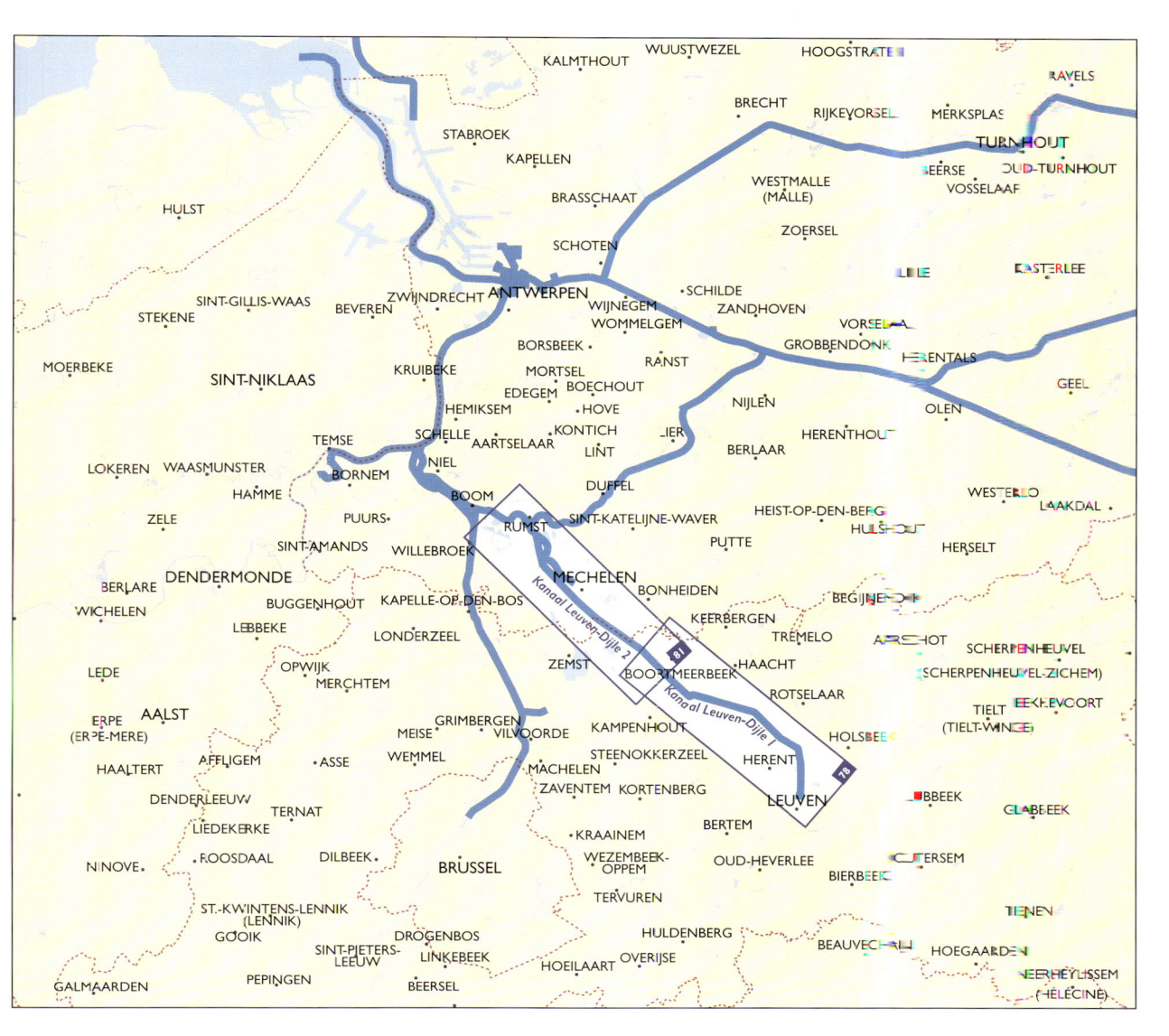

LEUVEN-DIJLE-KANAAL UND BENEDEN-DIJLE

Durch hauptsächlich grüne Landschaft gerade verlaufender Kanal, der die historischen Städte Mechelen und Leuven verbindet. Die Dijle ist ein Gezeitenfluss mit starkem Tidenhub und ist nur auf einem kurzen Stück befahrbar. Der befahrbare Teil endet in der Innenstadt von Mechelen.

Länge der Strecke:	30 km und 5,8 km Dijle				
Betreiber:	Leuven-Dijle: Waterwegen & Zeekanaal NV, Afdeling Zeekanaal				
	Oostdijk 110, 2830 Willebroek, Tel. 00 32 (0)3 860 63 03				
	Dijle: Waterwegen en Zeekanaal NV Afdeling Zeeschelde, Vlaams Adm. Centrum,				
	Copernicuslaan 1, bus 13, 2018 Antwerpen, Tel. 00 32 (0)3 224 67 11				
Geringste Fahrrinnentiefe:	2,30 m				
Geringste Durchfahrtshöhe:	6 m (gezeitenabhängig)				
Anzahl der Schleusen:	5 Schleusen im Leuven-Dijle-Kanaal, 1 Schleuse in der Dijle				
Brücken- und Schleusenzeiten:		16.3. bis 30.9.	1.10. bis 15.03.	1.5. bis 1.10.	1.10. bis 1.5.
Leuven-Dijle-Kanaal	Mo. - Fr.	07.00 - 19.00	08.00 - 18.00		
	Sa.	07.00 - 17.00	08.00 - 17.00		
	So. und Feiert.			10.00 - 18.00	geschlossen
Brücken- und Schleusenzeiten:		ganzjährig	Ausnahme: 1.5. bis 30.9.		
Ausnahme Zennegatschleuse	Mo. – Fr.	06.00 - 24.00			
	Sa.	06.00 - 22.00			
* Gezeitenabhängig 3,5 Std. vor bis 3,5 Std nach Flut	So. und Feiert.	07.00 - 13.00	10.00 - 18.00 *		
Brücken- und Schleusenzeiten:		ganzjährig			
Dijle:	Mo. – Fr.	06.00 - 22.00	3 Std. vor und 3 Std. nach Flut		
	So. und Feiert.	geschlossen			
Sprechfunkkanal:	VHF 20				
Besonderheiten:	Betrieb der Zennegatschleuse und Benedenschleuse Mechelen 3,5 Std. vor und nach Flut Im Sommer auch sonntags von 10 bis 18 Uhr Schleusenbetrieb Alle Brücken und Schleusen: VHF 20 oder 10 Beneden-Dijle bei Niedrigwasser quasi unbefahrbar Tiefgang gezeitenabhängig Zufahrt zur Zennegatschleuse trocknet bei Niedrigwasser aus Beneden-Dijle, Beneden-Nete und Rupel unterliegen dem Gezeitenstrom				

KAMPENHOUT

Wenn Sie in Kampenhout anlegen, können Sie sich auf einer der ausgeschilderten Wanderungen oder mit einer 35 km langen Fahrradtour Appetit anlaufen bzw. anfahren. Sie befinden sich hier nämlich mitten in der Chicoréegegend. In der Nähe der Schleuse befindet sich das Auktionsgelände "Brava", von wo aus die belgische Chicorée ihre Reise in die ganze Welt antritt. Sowohl hier als auch am Ufer gibt es ein Restaurant, wo Sie diese regionale Spezialität genießen können. In der Halle des Landwirtschaftsauktionsgeländes Brava wurde das Chicoréemuseum eingerichtet. In diesem Museum wird die Geschichte des Chicoréeanbaus und der Menschen, die damit zu tun haben, erzählt.

Besichtigungstipps
• Chicoréemuseum, Leuvensesteenweg 22, 1910 Kampenhout, Tel. 0032 (0) 16 22 33 80. www.witloofmuseum.be

Weitere Informationen:
Toeristische Dienst Kampenhout, Gemeentehuisstraat 16, 1910 Kampenhout. Tel. 00 32 (0)16 65 99 71, www.kampenhout.be

HAACHT

Haacht liegt in der Mitte des Dreiecks Brüssel-Leuven-Mechelen und ist weit über Flanderns Grenzen hinaus für die Brauerei, die seinen Namen trägt, bekannt. Seit der Zusammenführung im Jahr 1977 setzt sich die Gemeinde Haacht aus den Teilgemeinden Haacht, Wespelaar, Tildonk und Wakkerzeel zusammen.

Die Antitankgracht in Haacht

Haacht besitzt einen wahren Schatz an Kulturerbe, darunter auch die unter Denkmalschutz stehenden Pastorien von Wakkerzeel und Tildonk, der herrliche Viereckhof "Kraeneveldshoeve" und natürlich die Panzerabwehrgracht, ein Überbleibsel der Verteidigungslinie zwischen Koningshooikt und Waver. Bei einer Wanderung oder Radtour entlang des Kanals kommen Sie beim denkmalgeschützten Schleusenhaus von Tildonk vorbei, das seit 2000 neu als Taverne mit seinem ursprünglichen Namen eingerichtet wurde: Café Maritime.

Wanderer und Radfahrer fühlen sich in Haacht sofort in ihrem Element, da die Gemeinde über eine große Auswahl an Wanderwegen und Fahrradrouten verfügt. Diese meistens ausgeschilderten oder deutlich beschriebenen Routen führen Sie entlang der schönsten Orte von Haacht, wo Sie nicht nur die Natur genießen können sondern auch auf verschiedene Sehenswürdigkeiten stoßen.

In Haacht befinden Sie sich mitten in der Spargel- und Chicoréegegend. In den meisten Tavernen und Restaurants können Sie daher bestens alle diese leckeren Spezialgerichte probieren. Ein echter Geheimtipp!

Weitere Informationen:
Gemeindehaus – Soziokultureller Dienst, Wespelaarsesteenweg 85, 3150 Haacht. Tel. 0032 (0)16 26 94 32, www.haacht.be.

HERENT

Herent ist der Heimathafen von Cargill Malz, einer Malzfabrik, die jährlich 105.000 Tonnen Malz für verschiedene Brauereien im In- und Ausland produziert. Schloss "Keulenhof" ist ein großer, teilweise abgebrannter Hof, wo der Film "Der Löwe von Flandern" gedreht wurde. Die Heersemmühle in der Teilgemeinde Veltem-Beisem wurde 1986 vollständig restauriert und wieder mahlfähig gemacht. Die Gemeindeverwaltung hat eine Denkmal-Fahrradwegeführer herausgegeben, um Sie über dieses hügelige Landwirtschaftsgebiet zu informieren.

Weitere Informationen:
Gemeindehaus – Kulturdienst, Wilselsesteenweg 28, 3020 Herent. Tel. 0032 (0)16 21 14 31, www.herent.be.

LEUVEN

Leuven, die Hauptstadt vom flämischen Brabant, hat alles zu bieten, was den Besuch einer Kulturstadt zu einem Fest werden lässt: ein faszinierendes historisches Kulturerbe, gastfreundliche Cafés und Restaurants, ein tosendes Nachtleben und eine verkehrsarme Innenstadt mit gemütlichen Einkaufsstraßen. Hinzu kommen mehr als 30.000 junge Menschen, die in dieser Stadt studieren und zu der besonderen Atmosphäre einer Universitätsstadt beitragen.

Der große Marktplatz bildet zusammen mit dem Rathaus, der Sint-Pieterskerk und der Tafelrunde ein herrliches Beispiel für Gotik und Neogotik. Den Anblick des Oude Markt kann man nicht so schnell vergessen. Dieser herrliche Platz, der auch das längste Gewölbe Europas genannt wird, ist eine schöne architektonische Einheit aus Neorenaissance und Neobarock. Der große Beginenhof ist mit schlichten kleinen Häusern aus dem 16., 17. und 18. Jht. verträumtes Städtchen in der Stadt. Auch der Kräutergarten und die Parks in der Stadt und in der Umgebung der Stadt laden zum Ausruhen und Entspannen ein. Der Kanalbaubereich liegt innerhalb der ehemaligen Festung. Wenn Sie dort an Land gehen, sind Sie einige Gehminuten vom Zentrum entfernt.

Besichtigungstipps
• Provinzfreizeitzentrum Kessel-Lo, Gemeenteplein 5, 3010 Kessel-Lo, Tel. 0032 (0)16 25 13 92, www.vlaamsbrabant.be/provinciedomein/kessello. 100 Hektar große Domäne mit verschiedenen Sportplätzen, Kinderspielgarten, Minigolf, Elektrobooten, Ruder- und Angelteil, Verkehrspark, Bienenstand und beheiztem Kinderschwimmbad in 20 Gehminuten Nähe.

Veranstaltungen
Beleuvenissen: an den vier Freitagen im Juli ab 20:30 Uhr, Musik auf verschiedenen Podien im Stadtzentrum.
Marktrock: Mitte August, Open-Air-Festival mit verschiedenen Musikgruppen
Jahrmarkt mit Vieh- und Pferdewettkampf: Montag nach dem 1. Sonntag im September
Weihnachtsmarkt: 2. Wochenende im Dezember
Wochenmarkt: Freitagvormittag
Antiquitäten- und Brocanteriemarkt: samstags

Weitere Informationen:
In & Uit Leuven, Stadhuis, Naamsestraat 1, 3000 Leuven. Tel. 00 32 (0)16 20 30 20, www.inenuitleuven.be.

Der Kanal Leuven-Mechelen liegt auf der Grenze des Grüngürtels zum Hageland.
Das Projekt "Beleef het Groen" (Erleben Sie das Grün) ist vollständig auf das Hageland ausgerichtet. Dank dieses Projekts und dem Toerisme Vlaanderen zeichnet sich das Hageland als eine aufregende Fahrrad- und Wanderregion ab. In elf Gemeinden wird ein Netz aus Fahrradanschlusspunkten entwickelt, das später auf alle Gemeinden ausgedehnt wird. In der Anfangsphase umfasst das Netz ungefähr 40 Anschlusspunkte und 430 km Fahrradwege. Das Fahrradwegenetz folgt dem Kanalufer; auf der gesamten Fläche des Fahrradwegenetzes stehen Informationsschilder entlang des Kanals.
Weitere Informationen finden Sie im Regionalführer "Het Hageland, waar anders?" (Das Hageland, wo sonst?), erhältlich beim Toerisme Vlaams-Brabant, Provincieplein 1, 3010 Leuven, Tel. 0032 (0) 16 26 76 20, www.vlaamsbrabant.be/toerisme.

KANAAL LEUVEN-DIJLE 1

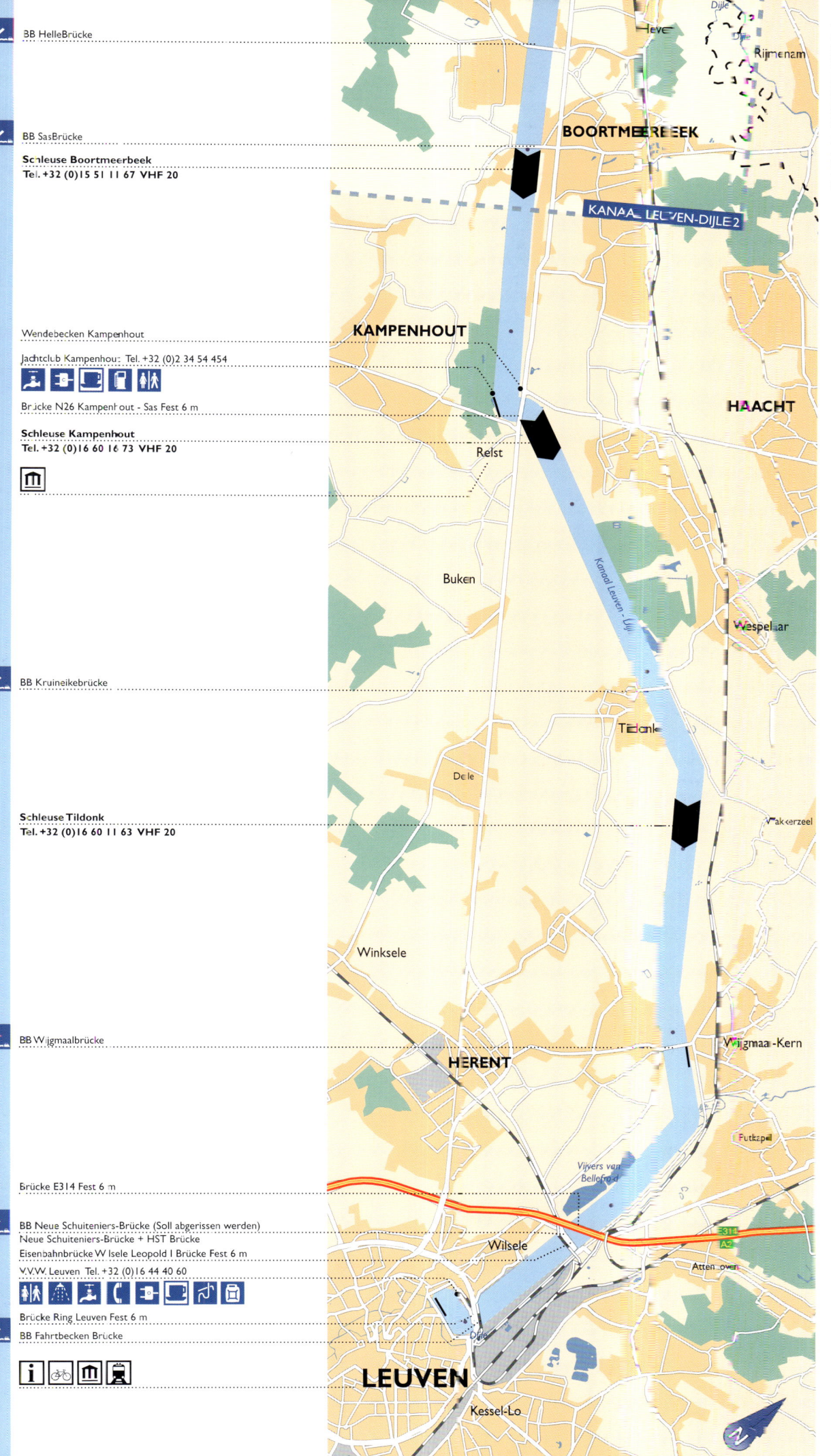

BB HelleBrücke

BB SasBrücke
Schleuse Boortmeerbeek
Tel. +32 (0)15 51 11 67 VHF 20

Wendebecken Kampenhout
Jachtclub Kampenhout Tel. +32 (0)2 34 54 454

Brücke N26 Kampenhout - Sas Fest 6 m
Schleuse Kampenhout
Tel. +32 (0)16 60 16 73 VHF 20

BB Kruineikebrücke

Schleuse Tildonk
Tel. +32 (0)16 60 11 63 VHF 20

BB Wijgmaalbrücke

Brücke E314 Fest 6 m

BB Neue Schuiteniers-Brücke (Soll abgerissen werden)
Neue Schuiteniers-Brücke + HST Brücke
Eisenbahnbrücke W Isele Leopold I Brücke Fest 6 m
V.V.W. Leuven Tel. +32 (0)16 44 40 60

Brücke Ring Leuven Fest 6 m
BB Fahrtbecken Brücke

MECHELEN

Ehemalige Hauptstadt der burgundischen Niederlande. Die glanzvolle Vergangenheit zeigt sich in Form von zahlreichen Palästen, gotischen und barocken Kirchen und vor allem in Form des beeindruckenden Sint-Romboutsturms. Die Stadt hat einige interessante Museen mit den verschiedensten Themen. Das Spielzeugmuseum, das Provinzsport- und Freizeitzentrum De Nekker, das Technopolis-Center, das Figurentheater De Maan und der Zoo Planckendael machen Mechelen bei der ganzen Familie beliebt.

Besichtigungstipps

- Türme an der Dijle, Tel. 0032 (0)15 29 40 37: die historischen Kirchen im Stadtzentrum können frei besichtigt werden, u.a. die Sint-Romboutskathedrale (brabantische Hochgotik) mit einem stämmigen Turm (97 m), in dem zwei vollständige Glockenspiele hängen.
- Das Mechelse Museum mit: dem Tor Brusselpoort (Entstehungsgeschichte von Mechelen), dem Kongress- und Kulturerbezentrum Lamot, dem Schepenhuis (Kunst aus dem glorreichen 15. und 16. Jht.) und der Hof von Busleyden (historische und künstlerische Übersicht über die Stadt bis ins 21. Jht.).
Tel. 0032 (0)15 29 40 30.
- Königliche Manufaktur für Wandbehänge Gaspard De Wit, Schoutetstraat 7, Tel. 0032 (0)15 20 29 05, www.dewit.be. Weltberühmte Webewerkstatt.
- Museum über die Deportation und den Widerstand der Juden, G. De Stassartstraat 153, Tel. 0032 (0)15 29 06 60, www.cicb.be. Geschichte der jüdischen Bevölkerungsgemeinschaft in Belgien.
- Spielzeugmuseum, Nekkerspoelstraat 21, Tel. 0032 (0)15 55 70 75, www.speelgoedmuseum.be. 7000 m_ mit Spielzeug aus der früheren Zeit und heute, temporäre Ausstellungen.
- Technopolis, Technologielaan, Tel. 0032 (0)15 34 20 00, www.technopolis.be. Activity-Center für Wissenschaft und Technologie.
- Brauerei Het Anker, Guido Gezellelaan 49, Tel. 0032 (0)15 28 71 47, www.hetanker.be. Brauerei von u.a. der Biersorten Gouden Carolus und Cuvee van de Keizer, im Anbau Brauereimuseum und Taverne, im großen Beginenhof gelegen.
- Provinzialdomäne Vrijbroek, Ridder Dessainlaan, Tel. 0032 (0)15 45 13 80, www.vrijbroekpark.be. Wanderpark (40 Hektar) mit Fischteichen, Tennisplätzen und einem herrlichen Rosengarten.
- Zoo Planckendael, Leuvensesteenweg 582, Muizen, Tel. 0032 (0)15 41 49 21, www.planckendael.be. Mehr als 1000 Tiere, Abenteuer- und Spielmöglichkeiten für Kinder in einer 42 Hektar großen grünen Oase.
- Provinzsport- und Freizeitzentrum De Nekker, Nekkerspoel-Borcht 19, Tel. 0032 (0)15 55 70 05, www.denekker.be. Einzigartige Kombination eines modernen Sport- und Freizeitgeländes mit u.a. Schwimmbereich, Strand und Liegewiese (65 Hektar).
- Zennegat. Bezaubernder Ort in Battel wo die Zenne, die Dijle und der Kanal Leuven-Dijle zusammenfließen.

Veranstaltungen

Geführte Stadtbesichtigung und Besteigung des Sint-Romboutsturms; Ostern bis Ende September
Hanswijkprozession; Sonntag vor Christi Himmelfahrt
Mondrock; vorletztes Wochenende im August.

Rathaus von Mechelen

Weitere Informationen:

In & Uit Mechelen, Hallestraat 2-4-6, 2800 Mechelen.
Tel. 00 32 (0)70 22 28 00, inenuit@mechelen.be, www.inenuitmechelen.be.

FR	• Dijlevalleiroute, 59 km • Broekroute, 41 km Erhältlich bei In & Uit Mechelen.
FN	Anschluss an das Fahrradnetz über die Anschlusspunkte 54, 58, 93, 94 und 95.
FV	Provinzsport- und Freizeitzentrum De Nekker, Tel. 0032 (0)15 55 70 05.

ZEMST

In der Teilgemeinde Elewijt steht das Schloss Het Steen oder das Rubenskasteel. Das kleine Schloss und die Domäne wurden von Pieter Pauwel Rubens aufgekauft. Das Schloss befindet sich in Privatbesitz.
Die Schleuse von Zemst ersetzt seit 1973 die alten Schleusen von Willebroek und Kapelle-op-den-Bos; ein Schubverband kann bis zu 10.000 Tonnen transportieren.
Die Gemeinde Zemst grenzt mit dem Wald Bos van Aa an den Kanal an. Dieser Wald, der nach einem kleinen Bach, der durch den Wald hindurchlief, benannt wurde, ist inzwischen zwar schon gerodet, dennoch bleibt dies der offizielle Name.
In der Teilgemeinde Hofstade können Sie die Bloso-Domäne und das Sportimonium besuchen.

Besichtigungstipps

- Bloso-Domäne, Tervuursesteenweg z/n, 1981 Hofstade, Tel. 0032 (0)15 61 13 01, hofstade@bloso.be. Eine 160 Hektar große Freizeitdomäne: ein See mit Sandstrand, Kinderspielplatz und Krabbelstube, Naturgebiet mit Teichen, u.a. auch einem Angelteich, sowie Tretboot und Wandermöglichkeiten. Mehrere Cafeterias
- Sportimonium, Tervuursesteenweg z/n, 1981 Hofstade, Tel. 0032 (0) 15 61 82 22, www.sportimonium.be. Beeindruckendes Museum über den Sport als die wichtigste Gesellschaftsthema. Dauerausstellung mit Ausstellungsgegenständen, Büchern und audiovisuellen Dokumenten. Gleichzeitig Sportcafé, Volkssportplatz, Dokumentationsservice, Bibliothek und Museumsshop.

Weitere Informationen:

Gemeindehaus, De Griet, 1980 Zemst.
Tel. 0032 (0) 15 62 71 21, www.zemst.be.

BOORTMEERBEEK

Dank zwei extra angelegten Laichplätzen und der Geschwindigkeitsbegrenzung auf dieser Wasserstraße ist das Fischvorkommen in diesem Kanal sehr groß. Typische Fischsorten sind die Plötze und der Barsch.
Am Provinciesteenweg 10 befindet sich die Brauerei Haacht-Primus. Gegenüber der Brauerei können Sie im "Brouwershof" Getränke und Essen bekommen. Einzigartig ist, dass Sie hier ein "Primus met gist", ein direkt vom Bierlagertank abgezapftes Hefebier probieren können. Hier können Sie auch die kostenlose Fahrradbroschüre der "Jan Primusroute" erhalten. Unterwegs passieren Sie die Moedermühle, wo jeden Sonntagnachmittag das Getreide auf handwerkliche Art gemahlen wird, das Schloss von Horst, wo die Ritter von Sire Pynnock ab und zu für Lanzenstechen üben, und die Gempemühle. Zum Einkehren gibt es viele Möglichkeiten.
Die restaurierte Wassermühle, die "Oude Pastorie" von Hever und die Schleuse wurden als Monument klassifiziert.
Am Bahnhof erinnert eine Gedenktafel an die Heldentat einiger Einwohner von Boortmeerbeek. Während des Zweiten Weltkriegs hielten sie den Zug mit dem zwanzigsten Judenkonvoi in Richtung Auschwitz auf, so dass 231 Menschen entkommen konnten.

Weitere Informationen:

Gemeindeverwaltung, Pastorijstraat 2, 3190 Boortmeerbeek.
Tel. 0032 (0)15 51 11 45, www.boortmeerbeek.be.

KANAAL LEUVEN-DIJLE 2

Fußgänger- und Fahrradbrücke Fest

Brücke E19
Fest

Schleuse Zennegat
Tel. +32 (0)15 27 12 57 VHF 20

Brückenkomplex aus 6 brücken, niedrigste 4,50 m
Durchfahrtshöhe je nach Gezeiten unterschiedlich

BB Brücke Battel

Schleuse Battel
Tel. +32 (0)15 27 12 60 VHF 20

Brücke E19 Fest 6,20 m

Unterschleuse Mechelen
Tel. +32 (0)15 20 22 56 VHF 20
Mechelse Yachts Club Tel. +32 (0)495 45 82 27

Wassersportverein Dijlestreek Tel. +32 (0)476 77 67 21

BB PlaisanceBrücken

Fußgängerbrücke Stad Mechelen / Fest Brücke Postzegellaan
Fest Eisenbahnbrücke

BB ColomaBrücke

Eisenbahnbrücke Fest Ambroosbrücke

BB Hofstadebrücke

BB Hellebrücke

BB Sasbrücke

Schleuse Boortmeerbeek
Tel. +32 (0)15 51 11 67 VHF 20

KANAL WESSEM–NEDERWEERT

Der Kanal von Wessem nach Nederweert wurde zwischen 1920 und 1929 ausgehoben, um eine Verbindung zwischen der Maas und dem Kanal Zuid-Willemsvaart zu bauen, die gänzlich auf niederländischem Boden liegen sollte. Hierdurch entstand eine Insel in der vierarmigen Kanalkreuzung, die 1971 wieder dem Ufer von Nederweert hinzugefügt wurde.

Der beträchtliche Höhenunterschied zwischen beiden Wasserstraßen wird durch die Schleusen bei Panheel überbrückt. Diese Schleuse bildet gleichzeitig den Anschluss an die Maas bei Wessem. Das Besondere der Schleuse Panheel ist, dass ungefähr bis zu drei Fünftel des Schleusenwassers gespeichert werden kann.

Eine Fahrt mit dem Planwagen, Umgebung Weert

Das Schleusenwasser wird nämlich in zwei Speicherbecken zu beiden Seiten der Schleusenkammer und in verschiedenen Räumen in den Schleusenkammerwänden gespeichert. Auf diese Weise kann das Schleusenwasser wiederverwendet werden, was zu einer beträchtlichen Wassereinsparung führt; diese Schleusenfunktion ist einzigartig in den Niederlanden. Sie fahren hier durch eine ländliche Umgebung mit vielen kleinen Kapellen, Landwirtschafts- und Gartenbaubetrieben, Spargelfeldern und mehreren Waldgebieten.

Das Land wird bearbeitet, Umgebung Weert

Am Weg zum Segelgewässer

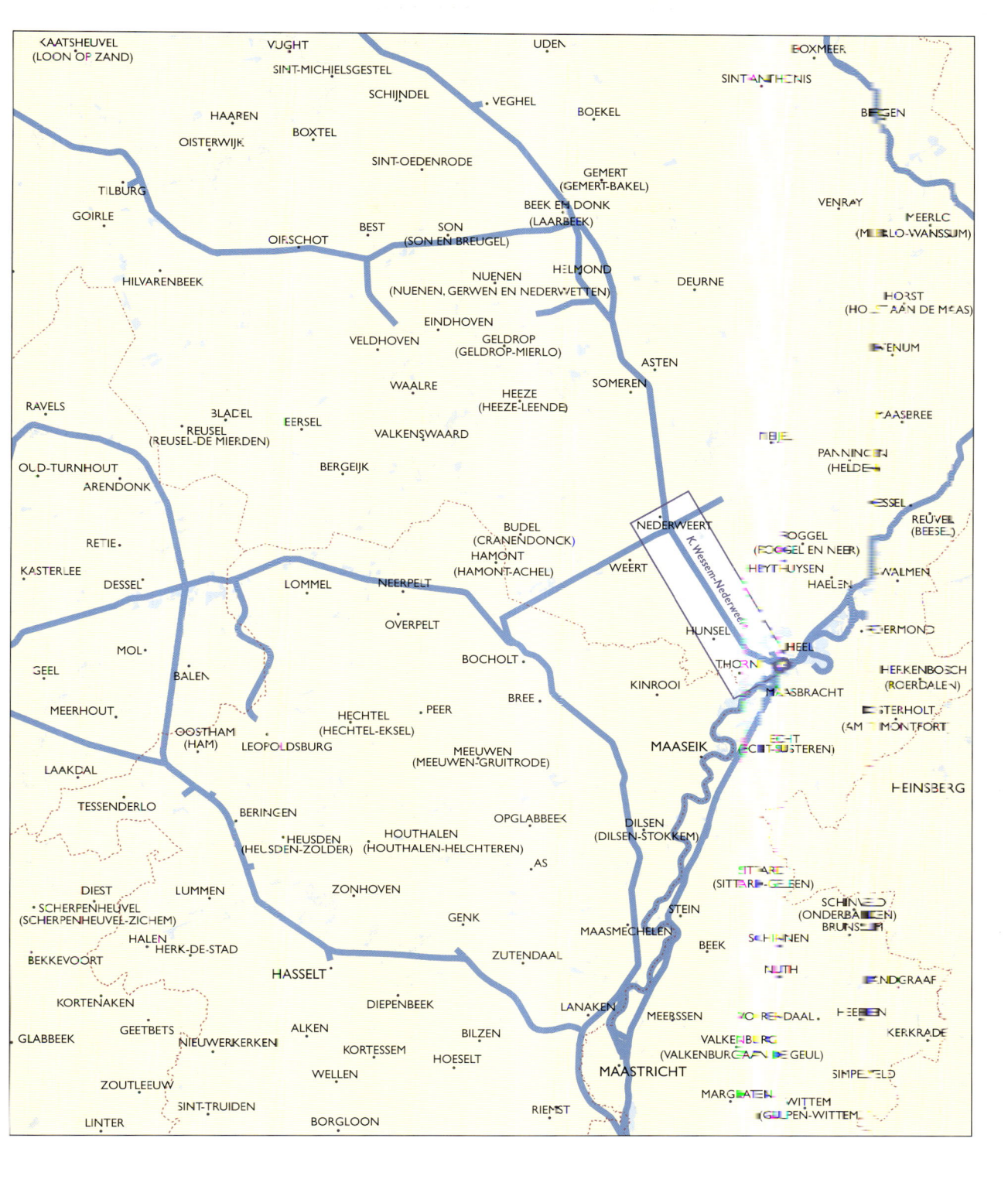

WESSEM-NEDERWEERT-KANAAL

Der Kanal bildet die Verbindung zwischen der Maas bzw. den Maas-Seen und Zuid-Willemsvaart. Beliebter Kanal für Bootsausflüge mit schöner bewaldeter Umgebung.

Länge der Strecke:	16 km		
Betreiber:	Rijkswaterstaat, Directie Limburg, Postbus 25, 6200 MA Maastricht,		
	Tel. 00 31 (0)43 3 29 44 44		
Geringste Fahrrinnentiefe:	2,10 m		
Geringste Durchfahrtshöhe:	4,90 m		
Anzahl der Schleusen:	1 Schleuse		
Brücken- und Schleusenzeiten:		1.4. bis 1.11.	1.11. bis 1.4.
	Mo. - Fr.	06.00 - 22.00	06.00 - 20.00
	Sa.	07.00 - 16.00	09.00 - 17.00
	So. und Feiert.	06.00 - 14.00	geschlossen
Sprechfunkkanal:	VHF 84		
Besonderheiten:	keine		

UMGEBUNG DES KANALS WESSEM-NEDERWEERT

Das flache Agrarland um Weert eignet sich hervorragend zum Fahrradfahren. In der Umgebung gibt es schöne Wald- und Heidegebiete wie IJzeren Man, Boshoverheide, Laurabossen und De Krang. Sie finden hier auch viele Mühlen wie die Mühle „De Hoop" in Swartbroek. Dieser Galerieholländer mit achteckigem Rumpf aus dem Jahr 1788 wurde 1983 zum zweiten Galerieholländer von Limburg errichtet. Die Mühle ist vollständig in Betrieb und mahlfähig.

Südlich von Eind liegen einige herrliche alte Peel-Seen wie der See "De Banen" und "Sarsven". Als die Maas und der Rhein (bei Stramproy wird Kies aus dem Rhein geholt) ihr Wasser nicht mehr ab der Ruhrkurve in nordwestliche Richtung führen konnten, blieben viele flache Mulden mit Wasser gefüllt. In der Umgebung von Weert gibt es noch mehr von dieser Art von Heideseen wie der Heidesee "Roekespeelven" im Naturgebiet "De Krang" bei Swartbroek, einem Brutgebiet und Rastplatz für viele Wald-, Moor- und Wasservögel. Eine Vogelbestimmungstafel bietet Ihnen die Möglichkeit, bei einer Wanderung die Vögel zu beobachten. An verschiedenen Stellen wird der Kanal über Düker von kleinen Bächen durchkreuzt. Dies ist der Fall beim Tungelroyse Beek bei Ell, während der Uffelse Beek bei Hunsel unter dem Kanal durchtaucht. Östlich von Ell fließt der Tungelroyse Beek durch ein schönes Naturgebiet: das "Heijkersbroek", ein sumpfiges Waldgebiet, in dem hauptsächlich Pappeln stehen. Inmitten dieses Gebiets liegt ein schöner Fischteich mit einem offenen Naturgelände und markierten Wanderwegen. Die höher gelegene Ellerheide zeichnet sich durch große Ruhe und kleine offene Weiden aus, die von Windschutzbepflanzungen umgeben sind. An der Ostseite des Kanals befinden sich in der Nähe von Grathem verschiedene Schlösser. Das Schloss Groot Buggenum wurde ungefähr um das Jahr 1400 herum gegründet, drei Jahrhunderte später allerdings wieder durch einen Brand zerstört. Ende des 19. Jhts. wurde das Schloss im Renaissancestil wieder aufgebaut. Das Schloss wurde vollkommen renoviert und kann besichtigt werden. Das andere Schloss von Grathem, Ten Hove, kann nicht besichtigt werden. Was Sie sich hingegen anschauen können, ist die Grathemermühle. Diese Wassermühle war als eine der Bannmühlen im „Land van Thorn" bekannt. Die Mühle ist vollkommen restauriert worden.

Herrliche Wanderungen in der Umgebung von Weert

Besichtigungstipps

- Mühle De Hoop, Rectorijstraat, Swartbroek, Tel. 0031 (0)495 53 14 98.
- Grathemermühle, Brugstraat 13, Grathem, Tel. 0031 (0)475 45 12 91.
- Schloss Groot Buggenum, Loorderstraat 3, Grathem, Tel. 0031 (0)475 45 28 35, www.kasteelgrootbuggenum.nl.

Weitere Informationen:

VVV/ANWB Weert, Maasstraat 18, 6001 EC Weert.
Tel. 00 31 (0)495 53 68 00, weert@regiovvv.nl, www.lekker-genieten.nl

WESSEM/PANHEEL

Wessem besitzt ein schönes historisches Stadtzentrum. Die alten Straßen wurden mit Pflastersteinen aus der Maas gepflastert. Im Stadtkern finden Sie verschiedene alte Handelshäuser im gelderschen Stil, eine romanische Kirche aus dem Jahr 1000 und einen hübschen Dorfplatz. Über den Maasboulevard können Sie ein gutes Stück am Fluss entlang laufen. Um Wessem herum wurden ausgezeichnete Möglichkeiten für Erholung am Wasser umgesetzt, und viele Wassersportbetriebe haben sich hier niedergelassen.

Besichtigungstipps

- Fun Beach Events, Panheel, Tel. 0031 (0)475 57 90 80, www.fbevents.com. Tagesstrand mit verschiedenen modernen Erholungsmöglichkeiten.

Weitere Informationen:

Fremdenverkehrsbüro Roermond, Kraanpoort 1, 6041 EG Roermond.
Tel. 0900 202 55 88 (in den Niederlanden) / 0031 (0)475 33 58 47 (im Ausland), roermond@regiovvv.nl, www.lekker-genieten.nl.

Einige Schleusen haben ein großes Gefälle

FR Beim Fremdenverkehrsbüro Weert ist eine Karte mit einer Mountainbikeroute durch Weert und Stramproy erhältlich.
Wenn Sie durch den Garten von Midden Limburg radfahren möchten, erkundigen Sie sich beim Fremdenverkehrsbüro nach der Broschüre "Op de fiets door de Tuin van Limburg" (Mit dem Fahrrad durch den Garten von Limburg).
Die Fahrradkarte "Fietsen in Limburgs Land Peel en Maas en De Maasduinen" (Fahrradfahren im limburger Land Peel und Maas und den Maasdünen) ist in allen regionalen Fremdenverkehrsgeschäften erhältlich.

FV Ferienpark Weerterbergen, Trancheeweg 7 Weert, Tel. 0031 (0)495 58 47 77
Yellow Rent, Pater Jac. Schreursweg 14, Panheel, Tel. 0031 (0)475 57 80 98
Profile Pro Velodroom, Wilhelminaplein 4, Heel, Tel. 0031 (0)475 57 80 96.

Prachtvolle Fahrradwege

KANAAL WESSEM - NEDERWEERT

Fest 5,27 m

Fest 5,90 m

Schleuse Noordervaart
Tel. +31 (0)475 56 20 79
Fest 5,29 m

Brücke Schleuse Fest 5,28 m

Brücke Schleuse Fest 5,03 m

Schoorbrücke Fest 5,61 m

BB Brücke Leveroijse

BB NiesakkerBrücke

Eisenbahnbrücke Fest 5,61 m

Kelperbrücke Fest 5,05 m

EllBrücke Fest 6,35 m

Vosbergbrücke Fest 6,33 m

Napoleonsbrücke Fest 5,60 m

Schleuse Paneel
Tel. +31 (0)475 56 02 79 VHF 84

Brücke Schleuse Fest 8,95 m

Straßenbahnbrücke Fest 6,86 m

Polbrücke Fest 6,74 m

KRAMMER - VOLKERAK

Der Deltaplan

Das Tidegebiet Krammer-Volkerak bildet die Grenze zwischen den drei niederländischen Provinzen Nordbrabant, Südholland und Seeland und gehört zum Deltagebiet im Südwesten der Niederlande. Nach der Flutkatastrophe von 1953, die in Seeland viele Menschenleben forderte, wurde nach einer Lösung gesucht, um neue Flutkatastrophen in der Zukunft verhindern zu können. 1958 wurde das Deltagesetz verabschiedet, in dem die Sicherheitsmaßnahmen für die südwestlichen Niederlande ausgearbeitet worden waren. Der ursprüngliche Deltaplan umfasste den Bau von großen Dämmen in den vier Meeresarmen: das Veerse Gat (Veerse Meer), die Oosterschelde, das Brouwershavense Gat (Grevelingen) und den Haringvliet. Die Länge von Hauptsperrdämmen sollte damit von ungefähr 700 km auf 25 km verkürzt werden. Außerdem sollten weiter landeinwärts drei Deiche gebaut werden. Der Volkerakdamm (zwischen Volkerak und dem Hollandsch Diep) trennt Fluss- und Meereswasserbewegungen voneinander. Die Dämme in Grevelingen (an der Trennung vom Tidegebiet Volkerak) und in Zandkreek (zwischen Veerse Meer und Oosterschelde) mussten Strömungen im Tidegebiet verhindern.

Das durch die Sturmflut 1953 überschwemmte Gebiet

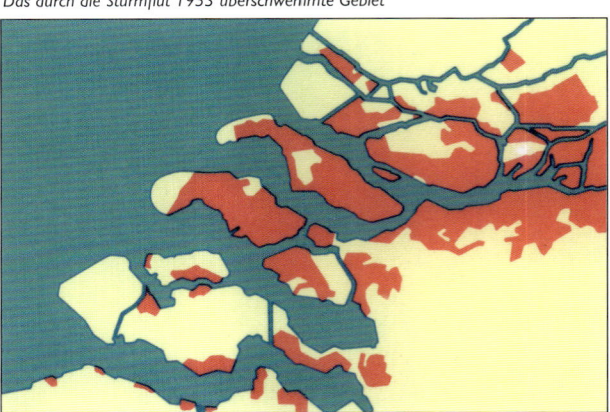

Besondere Bauwerke

Für die Umsetzung des Deltaplans waren einige besondere Bauwerke für Sonderaufgaben erforderlich. In der Hollandse IJssel musste eine Sturmflutwehr dafür sorgen, dass das niedrig gelegene und dichtbevölkerte Südholland trocken gehalten wurde. Um bei hohen Wasserständen im Rhein und in der Maas (Regenflüsse) genügend Wasser in die Nordsee abführen zu können, sollte im Haringvlietdamm ein großer Entwässerungskanalkomplex gebaut werden. Weiterhin sollten in verschiedenen Dämmen Schiffsschleusen für die Frachtschifffahrt und Bootstouren gebaut werden.

Das Hellegatsplein und Volkerakschleusen

Das Tidegebiet Volkerak ist zwischen dem Haringvliet und dem Hollandsch Diep abgeschlossen, da dies unter technischen Gesichtspunkten sowie wegen des Wasserhaushalts in dem Gebiet und dem durchströmenden Verkehr gut sein sollte. Die Arbeiten, die 1957 begannen, setzten sich aus verschiedenen Teilen zusammen. Ein Damm über die Hellegatsplaten wurde vollständig aus Sand gemacht. Auf diesem Damm wurde der Hellegatsplein angschlossen. Eine 1200 Meter lange Brücke über den Haringvliet wurde die Verbindung zum Festland von Südholland (Hoekse Waard). Zum Schluss wurde ein großer Schleusenkomplex mit einem Abschlussdamm im Tidegebiet Volkerak gebaut. Das Volkerak wurde im Frühjahr 1969 mit zwölf Durchlasssenkkästen abgedichtet. Zu diesem Zeitpunkt befanden sich die Schleusen bei Willemstad (Hollandsch Diep) als Bestandteil der stark befahrenen Schelde-Rheinverbindung bereits in Gebrauch.

Fortsetzung: siehe folgende Seite

Die Verkürzung der Küstenlinie von 700 auf 25 Kilometer

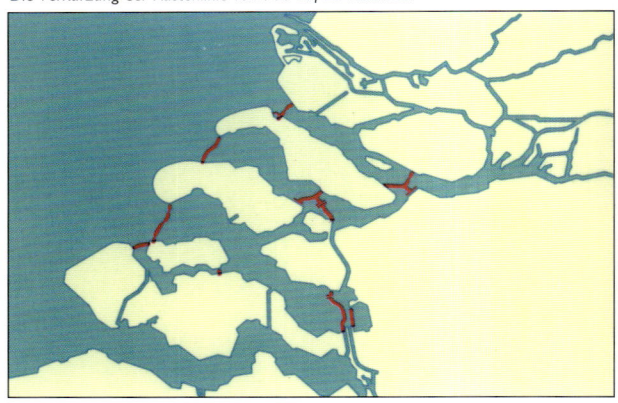

Sandbank im Hellegat südlich der Volkerakschleusen

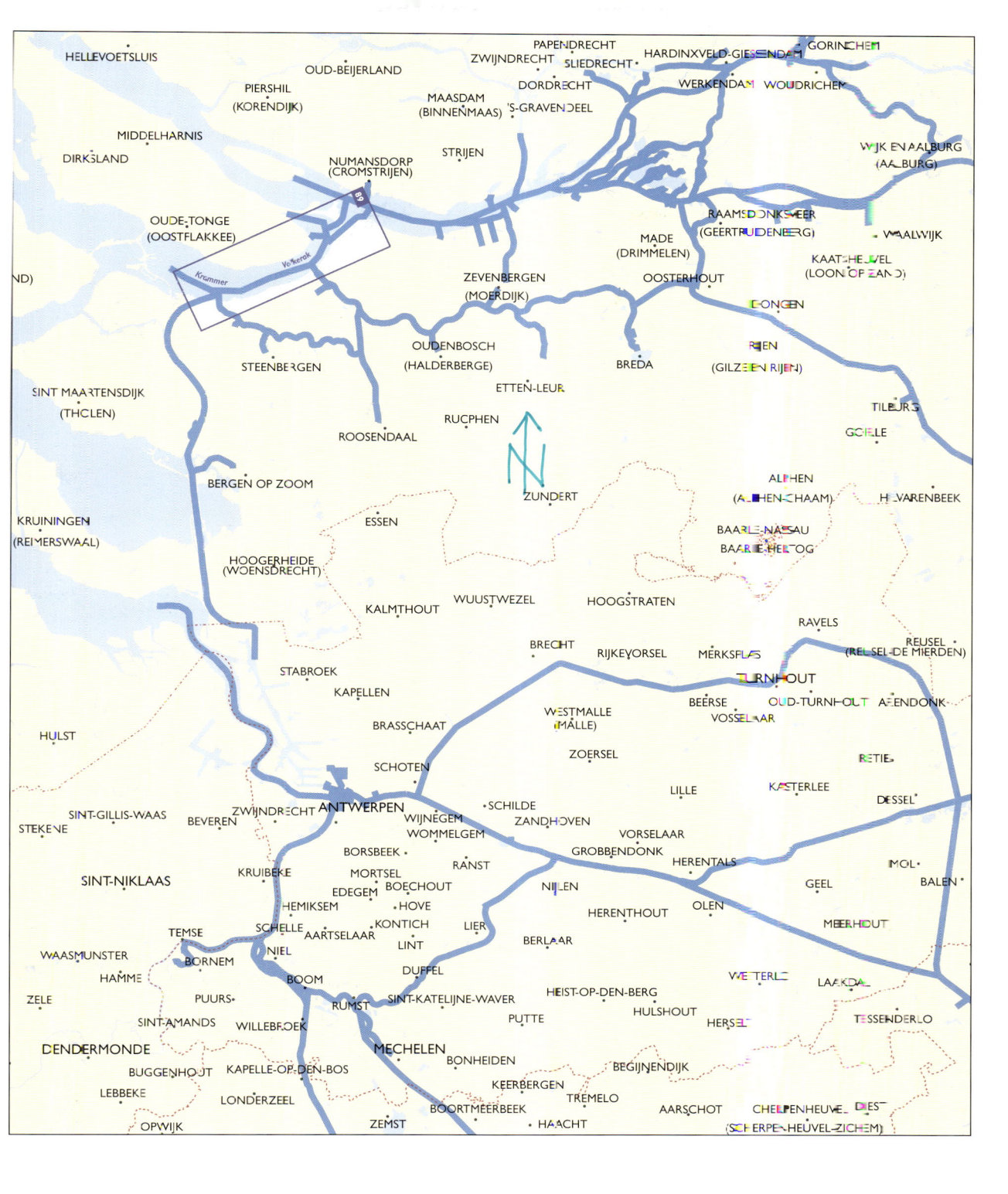

KRAMMER-VOLKERAK

Große Wasserstraße mit einer stark befahrenen durchgehenden Fahrroute für die Frachtschifffahrt. Ab den Volkerakschleusen kreuzt die Fahrroute die Wasserstraße in Richtung des Schelde-Rijn-Kanaal. Außerhalb der Fahrroute bei ruhigem Wetter beliebtes Gewässer. Das Tidegebiet Volkerak ist ein Naturschutzgebiet mit verschiedenen besonderen Ufern, Schlickgebieten und Groden.

Länge der Strecke:	15 km
Betreiber:	Rijkswaterstaat Directie Zeeland, Postbus 5014, 4330 KA Middelburg, Tel. 00 31 (0)118 68 60 00
Geringste Fahrrinnentiefe:	> 1,50 in der Tiefenlinie
Geringste Durchfahrtshöhe:	-
Anzahl der Schleusen:	Volkerakschleusen (betrieben von RWS Zuid-Holland)
Brücken- und Schleusenzeiten:	rund um die Uhr
Sprechfunkkanal:	nur für Berufsschifffahrt
Besonderheiten:	Im Sommer spezielle Fahrwassermarkierung für Sportboote auf 1,50 m-Tiefenlinie

Fortsetzung der Einleitung zu Krammer-Volkerak

Sturmflutwehr und Unterteilungsarbeiten

In der zweiten Hälfte der 60er Jahre veränderten sich die Umweltauffassungen; man war immer stärker der Meinung, dass eine weltweite Umweltzerstörung ernste Folgen haben kann. Der Abschluss der Oosterschelde mit einem dichten Damm wurde nicht mehr zu einer Selbstverständlichkeit. Es kam zu einer gesellschaftlichen Diskussion über den Erhalt der natürlichen Werte des Tidegebiets und gleichzeitig der Verantwortung für die Sicherheit des Hinterlandes. Dies führte in den 70er Jahren zu einer Änderung der Pläne für den Abschluss der Oosterschelde.

1976 beschloss man, eine Sturmflutwehr mit einer sicheren Durchlasskonstruktion zu bauen, wobei Ebbe und Flut gleichzeitig ihren täglichen Weg in das Naturschutzgebiet Oosterschelde finden können. Die Gezeitenströmung sollte dadurch erhalten bleiben, was aus umwelttechnischen Gesichtspunkten gewünscht war. Bei Sturm mit Hochwasser können die Schleusenführungen heruntergelassen werden; das Gebiet Oosterschelde ist dann von der Nordsee abgeschlossen. Auf diese Weise wurde auch die Sicherheit gewährleistet. Der Bau des Sturmflutwehrs beinhaltete, dass im östlichen Teil des Oosterschelde-Gebiets Unterteilungsarbeiten durchgeführt werden mussten, die den Tidebereich des Oosterschelde-Gebiets verkleinern, so dass ein durchschnittlicher Tidenhub von 3,20 Metern bei Yerseke gewährleistet ist. Dies war für die Fischerei wichtig. Auch eine gezeitenfreie Schifffahrt auf der Schelde-Rheinverbindung, die man Belgien zugesagt hatte, konnte auf diese Weise gewährleistet werden. Außerdem konnten mit den Unterteilungsarbeiten das Salzwasser und das Süßwasser voneinander getrennt werden. Dies war hinsichtlich guter Umweltpflege und einer verantwortungsvollen Wasserabflussregelung erwünscht.

Die Unterteilungsarbeiten bestehen aus dem Philipsdamm (mit den Krammerschleusen), dem Damm im Nordosten und dem Oesterdamm (mit Bergse Diepsluis), die im Südosten der Oosterschelde gebaut wurden. Hinter diesen Dämmen sind Randseen mit Süßwasser entstanden. Auch das Wasser des Krammer-Volkerak-Gebiets ist zu Süßwasser geworden.

GOEREE-OVERFLAKKEE

Eine der Inseln von Südholland, leicht zu erreichen über die feste Verkehrsverbindung mit Schouwen Duiveland und dem Hoekse Waard. Overflakkee hat eine Fläche von 220 km_, besteht hauptsächlich aus einer Polderlandschaft und Ackerbau, ist herrlich ruhig und echt holländisch. Es gibt auf der Insel verschiedene Dörfer, deren Häuser mit ihren typischen Giebeln eine lange Geschichte erzählen könnten. Mühlen, Kirchen, Ruhe, Natur und Weite.

Es bietet sich hier hervorragend an, die Insel Goeree-Overflakkee bei einer Wanderung oder Fahrradtour zu erforschen. Die Wanderungen und Fahrradtouren führen Sie an prächtigen historischen Dörfern und Naturgebieten wie den Schlickgebieten von Flakkee und den Hellegatsplaten entlang. Goeree-Overflakkee ist vollständig von Wasser umgeben: ein wahres Paradies für Surfer, Segler, Taucher und Schwimmer.

Die Insel besitzt viele Museen und Attraktionen. Die Museen sind häufig in Häusern, die unter Denkmalschutz stehen, untergebracht, wie beispielsweise das Regionalmuseum in Sommelsdijk. Im monumentalen alten Rathaus von Middelharnis befindet sich das Rien Poortvliet-Museum.

Kanufahren in der Nähe von Benedensas

Besichtigungstipps

- Fort Prins Frederik, Havendijk 16, Ooltgensplaat, Tel. 0031 (0)187 63 16 25, www.fortprinsfrederik.nl.
- Rien Poortvliet-Museum, Raadhuisstraat 1, Middelharnis, Tel. 0031 (0)187 48 67 25, www.rienpoortvlietmuseum.nl. Das Museum befindet sich im monumentalen alten Rathaus von Middelharnis (es lohnt sich alleine schon eine Besichtigung des Hauses).
- Regionalmuseum Goeree-Overflakkee, Kerkstraat 4-12, Sommelsdijk, Tel. 0031 (0)187 48 37 78. Das Museum gibt das Leben und Arbeiten auf der Insel Goeree-Overflakkee wieder.
- Faunapark Flakkee, Duivenwaardsedijk t.o. nr. 19, Nieuwe Tonge, Tel. 0031 (0)6 5198 9922. 25.000 m_ Park mit Känguruhs, Eichhörnchen, Rotwild; die besondere Attraktion ist aber die große Vogelkollektion mit u.a. Straußen, Raubvögeln, Fasanen und Papageien.

Veranstaltungen

Ausflug über die Schlickgebiete von Flakkee: jeden Dienstag und Donnerstag im Juli und August. Reservierungen beim VVV
Havendag, Middelharnis: 1. Samstag im Juni
Oeltgensdag, Ooltgensplaat: 1. Samstag im Juli
Diekdagen, Middelharnis: an 5 Freitagen im Juli und August

Weitere Informationen:

VVV/ANWB Overflakkee, Vingerling 3, 3241 EB Middelharnis. Tel. 00 31 (0)187 48 48 70, vvv@flakkee.nl, www.flakkee.net/vvv.

Knotenpunkt Hellegatsplein mit Volkerakschleusen

Jachthafen Willemstad Tel. +31 (0)168 47 25 76

Öffentliche Slipanlage

BB Haringvlietbrücke VHF 20

VolkerakSchleusen immer bedienung
Tel. +31 (0)168 47 75 00 VHF 18, 69

Öffentliche Slipanlage

BB Brücken über Schleuse VHF 18, 69

Manversschleuse immer geöffnet

Jachtwerft De Plaete Tel. +31 (0)187 63 16 62

W.V. Ooltgensplaat Tel. +31 (0)187 63 22 94
www.wsv-ooltgensplaat.nl

W.S.V. De Dintel Tel. +31 (0)167 52 25 53

Während warmer Sommer evtl. Beschützen (Algenwadstum)

BB Fußgängerbrücke (Benedensas)

WSV Volkerak Tel. +31 (0)167 56 71 80

Schleuse benedensas immer geöffnet

W.S.V. de Vliet bv Tel. +31 (0)167 50 29 14

KRAMMER-VOLKERAK

MAAS UND JULIANAKANAAL

Die Maas war schon immer die bedeutendste Wasserstraße in Limburg. Da die Maas jedoch ein Regenfluss ist, kann die Strömung und damit auch der Wasserstand innerhalb kurzer Zeit stark schwanken. Aus diesem Grund konnte die Maas früher nie optimal als Verkehrsweg genutzt werden. Durch den Bau von Buhnen und die Beseitigung von Untiefen versuchte man die Schiffbarkeit der Maas schon früh zu verbessern. Angesichts der stark schwankenden Wasserstände, immer größerer Schiffe und des zunehmenden Schiffsverkehrs hatten diese Maßnahmen jedoch nie den gewünschten Effekt. Der belgische Teil der Maas, von der französischen Grenze bis Visé, wurde bereits im letzten Jahrhundert kanalisiert. In den Niederlanden wurde die Kanalisierung der Maas 1935 mit der Eröffnung des Julianakanaals abgeschlossen.

Bei der Kanalisierung der Maas waren sieben Staustufen mit Schleusen in Lith, Grave, Sambeek, Belfeld, Roermond, Linne und Borgharen erforderlich. Dabei wurden diverse Maasschleifen abgetrennt. Auch der Bau des Maas-Waalkanaals und des Julianakanaals sollten zur Verbesserung der Erreichbarkeit und der Schiffbarkeit der Maas beitragen.

Zwischen Maastricht und Wessem bildet die Maas eine natürliche Grenze zwischen den Niederlanden und Belgien. Das Gefälle beträgt in diesem Abschnitt gut 23 m. Wegen dieser großen Höhendifferenz wurde darauf verzichtet, auch diesen Maasabschnitt zu kanalisieren. Stattdessen wurde parallel zur Maas der Julianakanaal angelegt. Der Julianakanaal ist in Maasbracht und Limmel, wo sich auch die Schleusen befinden, mit der Maas verbunden. Auf halbem Wege befindet sich in Born eine dritte Schleuse. Ursprünglich gab es noch eine Schleuse etwas nördlich von Born bei Roosteren. Diese Schleuse wurde jedoch abgerissen, als der Kanalabschnitt Born-Maasbracht in den 60er Jahren verbreitert wurde. In Born und Maasbracht wurden damals neue Schleusenkammern mit einer Hubhöhe von ca. 11,87 m gebaut. Dies ist das größte Gefälle in den Niederlanden. Eine andere Besonderheit des Julianakanaals ist, dass er zum größten Teil erhöht liegt und deshalb auch größtenteils von Deichen umgeben ist. Wie der Gewässerboden sind auch die Deiche wasserdicht verkleidet. Die Strecke Born-Limmel befindet sich größtenteils noch im Originalzustand. Ursprünglich sollte auf dem Julianakanaal die in Süd-Limburg abgebaute Kohle günstig per Schiff transportiert werden. Heute ist der Julianakanaal eine Wasserstraße, auf der viele unterschiedliche Güter transportiert werden.

Die Maas von oben

Die Sint-Servas-Brücke in Maastricht mit Fußgängersteg

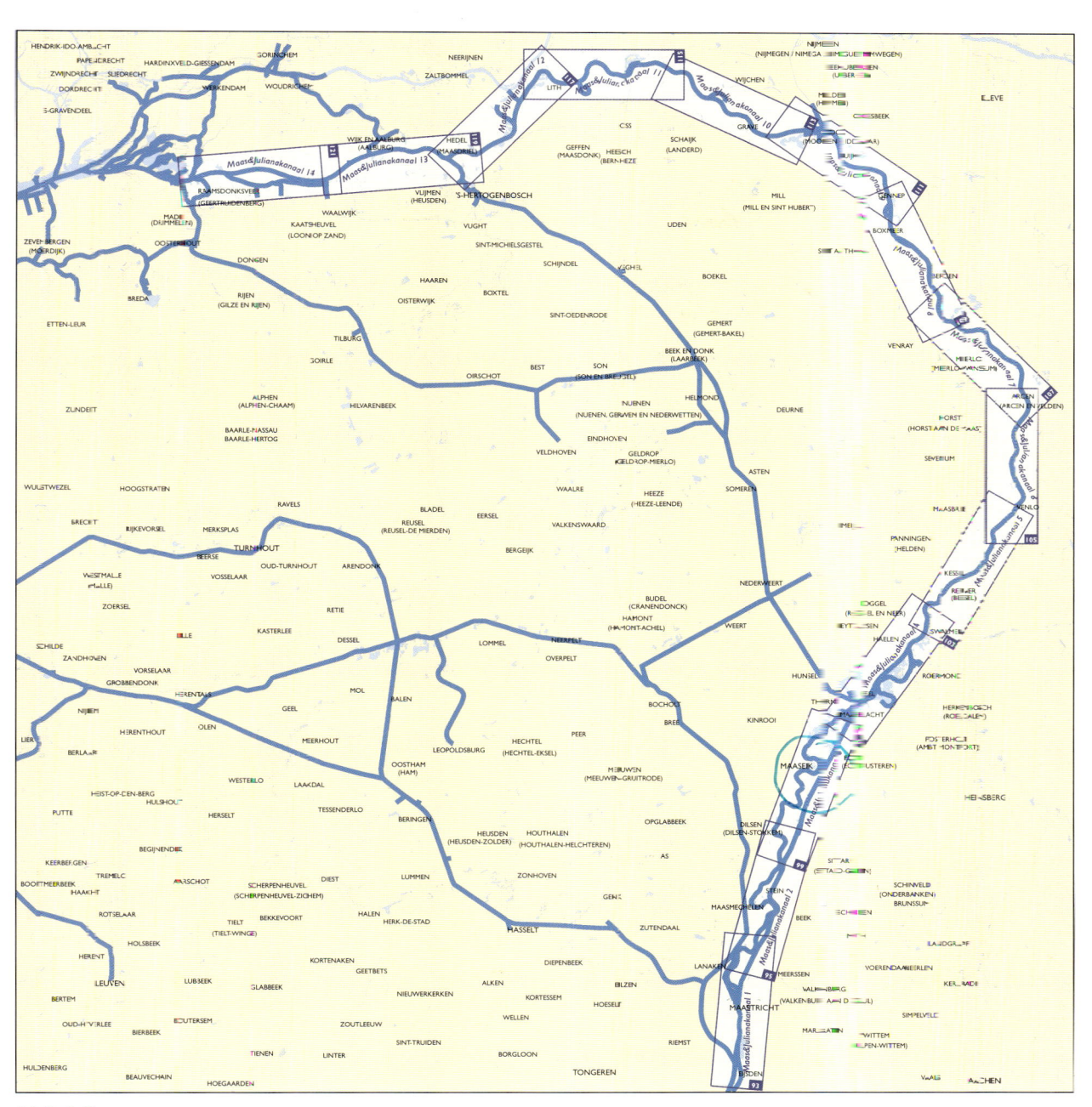

MAAS

Breiter, langer Fluss, teilweise kanalisiert, mit schönen Aussichten vom Wasser aus. Am Ufer finden sich immer wieder malerische Dörfer, die häufig vom Wasser aus erreichbar sind. An verschiedenen Stellen entlang des Flusses gibt es Baggerseen, die für Wassersport genutzt werden.

Länge der Strecke:	246 km	
Betreiber:	Rijkswaterstaat, Directie Limburg, Postbus 25, 6200 MA Maastricht, Tel. 00 31 (0)43 329 44 44 Rijkswaterstaat Directie Zuid-Holland, Boompjes 200, 3000 AN Rotterdam, Tel. 00 31 (0)10 402 62 00	
Geringste Fahrrinnentiefe:	2,80 m (in den Maas-Seen häufig geringer)	
Geringste Durchfahrtshöhe:	> 7 m, eventuell wasserstandsabhängig	
Anzahl der Schleusen:	7 Schleusen in der Maas, 2 im Julianakanaal	
Brücken- und Schleusenzeiten:	Mo.	06.00 - 24.00
	Di. – Fr.	00.00 - 24.00
	Sa.	00.00 - 20.00
	So. und Feiert.	09.00 - 17.00
Brücken- und Schleusenzeiten:	**Ausnahme:**	St. Servaas-Brücke
	Mo. – Fr.	06.00 - 24.00
	Sa.	06.00 - 22.00
	So. und Feiert.	09.00 - 17.00
Sprechfunkkanal:	Schleuse Born-Linne, Sambeek, Lith VHF 22 Schleuse Heel, Belfeld VHF 18 Schleuse Maasbracht-Roermond, Grave VHF 20	
Besonderheiten:	Schifffahrtsinformationen im westlichen Streckenabschnitt: Tel. 00 31 (0)78 613 24 21 oder VHF 71	

MAASTRICHT

Über 2000 Jahre Kultur findet man in den schmalen Klinkerstraßen mit ihren zahlreichen Denkmälern und den prächtigen Kirchen von Maastricht. Die Stadt wurde oft umkämpft, war jedoch dank der ober- und unterirdischen Verteidigungsanlagen nicht leicht zu erobern. Ein Stadtrundgang der Tourist Info führt Sie an den schönsten Plätzen vorbei. Neugierig geworden? Besuchen Sie doch eines der Museen, eine Kirche oder die Grotten des Sint Pietersberg. Keine Stadt in den Niederlanden hat so viele Straßencafés, Restaurants und Kneipen wie Maastricht. Neben modernen Kaufhäusern gibt es viele schicke Boutiquen. Um sich herum hören Sie alle möglichen Sprachen: Englisch, Deutsch, Französisch und den melodiösen Maastrichter Dialekt. Die Stadt, in der der Maastrichter Vertrag unterzeichnet wurde, ist wirklich europäisch!

Besichtigungstipps

- Schatzkammer der St. Servatius-Basilika, Kaiser-Karl-Platz. Mittelalterliche Kreuzbasilika mit Kerngebäude aus dem 11. Jahrhundert. Schatzkammer mit großer Sammlung, u. a. der Notschrein (12. Jahrhundert) und das Brustbild (1579) von St. Servatius.
- Bonnefantenmuseum, Avenue Ceramique 250, Tel. 00 31 (0)43 329 01 90, www.bonnefanten.nl. Archäologische Sammlung ab 250 000 v. Chr., alte Meister, wechselnde Ausstellungen moderner Kunst, untergebracht im Neubau von Aldo Rossi und in der historischen Wiebengahalle.
- Grotten und Befestigungswerke Maastricht, über Tourist Info Maastricht. Führungen zu festen Zeiten, für Gruppen nach Vereinbarung.
- Naturhistorisches Museum, De Bosquetplein 6-7, Tel. 00 31 (0)43 350 54 90.

Wanderer bei den Hügeln der Maas

Veranstaltungen

European Fine Art Fair Maastricht: März
Jazz Maastricht: Oktober
St. Servatius-Fest: Mai
Preuvenemint: letztes Wochenende im August
Theatermarkt „Het Parcours": September
Musica Sacra: September
Winterland Maastricht: Dezember

Weitere Informationen:
VVV Maastricht, Kleine Staat 1, 6211 ED Maastricht.
Tel. 00 31 (0)43 325 21 21, secr@vvvmaastricht.nl, www.vvvmaastricht.nl.

EIJSDEN

Im südlichsten Zipfel von Limburg liegt Eijsden. Der Ort hat einen historischen Dorfkern mit einladenden Straßencafés und einem hübschen Schloss aus dem 17. Jahrhundert. Die Region um Eijsden ist geprägt von zahlreichen Obstwiesen, prächtigen Weiden und kleinen idyllischen Kirchdörfern. Wo das Maastal in das Plateau von Margraten übergeht, liegt der herrliche Savelsbos. In diesen bewaldeten Hügeln sind seltene Tierarten wie Dachs, Iltis, Hermelin, Wiesel, Steinmarder sowie Eichel- und Haselmaus zuhause. Im Sommer ist der Waldboden bedeckt mit blühenden Kräutern wie Feigwurz und Waldanemone, während in den Bäumen die lianenartige Clematis blüht. Der Maasplas zwischen Maastricht und Oost-Maarland mit der Steilwand des St. Pietersberg im Hintergrund bietet diverse Wassersportmöglichkeiten.

Besichtigungstipps

- Dagstrand Oost-Maarland, Oosterweg 5, Tel. 00 31 (0)43 409 44 41. Strand, Liegewiese, Minigolf, Spielplatz, Kleinkinderbecken, Verleih von Tretbooten, Ruderbooten, Surfbrettern und Kanus.

Schloss Eijsden

Veranstaltungen
De Bronk: Juni
Diepstraat-Fest: Juli

Weitere Informationen:
VVV Zuid-Limburg Inhouse Locatie Eijsden, Plus van Thiel, Cramignonstraat 1, Eijsden.
Tel. 0900 97 98 (€ 1,- pro Verbindung), aus dem Ausland 00 31 (0)43 609 85 18, info@vvvzuidlimburg.nl, www.vvvzuidlimburg.nl.

> **FN** Die Fahrradkarte „Radfahren in Zuid-Limburg – Mergelland und der Parkstadt Limburg" erhalten Sie in allen regionalen Büros der Tourist Info VVV.
>
> **FV** Courtens Bike Sports, Calvariestraat 16, Maastricht, tel. 00 31 (0)43 321 38 20
> Rijwielshop 'Aon de Stasie', Parallelweg 40a, Maastricht, tel. 00 31 (0)43 321 11 00.

HEUVELLAND IM SÜDLICHEN LIMBURG

Die Maas und die mäandernden Flüsschen Geul, Gulp und Jeker haben tiefe Täler in die Hochebenen des südlichen Limburgs geschnitten. In der Umgebung von Maastricht und Valkenburg kommen jahrhundertealte Mergelschichten ans Licht. Durch den Lehmabbau entstanden Grotten. Südlimburg ist ein Paradies für Wanderer. Die häufig unbefestigten Wanderwege führen quer durch Wiesen, Wälder und Obstgärten, durch beschauliche Dörfer mit Lehmhäusern und schwarzweißen Fachwerkhäusern. Circa 10 km östlich von Maastricht liegt der Kurort Bad Valkenburg mit allerlei spannenden Freizeitmöglichkeiten über und unter der Erde.

Besichtigungstipps
- Thermae 2000, Kurpark Cauberg 27, Valkenburg, Tel. 00 31 (0)43 609 20 01, www.thermae2000.nl. Unter anderem Thermalbäder innen und außen, Schönheitsbehandlungen, Saunalandschaft. Ein Kurpark mit Holland Casino auf dem Gipfel des Cauberg.

Weitere Informationen:
VVV Zuid-Limburg, Büro Valkenburg,
Th. Dorrenplein 5.
Tel. 0900 97 98 (€ 1,- pro Verbindung), aus dem Ausland 00 31 (0)43 609 85 18, info@vvvzuidlimburg.nl, www.vvvzuidlimburg.nl.

> **FR** Valkenburg ist einer der wenigen Orte, wo man unter der Erde Mountainbike fahren kann, so genanntes „Grottenbiking". ASP Adventure, Oud Valkenburg 2, Schin op Geul, Tel. 00 31 (0)43 604 06 75.

MAAS I

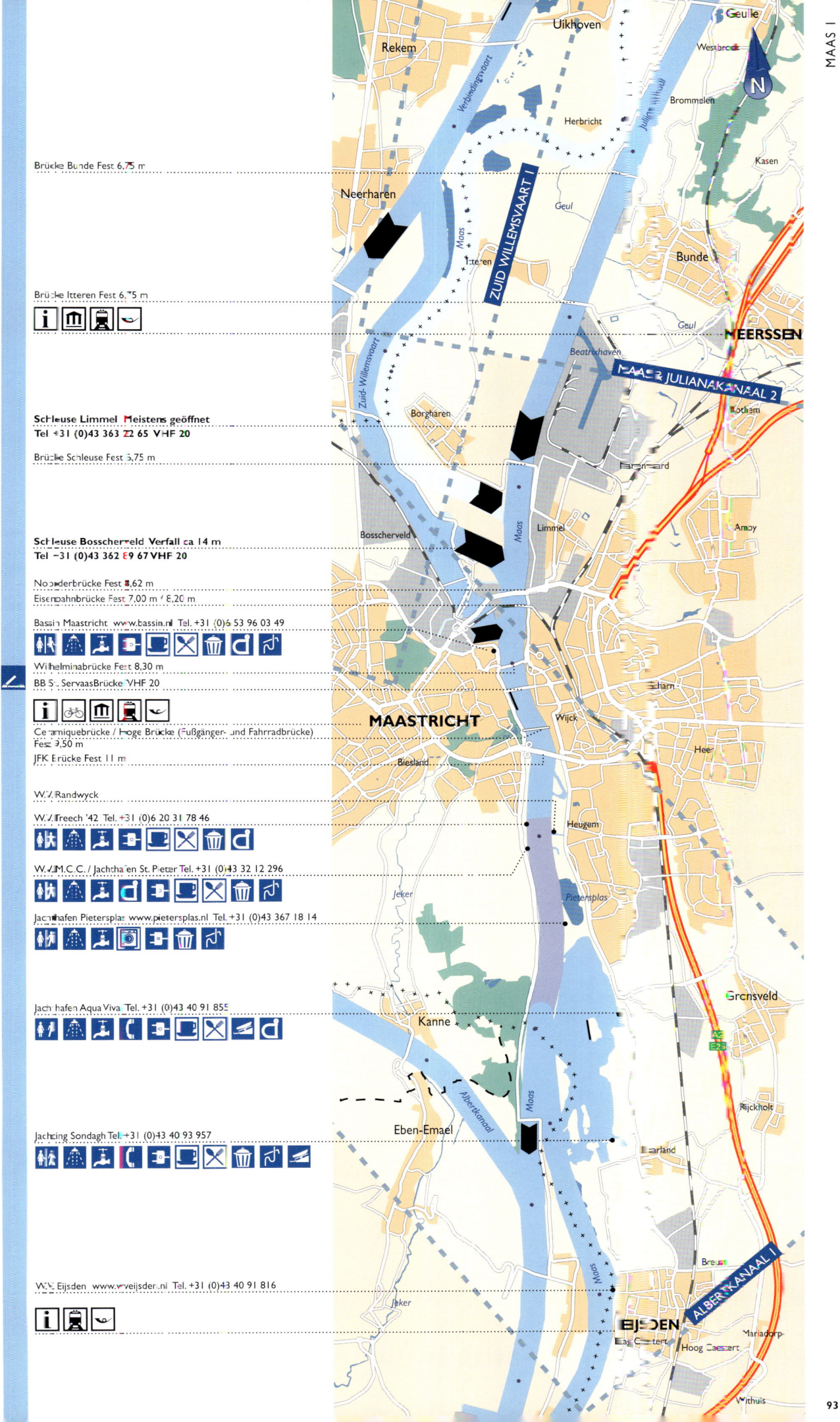

Brücke Bunde Fest 6,75 m

Brücke Itteren Fest 6,75 m

| i | 🏛 | 🚂 | ⚓ |

Schleuse Limmel Meistens geöffnet
Tel +31 (0)43 363 72 65 VHF 20

Brücke Schleuse Fest 6,75 m

Schleuse Bosscherveld Verfall ca 14 m
Tel +31 (0)43 362 89 67 VHF 20

Noorderbrücke Fest 8,62 m
Eisenbahnbrücke Fest 7,00 m / 8,20 m

Bassin Maastricht www.bassin.nl Tel. +31 (0)6 53 96 03 49

| 🚻 | 🚿 | 🚰 | 🔌 | ☕ | ❌ | 🗑 | ➡ |

Wilhelminabrücke Fest 8,30 m
BB St. ServaasBrücke VHF 20

| i | 🚲 | 🏛 | 🚂 | ⚓ |

Ceramiquebrücke / Hoge Brücke (Fußgänger- und Fahrradbrücke) Fest 9,50 m
JFK Brücke Fest 11 m

W.V. Randwyck
W.V. Treech '42 Tel. +31 (0)6 20 31 78 46

| 🚻 | 🚿 | 🚰 | 🔌 | ☕ | ❌ | 🗑 |

W.V. M.C.C. / Jachthafen St. Pieter Tel. +31 (0)43 32 12 296

| 🚻 | 🚿 | 🚰 | 🔌 | ☕ | ❌ | 🗑 | ➡ |

Jachthafen Pietersplas www.pietersplas.nl Tel. +31 (0)43 367 18 14

| 🚻 | 🚿 | 🚰 | 🔌 | 🔌 | 🗑 | ➡ |

Jachthafen Aqua Viva Tel. +31 (0)43 40 91 855

| 🚻 | 🚿 | 🚰 | 🔌 | 🔌 | ❌ | ⚒ | 🔧 |

Jachting Sondagh Tel. +31 (0)43 40 93 957

| 🚻 | 🚿 | 🚰 | 🔌 | 🔌 | ❌ | 🗑 | ➡ | 🔧 |

W.V. Eijsden www.wveijsden.nl Tel. +31 (0)43 40 91 816

| i | 🚂 | ⚓ |

93

BORN

Das moderne Born ist vom geschäftigen Hafen mit seiner Schleusenanlage geprägt. Eine ganz andere Seite von Born erwartet Sie im Zoo. Hier befindet sich die Ruine einer mittelalterlichen Burg, die 1930 bei einem Brand zerstört wurde.

Besichtigungstipps
• Kasteelpark Born, Kasteelpark 38, Tel. 00 31 (0)46 485 19 50. Natürlicher Zoo mit Raub-, Zier- und Wasservögeln, Schaubienenstock und Streichelzoo.

Veranstaltungen
Blumenkorso: Limbricht, August

URMOND

Das historische Zentrum von Urmond ist ein geschütztes Ensemble mit schönen Bauernhöfen und einer erhöht gelegenen reformierten Kirche. Die Kirche erinnert noch an die Funktion von Urmond als Hafenort und wurde 1685 für die protestantischen Schiffer gebaut, die hier ihre Ladung abholten. Auch die Schifferbörse geht übrigens auf diese Zeit zurück. Die katholische Kirche stammt aus napoleonischer Zeit.

Terrasse im nahegelegenen Sittard

Veranstaltungen
Erntedankfest: Berg an der Maas, August

STEIN

Vor circa 6000 Jahren ließen sich die ersten Menschen in der Umgebung von Stein nieder. Sie wohnten am hohen Maasufer und wurden nach der Verzierung ihrer Tonwaren Bandkeramiker genannt. Stein war auch nach der Zeit der Bandkeramiker in der späten Steinzeit bewohnt. Ein 5000 Jahre altes Galeriegrab wurde an der Stelle gefunden, an der nun das Archäologische Reservat errichtet wurde. Das heutige Stein entstand um eine Burg an der Maas herum, von der nur noch der Turm und ein Stück Festungsmauer erhalten ist. Rund um die Martinuskirche befindet sich das historische Zentrum. Das Gebiet östlich von Stein ist seit Beginn des Bergbaus in der Region urbanisiert. Nach der Schließung der Gruben entstand hier der Industriekomplex DSM - vor allem nachts ein beeindruckender Anblick.

Besichtigungstipps
• Freizeitpark Steinerbos, Dieterenstraat 19, Tel. 00 31 (0)46 426 80 00. Wanderpark, Spielplatz, Hirschpark, Rudersee, Trampolin, Minibahn, Gokartbahn, Streichelzoo, Schwimmbecken, Tennis, Bouleplatz.

MAASBAND/MEERS

Zwischen dem Kanal und der Grensmaas liegen unter anderem die Orte Maasband und Meers. Dieser Teil Limburgs ist relativ wenig bekannt. Hier kommt man nicht zufällig vorbei. Die Autobahn ist meilenweit entfernt. Maasband war wie Visserweert ein Ort, an dem verfolgte Protestanten früher Unterschlupf suchten. In dem Dorf scheint die Zeit ein wenig stillzustehen. Die Region strahlt mit ihren vielen Streuobstwiesen, kleinen Weilern und der allgegenwärtigen, hier jedoch unbefahrenen Maas eine große Ruhe aus. Ein idealer Ort zum Wandern oder Radfahren!

Dorfansicht Elsloo

ELSLOO

Auch Elsloo war ein wichtiger Hafenort. Zur Zeit der Römer war Elsloo gar das wichtigste Zentrum der Maasschifffahrt. Um das Jahr 1100 entstand in Elsloo eine Burg, die den Naturgewalten nicht standhalten konnte: bei Niedrigwasser sieht man die Ruine aus der Maas ragen. Im Goldenen Zeitalter gewann die Maasschifffahrt für Elsloo erneut an Bedeutung. Der Blaue Kalkstein aus den Ardennen wurde auf der Schiffersbörse verladen. Heute steht hier ein Museum. Vom neuen Schloss von Elsloo ist auch viel verloren gegangen. Nur noch einige Nebengebäude und ein runder Turm direkt neben dem Kanal sind erhalten. Dort kann man etwas essen und den Hausgarten besichtigen. Das Schloss ist ein guter Ausgangspunkt für eine schöne Wanderung Richtung Geulle und Bunde. Unterwegs sehen Sie viele Misteln in den Bäumen: Schmarotzerpflanzen, die aussehen wie Reisigbündel. Vielleicht kennen Sie die Mistel unter dem Namen Hexenkraut: Angeblich bringt es Glück! Zwischen Elsloo und Bunde liegt ein schmaler bewaldeter Hügel, einer der schönsten Wälder der Niederlande. Typisch sind die vielen Bäche, die überall hervorsprudeln. Der feuchte Wald beheimatet viele Pflanzen. Im Frühjahr ist der Boden weiß von Bärlauchblüten.

Besichtigungstipps
• Regionalmuseum Schippersbeurs, Op den Berg 4-6, Tel. 00 31 (0)46 437 60 52. Gebäude von Anfang des 17. Jhd. im Maasländischen Renaissancestil, Trachten, alte Handwerkskunst, Stilzimmer um 1900 und Exponate aus der Bandkeramiker- und Römerzeit.

Weitere Informationen zu diesen Orten:
VVV Zuid-Limburg. Tel. 0900 97 98 (1,- pro Verbindung), aus dem Ausland 00 31 (0)43 609 85 18, info@vvvzuidlimburg.nl, www.vvvzuidlimburg.nl.

FN Die Fahrradkarte „Radfahren in Zuid-Limburg – Mergelland und der Parkstadt Limburg" erhalten Sie in allen regionalen Büros der Tourist Info VVV.

FV Cycle City Jos Cabo, Tussen de Bruggen 97, Meerssen, tel. 00 31 (0)43 358 01 48
Profile Wijnen, Op de Vey 60, Geleen, tel. 00 31 (0)46 474 29 66
Tweewielers Lemmens VOF, Maastrichterlaan 1 Beek, tel. 00 31 (0)046 451 02 62.

Alter Maasdamm bei Obbicht

Schleuse Born
Tel. +3 (0) 46 85 25 25 VHF 22

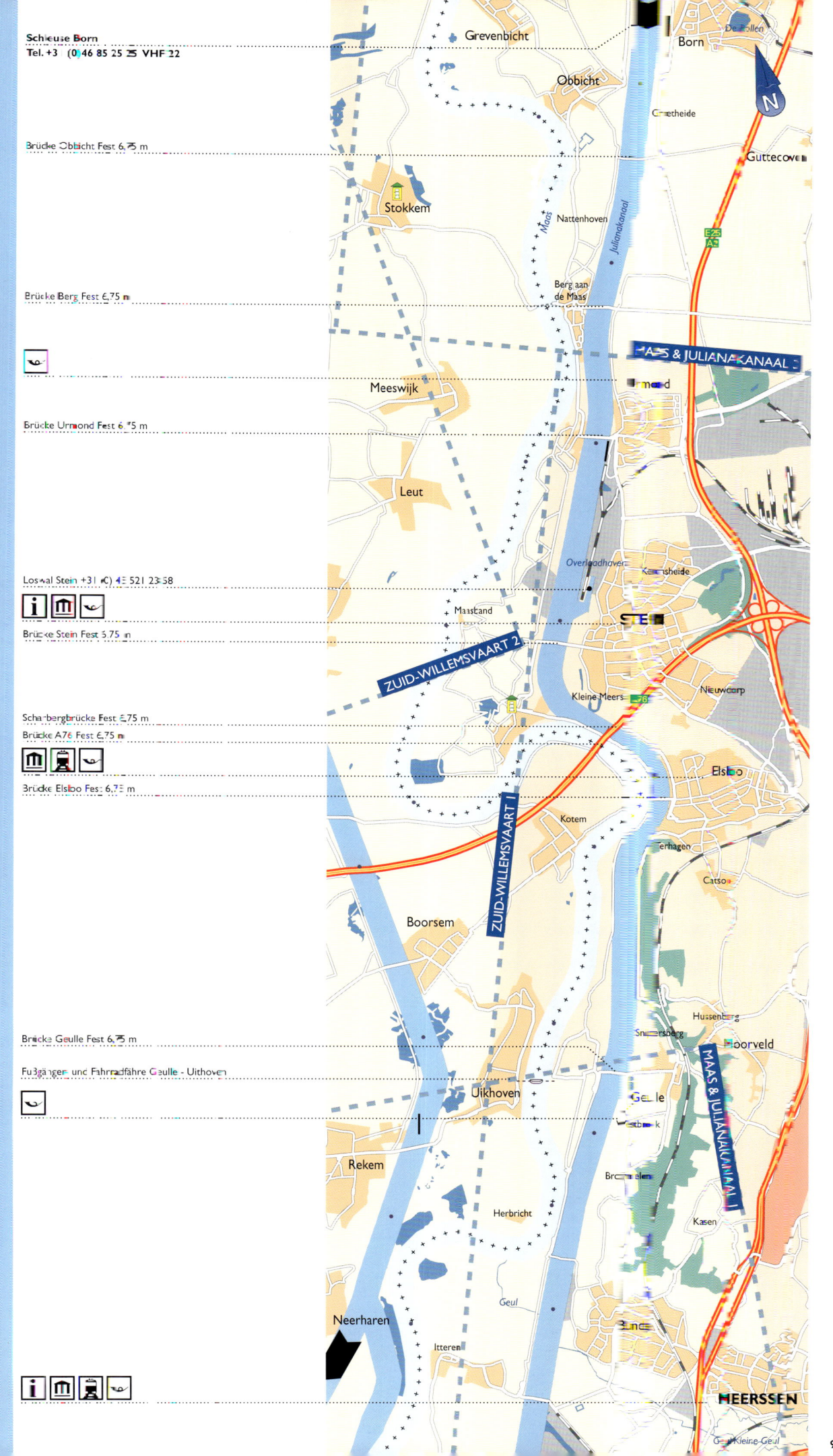

Brücke Obbicht Fest 6,75 m

Brücke Berg Fest 6,75 m

Brücke Urmond Fest 6,75 m

Loswal Stein +31 (0) 46 521 23 58

Brücke Stein Fest 6,75 m

Scharbergbrücke Fest 6,75 m
Brücke A76 Fest 6,75 m

Brücke Elsloo Fest 6,75 m

Brücke Geulle Fest 6,75 m

Fußgänger und Fahrradfähre Geulle - Uithoven

MAAS 2

DIE MAAS, VON DER QUELLE BIS ZUR MÜNDUNG EIN FESSELNDER FLUSS

Platz für den Fluss

Die Maas ist einer der längsten Flüsse Europas, eine wichtige Lebensader für Frankreich, Belgien und die Niederlande. Sie hat eine große Bedeutung als Verbindung verschiedener Lebensräume. Das Flussgebiet der Maas in Limburg und teilweise auch in Nord-Brabant und Gelderland wird sich in den nächsten Jahren stark verändern. Der Fluss muss auch bei starken Niederschlägen beherrschbar sein. Die Überflutungen der Maas in den Jahren 1993 und 1995 sind vielen Bewohnern des Maastals noch lebhaft in Erinnerung. Ganz im Einklang mit den national und international angestrebten Zielen, Flüssen mehr Platz zu geben und sie ökologisch zu sanieren, wurden auch für die Maas Pläne geschmiedet. Für die Durchführung dieser Pläne sorgen die „Maaswerken", ein niederländischer Kooperationsverband des Ministeriums für Verkehr und Wasserwirtschaft, der Provinz Limburg und des Ministeriums für Landwirtschaft, Natur und Fischerei. Vorgesehen sind flusserweiternde Maßnahmen, unter anderem eine Flussverbreiterung oder -vertiefung, Hochwasserrinnen und naturnahe Uferbereiche. Entlang der Maas sollen Naturgebiete entstehen, die für Fremdenverkehr und Naherholung genutzt werden können. Einige gelungene Beispiele können Sie schon heute besuchen.

Die Natur erobert ihr Terrain zurück

Bei Eijsden, wo die Maas in die Niederlande strömt, steht der St. Pietersberg als riesiger Wächter am Fluss. Tief im Tal grasen Konikpferde und Gallowayrinder in wilder Natur, dem Wirklichkeit gewordenen Traum der Naturschutzorganisation WWF. Die Natur darf hier, in den Naturgebieten Eijsder Beemden und De Kleine Weerd, wieder ihren Lauf nehmen. Derartige Naturgebiete finden Sie verschiedentlich entlang der Maas, oft ganzjährig beweidet. Insbesondere an der nicht befahrenen Grensmaas zwischen Borgharen und Roosteren soll die Natur mehr und mehr sich selbst überlassen werden.

Umgebung Echt, Naturschutzgebiet Maas-Swalm-Nette Park

Ein gelungenes Beispiel für ein solches Naturgebiet ist der Naturpark Koningssteen. Das 40 ha große Gebiet liegt auf einer Halbinsel zwischen den Baggerseen von Thorn und Kessenich. Durch die wechselnden Wasserstände bildet sich an Stellen mit unebenem Gelände eine ganz eigene Flora und Fauna. Dies ist zum Beispiel einer der wenigen Orte an der Maas, an denen dauerhaft wieder eine typische Flusstalvegetation vorkommt. Abgesehen von Gräsern schwemmt der Fluss auch viele Baumsamen an. Dadurch entwickelt sich auf dem Koningssteen ein Auenwald, der von Natur aus an der Maas vorkommt, mit Dutzenden verschiedener lianendurchwachsener Baumarten. Auch hier grasen Konikspferde und Gallowayrinder. Da diese Tiere manche Pflanzen lieber mögen als andere und deshalb an manchen Stellen intensiver grasen, entstehen sowohl abgegraste Flächen als auch Stellen mit dichtem Unterholz. Dadurch entwickelt sich eine neue, äußerst vielfältige Vegetation, die wiederum weitere Tierarten anzieht. Blumenwiesen wechseln sich ab mit Hecken, kleinen Wäldchen und tiefem und untiefem Wasser. In den Hecken entsteht bereits jetzt eine vielfältige Singvogelwelt, während die Blumenwiesen ein wichtiger Lebensraum für Heuschrecken, Schmetterlinge und kleine Säugetiere sind. Andere Beispiele solcher Naturgebiete

Umgebung Eijsden

entlang der Maas und der Maas-Seen (Maasplassen) sind: Brandt bei Stevensweert, Lakerweerd bei Ohé en Laak, Isabellegreend bei Herten und De Rug bei Roosteren. Auf der belgischen Seite der Maas sind dies zum Beispiel der künftige Nationalpark Kempen bei Eisden und der Hochter Bampd zwischen Maas und Zuid-Willemsvaart bei Lanaken.

Abwechslungsreiche Landschaft

Maas bei Stevensweert

Der Flussabschnitt nördlich des Stauwerks von Linne bis Hedel wird auch Zandmaas (dt. Sandmaas) genannt, weil sich hier aufgrund der geringen Strömung so viel Sand und Schlamm absetzt. In Nord-Limburg schwankt die Uferhöhe der Zandmaas sehr stark. Durch den Einschnitt der Maas in den höher gelegenen Gebieten entlang des Rurrands entstand an zahlreichen Stellen eine einzigartige Terrassenlandschaft. Eine solche Landschaft findet sich unter anderem auch in den Nationalparks De Hamert und De Meinweg.

Das Maasheggengebiet weist ebenfalls eine landschaftliche Besonderheit auf. Es befindet sich im Winterbett der Maas, etwas südlich von Gennep. Das teilweise geschützte Gebiet mit seiner wertvollen, seltenen Flora besteht aus kleinen Feldern und Wiesen. Die Weißdorn- und Schlehenhecken dienten ursprünglich als Feldbegrenzung und sollten bei Überschwemmungen den fruchtbaren Schlamm der Maas zurückhalten, wenn das Wasser zurückging. Mit seinen vielen Dornensträuchern und hohlen Bäumen ist es Brut- und Futtergebiet zahlreicher Vögel wie Klappergrasmücke,

Dorngrasmücke, Rotschwanz, Heckenbraunelle, Feldsperling, Wildente, Austernfischer, großer Brachvogel und Kiebitz. Aber auch Raubvögel wie Sperber, Habicht, Bussard, Turmfalke, Baumfalke und Waldohreule kommen hier vor. Im Herbst finden hier Zugvögel und Wintergäste Nahrung. Das Maasheggengebiet ist in den Niederlanden überall als Heimat des Dachs (Meles meles) bekannt. In diesem Gebiet befinden sich einige bewohnte Bauten dieses seltenen Tiers. Die Gesamtpopulation in den Niederlanden wird auf 1 200 Dachse geschätzt, mindestens 60 davon leben in den Maasheggen.

DIE MAASPLASSEN IN MIDDEN LIMBURG - VOM BAGGERSEE ZUM NAHERHOLUNGS- UND NATURGEBIET

Die Maasplassen zu deutsch: Maas-Seen, in Mittellimburg entstanden beim Abbau von Sand und Kies. Bereits in den 30er Jahren begann man mit der Kiesgewinnung. Ursprünglich fiel bei der Kanalisierung und Pflege des Maasbetts genügend Kies an. Später baute man den Sand und Kies im Winterbett ab. Zunächst wurden nur kleine Bereiche abgebaut.

Nach und nach wurden diese immer größer, so dass sogar über 150 ha große Seen entstanden. Heute umfasst das mit-

Kirche in Asselt

tellimburgische Seengebiet circa 3 000 ha Wasserfläche und ist eines der größten Seengebiete der Niederlande. Ursprünglich sollte ein Großteil der Maas-Seen wieder aufgefüllt und landwirtschaftlich genutzt werden. Aber Ende der 70er Jahre erkannte man, dass die Seen gut für Naherholung und Tourismus genutzt werden konnten. Deshalb beschloss die Provinz Limburg nach Rücksprache mit den Kiesherstellern, die Maasplassen zu diesem Zweck einzurichten und zu nutzen.

Dadurch entstand das Gebiet in seiner heutigen Form mit guten Wassersportmöglichkeiten zum Segeln, Bootfahren,

Jachthafen Heereniaak

Surfen, Schwimmen, Angeln u.a.m. Zur Erhöhung des Freizeitwerts dieser Region wurde auch die Naturentwicklung um die Seen herum gefördert.
Die Maasplassen liegen in der Nähe kulturhistorischer Orte wie Roermond, Thorn, Stevensweert, Wessem,

Markt in Roermond

Heel, Asselt u.a. Die Kombination von Wassersport, Natur und kulturhistorischem Ambiente der Dörfer und Städte macht die Maasplassen zu einer blühenden Landschaft, in der man sich gerne aufhält.

Das Limburg-Festival

Das Limburg-Festival ist jedem in der Provinz Limburg ein

Das Zentrum von Thorn

Begriff. Es findet jedes Jahr in der letzten Woche der Sommerferien statt. Zehn Tage lang werden an verschiedenen Orten in der gesamten Provinz Limburg und im Grenzgebiet (der Euregio) eintrittsfreie (Straßen-)Theateraufführungen geboten. Ferner gibt es jedes Jahr Spezialprojekte, das sind Sondervorstellungen, für die meist Eintritt verlangt wird. Ein besonderes Element des Limburg-Festivals ist auch „Natur & Theater": Dabei werden verschiedene Radtouren durch die Limburger Natur vorgeschlagen, auf denen man „en passant" eine Theateraufführung besuchen kann. Die Theaterensembles kommen aus der ganzen Welt.
Informationen: 00 31 (0)6 5398 0153, www.limburgfestival.nl.

STEVENSWEERT/OHÉ EN LAAK

Stevensweert und Ohé en Laak liegen auf der Maasinsel, der Stelle, an der sich die Maas teilt. Die Insel ist ein wahres Mekka für Wassersportler. Stevensweert war im 17. Jhd. eine spanische Festung mit Verteidigungsanlagen (Wällen, Wassergräben und Bastionen). Alle Straßen laufen sternförmig zusammen, so hatten die Spanier Eindringlinge von der Hauptwache aus gut im Blick. Der stimmungsvolle historische Marktplatz in Stevensweert lädt zum Besuch eines der Straßencafés ein.

Besichtigungstipps

- Regionalmuseum Stevensweert/Ohé en Laak, Jan van Steffeswertplein 1, Stevensweert, Tel. 00 31 (0)475 55 16 93.
- Streifzug durch Stevensweert: über Tourist Info VVV Tel. 00 31 (0)475 56 27 61, www.lekker-genieten.nl.

Weitere Informationen:

VVV Roermond, Kraanpoort 1, 6041 EG Roermond.
Tel. 0900 202 55 88, aus dem Ausland 00 31 (0)475 33 58 47, roermond@regiovvv.nl, www.lekker-genieten.nl.

Grenzpfahl bei Stevensweert

FN Die Fahrradkarte „Grenzüberschreitendes Radwegenetz: Regionallandschaft Kempen und Maasland / Kries Heinsberg / Midden-Limburg und Westerlijke Mijnstreek" erhalten Sie bei allen regionalen Büros des Fremdenverkehrsamts VVV.

FV Dirks, Markt 4, Stevensweert, tel. 00 31 (0)475 55 90 04.

KINROOI

In Kinrooi können Sie jeden Wassersport ausüben. Ob Ihnen nach einer Bootstour entlang der größten Binnenjachthäfen Westeuropas ist oder lieber nach Faulenzen am feinen Sandstrand. Ruder, Segel oder Paddel können Sie hier selbst in die Hand nehmen, Treffpunkt ist das Sailcenter. Die Kinrooier Mühlen verleihen dem Ort ein besonderes Flair. Auf der Mühlentour oder dem Radwegenetz kommt man als Radfahrer automatisch an den drei riesigen Windmühlen vorbei. Für Wanderer bietet sich De Drie Eigen oder der Kempenbroek an.

Weitere Informationen:

VVV Kinrooi, Maasstraat 82 bus 3, 3640 Kinrooi.
Tel. 00 32 (0)89 56 47 36, vvvkinrooi@skynet.be, www.toerismekinrooi.be.

ECHT

Echt ist umringt von Wäldern mit den typischen Maasterrassen. Im Stadtzentrum finden Sie den gemütlichen Platz „De Plats" mit dem historischen Rathaus. Die Landricuskirche ist sicher einen Abstecher wert. Der Chor ist der älteste Teil und stammt aus dem späten Mittelalter, der Turm dagegen musste nach dem Krieg neu errichtet werden.

Besichtigungstipps

- Gemeentemuseum, Nieuwe Markt 5, Tel. 00 31 (0)475 47 84 22. Kulturhistorisches und archäologisches Museum.
- Party & Kartcentrum Echt, Bandertlaan 9, Tel. 00 31 (0)475 41 89 00. Indoor-Kartbahn, Partyzentrum.
- Überdachtes Spielparadies De Ballon, Bandertlaan 13, Tel. 00 31 (0)475 410 845.

Weitere Informationen:

VVV Echt, Nieuwe Markt 55, 6100 AD Echt.
Tel. 00 31 (0)475 48 71 21, echt@regiovvv.nl, www.lekker-genieten.nl.

FN Die Fahrradkarte „Grenzüberschreitendes Radwegenetz: Regionallandschaft Kempen und Maasland / Kries Heinsberg / Midden-Limburg und Westerlijke Mijnstreek" erhalten Sie bei allen regionalen Büros des Fremdenverkehrsamts VVV.

MAASEIK

Gebrüder Van Eyck

Maaseik ist ein geschichtsträchtiger Ort. Das Stadtzentrum ist ein lebendes Museum architektonischer Glanzlichter: Maasländische Renaissance, Barock, Rokoko, Neoklassizismus ... all das finden Sie hier auf engstem Raum. Auf dem lebhaften Marktplatz mit seinen netten Cafés und dem imposanten Rathaus kann man sich wunderbar ausruhen. Hier steht auch das Standbild der beiden bekanntesten Maaseiker: der Maler Jan und Hubert van Eyck. Eine Sammlung mit Kopien ihrer Werke vermittelt einen guten Überblick über ihre Schaffenskunst. Beim Stadtrundgang sehen Sie prächtige Häuser und imposante Gebäude. Außerdem ist Maaseik das Zentrum des Radwegenetzes Maasland. Eine kurze Radtour führt Sie von den Maas-Seen über das pittoreske Dorf Aldeneik, den Wallfahrtsort Heppeneert und Schloss Wurfeld hierher (22-25-24-26-45-27-25-22, 20 km).

Bezoektips

- Museactron, Lekkerstraat 5. Museum zum Schauen, Spielen und Anfassen, Regionalarchäologisches Museum, Bäckereimuseum und älteste Privatapotheke Belgiens.
- Maquette Maaseik, Minuritenkloster, Boomgaardstraat.
- Kirchenschatz, St. Katharina-Kirche, Kerkplein.

Veranstaltungen

Kutschenparade: 2. Sonntag im Juni
Drei Tage Flohmarkt: Pfingsten
Europäischer Keramikmarkt: letzter Sonntag im Juni
Hartbufkespreuve, kulinarisches Wochenende: 1. Wochenende im August

Weitere Informationen:

Toerisme Maaseik, Markt 1, 3680 Maaseik. Tel. 00 32 (0)89 81 92 90, toerisme.maaseik@maaseik.be, www.maaseik.be.

SUSTEREN

Wo Limburg am schmalsten ist, liegt Susteren. In der Umgebung gibt es viele Wälder, aufgelockert durch Felder und Wiesen an der deutschen Grenze und die typische Maaslandschaft an der belgischen Grenze. Auf einer kurzen Wanderung können Sie drei Länder besuchen! Ein Ausflug lohnt sich hier, allein schon wegen der Naturgebiete wie dem Wasserschutzgebiet De Rug und malerischen Orten wie Gebroek, Baakhoven, Illikhoven, Vissersweert und Kokkelert. Besonderes Schmuckstück in Susteren selbst ist die frühromanische Abteikirche mit ihrer reich gefüllten Schatzkammer 't Stift, eine der ältesten Kirchen der Niederlande (11. Jhd.).

Besichtigungstipps

- H. Amelbergakirche/Schatzkammer 't Stift, Salvatorplein 2, Tel. 00 31 (0)46 449 46 15. Frühromanische Abteikirche mit Kirchenschatz und mittelalterlichen Reliquien.
- RCN Hommelheide, Hommelweg 2, Tel. 00 31 (0)46 449 29 00. Badesee mit Strand und Unterhaltung.
- Museum van de Vrouw, Heerweg 40, 00 31 (0)46 55 00 95.

Weitere Informationen:

VVV Susteren, Dieterderweg 53, 6114 JK Susteren. Tel. 00 31 (0)46 449 46 15, susteren@regiovvv.nl, www.lekker-genieten.nl.

FN Die Fahrradkarte „Grenzüberschreitendes Radwegenetz: Regionallandschaft Kempen und Maasland / Kries Heinsberg / Midden-Limburg und Westerlijke Mijnstreek" erhalten Sie bei allen regionalen Büros des Fremdenverkehrsamts VVV.

FV Fietsverhuur Gelissen, Vincentiuslaan 41, Susteren, tel. 00 31 (0)46 449 19 97.

Brücke Schleuse Fest 9,30 m

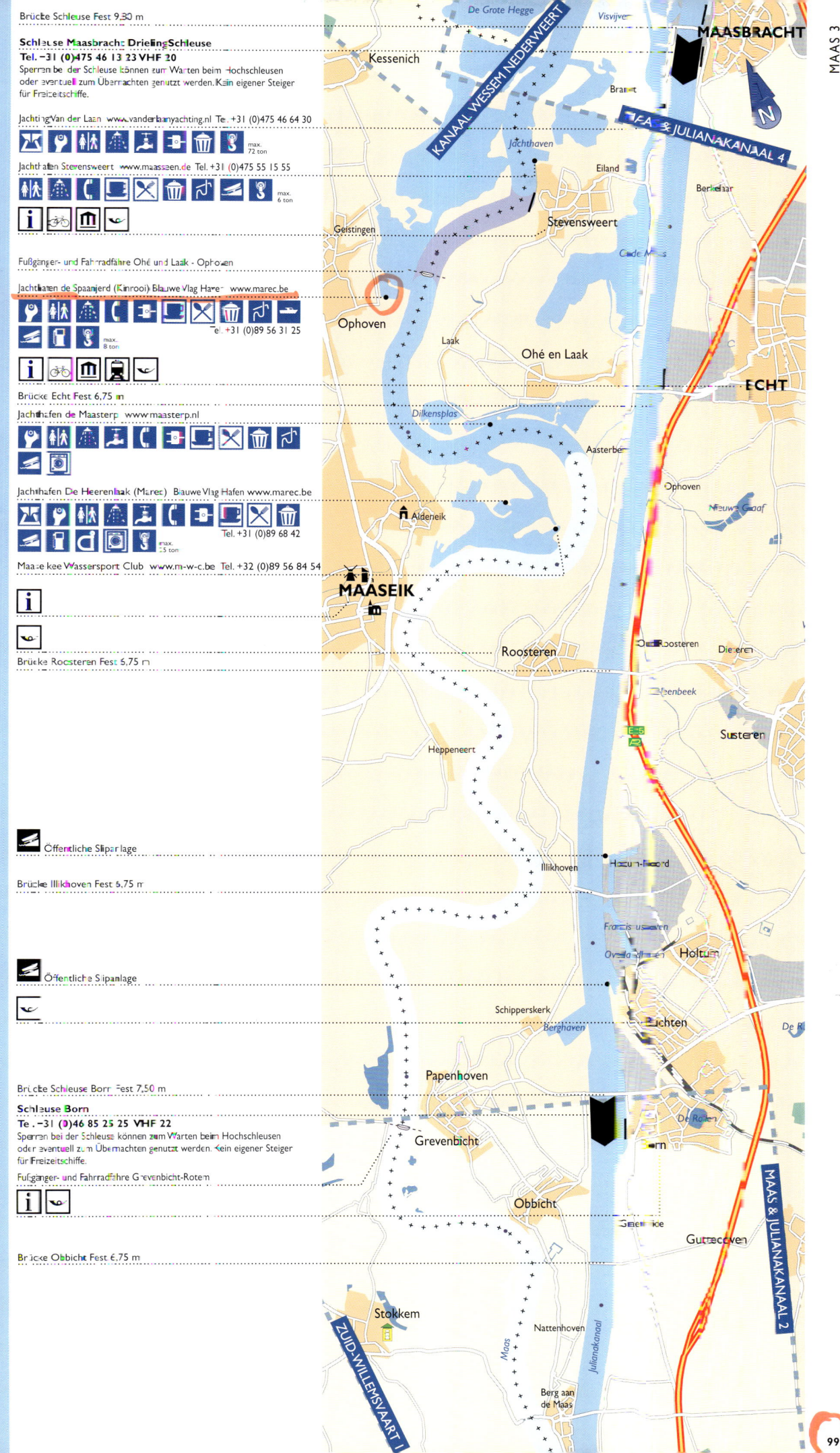

Schleuse Maasbracht Drielingschleuse
Tel. +31 (0)475 46 13 23 VHF 20
Sperren bei der Schleuse können zum Warten beim Hochschleusen oder eventuell zum Übernachten genutzt werden. Kein eigener Steiger für Freizeitschiffe.

Jachting Van der Laan www.vanderlaanyachting.nl Tel. +31 (0)475 46 64 30

max. 72 ton

Jachthafen Stevensweert www.maasseen.de Tel. +31 (0)475 55 15 55

max. 6 ton

Fußgänger- und Fahrradfähre Ohé und Laak - Ophoven

Jachthafen de Spaanjerd (Kinrooi) Blauwe Vlag Hafen www.marec.be
Tel. +31 (0)89 56 31 25
max. 8 ton

Brücke Echt Fest 6,75 m

Jachthafen de Maasterp www.maasterp.nl

Jachthafen De Heerenlaak (Marec) Blauwe Vlag Hafen www.marec.be
Tel. +31 (0)89 68 42
max. 25 ton

Maaseiker Wassersport Club www.m-w-c.be Tel. +32 (0)89 56 84 54

Brücke Roosteren Fest 5,75 m

Öffentliche Slipanlage

Brücke Illikhoven Fest 5,75 m

Öffentliche Slipanlage

Brücke Schleuse Born Fest 7,50 m

Schleuse Born
Tel. +31 (0)46 85 25 25 VHF 22
Sperren bei der Schleuse können zum Warten beim Hochschleusen oder eventuell zum Übernachten genutzt werden. Kein eigener Steiger für Freizeitschiffe.

Fußgänger- und Fahrradfähre Grevenbicht-Rotem

Brücke Obbicht Fest 6,75 m

ASSELT

Der pittoreske Ort Asselt hat einen Jachthafen am Asselt-See, dem nördlichsten Maas-See des mittellimburgischen Seengebiets. Auffällig sind die vielen imposanten Höfe sowie die frühromanische Kirche am hohen Ufer, direkt am Wasser.

ROERMOND

Roermond bestand bereits zur Römerzeit und hatte im Laufe der Jahrhunderte viele Herrscher. Die unterschiedlichen Einflüsse finden sich noch heute überall im Stadtbild, z. B. an den historischen Gebäuden. Der Rattenturm ist ein Überbleibsel der früheren Befestigungsanlagen und dient heute als Ausstellungsraum. Ein wichtiges Relikt der Rolle Roermonds als Bollwerk der Kirche ist das Liebfrauenmünster aus dem 13. Jahrhundert. Am Markt befindet sich die St. Christophorus-Kathedrale mit ihrer auffälligen goldenen Turmfigur, dem Hl. Christophorus. Die Kirche stammt aus dem Jahr 1410. Wenn Sie kurz vor 12.00 Uhr in Roermond sind, gehen Sie zum Markt; zur Musik des Glockenspiels erwachen die lebensgroßen Figuren der Stadtgeschichte auf dem Rathausturm zum Leben. In drei Minuten gelangen Sie von der Innenstadt zu Fuß zum großen Designer Outlet Centre.

Besichtigungstipps
- Liebfrauenmünster, Munsterplein.
- St. Christophorus-Kathedrale, Markt.
- Rattenturm, Grotekerkstraat. Modell der mittelalterlichen Feste, Kunstprojekt in Bewegung.
- Stedelijk Museum Roermond, Andersonweg 4, Tel. 00 31 (0)475 33 34 96. Ehemaliges Wohnhaus des berühmten Architekten P. Cuypers, Roermonder Geschichte und zeitgenössische Kunst.

Denkmal von Cuypers aus Roermond

Veranstaltungen
Kunstroute Midden-Limburg, Open House in Ateliers und Galerien: viermal pro Jahr
Sjommelmert: Ende Juli
Jahrmarkt: erster Samstag im September
Hafenfest: Herten, Juli

Weitere Informationen zu Asselt, Roermond und der Seenlandschaft:
VVV Roermond, Kraanpoort 1, 6041 EG Roermond.
Tel. 0900 202 55 88, vanuit buitenland 00 31 (0)475 33 58 47, roermond@regiovvv.nl, www.lekker-genieten.nl.

FN Die Fahrradkarte „Grenzüberschreitendes Radwegenetz: Regionallandschaft Kempen und Maasland / Kries Heinsberg / Midden-Limburg und Westerlijke Mijnstreek" erhalten Sie bei allen regionalen Büros des Fremdenverkehrsamts VVV.

FV Fahrradgeschäft A. Dirks (Bahnhof), Stationsplein 7a, Roermond, Tel. 00 31 (0)475 35 00 85
Ferienbauernhof De Middelhof, Middelhoven 5, Swalmen, Tel. 00 31 (0)475 50 80 43
Funbeach, Velkenskamp 1 Panheel, Tel. 00 31 (0)475 57 90 80.

FN Outdoor Sport Survival Adventures Ossa, Rijksweg 1, Herten, Tel. 00 31 (0)475 32 80 12 / 06 250 606 98. Mountainbikes

MAASBRACHT

Dank seiner Lage an der Mündung des Julianakanaals in die Maas entwickelte sich Maasbracht zu einem der größten Binnenhäfen der Niederlande. Die Hubhöhe der dreifachen Schleuse beträgt an dieser Stelle beeindruckende 12,5 m.

Wessem bei der Kreuzung der Kanäle

Besichtigungstipps
- Maas- und Schifffahrtsmuseum, Havenstraat 7, Tel. 00 31 (0)475 46 58 73. Geschichte der Schifffahrt auf der Maas, eventuell mit einer Hafenführung und einem Besuch der Schleusenanlagen zu kombinieren.

Veranstaltungen
Offene Schifffahrtstage: Juni

THORN

Das berühmte „weiße Städtchen" konnte seinen altertümlichen Charme bewahren: Kopfsteinpflaster, weiß gekalkte Häuser, idyllische Torbögen und eine schöne Stiftskirche. Thorn hat eine besondere Geschichte, über die Sie im Heimatmuseum alles Wissenswerte erfahren. Wandern können Sie in den Naturgebieten von Koningssteen, einer Halbinsel zwischen den Baggerseen von Thorn und Kessenich, und in Vijverbroek, einem 140 ha großen Wildreservat.

Besichtigungstipps
- Heimatmuseum „Het Land van Thorn", Wijngaard 14, Tel. 00 31 (0)475 56 27 61.
Geschichte und Panorama von Thorn, Musikinstrumente, archäologische Funde, wechselnde Ausstellungen.
- Abteikirche Thorn, Kerkberg, Tel. 00 31 (0)475 56 27 61 (VVV). Porträts, Kircheninventar und Kirchenregister der Abtei und des Stifts von Thorn, Modell des ehemaligen Abteikomplexes.
- De Hegge Gärten und Baumschule, Waterstraat 10.
- Historischer Stadtrundgang durch Thorn mit Führung: über Tourist Info VVV Thorn.

Veranstaltungen
Garten- und Blumenmesse: erstes Wochenende im Mai

Weitere Informationen:
VVV Thorn, Wijngaard 14, 6017 AG Thorn.
Tel. 00 31 (0)475 56 27 61, thorn@regiovvv.nl, www.lekker-genieten.nl.

FV Hostellerie La Ville Blanche, Hoogstraat 2-4, tel. 00 31 (0)475 56 23 41.

Hafen Maasbracht

MAAS 4

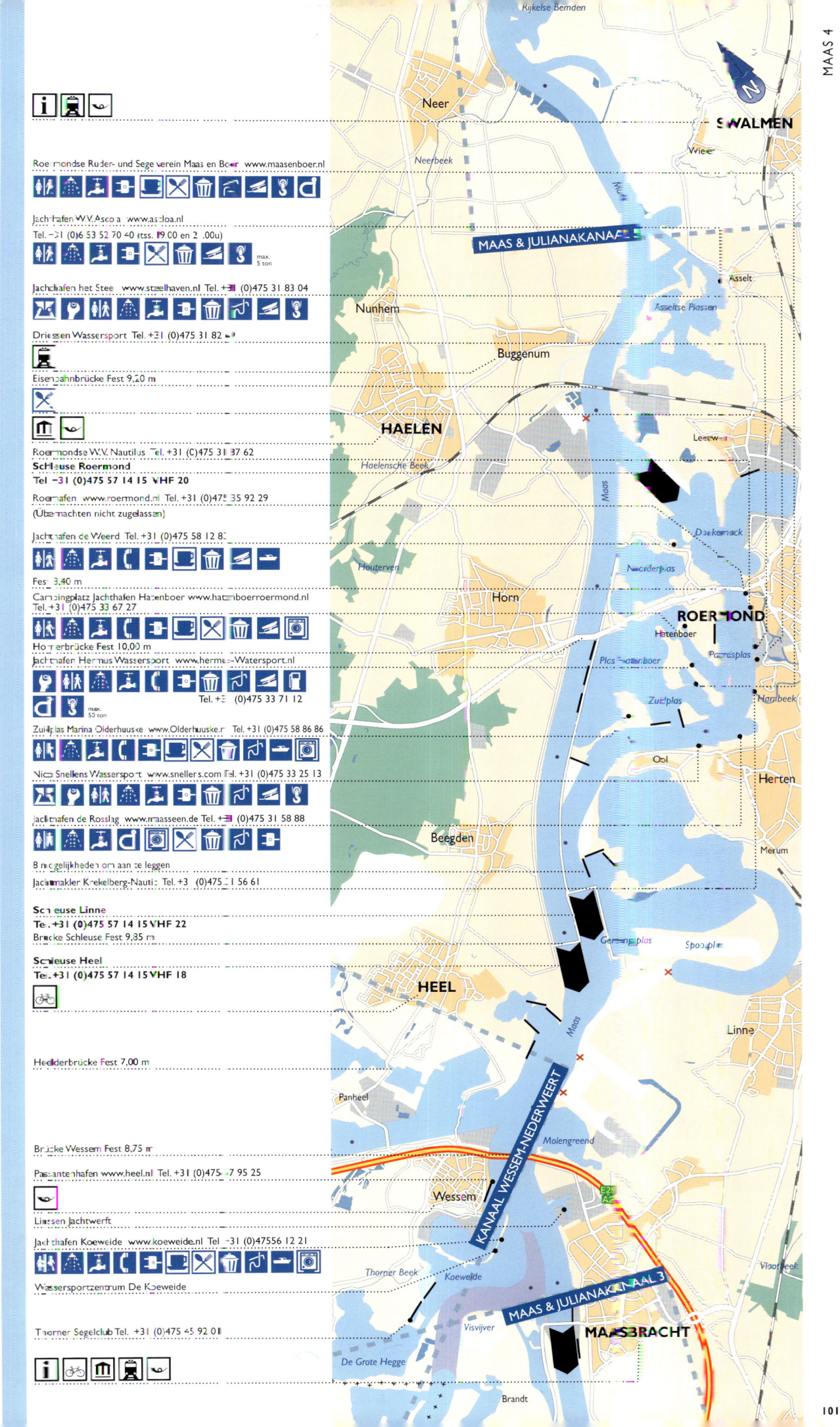

Roermondse Ruder- und Segelverein Maas en Boer www.maasenboer.nl

Jachthafen W.V. Ascloa www.ascloa.nl
Tel. +31 (0)6 53 52 70 40 (tss. 19.00 en 21.00u)
max. 5 ton

Jachthafen het Steel www.steelhaven.nl Tel. +31 (0)475 31 83 04

Driessen Wassersport Tel. +31 (0)475 31 82 ..

Eisenbahnbrücke Fest 9,20 m

Roermondse W.V. Nautilus Tel. +31 (0)475 31 37 62
Schleuse Roermond
Tel. +31 (0)475 57 14 15 VHF 20
Roerhafen www.roermond.nl Tel. +31 (0)475 35 92 29
(Übernachten nicht zugelassen)

Jachthafen de Weerd Tel. +31 (0)475 58 12 81

Fest 3,40 m
Campingplatz Jachthafen Hatenboer www.hatenboerroermond.nl
Tel. +31 (0)475 33 67 27

Hatenbrücke Fest 10,00 m
Jachthafen Hermus Wassersport www.hermus-Watersport.nl

Tel. +31 (0)475 33 71 12
max. 50 ton

Zuidplas Marina Olderhuuske www.Olderhuuske.nl Tel. +31 (0)475 58 86 86

Nico Snellens Wassersport www.snellers.com Tel. +31 (0)475 33 25 13

Jachthafen de Rosslag www.maasseen.de Tel. +31 (0)475 31 58 88

Bei Möglichkeiten um aan te leggen
Jachtmakler Krekelberg-Nautic Tel. +31 (0)475 21 56 61

Schleuse Linne
Tel. +31 (0)475 57 14 15 VHF 22
Brücke Schleuse Fest 9,35 m

Schleuse Heel
Tel. +31 (0)475 57 14 15 VHF 18

Heelderbrücke Fest 7,00 m

Brücke Wessem Fest 8,75 m

Passantenhafen www.heel.nl Tel. +31 (0)475 47 95 25

Linssen Jachtwerft
Jachthafen Koeweide www.koeweide.nl Tel. +31 (0)47556 12 21

Wassersportzentrum De Koeweide

Thorner Segelclub Tel. +31 (0)475 45 92 01

TEGELEN/STEIJL

Der Ort Tegelen steht ganz im Zeichen der Keramik. Um 1800 gab es hier noch über 20 Töpfereien. Außerdem wurde und wird Tegeler Ton für die Herstellung von Dachziegeln verwendet (lat. „tegula" = Dachziegel). In den Tongruben wurden Fossilien von mindestens 21 ausgestorbenen Tierarten gefunden. Zwischen Tegelen, Belfeld und der deutschen Grenze liegt die Holtmühle, ein schönes Wandergebiet mit einer Vielfalt von Bäumen und Pflanzen. Charakteristisch für dieses Gebiet sind die drei Terrassen, die durch den Lauf der Maas im tief gelegenen Elzebroek entstanden sind. Die Holtmühle ist mit Kaninchen, Hasen, Wieseln und Hermelinen reich bevölkert. Aber auch viele Vogelarten und andere Tiere fühlen sich hier zuhause.

In Steijl an der Maas liegt das Kloster der Patres des Göttlichen Worts, in dem das Missionsmuseum untergebracht ist. Der Klostergarten Jochumhof ist einer der exquisitesten botanischen Gärten der Niederlande. Er enthält eine Nachbildung aller Landschaften Nordlimburgs.

Château Holtmühle in Tegelen

Besichtigungstipps in Tegelen
- Keramikzentrum „De Tiendschuur", Kasteellaan 8, Tel. 00 31 (0)77 326 02 13, www.tiendschuur.net. Umfangreiche Sammlung an Keramikdekorations- und -gebrauchsgegenständen aus Tegelen und Umgebung. Wechselnde Ausstellungen.
- Spielpark Klein Zwitserland, Trappistenweg 35, Tel. 00 31 (0)77 373 15 65, www.skz.nl. Spiel und Spaß auf gut 12 ha.

Besichtigungstipps Steijl
- Missionsmuseum Steijl, St. Michaëlstraat 7, Tel. 00 31 (0)77 326 14 99, www.steyler.nl. Völkerkunde, Schmetterlinge, Käfer und Tierpräparate aus der ganzen Welt.
- Botanischer Garten „Jochum-Hof", Maashoek 2b, Tel. 00 31 (0)77 326 65 50. Mediterraner Garten, nordlimburgische Flora, Küchenkräuter, Rosen und Steingartenpflanzen.
- Limburger Schützenmuseum, Veerweg 24d, Tel. 00 31 (0)77 373 52 84.

Weitere Informationen:
VVV Venlo, Koninginneplein 2, 5911 KK Venlo. Tel. 00 31 (0)77 354 38 00, venlo@regiovvv.nl, www.lekker-genieten.nl.

> **FN** Die Fahrradkarte „Radfahren im Limburger Land Peel und Maas und den Maasdünen" erhalten Sie in allen regionalen Büros der Tourist Info VVV.

Ausblick über die Maas bei Steijl

BAARLO

Etwas außerhalb des Zentrums von Baarlo liegt eines der vier Schlösser des Ortes, Kasteel d'Erp. Der Schlosspark außerhalb des Schlossgrabens ist frei zugänglich. Ein Spaziergang durch Baarlo führt Sie an den anderen Schlössern und den gusseisernen Knoten vorbei, den Kunstwerken des berühmten Bildhauers S. G. Tajiri.

Besichtigungstipps
- International Art Center, Raayerveldlaan 2, Tel. 00 31 (0)77 321 40 63. Skulpturengarten und wechselnde Ausstellungen.
- MaasHopper, Tel. 00 31 (0) 77 467 84 17 of www.maashopper.nl. Die Radfahrerfähre in den Maasdünen. Lassen Sie sich zu anderen Stationen wie Blerick, Grubbenvorst, Arcen, Blitterswijck, Well und Affderden übersetzen.

Veranstaltungen
Weemfestival: Ende Mai
Volksfest: Juni

Weitere Informationen:
VVV Baarlo, Markt 21, 5991 AT Baarlo. Tel. 00 31 (0)77 477 36 66, baarlo@regiovvv.nl, www.lekker-genieten.nl.

> **FR** Geführte Radtouren zu den Schlössern, zur Staustufe, alten Bauerhöfen und am Ufer der Maas und ihrer Ausläufer entlang, 18 km.
> Informationen über Tourist Info VVV Baarlo.
> Die Fahrradkarte „Radfahren im Limburger Land Peel und Maas und den Maasdünen" erhalten Sie in allen regionalen Büros der Tourist Info VVV.

KESSEL

Schon in der Römerzeit war Kessel ein strategisch wichtiges Dorf an der Maas. Die mittelalterliche Burgruine De Keverberg liegt auf einem Hügel an der Maas in der Ortsmitte. Ende des Zweiten Weltkriegs wurde die Burg von den Deutschen gesprengt. Es blieb nur so wenig übrig, dass man auf eine Restaurierung der Burg verzichtete. Bei einer Besichtigung der Ruine erhalten Sie jedoch einen guten Eindruck von den imposanten Ausmaßen der ehemaligen Burg. Für Naturfreunde empfehlen wir einen Besuch des Kesselse Bos und des Heldense Bos. Dabei handelt es sich um ein Wanderdünengebiet, in dem vor einem dreiviertel Jahrhundert noch Waldföhren gepflanzt wurden, die zur Abstützung der Steinkohleminen im Süden verwendet wurden.

Besichtigungstipps
- Burgruine Kessel, Tel. 00 31 (0)77 462 20 27. Besichtigung und Führungen, auch nach Vereinbarung.
- Cactusworld, Rijksweg 1b, Reuver, Tel. 00 31 (0)77 474 26 29, www.cactuswereld.nl. Spektakulärer Kaktusgarten mit Hunderten von Kakteen in ihrer natürlichen Umgebung, Kaktuszucht, Fachgeschäft.

Veranstaltungen
Burgfest: Mai
Kunstmarkt: letzter Sonntag im August

Weitere Informationen:
VVV Kessel, Kasteelhof 1a, 5995 BX Kessel. Tel. 00 31 (0)77 462 24 46, kessel@regiovvv.nl, www.lekker-genieten.nl.
VVV Reuver, Raadhuisplein1, 5953 AL Reuver. Tel. 00 31 (0)77 474 21 00, reuver@regiovvv.nl, www.lekker-genieten.nl.

> **FR** Wenn Sie an diversen landwirtschaftlichen Höfen vor beiradeln möchten, fragen Sie beim VVV Reuver nach der Agro-Radroute.
> Die Fahrradkarte „Radfahren im Limburger Land Peel und Maas und den Maasdünen" erhalten Sie in allen regionalen Büros der Tourist Info VVV.

> **FV** Camping De Eekhoorn, Maalbekerweg 25, Belfeld, tel. 00 31 (0)77 475 13 26
> Landal Greenpark De Lommerbergen, De Lommerbergen 1, Reuver, tel. 00 31 (0)77 474 95 95.

MAAS 5

| i | 🏛 | 🚂 | ⚓ |

Autofähre Baarlo - Stey

Schleuse Belfeld
Tel. +31 (0)77 477 1474 VHF 18

| i | ⚓ |

Jachthafen W.V. Poseidon Tel. +31 (0)77 462 21 22

| 🚻 | 🚿 | 🚰 | 🗑 | ⚡ |

| ⚓ | i |

Passantenhafen Oppeloswal Tel. +31 (0)77 46 22 00
Autofähre Kessel - Beesel

| i | 🚲 | ⚓ |

Fußgänger- und Fahrradfähre Neer - Beesel

| ⚓ |

Jachthafen W.S.V. Hansum Tel. +31 (0)475 59 30 95

| 🚻 | 🚿 | 🚰 | 🗑 | ⚡ | ⛵ |

| i | 🚂 | ⚓ |

103

VENLO

Die ältesten Hinweise für die Besiedlung des Ortes, an dem heute Venlo liegt, stammen aus der Römerzeit. Damals lag am Westufer der Maas das Dorf Blariacum. Später wurde daraus Blerick, der westliche Teil der Doppelstadt Venlo. Östlich der Maas liegt das eigentliche Venlo. Im Mittelalter war Venlo eine Handelsstadt mit Stadtwällen, während Blerick ein Bauerndorf war. Erst nach dem Zweiten Weltkrieg entwickelten sich die beiden Stadtteile zu einer blühenden Doppelstadt. Zahlreiche historische Gebäude Venlos wurden im Krieg zerstört. Doch bei einem Spaziergang durch Venlo stoßen Sie immer noch auf Spuren der Geschichte. Zum Beispiel das monumentale Rathaus aus dem 16. Jhd. auf dem Markt, das Huis Schreurs im Gelderländer Renaissancestil und das Oude Weeshuis, die Martinskirche oder das berühmte Romerhuis. Die alten Gebäude bilden die Kulisse für gemütliche Straßencafés, in denen sich die Stadtbummler im Sommer dankbar niederlassen. Sowohl in Blerick als auch in Venlo kann man gut einkaufen. Das Hauptgeschäftszentrum liegt östlich der Maas in Venlo. Das umfassende Angebot an Geschäften und Gastronomiebetrieben lockt Menschen aus ganz Nord- und Mittellimburg an.

Rathaus Venlo

Besichtigungstipps
• Museum Van Bommel Van Dam, Deken van Oppensingel 6, Tel. 00 31 (0)77 351 34 57, www.vanbommelvandam.nl. Ausstellungen moderner Kunst im Wechsel mit Präsentationen der Museumskollektion zeitgenössischer bildender Kunst aus den Niederlanden.
• Limburger Museum, Keulsepoort 5, Tel. 00 31 (0)77 352 21 12, www.limburgsmuseum.nl. Entwicklung vom prähistorischen Jäger zum heutigen Menschen anhand von zwölf thematischen Präsentationen. Auch für Kinder geeignet.
• De Maaspoort, Oude Markt 30, Tel. 00 31 (0)77 320 72 22, www.maaspoort.nl. Theater.
• Kulinarischer oder historischer Stadtrundgang: über Tourist Info VVV Venlo
• MaasHopper, Tel. 00 31 (0) 77 467 84 17, www.maashopper.nl. Die Radfahrerfähre in den Maasdünen mit Haltestellen wie Baarlo, Blerick, Grubbenvorst, Arcen, Blitterswijck, Well und Affderden.

Veranstaltungen
Sommerparkfest: letztes Wochenende in den Schulferien.
Schinkemerret: August oder September
Koninginnemarkt: Blerick, 30. April
Pfingstkirmes: Blerick, Pfingsten

Weitere Informationen:
VVV Venlo, Koninginneplein 2, 5911 KK Venlo.
Tel. 00 31 (0)77 354 38 00, venlo@regiovvv.nl, www.lekker-genieten.nl.

> **FN** Die Fahrradkarte „Radfahren im Limburger Land Peel und Maas und den Maasdünen" erhalten Sie in allen regionalen Büros der Tourist Info VVV.

SPARGEL, CHAMPIGNONS, ROSEN UND ERDBEEREN

In der Gegend von Grubbenvorst gibt es viele Gartenbaubetriebe. Grubbenvorst selbst ist das Zentrum des niederländischen Spargelanbaus. Auf dem Nord- und Mittellimburger Boden wächst der beste Spargel der Niederlande. Circa 6 km westlich von Lottum in Horst-Melderlo erfahren Sie im nationalen Spargelmuseum „De Locht" alles über das „weiße Gold" von Limburg. Im „De Locht" befindet sich im Übrigen auch das nationale Champignonmuseum, und dies ist kein Zufall, denn gut ein Viertel der niederländischen Champignonproduktion kommt aus Horst. Lottum ist als Rosendorf bekannt. Im Sommer ist eine Radtour entlang der blühenden Felder ein wahrer Augenschmaus.

Besichtigungstipps
• Nationales Spargel- und Champignonmuseum „De Locht", Koppertweg 5, Horst-Melderslo, Tel. 00 31 (0)77 398 73 20 / 398 33 66, www.delocht.nl. Museumsbauernhof: Wohnen und Arbeiten auf einem Nordlimburger Bauernhof von 1900 bis 1950, zugleich Spargel- und Champignonmuseum.
• Erdbeerland, Kreuzelweg 3, Horst, Tel. 00 31 (0)77 397 02 16, www.aardbeienland.nl. Einzigartiger Park mit Museum, Geschäft, Café, Garten und Erdbeeren zum Selbstpflücken.

Das weiße Gold von Limburg: Spargel

Veranstaltungen
Spargelfest auf dem Museumsbauernhof „De Locht": Horst-Melderslo, Ende April
Spargelfest Grubbenvorst: Pfingstsonntag
Rosenfestival Lottum: August (alle zwei Jahre, nächstmalig 2006)
Champignontage Horst: September/Oktober

Weitere Informationen:
VVV Horst, Wilhelminaplein 10c, 5961 ES Horst.
Tel. 00 31 (0)77 398 76 04, horst@regiovvv.nl, www.lekker-genieten.nl.

> **FR** • Museumsroute Horst: Radtour zu fünf Museen Information über Tourist Info VVV Horst.
>
> Die Fahrradkarte „Radfahren im Limburger Land Peel und Maas und den Maasdünen" erhalten Sie in allen regionalen Büros der Tourist Info VVV.

Rosenfeld bei Lottum

MAAS 6

Passantenhafen Arcen Tel. +31 (0)77 4 37 77 77

Passantenhafen

Autofähre Lottum - Lomm

Autofähre Grubbenvorst - Velden

i ⚓

i ⚓

Brücke A67 Fest 11,60 m

Wassersportverein de Maas Venlo Tel. +31 (0)77 382 38 20

i 🚲 🏛 ⛽ ⚓

W.S.V. de Maas (ausbreitung von Maasboulevard) Tel. +31 (0)77 382 38 20

Eisenbahnbrücke + Straßenbrücke Fest 11,45 m

Passantenhafen Venlo - Blerick

Zuiderbrücke Fest 12,00 m

i 🏛 🚉

VENRAY/DE PEEL

Etwas weiter von der Maas entfernt liegt in westlicher Richtung das Peelgebiet. Am Übergang vom Maastal zum Peelgebiet liegt Venray (östlich von Meerlo) mit seinem einladenden Geschäftszentrum. Besonderes Schmuckstück ist die St. Petrus Banden Kirche, eine Basilika mit imposantem Turm und einer einzigartigen Sammlung mittelalterlicher Bildhauerei. Das Gebiet südlich und östlich von Venray bestand früher aus unzugänglichem Sumpf und Heide. Durch die Torfgewinnung wurden große Gebiete im Peelgebiet trockengelegt. Die nackten Böden, die übrig blieben, wurden für die Landwirtschaft kultiviert. Die sandigen, nährstoffarmen Heidegebiete wurden häufig mit Nadelwald aufgeforstet. Dadurch entstanden schöne Naturgebiete, die Sie am besten zu Fuß oder mit dem Rad entdecken können.

Besichtigungstipps
- Tagestour ins Peelgebiet mit Torfstecher (VVV Venray).
- St. Petrus Banden Kirche, Venray (VVV Venray).
- MaasHopper, Tel. 00 31 (0) 77 467 84 17, www.maashopper.nl. Die Radfahrerfähre in den Maasdünen mit Haltestellen wie Baarlo, Blerick, Grubbenvorst, Arcen, Blitterswijck, Well und Affderden.

Veranstaltungen
Turmbesteigung der St. Petrus Banden Kirche: Venray, mehrmals pro Jahr

Weitere Informationen:
VVV Venray, Henseniusplein 13, 5801 BB Venray. Tel. 00 31 (0)478 51 05 05, venray@regiovvv.nl, www.lekker-genieten.nl.

Kleiner Hafen bei Well

FN Die Fahrradkarte „Radfahren im Limburger Land Peel und Maas und den Maasdünen" erhalten Sie in allen regionalen Büros der Tourist Info VVV.

Herrlich Rad fahren in den Maasdünen

WELL
Well ist ein klassisches Maasdorf mit einem hübschen Schloss mit Schlossgarten. Direkt am Wasser liegen einige Gastronomiebetriebe mit Terrasse. Im gegenüber liegenden Wanssum und am Leukermeer (gehört zu Well) gibt es große Häfen.

FV Ferienpark Leukermeer, De Kamp 5, Tel. 00 31 (0)478 50 24 44

NATIONALPARK „DE HAMERT"
Zwischen Mook und Venlo liegt ein fast durchgehender Streifen von Naturgebieten. Herausragend ist zweifelsohne der Nationalpark „De Hamert", der in Zukunft wahrscheinlich zum Maasdünengebiet im Norden hin ausgedehnt wird. Der Park bietet eine einzigartige Kombination von Wald, Heide, Moor und Wanderdünen und ist durchzogen von zahlreichen Wander- und Reitwegen. In diesem Gebiet sind viele Vögel und Säugetiere beheimatet. Auffällig sind unter anderem der bunte Eisvogel, Sperber, Habicht, Knoblauchkröte, Sumpfmolch und Dachs. Im Grünen zwischen Bergen und Well liegt das Leukermeer mit seinen vielen Wassersportmöglichkeiten und direkter Verbindung zur Maas.

Besichtigungstipps
- Exkursionen in den Nationalpark „De Hamert", Stichting het Limburgs Landschap, Tel. 00 31 (0)77 473 75 75, www.Limburgs-Landschap.nl.
- Maashopper, siehe Venlo, www.maashopper.nl.

Weitere Informationen:
VVV Bergen, Jeroen Boschstraat 4, 5854 CZ Bergen. Tel. 00 31 (0)485 34 19 22, bergen@regiovvv.nl, www.lekker-genieten.nl.

ARCEN
Hauptattraktion dieses Maasdorfs sind die Schlossgärten, der größte Blumen- und Pflanzenpark des Benelux. Arcen hat ein gemütliches historisches Zentrum mit vielen Straßencafés und Übernachtungsmöglichkeiten. Das Schloss, um das sich die Gärten gruppieren, stammt aus dem 17. Jhd. Die früher zum Landgut gehörende Wassermühle wird heute als Schnapsbrennerei genutzt. Hier werden aus den Restbieren der Arcener Dampfbierbrauerei Jenever und Liköre gebrannt, unter anderem Spargellikör, eine echte regionale Spezialität, denn hier liegt das niederländische Spargelgebiet. Besuchen Sie den Spargelmarkt an Himmelfahrt.

Schlossgärten bei Arcen

Besichtigungstipps
- Schlossgärten Arcen, Lingsforterweg 26, Tel. 00 31 (0)77 473 18 82, www.kasteeltuinen.nl. Landgut (32 ha) mit monumentalem Schloss mit Themengärten, Modellgärten, Tieren, Spielplätzen, Felsenformationen und Grotten.
- Thermalbad Arcen, Klein Vink 11, Tel. 00 31 (0)77 473 24 24. Kurort mit mineralreichen Hallen- und Freibädern, Kräuterbad, Dampfsauna, Sonnenbank und Sauna sowie Beautyzentrum.
- Schnapsbrennerei De IJsvogel, Schans 20a, Tel. 00 31 (0)77 473 12 40, www.ijsvogel.com. Brennerei in alter Wassermühle, wo Sie die Handwerkskunst von Müller und Jeneverbrenner kennen lernen und im Café De Schenkerij Jenever und Liköre probieren können.
- De Hertog Jan Bierbrouwerij, Kruisweg 44, Tel. 00 31 (0)77 473 91 60, www.hertogjan.nl. Traditionelle Dampfbierbrauerei. Führungen nach Vereinbarung.
- Adventure World of Taurus, Rijksweg 18, Velden, Tel. 00 31 (0)77 472 22 74, www.taurusworld.nl. Größte Laserarena Europas, Partyzentrum, Bowling und Exciting Virtual Reality.
- Saunapark Van Dijk, Kapelstraat 1, Lomm, Tel. 00 31 (0)77 473 12 98, www.saunapark.nl. Einzigartiges Saunadorf mit finnischer Blockhüttensauna, sibirischer Banja und russischer Erdsauna.
- MaasHopper, siehe Venray.

Weitere Informationen:
VVV Arcen, Wal 26, 5944 AW Arcen. Tel. 00 31 (0)77 473 12 47, arcen@regiovvv.nl, www.lekker-genieten.nl.

FN Die Fahrradkarte „Radfahren im Limburger Land Peel und Maas und den Maasdünen" erhalten Sie in allen regionalen Büros der Tourist Info VVV.
Bei der Tourist Info VVV Arcen können Sie Beschreibungen von Spezialfahrradrouten kaufen, z. B. die Rosenroute Lottum (35 km).

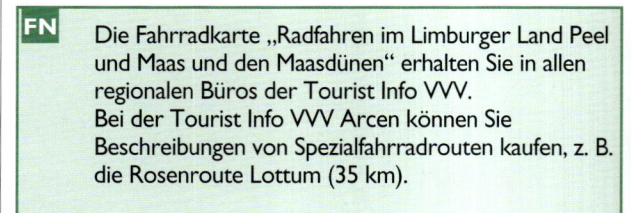

FV Lemmen Tweewielers, Wal 2, Arcen, tel. 00 31 (0)77 473 21 90
Klein Vink Rekreatie, Klein Vink 4, Arcen, tel. 00 31 (0)77 473 25 25.

MAAS 7

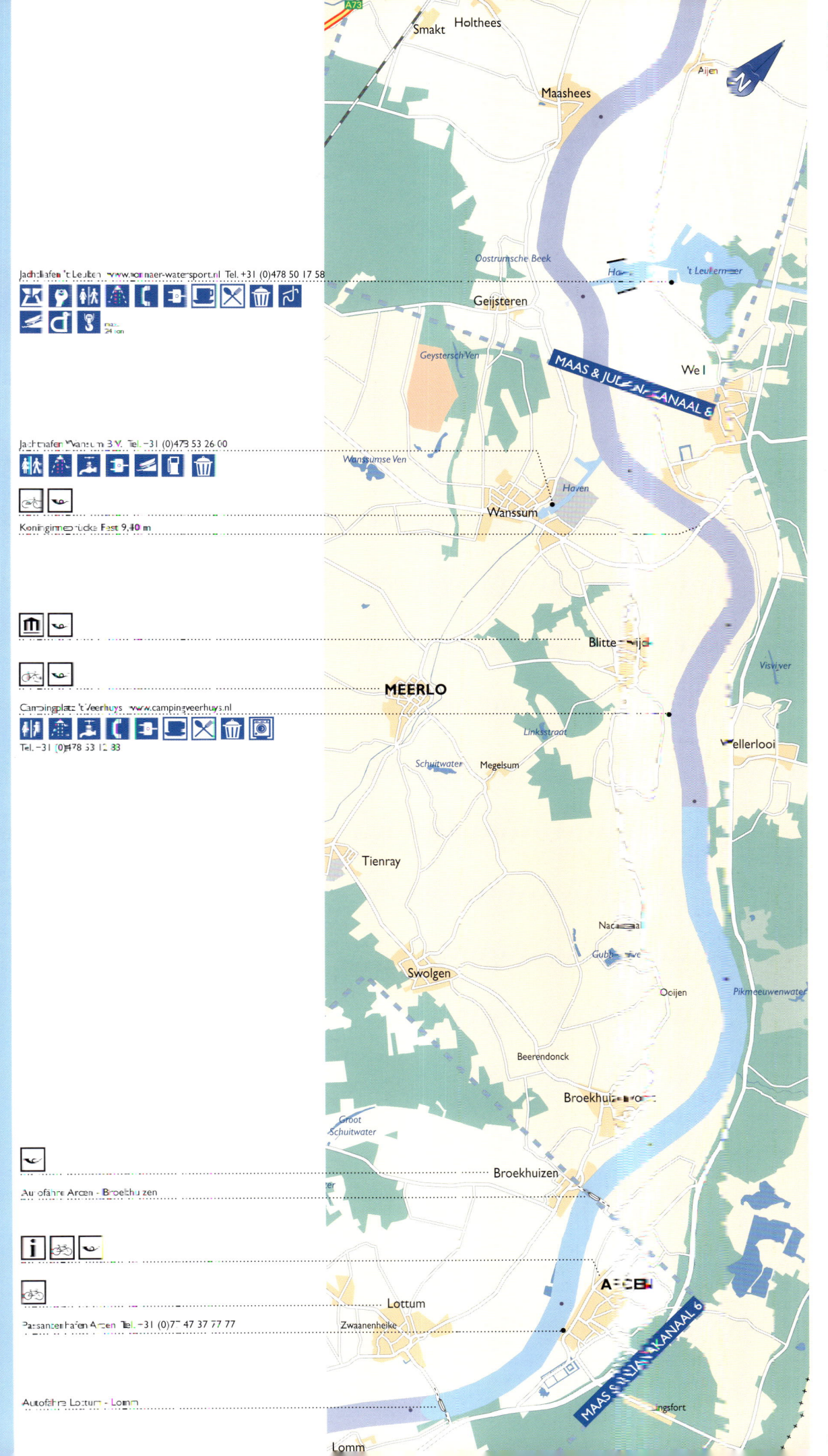

Jachthafen 't Leuken www.sormaer-watersport.nl Tel. +31 (0)478 50 17 58

Jachthafen Wanssum B.V. Tel. +31 (0)478 53 26 00

Koninginnebrücke Fest 9,40 m

Campingplatz 't Veerhuys www.campingveerhuys.nl
Tel. +31 (0)478 53 12 83

Autofähre Arcen - Broekhuizen

Passantenhafen Arcen Tel. +31 (0)77 47 37 77 77

Autofähre Lottum - Lomm

107

BOXMEER

Boxmeer entstand an der alten Verbindungsstraße zwischen Maastricht und Nijmegen. Die erste 1200 gegründete Maasburg war wahrscheinlich eine Holzfestung auf einem aufgeschütteten kleinen Hügel am Binnensee Meere. Um das Jahr 1300 wurde die Burg von Gelderländer Ritter Jan Boc bewohnt, nach ihm wurde „Bocs-Meer" oder Boxmeer letztendlich benannt. Vom heutigen Schloss Boxmeer stammt nur noch die linke Seitenfassade aus früherer Zeit. In den Kellern befinden sich zwei Museen. Die Nepomuk-Kapelle, benannt nach dem Hl. Johannes Nepomucenus, befindet sich links vom Burgeingang. Nepomuk gilt häufig als Schutzheiliger gegen die Gefahren des Wassers.

Von alters her war das Dorf Boxmeer ein Marktplatz. Nach dem „Heilig-Blut-Wunder" im Jahr 1400 wurde es zu einem viel besuchten Wallfahrtsort. Die jedes Jahr zelebrierte Heilig-Blut-Prozession erinnert an diesen Vorfall. In der wichtigen katholischen Enklave wurden diverse Klöster gegründet. Viele Katholiken gingen in der Herrschaft Boxmeer zur Kirche, denn in den umliegenden Orten waren nur reformierte Gottesdienste erlaubt.

Das 1652 gegründete Karmeliterkloster und die Petruskirche, die älteste Pfarrkirche im Cuijker Land, sind sehr sehenswert.

Boxmeer entwickelte sich in den letzten Jahren zu einer echten Einkaufsstadt mit verschiedenen, teils überdachten Einkaufspassagen. In der Umgebung finden Sie verschiedene Naturgebiete. Der Brestbos, eine herrliche Waldlandschaft mit Laub- und Nadelbäumen, liegt westlich des Dorfkerns von Boxmeer. Westlich von Beugen liegt das Naturgebiet Vilt und bei Oeffelt das Kleine Vilt. Bei beiden handelt es sich um Ausläufer ehemaliger Maasarme mit reicher Flora und Fauna, umringt von Wiesen und Laubwäldern. In diesen Naturgebieten sind diverse Rad- und Wanderwege ausgeschildert.

Besichtigungstipps

- Schloss Boxmeer, Veerstraat 49, Tel. 00 31 (0)485 57 15 41. Überreste einer Burg aus dem 13. Jhd., im 17. Jhd. als französisches Schloss wiederaufgebaut. Stuckdecke aus dem Jahr 1686 und Treppenhaus mit handgeschnitzter Holztreppe, einige Räume mit Stuck und Vertäfelung im Louis XIV- und Louis XVI-Stil.
- Patrizierhäuser an 't Zand und in der Steenstraat. Diese Häuser im Barockstil zeugen vom Einfluss der Deutschen im 17. Jhd.

Kurz die Beine strecken

Veranstaltungen

Lindefeesten Sambeek: um Ostern herum
Befreiungsfest: 5. Mai
Kunst- und Jahrmarkt: Himmelfahrt
Heilig-Blut-Prozession: zweiter Sonntag nach Pfingsten
St. Janskransenwijding Sambeek: Mitte Juni
Der Tag nach der Tour: ca. Ende Juli

OVERLOON

In Overloon, ganz in der Nähe von Boxmeer, liegt das nationale Kriegs- und Widerstandsmuseum. Zu sehen ist eine umfassende Sammlung von Kriegsgegenständen aus dem Zweiten Weltkrieg mit Waffen, Uniformen, alten Zeitungen und Fotos. Im Außengelände gibt es eine Sammlung von Flugzeugen, Panzern und Bombenwerfern. Das Museum bietet seinen Besuchern zahlreiche Informationen über den Zweiten Weltkrieg.

Besichtigungstipps

- Nationales Kriegs- und Widerstandsmuseum, Museumspark 1, 5825 AM Overloon, Tel. 00 31 (0)478 64 18 20, www.oorlogsmuseum.nl.

Zukünftiger NP Maasdünen

Weitere Informationen:

Tourist Info: VVV Boxmeer, De Raetsingel 1, 5831 KC Boxmeer. Tel. 00 31 (0)485 57 66 65, vvvboxmeer@regio-vv.nl, www.regio-VVV.nl.

> **FN** Boxmeer und Overloon sind an das Radwegenetz Nordost-Brabant angeschlossen. Die entsprechende Karte erhalten Sie bei den Büros der Tourist Info VVV und über www.regio-vvv.nl.

> **FV** J. Vermeulen, Spoorstraat 65, Boxmeer, tel. 00 31 (0) 485 57 18 93.

BERGEN/NIEUW BERGEN

Jahrhundertelang barg dieses Gebiet architektonische Kostbarkeiten. Das Schloss Bleijenbeek in Afferden, von dem nach dem Zweiten Weltkrieg nur noch eine Ruine übrig blieb, erinnert an diese Zeit. Es liegt in einem 625 ha umfassenden Landgut mit Wäldern und landwirtschaftlichen Flächen. Im historischen Kern von Bergen steht auf dem Kirchhof die Ruine eines romanischen Turms aus dem 13. Jhd., der einst zu einer Kirche gehörte. Nieuw Bergen ist mit zahlreichen Geschäften und Einrichtungen das größte der sechs Kirchdörfer. Das Ortsbild prägen die vielen Feldkreuze und Kapellen, die hier ab 1600 überall zum Gedenken oder zum Gebet an einen Heiligen errichtet wurden. Eine nette Radtour führt daran vorbei.

In der Gemeinde Bergen wechseln sich ausgedehnte Wälder und Heiden mit Moorseen, Sümpfen und Wanderdünen ab. Viele dieser Naturgebiete gehören zum Nationalpark „De Maasduinen", benannt nach dem 8000 Jahre alten Wanderdünengürtel am östlichen Ufer der Maas.

Besichtigungstipps

- Töpferei „De Tramhalte", Rijksweg 2, Bergen, Tel. 00 31 (0)485 34 28 95. Töpferei, Exkursionen nach Vereinbarung.
- Galerie Pictura, Ayenseweg 16b, Bergen, Tel. 00 31 (0)485 34 19 70, www.galeriepictura.nl.
- MaasHopper, Tel. 00 31 (0) 77 467 84 17, www.maashopper.nl. Die Radfahrerfähre in den Maasdünen mit Haltestellen an der Maas wie Baarlo, Blerick, Grubbenvorst, Arcen, Blitterswijck, Well und Affderden.

Weitere Informationen:

VVV Bergen, Jeroen Boschstraat 4, 5854 CZ Bergen. Tel. 00 31 (0)485 34 19 22, bergen@regiovvv.nl, www.lekker-genieten.nl.

> **FN** Die Fahrradkarte „Radfahren im Limburger Land Peel und Maas und den Maasdünen" erhalten Sie in allen regionalen Büros der Tourist Info VVV.

MAAS 8

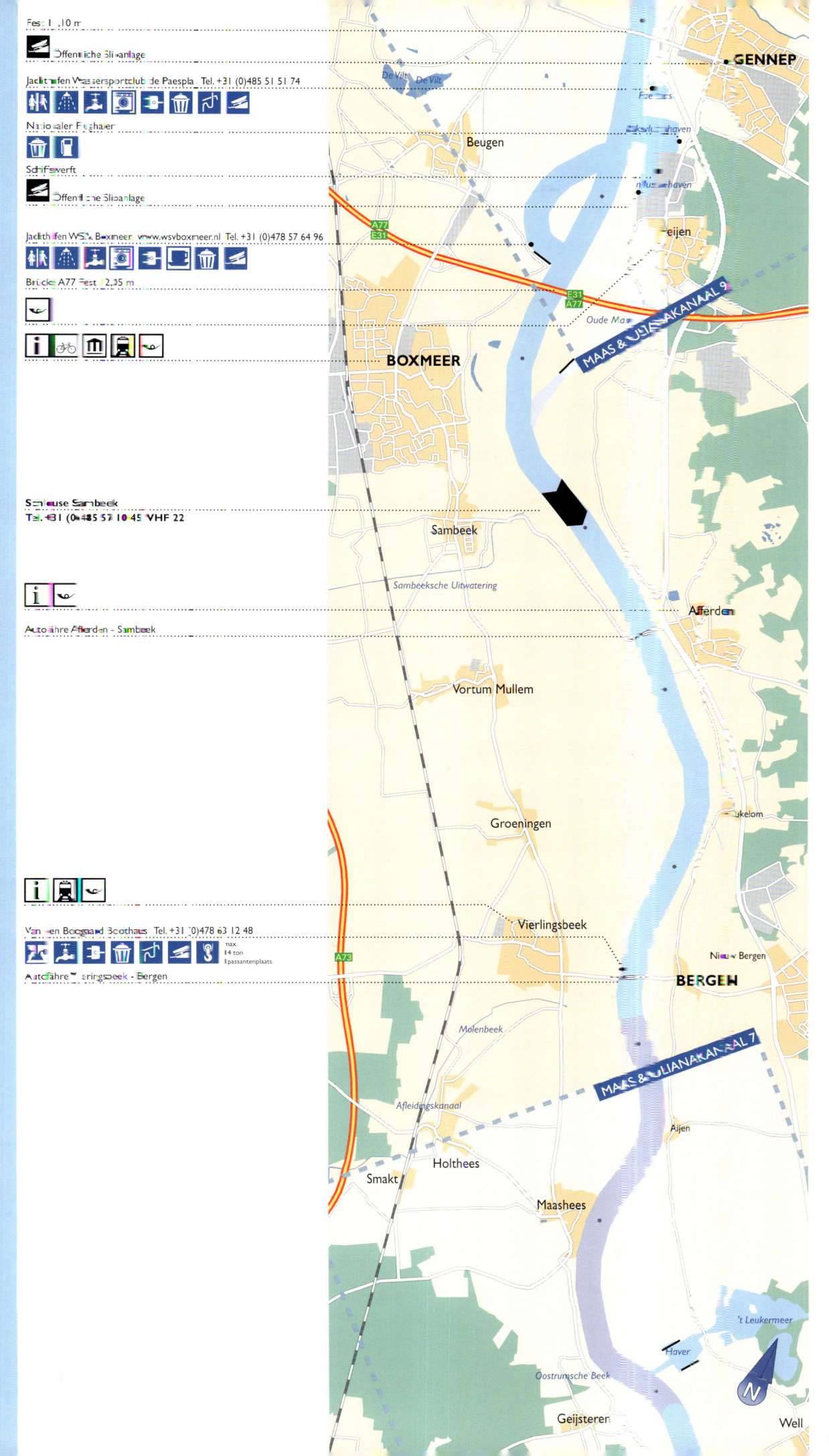

Fest 1,10 m
Öffentliche Slipanlage

Jachthafen Watersportclub de Paespla Tel. +31 (0)485 51 51 74

Nationaler Feinhafen

Schiffswerft
Öffentliche Slipanlage

Jachthafen WSV Boxmeer www.wsvboxmeer.nl Tel. +31 (0)478 57 64 96

Brücke A77 Fest 12,05 m

Schleuse Sambeek
Tel. +31 (0)485 57 10 45 VHF 22

Autofähre Afferden - Sambeek

Van den Boogaard Boothaus Tel. +31 (0)478 63 12 48
max. 14 ton 1 passantenplaats

Autofähre Bieringsbeek - Bergen

109

MOOK/PLASMOLEN

Über das Forsthaus Groesbeek gelangt man in den hübschen Flecken Mook, dem Tor zu Limburg. Hier befindet sich die Mookerheide, ein faszinierendes Naturgebiet in ca. 60 m Höhe über dem Meeresspiegel. Die Naturgebiete zwischen Molenhoek und Plasmolen liegen auf einem Stauwall, der in der Eiszeit entstanden ist. Das ganze Gebiet durchkreuzen zahlreiche Wanderrouten. Genießen Sie die einzigartige Aussicht auf das Maastal, das Brabanter und Limburger Land und den Mookerplas. Für Abwechslung sorgen die vielen angelegten Weiher und Bäche im forstreichen Landgut St. Jansberg. Die Wassermühle aus dem 18. Jhd. wird derzeit restauriert. Der Mookerplas liegt zwischen Mook und Middelaar und ist mit dem Freizeitzentrum „Grote Siep" ein idealer Ort zum Sonnenbaden, Schwimmen, Surfen, Segeln und Angeln. Zwei Jachthäfen, diverse Attraktionen und viele gemütliche Cafés und Restaurants prägen das Ambiente von Plasmolen.

Wandern auf der Mookerheide

Besichtigungstipps
• Grote Siep, Pastoorsdijk und Rijksweg (am Mookerplas), Mook-Plasmolen, Tel. 00 31 (0)24 642 38 88.

Weitere Informationen:
VVV-agentschap Plasmolen - Mook, Witteweg 10 6586 AE Mook. Tel. 00 31 (0)24 696 17 62, www.vvvplasmolenmook.nl.

FN Die Fahrradkarte „Radfahren im Limburger Land Peel und Maas und den Maasdünen" erhalten Sie in allen regionalen Büros der Tourist Info VVV.

FV De Pannekoekenbakker, Witteweg 8, Plasmolen, tel. 00 31 (0)24 696 27 99.

CUIJK

Archäologische Funde belegen, dass diese Region bereits vor unserer Zeitrechnung bewohnt war. Cuijk wurde mindestens zweimal völlig in Schutt und Asche gelegt. Dennoch sind noch viele Besonderheiten aus früheren Zeiten erhalten. Die verschiedenen Funde früherer Besiedlung finden sich im historisch-archäologischen Museum Ceuclum. Im Sommer kann man den Turm bis zur dritten Etage erklimmen und die tolle Aussicht auf die Maas und die Stauwalllandschaft Mookerheide mit ihren prächtigen Wäldern genießen.

Besichtigungstipps
• Oude Toren/Museum Ceuclum, Castellum 1, Tel. 00 31 (0)485 32 22 80. Freistehender gotischer Turm aus dem Jahr 1480.
• Amerika Museum, Grotestraat 62, 5431 DL Cuijk, Tel. 00 31 (0)485 31 62 21. Völkerkundemuseum mit wechselnden Ausstellungen, Übersicht über das kulturelle Erbe der Urbevölkerung Nord-, Mittel- und Südamerikas.
• Röm.-kath. St. Martinuskirche, Kerkstraat 10, Tel. 00 31 (0)485 31 25 55. Dreischiffige neogotische Kreuzbasilika mit zwei Türmen, errichtet 1911 bis 1916. Severijn-Orgel, die bis 1796 in der Abtei St. Laurent in Lüttich stand.
• Skulpturenpark, ehemals protestantischer Friedhof, Kerkstraat.

Veranstaltungen
Cuijk Keigoed: zweiter Sonntag im Juni
Cuijkse Vierdaagse Feesten: Mitte Juli

Weitere Informationen:
VVV Cuijk, Grotestraat 62-64, 5431 DL Cuijk. Tel. 00 31 (0)485 31 76 44, vvvcuijk@regio-VVV.nl, www.regio-VVV.nl.

FN Vom Hafen in Cuijk aus ist das Radwegenetz Nordost-Brabant gut erreichbar. Die entsprechende Karte erhalten Sie bei den Büros der Tourist Info VVV und über www.regio-vvv.nl.

GENNEP

Gennep liegt zwischen dem hügeligen Reichswald und dem Maasheggengebiet. Etwas nördlich der Stadt fließt die malerische Niers in die Maas. Schon die Römer ließen sich an diesem fruchtbaren Ort nieder. Archäologische Funde belegen, dass in dieser Gegend schon seit Jahrhunderten Töpferwerkstätten existierten. Daran hat sich auch heute wenig geändert, schauen Sie doch mal in einem der Ateliers vorbei. Im Zentrum von Gennep finden Sie viele historische Monumente, wie das Rathaus aus dem 17. Jhd., die Reformierte Kirche und das restaurierte Museum Prof. Petershuis. Außerdem gibt es ein modernes Einkaufszentrum, in dem man wunderbar shoppen kann.

Markanter Blickfänger in Gennep

Besichtigungstipps
• Nord-Limburger Töpfererkollektiv, diverse Adressen in der Umgebung von Milsbeek und Gennep (VVV).
• Landgut Roepaen, Kleefseweg 9, Ottersum, Tel. 00 31(0)485 51 60 70, www.roepaen.nl. Kanutouren auf der Niers und Outdoor-Aktivitäten.
• Museum Het Petershuis, Niersstraat 2, Gennep, Tel. 00 31 (0)485 51 44 00, www.museumhetpetershuis.nl. Regionale Ausstellungen und zeitgenössische Kunst.
• De Rhulenhof Gärten und Baumschule, Kleefseweg 14, Ottersum, Tel. 00 31 (0)485 51 80 39, www.rhulenhof.nl. Schöne Schaugärten (40 000 m_) im englischen und südeuropäischen Stil.

Veranstaltungen
Keramisto, internationales Keramikevent in Milsbeek: drittes Wochenende im September
Open House der Töpfereien: in der Umgebung von Milsbeek, März

Weitere Informationen:
VVV Gennep, Markt 1a, 6591 BZ Gennep. Tel. 00 31 (0)485 54 02 66, gennep@regiovvv.nl, www.lekker-genieten.nl.

FN Die Fahrradkarte „Radfahren im Limburger Land Peel und Maas und den Maasdünen" erhalten Sie in allen regionalen Büros der Tourist Info VVV.

FV Toma Refitt Center, Kleefseweg 9, Ottersum, Tel. 00 31 (0)485 51 77 96
Weys Tweewielers, Spoorstraat 102, Gennep, Tel. 00 31 (0)485 51 31 80
Center Parcs Het Heijderbos, Hommersumseweg 43, Heijen, Tel. 00 31 (0)485 49 67 00. Auf Anfrage.

Fest 10 m

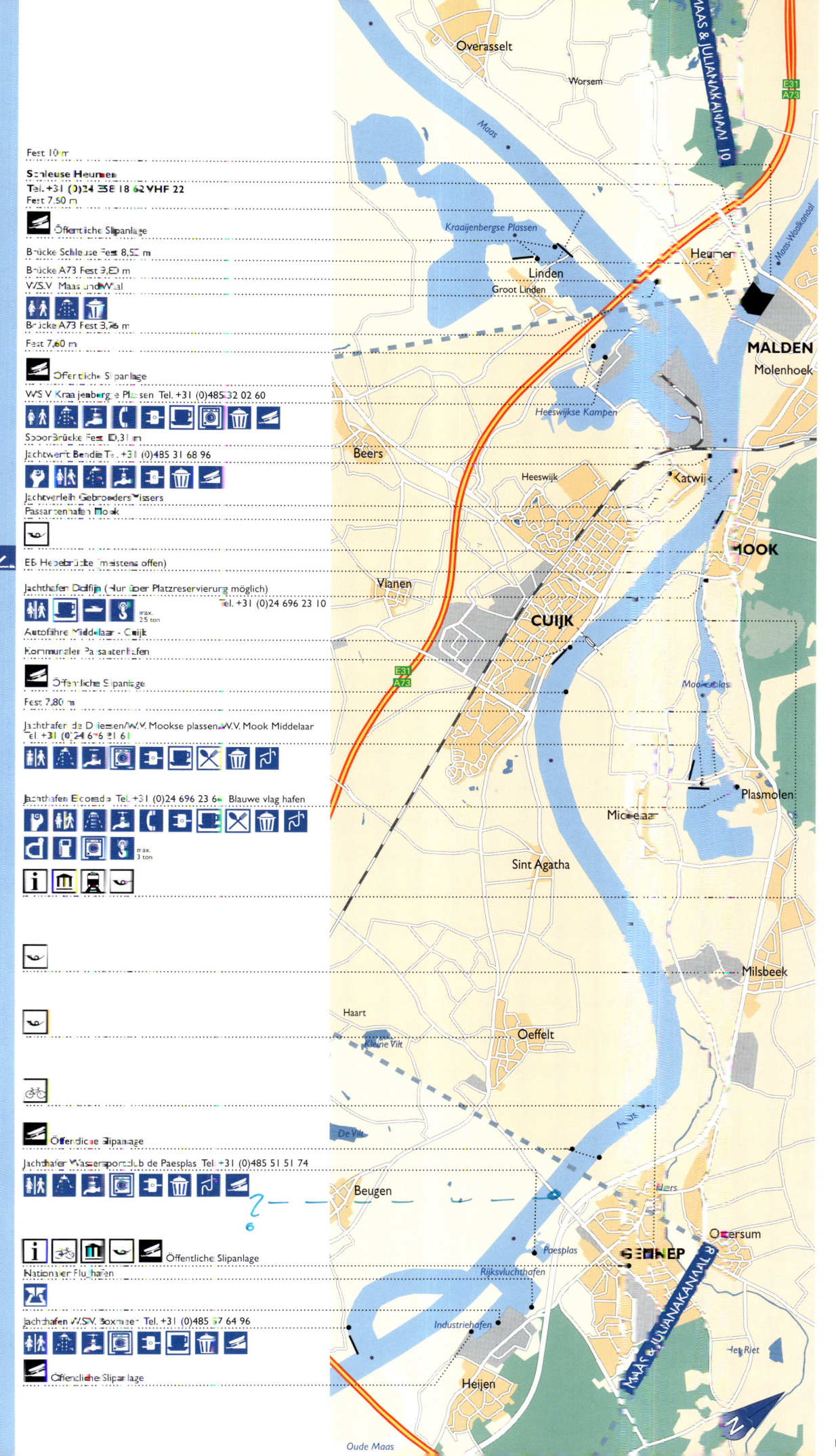

Schleuse Heumen
Tel. +31 (0)24 358 18 62 VHF 22
Fest 7,50 m

Öffentliche Slipanlage

Brücke Schleuse Fest 8,52 m
Brücke A73 Fest 9,60 m
W.S.V. Maas und Waal

Brücke A73 Fest 3,76 m
Fest 7,60 m

Öffentliche Slipanlage

W.S.V. Kraaijenbergse Plassen Tel. +31 (0)485 32 02 60

SpoorBrücke Fest 10,31 m
Jachtwerft Bendie Tel. +31 (0)485 31 68 96

Jachtverleih Gebroeders Vissers
Passantenhafen Mook

EB Hebebrücke (meistens offen)

Jachthafen Dolfijn (Nur über Platzreservierung möglich)
Tel. +31 (0)24 696 23 10
max. 2,5 ton
Autofähre Middelaar - Cuijk
Kommunaler Passantenhafen

Öffentliche Slipanlage

Fest 7,80 m

Jachthafen de Driessen/W.V. Mookse plassen/W.V. Mook Middelaar
Tel. +31 (0)24 696 21 61

Jachthafen Eldorado Tel. +31 (0)24 696 23 6. Blauwe vlag hafen

max. 3 ton

Öffentliche Slipanlage

Jachthafen Wassersportclub de Paesplas Tel. +31 (0)485 51 51 74

Öffentliche Slipanlage
Nationaler Flughafen

Jachthafen W.S.V. Boxmeer Tel. +31 (0)485 57 64 96

Öffentliche Slipanlage

RAVENSTEIN

Schöne Wasserflächen, einen hübschen Stadtgraben und imposante Stadttore machen dieses Festungsstädtchen zu etwas ganz Besonderem. Im Zentrum des wunderschönen Dorfkerns von Ravenstein liegt die traditionelle Stadtherberge „De Keurvorst". Da in Ravenstein Religionsfreiheit herrschte, findet man zahlreiche Klöster und Kirchen und auffällig viele monumentale Orgeln. Die Maas schlängelt sich hier durch die Polderlandschaft. Der Deichweg bietet schöne Fernsichten. Ein Besuch von Herperduin mit seinen tollen Wanderdünen ist sicherlich lohnenswert. In naturwissenschaftlicher Hinsicht ist auch der alte Maasarm bei Dieden interessant. Hier leben zahlreiche Vögel, unter anderem die Rohrdommel und die Trauerseeschwalbe. Die alten Maasarme bei Dieden und Keent haben eine reiche Flora und Fauna und viele Kolke (nach einem Deichbruch entstandene Gewässer).

Besichtigungstipps
- Röm.-kath. St. Lucia-Kirche, Sint Luciastraat 1, Tel. 00 31 (0)486 41 15 95. Kirche aus dem Jahr 1735 im deutschen Barockstil.
- Ravensteiner Mühle, Molensingel 6, Tel. 00 31 (0)486 41 22 29. Windmühle, Ständermühle.

Veranstaltungen
Auf nach Ravenstein: Anfang September
Ravenstein bei Kerzenlicht: zweiter Samstag im Dezember

Zugangstor zum Zentrum von Ravenstein

Weitere Informationen:
VVV-agentschap Ravenstein, Molensingel 6-8, 5371 AW Raven-stein.Tel. 00 31 (0)486 41 13 06,
info@toerismeravenstein.nl, www.regio-VVV.nl

Jachthaven van Ravenstein

> **FR** Mystisches Brabant, 43 km
> Mystische Geschichten und Radtouren durch Brabant. Erhältlich bei VVV Ravenstein, Erreichbar von Windkracht 13 aus (ca. 0,5 km).
>
> **FV** Stadtherberge De Keurvorst, Marktstraat 14, Ravenstein, Tel. 00 31 (0)486 41 13 71

GRAVE

Die Stadt Grave liegt an der Maas und wurde im 11. Jhd. von Herman II. von Cuijk gegründet. Aufgrund ihrer strategisch wichtigen Lage wurde die Stadt im Lauf der Jahrhunderte zu einer starken Festung ausgebaut. Die ersten Verteidigungsanlagen entstanden im 13. Jhd. Grave ist eine der meistbelagerten Festungsstädte in den Niederlanden. Während des Achtzigjährigen Kriegs wurde Grave zweimal belagert und erobert, nämlich erst im Jahr 1586 von den Spaniern unter dem Herzog von Parma und anschließend im Jahr 1602 von Prinz Moritz als Statthalter der Vereinigten Niederlande. 1672 fiel die Stadt an den französischen König Ludwig XIV. Beeindruckende Baudenkmäler, die von Graves ruhmreicher Vergangenheit zeugen, sind die St. Elisabeth-Kirche, die Hampoort und die ehemalige Kirche des Beginenhofs. Bei Hochwasser, einem der gefürchtetsten Feinde Graves, feuerten zwei Kanonen am Ufer der Maas eine lautstarke Warnung ab. Die Stadt hat einen mittelalterlichen Grundriss mit vielen Gebäuden aus dem 17. und 18. Jhd., unzählige Tore und Törchen und einen schönen Marktplatz mit Brunnen.
Durch die Überflutung der berüchtigten Beerse Maas wurde Grave regelmäßig von der Außenwelt abgeschnitten. Dank des Baus diverser Staustufen und der Kanalisierung kommt dies nun seltener vor.

Die 'Hochwasserkanonen' auf den Wallen von Grave

Besichtigungstipps
- Röm.-kath. St. Elisabeth-Kirche, Hoofdwagt 1, Tel. 00 31 (0)486 47 54 57. Kirche mit vielen Holzschnitzereien, Gemälden, jahrhundertealten Holzskulpturen, goldenen und silbernen Ornamenten und sehr alten Messgewändern. Um 1240 von den Vorfahren von Jan van Cuijk gestiftet.
- Hampoort, Elisabethstraat, Tel. 00 31 (0)486 47 53 00. Das einzige erhaltene Stadttor der Befestigungsanlagen, klassizistischer holländischer Barock. Heute Gildekammer mit Bogenschießen-Bahn (Cloveniersgilde) und Wohnhaus.
- Niederl.-ref. Kirche, Bagijnenstraat 1, Tel. 00 31 (0)486 47 56 82. Spätgotische Kirche, liegt auf dem früheren Beginenhof von Grave.
- Kloster Soesterbeeck, Dorpenweg 25, Deursen, Tel. 00 31 (0)486 41 14 52. Kreuzförmiger Komplex, 1733 errichtet.

Veranstaltungen
Palmsonntagsumzug mit Harmonie Stad Grave: Sonntag vor Ostern
St. Jan, Schützenfest in Gassel: letzter Samstag oder Sonntag im Juni
Viertägige Wanderungen: am Freitag der dritten ganzen Juliwoche
Lampionstadt: letzter Sonntag vor Weihnachten

Weitere Informationen:
VVV Grave, Rogstraat 13, 5361 GR Grave.
Tel. 00 31 (0)486 47 53 00, vvvgrave@regio-VVV.nl, www.regio-VVV.nl.

> **FN** Das Radwegenetz ist von den Jachthäfen an der Maas aus gut zu erreichen, die Jachthäfen liegen direkt am Radwegenetz. Die entsprechende Karte erhalten Sie bei den Büros der Tourist Info VVV und über www.regio-vvv.nl.
>
> **FV** Brabant Tweewielers, Marssingel 6a, Grave, tel. 00 31 (0)486 47 62 36
> Fietsenstalling, Arnoud van Gelderweg 65, Grave, tel. 00 31 (0)486 47 24 01.

MAAS 10

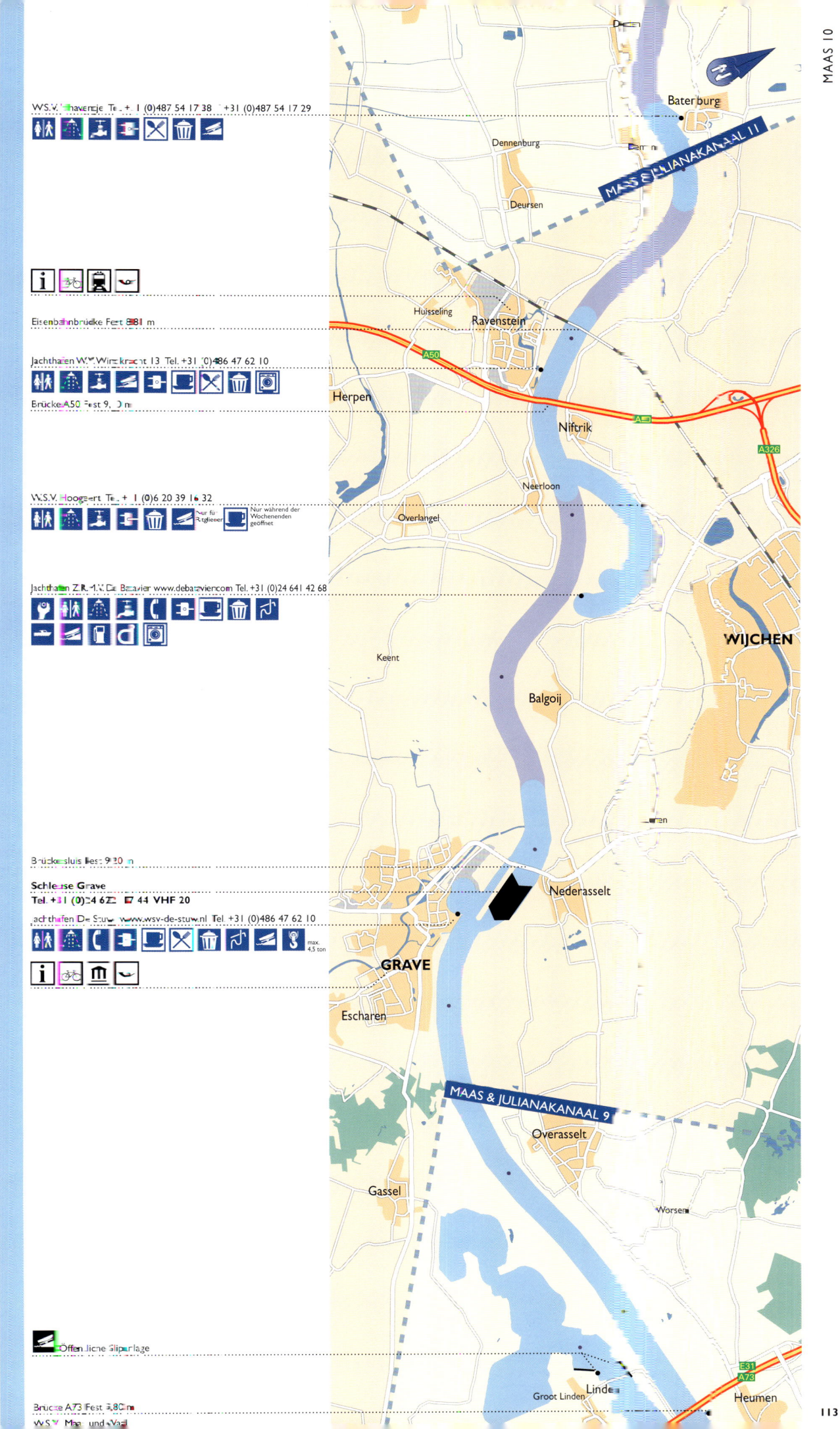

W.S.V. Havenetje Tel. +31 (0)487 54 17 38 +31 (0)487 54 17 29

Eisenbahnbrücke Fest 8,81 m

Jachthafen W.V. Windkracht 13 Tel. +31 (0)486 47 62 10

Brücke A50 Fest 9,30 m

W.S.V. Hoogaert Tel. +31 (0)6 20 39 16 32

Nur für Mitglieder
Nur während der Wochenenden geöffnet

Jachthafen Z.R.& Z.V. De Batavier www.debatavier.com Tel. +31 (0)24 641 42 68

Brückesluis Fest 9,30 m

Schleuse Grave
Tel. +31 (0)24 672... 44 VHF 20

Jachthafen De Stuw www.wsv-de-stuw.nl Tel. +31 (0)486 47 62 10

max. 4,5 ton

Öffentliche Slipanlage

Brücke A73 Fest 7,80 m

W.S.V. Maas und Waal

113

GEMEINDE WEST MAAS EN WAAL

Die Gelderländer Gemeinde West Maas en Waal besteht aus den Ortskernen Appeltern, Maasbommel und Alphen, die alle drei an der Maas liegen, und den Örtchen Altfors, Beneden-Leeuwen und Boven-Leeuwen, Dreumel und Wamel, die eher in der Nähe der weiter nördlich verlaufenden Waal liegen. Ein ideales Erholungsgebiet mit schöner Landschaft, herrlicher Natur und attraktiven Gewässern. Baumgärten, Deichufer, Wiesen und Wälder wechseln sich ab. Im einzigartigen Wassersport- und Freizeitgebiet „De Gouden Ham", das an der Maas entlang zwischen Appeltern und Maasbommel liegt, kommen Wassersportler und Campingfans voll auf ihre Kosten. Es gibt zahlreiche Wassersportmöglichkeiten, aber auch am Ufer lässt es sich gut aushalten.

In Beneden-Leeuwen liegt das regionalgeschichtliche Museum Tweestromenland. Dieses Museum zeigt eine interessante Ausstellung über die mächtige Maas.

Besichtigungstipps

• Regionalgeschichtliches Museum Tweestromenland, Pastoor Zylmanstraat 3, Beneden-Leeuwen, Tel. 00 31 (0)487 59 50 02. Dauerausstellung mit alten Gebrauchsgegenständen und Trachten.
• Die Gärten van Appeltern, Walstraat 2a, 6629 AD, Appeltern, Tel. 00 31 (0)487 54 17 32. Modellgarten mit 40 000 m_ Fläche, eingerichtet mit Pflasterwegen, Naturstein, Holz, Teichen usw.

Veranstaltungen

Kirmes in Maasbommel: Mitte Juli
Mühlentage: Alphen, zweites Wochenende im Mai
Kindermühlentage: Alphen, Mitte August

Weitere Informationen:

Regio VVV Rivierenland. Tel. 0900 636 38 88,
info@rivierenland.nl, www.rivierenland.nl.

LITH

Das typische Flussdorf Lith wurde durch das Buch „Das Dorf am Fluss" von Anton Coolen bekannt. Das authentische Brabanter Dorf hat erhöht liegende Gehsteige, so dass die Kirche früher auch bei Hochwasser erreichbar war. Der Maasarm bei Lithoijen eignet sich besonders gut zum Surfen, Segeln und Angeln. Außerdem gibt es die wunderschöne Natur und eine Reihe von Denkmälern zu bewundern: das mehr als 300 Jahre alte Arzthaus aus dem Film „Das Dorf am Fluss", die Mühle Zeldenrust von 1800, die Burgruine in Oijen und die neogotische Kirche in dem kleinen Ort Teeffelen. Bei Lith wurde eine neue Schleuse gebaut. Sehenswert auch der Ferienort „De Lithse Ham" mit modernem Jachthafen in der Nähe der Stau- und Schleusenanlagen und das hypermoderne Wasserkraftwerk.

Die Maas im Osten von Lith

Besichtigungstipps

• Galerie und Skulpturenpark Sous-Terre, Batterijstraat 23/a, Lithoijen, Tel. 00 31 (0)412 48 12 59.

Weitere Informationen:

VVV-agentschap Lith, Marktplein 13/15, 5397 EV Lith.
Tel. 00 31 (0)412 48 21 62 of VVV-ANWB Oss (siehe unten).

Lith, Dorf am Fluss

FR • Entdeckungstour durch Lith. Verkauf beim VVV 's-Hertogenbosch und VVV-ANWB Oss. Erreichbar ab De Lithse Ham (0 km) und J. de Groot (ca. 3 km).

FN Der Jachthafen Lith liegt direkt am Fahrradwegenetz. Die entsprechende Karte erhalten Sie bei den Büros der Tourist Info VVV und über www.regio-vvv.nl.

FV Maaspark De Lithse Ham, De Lithse Ham 3, Lith, tel. 00 31 (0)412 48 14 05.

MEGEN

Megen ist ein authentisches Dorf mit vielen historischen Gebäuden. Es war früher der Sitz der Grafschaft Megen. Der alte Straßengrundriss aus dem Jahr 1654 ist noch immer erkennbar. Vom Maasdeich aus haben Sie einen schönen Blick auf das Naturreservat „De Maasarm".

OSS

Aus den Funden eines Fürstengrabs der Hallstadtperiode erfuhr man, dass Oss einer der ältesten bewohnten Orte Nordbrabants ist. Bis ins 17. Jhd. war Oss eine Festungsstadt. Insbesondere die Lage zwischen Gelderland und dem Herzogtum Brabant war jahrhundertelang ein Zankapfel. Beim großen Brand von 1751 wurde die gesamte Altstadt zerstört. Später wurde Oss industrialisiert. Aus dieser Zeit stammen die Herrenhäuser in der Molenstraat, reich geschmückte Wohnhäuser der Osser Honoratioren. Besonders auffällig ist die Villa Constance.

Im Norden von Oss liegt die weite Polderlandschaft zwischen Maas und den alten Maasarmen, im Westen das Naherholungsgebiet Geffense Bosjes, im Osten und Süden von Oss erstrecken sich Wald- und Heidegebiete wie zum Beispiel der Naturpark Maashorst.

Bezoektips

• Museum Jan Cunen, Molenstraat 65, Oss, Tel. 00 31 (0)412 62 93 28.

Deichhaus entlang der Maas

Besichtigungstipps

Fantastival Straßentheaterfestival: drittes Wochenende im September

Weitere Informationen:

VVV-ANWB Oss, Spoorlaan 24, 5348 KB Oss.
Tel. 00 31 (0)900 11 22 334 (€ 0,50 p/m),
vvvanwb-oss@regio-vvv.nl, www.regio-VVV.nl.

FN Der Jachthafen von Megen liegt direkt am Fahrradwegenetz. Die entsprechende Karte erhalten Sie bei den Büros der Tourist Info VVV und über www.regio-vvv.nl.

FV Jan van Venrooy Fiets Plus, Kruisstraat 106, Oss, Tel. 00 31 (0)412 62 25 34
Rijwielshop Station Oss, Spoorlaan 64, Oss, Tel. 00 31 (0)412 62 51 82

W.S.C. Heerewaarden Tel. +3 (0)487 57 15 49

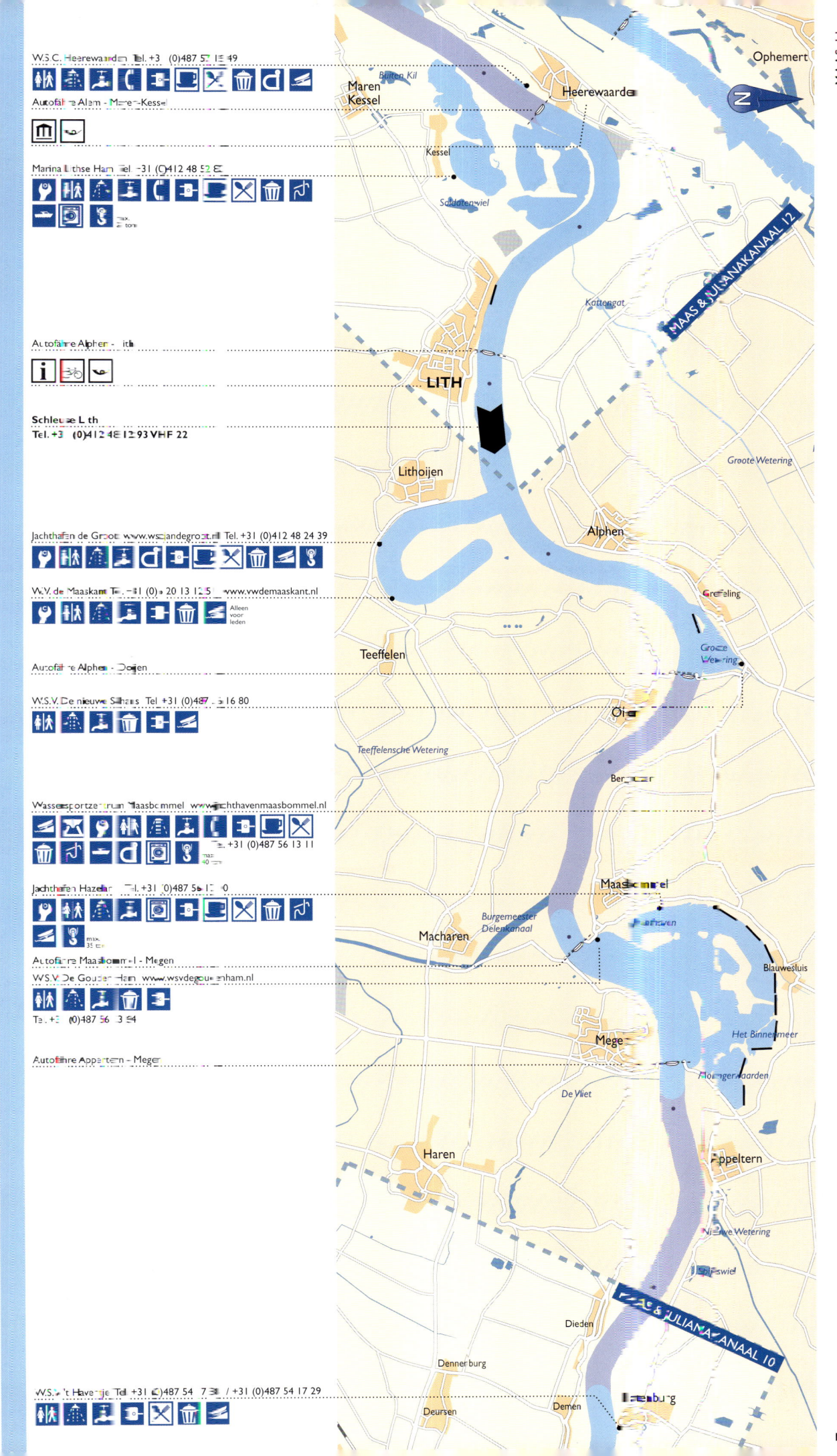

Autofähre Alem - Maren-Kessel

Marina Lithse Ham Tel. +31 (0)412 48 52 8

Autofähre Alphen - Lith

Schleuse Lith
Tel. +31 (0)412 48 12 93 VHF 22

Jachthafen de Groot www.wsjandegroot.nl Tel. +31 (0)412 48 24 39

W.V. de Maaskant Tel. +31 (0) 20 13 12 5 www.vwdemaaskant.nl

Autofähre Alphen - Dorjen

W.S.V. De nieuwe Silhaus Tel. +31 (0)487 5 16 80

Wassersportzentrum Maasbommel www.jachthavenmaasbommel.nl
Tel. +31 (0)487 56 13 11

Jachthafen Hazelaar Tel. +31 (0)487 56 12 0

Autofähre Maasbommel - Megen
W.S.V. De Gouden Ham www.wsvdegoudenham.nl
Tel. +31 (0)487 56 13 54

Autofähre Appeltern - Megen

W.S.V. 't Haventje Tel. +31 (0)487 54 7 38 / +31 (0)487 54 17 29

Map area: Ophemert, Maren Kessel, Heerewaarde, Kessel, Lith, Lithoijen, Alphen, Teeffelen, Oijen, Macharen, Maasbommel, Megen, Haren, Appeltern, Dieden, Dennenburg, Deursen, Demen, Maas & Julianakanaal 10 / 12

MAAS 11

GEMEENTE MAASDRIEL

Maasdriel: ein Kommunalverband aus 11 Orten (Heerewaarden, Alem, Kerkdriel, Hoenzadriel, Ammerzoden, Well, Rossum, Hurwenen, Velddriel, Hedel und Wellseind) am Ufer der Maas südlich vom Bommelerwaard. Das Bommelerwaard ist das Gebiet nördlich von 's-Hertogenbosch, das von zwei großen westeuropäischen Flüssen umschlossen wird, von der Maas im Süden und von der Waal in Norden. Diese beiden Flüsse haben der Entstehung und Entwicklung des Bommelerwaard ihren Stempel aufgedrückt, sowohl landschaftlich als auch kulturhistorisch. Über die Flüsse und das Deichvorland konnten sich Flora und Fauna immer gut verbreiten. Flüsse und Deichvorland gelten deshalb als ökologische Hauptstruktur dieses Landes. Das Bommelerwaard ist immer noch stark geprägt von einer wenig urbanisierten, attraktiven offenen Polderlandschaft unweit des Ballungsraums Randstad und kann mit zahlreichen kulturhistorischen und historischen Sehenswürdigkeiten aufwarten, wie dem Städtchen Zaltbommel, diversen Schlössern, alten Baudenkmälern, Kirchen, Mühlen, Museen usw. Die Maas ist kleiner und ruhiger als die Waal und weniger stark befahren. Deshalb kann die Maas auch für Freizeitaktivitäten genutzt werden, in erster Linie für den Wassersport, aber auch Zeltplätze, Jachthäfen, Badestrände, Surf- und Angelgelegenheiten sind vorhanden. Bei Kerkdriel kann man außerdem Golf spielen und im Freizeitgebiet Zandmeren befindet sich eine Segel- und Bootsschule, die auch Outdoor-Aktivitäten organisiert. In den Sommermonaten werden diverse größere Veranstaltungen wie Antiquitätenmärkte und der Pferdemarkt in Hedel organisiert.

KERKDRIEL

Kerkdriel ist ein Dorf, in dem das Leben ländlich geprägt ist. Im Dorfzentrum liegt der Mgr. Zwijsenplein, auf dem im Sommer verschiedene Veranstaltungen stattfinden. Außerdem gibt es rund um den Platz schöne Lädchen. Kerkdriel hat zwei Wassersportzentren: „De Zandmeren" und „De Dorpswaard".

Jachthafen Kerkdriel

Besichtigungstipps
• Oudheidkamer, Teisterbandstraat 38, Tel. 00 31 (0)418 63 24 91. Jeden ersten Sonntag im Monat von 15.00 bis 17.00 Uhr.

ROSSUM

Rossum liegt sehr hübsch an der Waal. Das neogotische alte Gemeindehaus des Dorfs wurde auf der Ruine des alten Schlosses von Rossum errichtet. Der Slingerbos ist ein Park, in dem man schön spazieren gehen kann. Für Kinder ist der dortige Spielplatz ideal.

ALEM

Alem ist ein malerisches Dorf. Die Maas schlängelte sich hier jahrhundertelang in zahlreichen Schleifen durch die Landschaft, doch diese Mäander wurden beim Bau von Eisenbahn und Straßen abgeschnitten. Rund um Alem wurden mehrere Kanalisierungsarbeiten durchgeführt, weshalb das ehemalige Brabanter Dorf nun in Gelderland liegt.

Die Sandseen bei Kerkdriel

HEEREWAARDEN

Das Dorf Heerewaarden ist seit jeher ein Flussfischerdorf. Früher war der Fischfang die wichtigste Einnahmequelle. Heerewaarden liegt zentral im Naturentwicklungsprojekt Fort St. Andries. Im Ökozentrum „De Grote Rivieren" wurde viel von der ehemaligen Einnahmequelle auf den großen Flüssen erhalten.

Besichtigungstipps
• Besucherzentrum De Grote Rivieren, Langestraat 38, Tel. 00 31 (0)487 57 28 31, www.bcdegroterivieren.nl. Besucherzentrum mit Dauerausstellungen über die Geschichte und Zukunft des Lands zwischen den Flüssen.

LITHSE HAM

Westlich von Lith, gegenüber des Gelderländer Städtchens Heerewaarden, liegt das „Lithse Ham", eines der großen Wassersportzentren am Maasufer, in dem alle Arten von Wassersport betrieben werden können. Das Dorf Lith, das am Flussdeich liegt, hat einen beschaulichen Dorfkern mit Musikpavillon und Linden. In der Nähe befindet sich u. a. eine Fischtreppe. Stauwerk und Schleusenanlagen können von Gruppen nach Vereinbarung besichtigt werden. In der Nähe des Dorfs wurde ein schöner Jachthafen angelegt.

Weitere Informationen:
VVV Lith, Marktplein 13/15, 5397 EV Lith.
Tel. 00 31 (0)412 48 21 62 oder VVV-ANWB Oss.

Die Fähre von Alem

MAAS 12

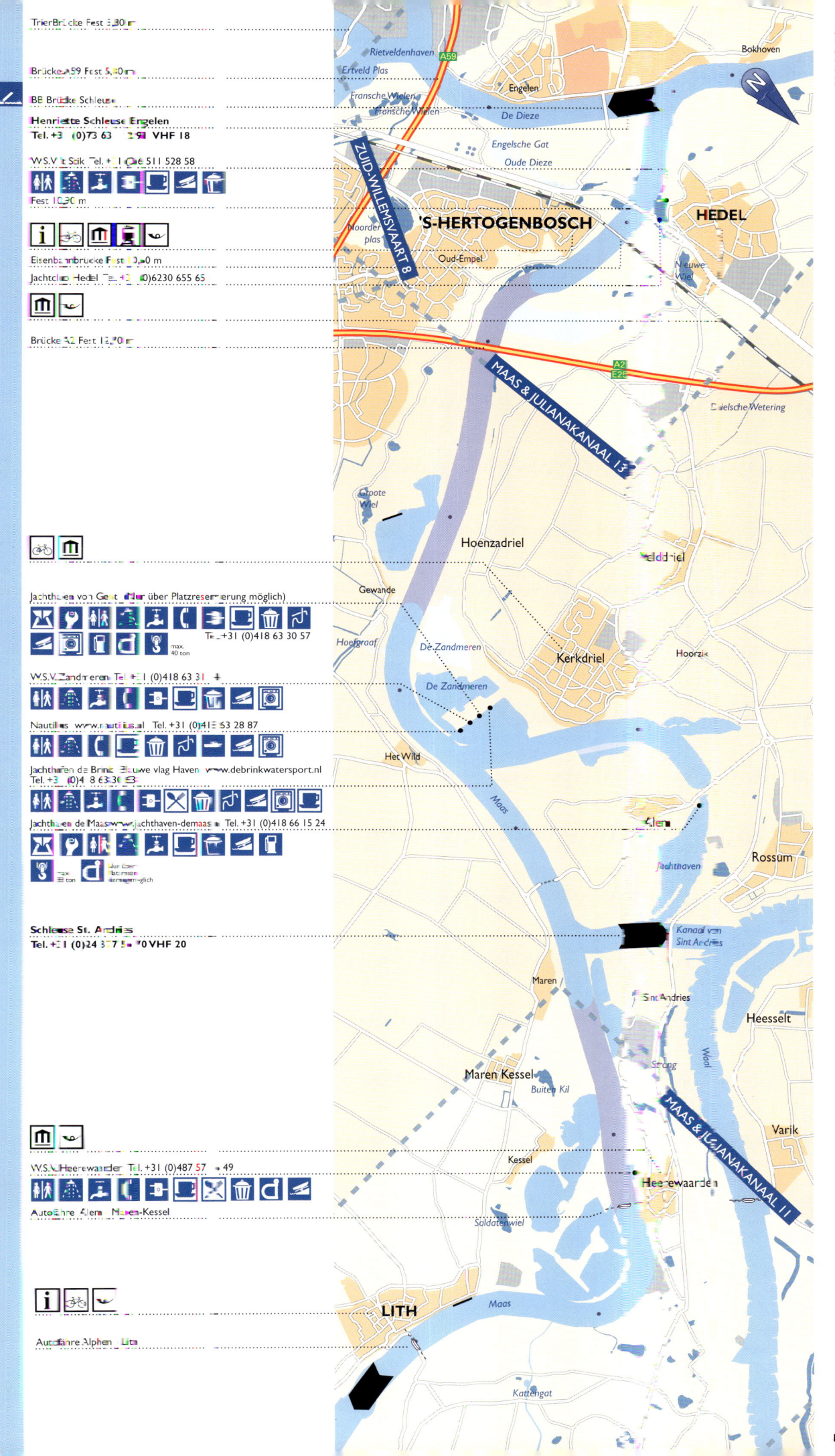

TrierBrücke Fest 6.30 m

Brücke A59 Fest 5.60 m

BB Brücke Schleuse
Henriette Schleuse Engelen
Tel. +31 (0)73 63 29 ... VHF 18

W.S.V. 't Sok Tel. +31 (0)6 511 528 58

Fest 10.30 m

Eisenbahnbrücke Fest 10.0 m
Jachtclub Hedel Tel. +31 (0)6230 655 65

Brücke A2 Fest 12.70 m

Jachthaven von Gent (nur über Platzreservierung möglich)
Tel. +31 (0)418 63 30 57
max. 40 ton

W.S.V. Zandmeren Tel. +31 (0)418 63 31 ..

Nautilus www.nautilus.nl Tel. +31 (0)418 63 28 87

Jachthaven de Brink Blauwe vlag Haven www.debrinkwatersport.nl
Tel. +31 (0)418 63 30 53

Jachthaven de Maas www.jachthaven-demaas.. Tel. +31 (0)418 66 15 24

Schleuse St. Andries
Tel. +31 (0)24 377 5. 70 VHF 20

W.S.V. Heerewaarden Tel. +31 (0)487 57 ... 49

AutoFähre Alem — Maren-Kessel

AutoFähre Alphen — Lith

HEUSDEN

Heusden ist eine komplett restaurierte Festungsstadt. Unter der Bedingung, dass Heusden kein Freilichtmuseum wird, wurde die Festung nach den Stadtplänen von 1649 restauriert. Aufgrund der günstigen Lage am Wasser wurde schon vor 1200 mit dem Bau einer Burg begonnen, die in drei Jahrhunderten zu einer uneinnehmbaren Festung mit einem achteckigen Turm und 4 m dicken Mauern ausgebaut wurde. 1680 schlug ein Blitz in das mit Pulver vollgestopfte Bauwerk ein und nach der Explosion lag die Burg in Schutt und Asche. Die Fundamente können noch besichtigt werden.
Die Fischbank am Fischmarkt ist das einzige Bauwerk in den

Festungsstadt Heusden

Niederlanden, das aus der Zeit der Batavischen Republik erhalten ist. Im Stadtzentrum stehen Kulturzeugnisse aus verschiedenen Jahrhunderten einträchtig nebeneinander. Nach einer Erkundung der schmalen Gässchen im Stadtzentrum und der Befestigungswälle mit ihrer weitem Sicht tankt man gerne in einem der Straßencafés am Hafen wieder auf. Die Restaurierung des Stadthafens ist eine Geschichte für sich. Das Ausgraben der Hafenbecken war 1974 abgeschlossen, genau 70 Jahre, nachdem die Aufschüttung feierlich begangen wurde. Damals hatten die Heusdener die Nase voll von den Brutstätten schädlicher Bakterien und den Überschwemmungen bei Flut. Gleichzeitig wurde beschlossen, auch die Maasmündung zu erneuern, so dass mit dem Baggeraushub der Maas bei Bergen der Binnenhafen von Heusden zugeschüttet wurde. Es wurde ein moderner Park angelegt, der 1904 von König n Wihelmina eingeweiht wurde. Beim Aufschütten hatte man den Baggeraushub einfach zwischen die Landungsstege und die Kaimauern geschüttet. Angenehme Überraschung bei der Rekonstruktion des Hafens: Die Kaimauern waren noch in ziemlich gutem Zustand. Heute ist der Hafen von Heusden eine der schönsten Ecken der Stadt.

Der gesellige Stadthafen im Zentrum von Heusden

Besichtigungstipps

• Niederl.-ref. Grote Kerk oder Katherinen-Kirche, Putterstraat, Heusden. Ältester Backsteinbau aus dem Jahre 1210.
• Gouverneurshaus, Putterstraat 14, Heusden, Tel. 00 31 (0)416 66 18 95.
Sammlung mit Gegenständen, die von der reichen Vergangenheit der Festungsstadt zeugen, z. B. Gildesilber.

Veranstaltungen

Heusden op Nieuw: Heusden, im Juni
Elshouts Spektakel: Elshout, 1. Juniwochenende, wenn dieses auf Pfingsten fällt, eine Woche später
Mittsommerfest: Heusden, jedes Jahr

Weitere Informationen:

Fremdenverkehrsamt Heusden, Pelsestraat 17, 5256 AT Heusden.
Tel. 00 31 (0)416 66 21 00, info@hbtheusden.nl, www.hbtheusden.nl.

FR Radtouren in der Umgebung von Heusden
• D'n Boer op, 32 km
• Maasroute, 45 km
• Dijkenroute, 18 km
• Flussdörferroute, 23 km
• Historische Schleusen- und Fährenroute, 12 - 41 km
• Festungsroute, 27 km
Erhältlich beim Fremdenverkehrsamt Heusden

FV Van Sterkenburg, Burchtstraat 7, Heusden, tel. 00 31 (0)416 66 13 95.

VLIJMEN EN DRUNEN

Zur Gemeinde Heusden gehören auch die Ortskerne Vlijmen und Drunen. Rings um das Druneners Schlösschen wurde „Het Land von Ooit" (Das Land von einst) angelegt. In diesem Park stehen Theater und Phantasie im Mittelpunkt und Kinder haben das Sagen.
Südlich von Drunen liegen die grünen Ausläufer des Nationalparks „Loonse en Drunense Duinen". Die Wanderdünen sind Teil eines 10 000 Jahre alten Naturgebiets.

Das Land van Ooit

Besichtigungstipps

• Niederl.-ref. Kirche, Grote Kerk 20, Vlijmen, Tel. 00 31 (0)73 511 51 11/ 511 39 42. Ursprünglich eine Kreuzkirche, von der nur das Schiff und ein Turm erhalten sind.
• Het Land van Ooit, Parklaan 40, 5151 DG Drunen, Tel. 00 31 (0)416 37 77 75, www.ooit.nl. Einzigartiger Familienpark.

FN Heusden, Vlijmen und Drunen sind ans Fahrradwegenetz angeschlossen. Entsprechende Karten erhalten Sie bei den Fremdenverkehrsämtern der Region.

AMMERZODEN EN HEDEL

Hedel an der Grenze zwischen Brabant und Gelderland ist vermutlich eine der ältesten Siedlungen dieser Region. Die Grundmauern des ehemaligen Schlosses von Hedel wurden restauriert.
Die restaurierte Burg Ammersoyen beherbergt nicht nur ein Museum, sondern fungiert auch als Gemeindehaus. Ammersoyen ist eines der am besten erhaltenen Beispiele der Niederlande für einen Burgtyp, der kurz vor 1300 aufkam: eine mittelalterliche, geschlossene Burg, mit herausragenden Rundtürmen an allen vier Ecken. Die Burg ist eingerichtet und umfasst unter anderem einen Rittersaal, Turmzimmer, Wandtreppen und eine Taverne im Burgkeller.

Besichtigungstipps

• Schlossdenkmal Hedel, Information Stichting Hedel's Historie, Tel. 00 31 (0)73 599 17 17. Restaurierte Mauerreste.
• Historisches Museum Hedel, Voorstraat 2, Hedel, Tel. 00 31 (0)73 599 17 17, www.historischmuseumhedel.nl. Kollektion mit Münzstempeln der ehemaligen Münzprägerei von Hedel.
• Burg Ammersoyen, Kasteellaan 1, Ammerzoden, Tel. 00 31 (0)73 594 95 82. Museum mit Fundstücken aus dem Burggraben.

Veranstaltungen

Flohmarkt Ammerzoden: Pfingstmontag
Alempop, Alem: zweites Juniwochenende
Jahrmarkt Op d'n Delkant, Kerkdriel: Ende Juni
Rosrock, Rossum: 1. Juliwochenende
Flohmarkt Rossum: Ende August
Pferdemarkt Hedel: 1. Montag nach dem 1. November

Weitere Informationen:

Regio VVV Rivierenland. Tel. 0900 636 38 88, info@rivierenland.nl, www.rivierenland.nl.

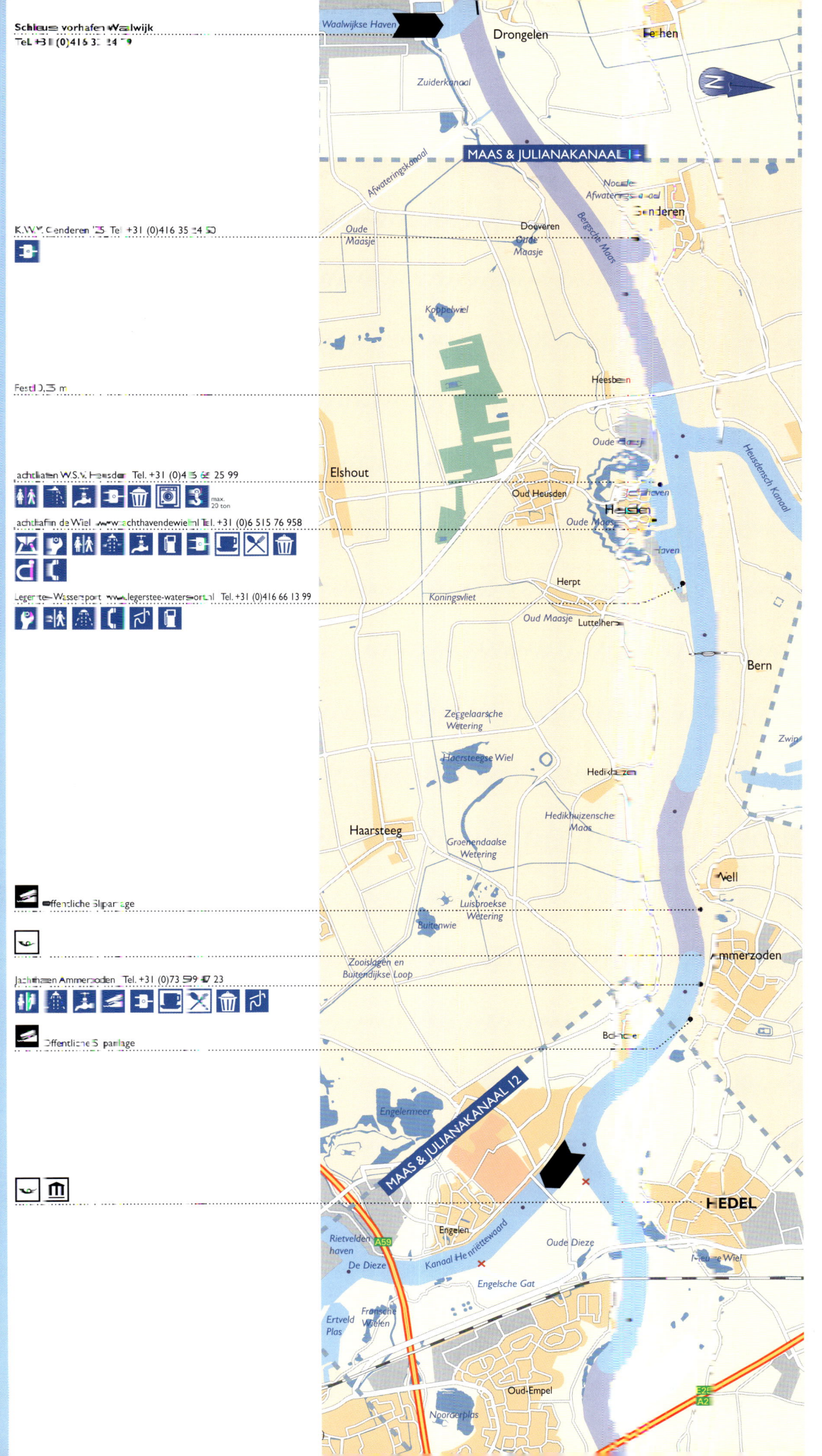

Schleusenvorhafen Waalwijk
Tel. +31 (0)416 35 24 79

K.W.V. Genderen '35 Tel. +31 (0)416 35 24 50

Fest 0,5 m

Jachthafen W.S.V. Heusden Tel. +31 (0)416 66 25 99
max. 20 ton

Jachthafen de Wiel www.jachthavendewiel.nl Tel. +31 (0)6 515 76 958

Legerstee-Wassersport www.legerstee-watersport.nl Tel. +31 (0)416 66 13 99

Öffentliche Slipanlage

Jachthaven Ammerzoden Tel. +31 (0)73 599 47 23

Öffentliche Slipanlage

MAAS 13

GEERTRUIDENBERG

Geertruidenberg ist die älteste Stadt Hollands. Das kann man sich bei den vielen monumentalen Häusern und Bauwerken und den historischen Festungsanlagen gut vorstellen. Der Name Geertruidenberg leitet sich ab von „Berg von St. Gertrud". In Wirklichkeit war dieser „Berg" lediglich der höchste Punkt eines Sandrückens. Mit der Verleihung der Stadtrechte machte Graf Wilhelm I. Geertruidenberg 1213 zur ersten Stadt der Grafschaft Holland. Erst 1813 fiel die Stadt an die Brabanter. Die Stadt besitzt einen beeindruckenden Marktplatz, der von 200 Jahre alten Spalierlinden umgeben ist. Geertruidenberg ist ein guter Ausgangspunkt für Touren durch den Biesbosch und auf den Brabanter Wasserwegen.

Lunet an der Donge

Besichtigungstipps
• Niederl.-ref. St. Gertrud-Kirche, Elfhuizen 3, Tel. 00 31 (0)162 51 63 81. Aus dem 14. Jhd., mit schön restauriertem Interieur.
• Museum „De Roos", Markt 46, Tel. 00 31 (0)162 51 76 89, www.museumderoos.nl. Geschichte von Geertruidenberg und Umgebung.

Veranstaltungen
Internationaler Drumband- und Majoretten-Zapfenstreich: Pfingstsamstag
Pinksterie: Pfingsten
Festungsfest: in allen ungeraden Jahren im Juni
Kulturwochenende „Rondje den Berg": September

> **FR** Ausgeschilderte Route
> • Vrachel- und Donge-Route, 48 km
> Erhältlich bei der Tourist Info Geertruidenberg.

RAAMSDONK

Raamsdonk liegt in einer stark landwirtschaftlich und ländlich geprägten, offenen Polderlandschaft mit hübschen Bauernhöfen. Diese Umgebung eignet sich hervorragend für Rad- und Wandertouren entlang der typischen Straßenhöfe aus dem 18. Jhd., der St. Bavo-Kirche und der mittelalterlichen Lambertus-Kirche. Zudem kann man mit der „Fahrradfähre" ins Radfahr- und Wandergebiet auf der anderen Flussseite von „'t Oude Maasje" übersetzen. Die Fahrradfähre verkehrt von Mai bis Mitte Oktober ab dem Wassersportzentrum Hermenzeil.

Fahrradfähre Raamsdonk

Besichtigungstipps
• Landgut Het Broeck', Lange Broekstraat 1, Tel. 0031 (0)162 51 97 01, www.landgoedhetbroeck.nl. Kutschen- und Fahrzeugmuseum und Park mit Skulpturen.
• Röm.-kath. St. Bavo-Kirche, Kerkplein 1, Tel. 00 31 (0)162 51 26 36. Kuppelkirche aus dem 19. Jhd. im neoromanischen Stil.
• Lambertus-Kirche, Kerklaan 4, Tel. 0031 (0)162 51 38 90, www.lambertuskerk.nl. Exklusiv restaurierte Kirche aus dem Mittelalter.

RAAMSDONKSVEER

Raamsdonksveer hat überdurchschnittlich viele moderne Einrichtungen mit vielen Geschäften und Gastronomiebetrieben. Besuchen Sie die Louwman Collection. In der Ständermühle d'Onvermoeide wird Getreide gemahlen. Sie können eine Führung mitmachen und sogar selbst gemahlenes Mehl kaufen. Angelfreunde, Wanderer und Surfer kommen im Naturgebiet an der Donge auf ihre Kosten.

Besichtigungstipps
• Louwman Collection, Steurweg 8, Tel. 00 31 (0)162 58 54 00, www.louwmancollection.nl. Besondere Autosammlung mit Oldtimern, klassischen und futuristischen Fahrzeugen.
• Mühle d'Onvermoeide, Windvang 1, Tel. 00 31 (0)162 51 55 65. Drehbar gelagerte Ständermühle für Getreide.

Veranstaltungen
International Cajun & Zydeco Festival: Juni
Veerse Dag: Mitte September

Weitere Informationen:
VVV-agentschap Geertruidenberg, Markt 46, 4931 BT Geertruidenberg. Tel. 00 31 (0)162 51 76 89, strg@planet.nl, www.geertruidenbergdigitaal.nl.

> **FN** Alle Orte der Region sind an das Fahrradwegenetz De Wijde Biesbosch angeschlossen. Die entsprechende Karte erhalten Sie bei den Fremdenverkehrsämtern der Region.
>
> **FV** Van Oord, Ottergeerde 32, Raamsdonksveer, tel. 00 31 (0)162 52 03 15.

WASPIK

Fast die gesamte Bevölkerung im südlichen Teil der (früheren) Grafschaft Holland lebte vom Torf: Torfstechen, Torfhandel oder Torftransport per Schiff. Bis zur Mechanisierung der Schuhindustrie um 1900 gab es hier außerdem viele Schuhmacher.

SPRANG CAPELLE

Sprang-Capelle ist ein typisches Straßendorf, das sich für eine endlose (Fahrrad-)Tour anbietet. Im Dorf stehen einige imposante Bauernhöfe und die spätgotische Grote Kerk oder St. Nikolaus-Kirche (16. Jhd.). Das außerhalb gelegene Schloss Suydewijn (16. Jhd.) inmitten von Naturgebieten, Polder- und Heckenlandschaften lohnt einen Abstecher.

WAALWIJK

Hier war früher das Herz der Schuh- und Lederindustrie. Deshalb findet man hier das Museum aus dieser Zeit. Heute ist Waalwijk Sitz diverser Einrichtungshäuser mit allen Stilen dieser Welt. Die Umgebung von Amer bis zum Nationalpark „Loonse en Drunense Duinen" eignet sich bestens für Rad- und Wandertouren.

Besichtigungstipps
• Niederländisches Leder- & Schuhmuseum, Elzenweg 25, 5144 NB Waalwijk, Tel. 00 31 (0)416 33 27 38.
• Freizeitpark Efteling, Europalaan 1, Kaatsheuvel, Tel. 00 31 (0)416 28 81 11, www.Efteling.nl. Romantischer Traumflug, atemberaubender Märchenwald, gruseliges Spukschloss, schwindelerregender Flug mit dem Vogel Rok, Nervenkitzel in der Achterbahn u. v. m.
• Josien Broeren, Künstlerin, auch Workshops. Atelier am Woonboulevard von Piet Klerks.

Weitere Informationen:
VVV Waalwijk, Vredesplein 14, 5142 RA Waalwijk. Tel. 00 31 (0)416 33 22 28, info@vvvwaalwijk.nl www.vvvwaalwijk.nl.

Jachthafen de Meerpaal Tel. +31 (0)162 52 20 24 www.jachthafenmeerpaal.nl
max. 15 ton

Jachthaven Vissershang Tel. +31 (0)162 45 22 00
max. 1 ton

Brücke A27 vast 9,58 m

Jachthaven Hermenzeil Tel. +31 (0)162 51 28 54

Jachthaven Scharloo Blauwe Vlag Hafen Tel. +31 (0)416 31 23 26
max. 25 ton

Jachthaven 't Oude Maasje Tel. +31 (0)416 31 28 50

Autofähre Sprang-Capelle - Dussen

Aquapele Tel. +31 (0)416 21 63

Autofähre Waalwijk - Drongelen

WSV Waalwijk www.wsvwaalwijk.nl Tel. +31 (0)416 33 00 96

MARK UND DINTEL

In Breda treffen die Bovenmark und die Aa (oder Weerijs) aufeinander und bilden dort die Mark, die später in die Dintel übergeht. Die beiden Flüsse entspringen in Belgien, wo sie Wasser von einem Gebiet mit einer Fläche von ungefähr 38.000 ha in die Niederlande führen. Im Mittelalter war die Mark ein breiter, ungezügelter Strom, der in offener Verbindung zum Meer stand. Bis rund 1550 war die Bovenmark bis Hoogstraten in Belgien befahrbar. Durch Versandungen wurde die Schifffahrt stets unmöglicher. 1816 fuhr das letzte Schiff nach Meerseldreef, einem Dorf etwas südlich der Landesgrenze.

An beiden Seiten des Flusses Mark überblicken Sie die grüne, frische Brabanter Polderlandschaft. Schöne Baumgruppen verleihen der Landschaft ein besonderes Aussehen. In der Ferne sind die Kirchentürme der kleinen Dörfer sichtbar. Bei Oudenbosch ändert sich der Name des Flusses von Mark in Dintel. Von einer Stelle aus sind die imposanten Fabriktürme der Zuckerfabrik von Dinteloord gut zu sehen.

Laakdijk-Gewässer

Um einen Abfluss regeln zu können und um das Wasser tief genug für die Schifffahrt zu halten, wurden Mark und Dintel 1826 mit einer Kammer- und Entwässerungsschleuse versehen. Das gesamte Gebiet, das sein Wasser in diesen Fluss leitet, umfasst rund 110.000 ha. Durch den Bau einer niedrig gelegenen Straßenbrücke an der Stelle, an der die Bovenmark und die Aa direkt unterhalb von Breda zusammentreffen, ist die Schifffahrt nicht mehr möglich. Die Mark und Dintel weisen eine Gesamtlänge von nahezu 36 km auf. Ungefähr sechs Kilometer, bevor die Mark und Dintel in die Volkerak münden, schließt der Mark-Vlietkanal am linken Ufer an.

Leurser Hafen seit Juni 1999

Mark-Vlietkanaal

Bereits in den Dreißiger Jahren hatte die Provinz Nordbrabant Pläne, um die Mark und Dintel mit der Roosendaalse und Steenbergse Vliet in Verbindung zu bringen. Durch den Zweiten Weltkrieg konnten diese Pläne jedoch nicht ausgeführt werden. In den Sechziger Jahren wurde ihnen wieder neues Leben eingehaucht. Der Mark-Vlietkanaal wurde ausgehoben, um damit eine bessere Schifffahrtsverbindung zwischen Rosendaal und der Schelde-Rheinverbindung über die Krammer-Volkerak zu realisieren.

1982 wurde der Mark-Vlietkanal als Schifffahrtsweg für Schiffe bis zu 1.000 Tonnen in Betrieb genommen. Ab dem Hafen von Roosendaal bis zu Mark und Dintel weist dieser Kanal eine Länge von rund 8 km auf. Ein Teil der bereits bestehenden Roosendaalse Vliet wurde in diesen Kanal aufgenommen. Ebenso wie die Mark und Dintel wird er an beiden Seiten durch einen Schilfgürtel umsäumt. Ungefähr 5 km stromabwärts unterhalb von Roosendaal schließt die Roosendaalse und Steenbergse Vliet an den Mark-Vlietkanal an.

Schloss Bouvigne

MARK UND DINTEL

Die Flüsse Mark und Dintel schlängeln sich durch das Westbrabanter Marschland, verfügen über breite Schilfgürtel und bieten an verschiedenen Stellen Ausblicke über die ausgedehnte Landschaft. Ein Anlegen am Ufer ist meistens nicht möglich.

Länge der Strecke:	37,5 km		
Betreiber:	Waterschap Brabantse Delta, Postbus 5520, 4801 DZ Breda		
	Tel. 00 31 (0)76 564 10 00		
Geringste Fahrrinnentiefe:	2,50 m		
Geringste Durchfahrtshöhe:	5,95 m		
Anzahl der Schleusen:	1 Schleuse an der Einfahrt zum Markkanaal Oosterhout		
	3 bewegliche Brücken (Bedienung rund um die Uhr)		
Brücken- und Schleusenzeiten:		1.4. bis 1.11.	1.11. bis 1.4.
	Mo. – Fr.	06.00 - 22.00	06.00 - 22.00
	Sa.	07.00 - 17.00	06.00 - 14.00
	So. und Feiert.	09.00 - 17.00	geschlossen
Sprechfunkkanal:	VHF 18 (Markschleuse)		
Besonderheiten:	keine		

TERHEIJDEN

In Westbrabant gibt es viele Festungsstädte, die zur Verteidigung des Gebietes gegen die Holländer, Spanier und später Franzosen dienten. Terheijden war eine spanische Festung, die Breda vor den Angriffen der Geusen schützen musste. Einige Schanzen sind noch intakt. Eine Schanze ist eine Art Fort mit einer ausgehobenen Gracht rundherum, von der aus man früher den Feind angriff. Die bekannteste Schanze ist die Kleine Schanze an der Nordwestseite von Terheijden, in der Nähe des idyllischen Hafens. Diese Schanze stammt aus dem Jahr 1590 und ist vor allem aufgrund der List mit dem Torfschiff bekannt. Diese List ist vergleichbar mit dem Trojanischen Pferd.

Breda war damals von den Spaniern besetzt. Maurits erteilte den Auftrag, ein Schiff mit Torf zu laden, wobei Soldaten unter dem Deck versteckt wurden. Das Schiff verließ die Schanze voll geladen in Richtung Breda. Der Schiffer fuhr mit dem Schiff über den Schlossgraben in das Schloss von Breda. Als die Spanier schliefen, kamen die Soldaten zum Vorschein, öffneten die Tore, vor denen der Rest der Armee wartete, und sie eroberten Breda. Die Schanze kann jetzt besichtigt werden. Terheijden hat eine alte (Fußgänger-) Fährenverbindung restauriert, und so können Sie Breda mit dem Fahrrad einfach erreichen.

Besichtigungstipps
- Katholische Kirche St. Antonius Abt, Marktstraat 2, Tel. 00 31 (0)76 593 12 16. Kreuzkirche mit eingebautem Turm, errichtet rund 1500.
- Mühle 'De Arend', Molenstraat 40, Terheijden, Tel. 00 31 (0)76 593 40 20. Galerieholländer aus dem Jahr 1742. Die letzte Restaurierung wurde 1984 abgeschlossen, wodurch die Kornmühle wieder regelmäßig in Betrieb ist.

Königliche Bäume: Aus Anlass der Hochzeit von Prinzessin Juliana im Jahr 1937 wurde eine Platane auf der Gabelung der Raadhuisstraat und dem Langeweg gepflanzt.

Veranstaltungen
Traaierie: 3. Sonntag im Juni
Mühlenflieger- und Fährentag: Schanzengelände, letzter Sonntag im August

Weitere Informationen:
VVV Oosterhout/Dorst, Bouwlingplein 1, 4901 KZ Oosterhout. Tel. NL 0900 20 22 550,
info@vvvoosterhout.nl, www.vvvoosterhout.nl.

Schanze in Terheijden

BREDA

Der Name Breda entstand durch die Verkürzung von Brede AA: Der Stelle, an der die Flüsse Mark und Aa zusammenfließen. 1252 erwarb Breda das Stadtrecht, wonach es am Anfang des 14. Jahrhunderts umwallt wurde. Rund um die Altstadt sind die Straßen in einer Art Ovalform angeordnet, ein auffälliges Merkmal alter Festungsstädte. Vor vierzig Jahren wurde ein Teil der Ringwälle zugeschüttet. Derzeit arbeitet man daran, diese wieder freizulegen. Dadurch wird Breda ein anderes Aussehen erhalten.

In der Altstadt finden Sie zahlreiche Denkmäler, aber es gibt ein Denkmal, an dem Sie die Stadt bereits aus der Ferne erkennen: Die Große oder Marienkirche aus dem 15. Jahrhundert.

Das 'Spanjaardsgat' mit den beiden siebeneckigen Verteidigungstürmen und der am Wasser gelegene Granat- und Teufelsturm erinnern an die Zeit, in der Breda in den Händen der Spanier lag. Seit 1828 nutzt die Königliche Militärakademie (KMA) das Schloss. Daneben befindet sich der Stadtpark Valkenberg. In der Altstadt liegt auch der rustikale Beginenhof. Bis 1990 wurde der Hof tatsächlich von Beginen bewohnt. Im Kräutergarten finden Sie Hunderte Kräuterarten.

'Barones', ein überdachtes Einkaufszentrum und das nagelneue Einkaufsgebiet 't Sas liegen brüderlich neben dem mittelalterlichen Großen Markt. Und Breda wartet auch mit Prunkstücken des modernen Baumeisters Hetzberger auf: Das Chassé-Theater und die 'Nieuwe Veste'. Die geschmackvolle Kombination von Alt und Neu finden Sie auch im Breda-Museum in der ehemaligen Chassé-Kaserne. Das Holland Casino, nunmehr das größte Casino Europas ist im prachtvoll umgestalteten Kloster im Zentrum untergebracht.

Beginenhof Breda

Besichtigungstipps
- Große oder Marienkirche, Kerkplein 2, Tel. 00 31 (0)76 521 82 67. Mit Alabaster-Grabmälern, Chorgestühlen, einem Taufbecken und Gemälden.
- Breda's Museum, Parade 12, 00 31 (0)76 529 93 00. Dauerausstellung über die Kultur und Geschichte von Breda, zudem Sonderausstellungen.
- Beginenhof und Beginenhofmuseum, Catharinastraat, Tel. 00 31 (0)76 514 25 04. Hof aus dem 13. Jahrhundert mit Kräutergarten. Die heutigen Gebäude stammen aus dem 16. und 17. Jahrhundert.
- Holland Casino Breda, Zentrum.
- Bierreklamemuseum, Haagweg 375, Tel. 00 31 (0)76 522 09 75. Werbeschilder und andere Objekte im Zusammenhang mit Bier.
- NAC-Museum, Stadionstraat 3, Tel. 00 31 (0) 76 521 45 00.
- Antoniuskirche, St. Janstraat 8, Tel. 00 31 (0) 76 521 57 64. Die Kathedrale des Bistums Breda.

Veranstaltungen
Breda Jazz-Festival: 4 Tage ab Christi Himmelfahrt
Breda Hippique: Anfang Juli
Breda Ballon-Fiesta: Mitte August
Harley-Tag: 3. Sonntag im August
Breda Photo: Jedes zweite Jahr 3 Wochen im September

Weitere Informationen:
Verkehrsverein Breda, Willemstraat 17-19, 4811 AJ Breda. Dependance Grote Markt 38.
Tel. NL 0900 522 24 44, Tel. B 0900 40 101, info@vvvbreda.nl, www.vvvbreda.nl.

FR
- Baronieroute, 38 oder 52 km
- Haagse und Ettense Auenroute, 35 km
- Fünf Eichenroute, 45 km
- Radeln Sie einmal.... die Gartenroute, 50 km. Erhältlich beim Verkehrsverein Breda.

FN Die Karten Baronie und De Wijde Biesbosch sind beim Verkehrsverein Breda erhältlich.

FV LTE, Tilburgseweg 76, Breda, tel. 00 31 (0)76 520 30 60
Rijwielshop Breda, Stationsplein 16, Breda, tel. 00 31 (0)76 521 05 01.

MARK UND DINTEL 1

Zwartenbergsche Brücke Fest 7 m

Fest 3 m

JH De Turfvaart www.turfvaart.nl Tel. +31 (0)76 503 70 67

Eisenbahnbrücke A16 Fest 7,00 m

Jachthafen Terheijde www.drimmelen.nl Tel. +31 (0)6 539 85 630

Terheijden - Breda (Haagse Beemden)
Moerhalenbrücke Fest 7 m
Charles Stulemeyerbrücke Fest 7 m
Jachthafen de Werv

Eisenbahnbrücke Fest 4,00 m

Fest 7,50 m

Fest 7,60 m

Terraaserbrücke fest 7,65 m

Brücke Schleuse fest 5,95 m

Mark Schleuse
Tel. +31 (0) 62 6 51 11 VHF 18
Jachthafen W.V. Schleuse 1

ZEVENBERGEN

Zevenbergen wurde im 13. Jahrhundert als Zentrum für den Transit von Salz und Torf gegründet, und war jahrelang für seine Zuckerfabrik bekannt. Während der Fahrt durch die Westbrabanter Polderlandschaft erhält man einen guten Eindruck der Naturschönheiten. In der Nähe der Eisenbahnbrücke und der charakteristischen Lamgatsbrücke finden Sie die Roode Vaart.

Besichtigungstipps
• Reformationskirche, Markt 4, Tel. 00 31 (0)168 32 73 74. Gotische Kirche, ungefähr aus dem Jahr 1400, mit Grab von Jean de Ligne (Graf von Arenburg 1568), Glocke aus dem Jahr 1401 von Peter van Dorme und Flentrop-Orgel.

Veranstaltungen
Biesbosch-Tour: Anfang Mai

STANDDAARBUITEN

Dieser Ort entstand im 16. Jahrhundert durch Eindeichung. Die Einkommensquellen sind Landwirtschaft und Champignonzucht. Die Polderlandschaft bietet einige schöne Panoramablicke. In der katholischen Kirche kann man Wandmalereien von Joan Colette bewundern. Die katholische Kirche von Noordhoek wurde 1921 nach einem Entwurf des Benediktinermönchs Dom Paul Bellot aus Oosterhout errichtet. Sein Stil wird "Holländische Backsteingotik" genannt.

Weitere Informationen über Zevenbergen und Standdaarbuiten:
Touristen- und Veranstaltungsbüro Willemstad, 'Mauritshuis', Hofstraat 1, 4797 AC Willemstad.
Tel. 00 31 (0)168 47 60 55, E-Mail: TAB-willemstad@planet.nl.

Radfahren entlang der Laakse Vaart (Seitenzweig Mark)

HOEVEN

Hoeven ist eine Erholungsgemeinde mit dem Flugplatz Seppe als zentralem Ausgangspunkt, von dem aus Sie Rundflüge nach Wahl unternehmen können. Neben tollen Fahrrad-, Wander- und Skatemöglichkeiten finden Sie hier 'Quasar', die ehemalige Volkssternwarte 'Simon Stevin'. Die Naturgebiete Pagnevaart und Poldersijk sind ganz gewiss einen Besuch wert. Der kinderfreundliche Wasserspielpark Splesj verfügt nicht nur über einen Spielplatz, sondern auch über einen gesonderten Klanggarten.

Besichtigungstipps
• Quasar, Bovenstraat 89, Tel. 00 31 (0)165 50 24 39, www.quasarheelal.nl.
• Wasserspielpark Splesj, Oude Antwerpsepostbaan 81b, Tel. 00 31 (0)165 50 25 70, www.bosbadhoeven.nl.
• Flugplatz Seppe Air service, Past. van Breugelstr. 93c, Bosschenhoofd,
Tel. 00 31 (0)165 31 81 67, www.luchtvaartmuseum.nl.

OUDENBOSCH

Im Herzen von Westbrabant liegt die malerische Stadt Oudenbosch mit ihrem schönen Hafen. Die 'Skyline' von Oudenbosch wird von zwei Kuppeln beherrscht, einer kleineren von der Kapelle des Instituts Saint Louis und der großen Kuppel der Basilika, gebaut nach dem Vorbild des Petersdoms in Rom (1865-1880). Eine andere Verbindung mit Rom findet man im niederländischen Zouavenmuseum. Zouaven waren Mitglieder der päpstlichen Armee, und viele Einwohner von Oudenbosch gehörten früher dieser Armee an. Das Arboretum ist ein wertvoller Baum- und Sträuchergarten mit vielen besonderen Gebäuden. Es gibt einen Naturlehrgarten, einen Kräutergarten und einen Zen-Garten. In diesem Garten sind verschiedene Kontinente vertreten.

Innenraum Basilika Oudenbosch

Besichtigungstipps
• Arboretum Oudenbosch, Markt 46, Tel. 00 31 (0)165 31 50 08, www.arboretumoudenbosch.nl.
• Niederländisches Zouavenmuseum, Markt 31, Tel. 00 31 (0)165 31 34 48. Objekte, Kleidung und Gemälde aus der päpstlichen Zouavenzeit rund 1860.
• Basilika H.H. Agatha & Barbara, Markt 57, Tel. 00 31 (0)165 33 05 02. Baustil nach Vorbild des Petersdoms in Rom.
• Naturhistorisches und Völkerkundliches Museum, Markt 30a, Tel. 00 31 (0)165 31 76 77. Unterschiedliche Objekte, die Missionare von Saint Louis aus Afrika mitbrachten, und Abteilung über die Entstehung des Bodens Westeuropas.

Veranstaltungen
Brabanter Reitertage: Anfang Juli
Sonnenwendfeier: Bosschenhoofd, August
Kuppelfeste: Ende September

Weitere Informationen:
Verkehrsverein-Prospektservice Oudenbosch, St. Annaplein 1, 4731 HN Oudenbosch. Tel. 00 31 (0)165 39 05 55.

FN Für Westbrabant wurden drei Fahrradwegenetzkarten herausgegeben. Alle Orte in dieser Region sind an dieses Netzwerk angeschlossen. Diese Karten sind bei den Verkehrsvereinen in der Region erhältlich.

FV Boere Tweewielers, Markt 1, Oudenbosch, tel. 00 31 (0)164 33 03 11.

Der Jachthafen von Oudenbosch

MARK UND DINTEL 2

Fest 7 m

Fest 7 m

Fest 7 m

Fest 7 m

Brücke A17 Fest 7 m
Jachthafen de Rozerij Tel. +31 (0)165 51 12 81

Fest 7 m
Jachthafen Oudenbosch Tel. +31 (0)165 31 61 77

Jachthafen Leeman Tel. +31 (0)165 31 77 57
max. 8 ton

W.S.V. Nolleke Sas Tel. +31 (0)168 32 48 85

W.S.V. Lamgat br Tel. +31 (0)6 532 386 08

BB Eisenbahnbrücke, Drehbrücke, Betätigung 1x pro Stunde, FH bei geschlossener Brücke 2,5 m

Fußgänger- und Fahrradbrücke Lamgatsbrücke Fest 7 m

Zwanenbergsche Brücke Fest 7 m

127

DINTELOORD

Dinteloord kann man mit seinen kolossalen Silos und den Verdampfungstürmen der Zuckerfabrik schwer übersehen. Im Sommer, wenn die Zuckerrüben auf dem Feld wachsen, ist es dort still, aber im Herbst wird hart gearbeitet, um die Zuckerrübenernte zu verarbeiten. Von Mitte September bis Mitte Dezember läuft die Zuckerfabrik auf vollen Touren. Früher fand die Rübenanlieferung und der Abtransport von Zucker mit Schiffen statt. Derzeit erfolgt dies über die Straße. Der Kalkstein, der für den Produktionsprozess notwendig ist, wird wohl noch per Schiff aus den belgischen Ardennen angeliefert, da dies viel preisgünstiger ist. Der Kalkstein, der in Brocken auf dem Kai liegt, wird beim Produktionsprozess zur Reinigung des Saftes verwendet, auch 'Klären' genannt. Die Zuckerfabrik in Dinteloord verfügt mit einer Lagerkapazität von 60.000 Tonnen Zucker über einen der größten Silos Europas.

Dinteloord ist ein angenehmer kleiner Ort mit einem guten Geschäftsangebot und mehreren schönen historischen Gebäuden. Der Hafen ist seit kurzem renoviert, und bietet die Möglichkeit zu einem Besuch dieses malerischen Dorfs. In der Nähe der Stelle, an der die Dintel in die Krammer-Volkerak mündet, befinden sich noch eine Reihe von Häfen, einige davon mit Wassersportgeschäften und gastronomischen Betrieben. Die Schleuse bei Dintelsas ist permanent geöffnet. Am Benedensas (untere Schleuse) in der Nähe des alten Schleusenkomplexes befinden sich zwei historische Schleusenwächterhäuser. Die Gebäude sind mit dem Fahrrad über kürzlich angelegte Radwege von Dinteloord aus gut erreichbar.

Die Landschaft kennzeichnet sich durch Polder mit hohen Deichen. Verschiedene Höfe aus dem 18. und 19. Jahrhundert brechen den endlos scheinenden Horizont. In Heijningen ist eir Denkmal zu sehen, das an die Überschwemmungskatastrophe im Jahr 1953 erinnert.

Besichtigungstipps
- Reformationskirche, Westvoorstraat 26, Tel. 00 31 (0)167 52 40 80. 1693 errichtet.
- Stekkenplek Zwingelspaan, Zwingelspaansedijk 4, Fijnaart/Zwingelspaan, Tel. 00 31 (0)168 40 32 93. Abwechslungsreicher Cottage-Garten

Veranstaltungen
Braderie: 2. Samstag im Juni

Weitere Informationen:
Verkehrsverein Steenbergen, Kaaistraat 47, 4651 BM Steenbergen.
Tel. 00 31 (0)167 54 34 34.
Verkehrsverein Roosendaal, Markt 71, 4701 PC Roosendaal.
Tel. 00 31 (0)16 55 44 00, info@vvvroosendaal.nl, www.vvvroosendaal.nl.

Dinteloord

FR • Prinslandroute (31 km), ab Kreuzung Havenweg/Stoofdijk, ca. 1 km vom Hafen entfernt. Erhältlich beim Verkehrsverein.

FN Dintelort ist an das Fahrradwegenetz Brabanter Delta angeschlossen. Diese Karte ist bei den Verkehrsvereinen in der Region erhältlich.

Dintelse Groden und Schlicken von de Heen

Bis zur Schließung des Philipsdamms 1987 war das Naturgebiet an der Krammer-Volkerak ein reines Salzwasser-Milieu. Danach veränderte sich einiges: Ebbe und Flut verschwanden und die Groden trockneten aus. Das Schlickgebiet von de Heen und die Dintelsen Groden bekamen einen neuen Naturwert. Das Übergangsgebiet zwischen Salz- und Süßwasser ist vielseitig und für Flora und Fauna sehr wertvoll. Queller, Strandnelke, Salzmelde und Löffelkraut sind Beispiele dafür, ebenso wie Weidenbüsche, Sumpfbinse, Strandsimse und Moorgreiskraut. Viele Tiere finden ihren Weg in die Umgebung der großen Bäche und kleinen seichten Priele, die das Schlickgebiet und die Groden durchziehen. Marder und Rohrweihen jagen dort Fasane, Kaninchen

Die grüne Polderlandschaft

und Hasen. Wasservögel gibt es im Überfluss: Viele Enten- und Schwanenarten, aber auch Stelzenläufer. Unter Begleitung des Naturdenkmalamtes werden in diesem prachtvollen Gebiet (Tages-) Ausflüge organisiert, und zwar ab der Fußgängerbrücke bei der historischen Schleuse Benedensas an der Mündung der Steenbergse Vliet. Siehe auch Roosendaalse und Steenbergse Vliet bei Schleusenkomplex Benedensas.

Weitere Informationen:
Verkehrsverein Steenbergen, Kaaistraat 47, 4651 BM Steenbergen.
Tel. 00 31 (0)167 54 34 34.

Klatschmohn-Feld

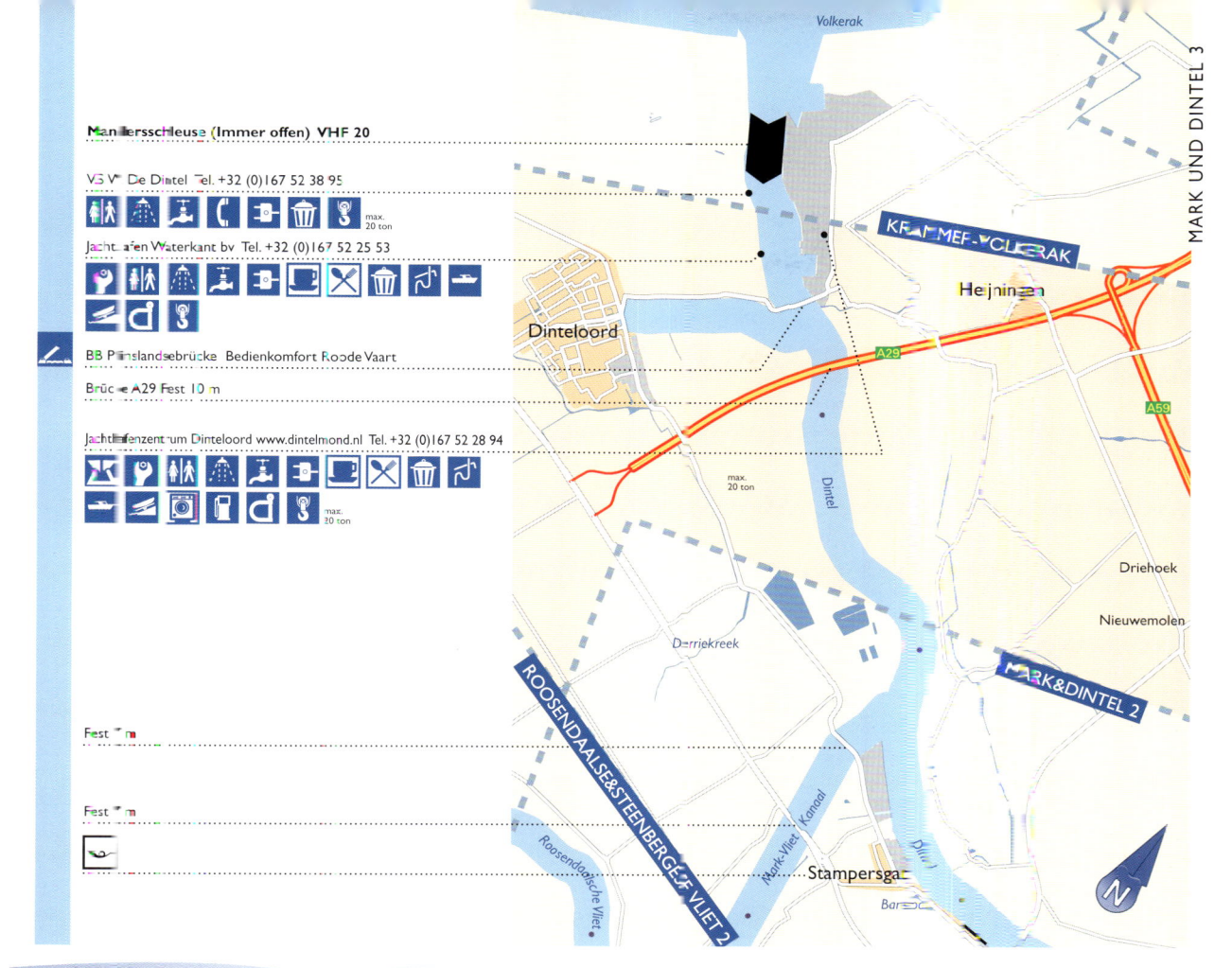

Mandersschleuse (Immer offen) VHF 20

VSV De Dintel Tel. +32 (0)167 52 38 95

Jachthafen Waterkant bv Tel. +32 (0)167 52 25 53

BB Prinslandsebrücke Bedienkomfort Roode Vaart

Brücke A29 Fest 10 m

Jachthafenzentrum Dinteloord www.dintelmond.nl Tel. +32 (0)167 52 28 94

Fest m

Fest m

SCHIFFFAHRTSROUTE WESTBRABANT

In Westbrabant ist bereits seit Jahren die Vereinigung Schifffahrtsroute Westbrabant aktiv. Diese Vereinigung, an der Unternehmen mit Bezug zum Wassersport sowie Gemeinden teilnehmen, setzt sich bereits seit langem für die Verbesserung der Möglichkeiten der Freizeitschifffahrt in diesem Gebiet ein. Man könnte selbst behaupten, dass Westbrabant eigentlich die Brutstätte ist, von der aus die grenzüberschreitende Freizeitschifffahrt im Benelux-Zentralgebiet (Nordbrabant, niederländisches und belgisches Limburg, Antwerpen und ein Teil von Flämisch-Brabant) angekurbelt wurde. Die Vereinigung gibt eine Schifffahrtsroutenkarte Westbrabant heraus, wobei die Schifffahrt auf folgenden Gewässern behandelt wird: ab der Bergse Maas über die Donge, die in den Wilhelminakanaal Richtung Tilburg übergeht, oder die Route Markkanaal, Mark und Dintel, Mark-Vlietkanal und die Roosendaalse und Steenbergse Vliet. Danach kommen Schelde-Rheinkanal, Krammer-Volkerak und das Hollandsch Diep noch zum Zug.

Die Schifffahrtsroutenkarte bietet der Wassersportler viele praktische Informationen über die Region. Zudem sind auch angenehme Fahrradrouten (22 bis 55 km) und Wanderrouten (18 bis 25 km) enthalten. Die Routen beginnen bei den Jachthäfen, Oosterhout und Drimmelen, Terheijden oder Breda, Oudenbosch und Steenbergen oder De Heen. Die Schifffahrtsroutenkarte bietet auch eine Übersichtskarte. Die Schifffahrtsroutenkarte Westbrabant ist in den Häfen in der Region erhältlich.

Weitere Informationen:

Sekretariat Vereinigung Schifffahrtsroute Westbrabant, Oude Tilburgsebaan 5, 5133 BD Riel. Tel 00 31 (0)13 518 15 61, www.vareninbrabant.nl, wetzels.management@planet.nl.

ETTEN-LEUR

Etten-Leur ist ein Ort mit vielen Freizeitmöglichkeiten. Die Museen, denkmalgeschützten Gebäude, Mühlen, Denkmäler und Galerien sind sicherlich einen Besuch wert. Der Wassersportler kommt ebenfalls zum Zug. In Etten-Leur-Nord befindet sich der Torfkanal "Leurse Haven" mit einem Jachthafen und Anlegestellen für Durchreisende. Der Natur- und Freizeitteich "Westpolderplas" bietet Platz für Wasserspaß. Ein erholsamer Tag erwartet Sie im Schwimmbad des Sportzentrums De Banakker im Herzen der Gemeinde. Dieser Komplex beherbergt im Herbst und Winter darüber hinaus einen kleinen Eislaufplatz. Ferner können sich Kinder hervorragend im großen Spielplatz und auf dem Kinderbauernhof in Etten-Leur amüsieren. Auch ein Einkaufsbummel im neuen Einkaufszentrum Etten-Leur, eine gemütliche Pause in einem der Cafés und Restaurants oder der Besuch einer Theatervorstellung ist möglich. Und wenn Sie länger in Etten-Leur bleiben möchten, gibt es gute Übernachtungsmöglichkeiten in Hotels und auf Campingplätzen bei Bauernhöfen.

Besichtigungstipps

• Petruskirche, Lange Brugstraat 32. Neugotische Kirche mit Glasmalereien und Orgel, 1889 errichtet.
• Zwartenbergse Poldermühle, Zevenbergseweg, Tel. 00 31 (0)165 38 63 61. Ein Mahlwerk aus dem Jahr 1889, das 1974 restauriert wurde.
• Bischofsmühle, Bisschopsmolenstraat 235, Tel. 00 31 (0)76 501 30 17. 1744 erbaut und 1990 innen und außen restauriert.
• Mühle De Lelie, Geerkade, Tel. 00 31 (0)76 501 28 05.
• Druckereimuseum, Leeuwerik 8, Tel. 00 31 (0)76 503 48 26. Museum über fünf Jahrhunderte Buchdruckkunst als visuelle Kommunikationsform und als Kunstausdruck.
• Heimatkundliches Regionalmuseum Jan Uten Houte, Markt 53-61, Tel. 00 31 (0)76 503 42 44. In einer Reihe alter Gebäude des historischen Sint-Paulushofes untergebracht, mit Brabanter Bauernzimmer, Kapelle, Herberge, Geschäft und Schulklasse.
• Land- und Gartenbaumuseum, Kasteellaan 23, Tel. 00 31 (0)76 501 39 50. Alte Materialien und Landwirtschaftswerkzeuge. Nur nach Voranmeldung.
• Huysmuseum, Van Bergenplein 39, Tel. 00 31 (0)76 502 60 00. Dauerausstellung von Materialien und Fotos zum Thema "Psychiatrie- früher und heute". Nur nach Voranmeldung.

Slickbrücke am Leurser Hafen

Jachthafen Etten

• Gedenksäule am Rijsbergseweg zur Erinnerung an den Aufstieg des ersten motorisierten Flugzeuges in den Niederlanden (Juni 1909).
• Käserei 't Vaartje, Hoge Vaartkant 24, Tel. 00 31 (0)76 501 27 02. Ausflüge nach Voranmeldung.
• Eiscremegut, Hoge Bremberg 33, Tel. 00 31 (0)76 501 47 50. Ausflüge nach Voranmeldung.

Ein Stück mit dem Rad

Veranstaltungen

Bienenmarkt: Letzter Samstag im März
Etten-Leurse Pony- und Pferdetage: 1. zwei Sonntage im April
Leurse Hafenfeste: Pfingstwochenende
Jahrmarkt: 2. Sonntag im September
Westbrabanter Herbstmarathon: Letzter Sonntag im Oktober
Schnulzenfestival: Oktober

Weitere Informationen:
Verkehrsverein (im Reisebüro The Travel Company),
Hof van den Houte 87, 4873 AZ Etten-Leur.
Tel. 00 31 (0)76 502 20 70, ettenleur@travelcompany,
www.vvvetten-leur.nl.

UITpunt Etten-Leur (in bibliotheek), Anna van
Berchemlaan 4, 4872 XE Etten-Leur.
Tel. 00 31 (0)76 501 27 96, www.uitinetten-leur

Zentrum Etten-Leur

FR Es gibt Naturschönheiten in Hülle und Fülle. Sie können beispielsweise in De Pannenhoef, Haagsedijk und dem Liesvelt radeln.

FN Auch Etten-Leur ist beim Fahrradroutennetzwerk angeschlossen. Auf der dazugehörigen Karte De Baronie sind alle Radfahrmöglichkeiten und Empfehlungen für Pausen in dieser Region angegeben. Diese Karte ist bei den Verkehrsvereinen in der Region erhältlich.

FV Profile van der Veeken, Bisschopsmolenstraat 104, Etten-Leur, Tel. 00 31 (0)76 502 00 50.

MARK UND DINTEL 4

Ein herrlicher Aufenthalt in den schönsten Häfen

ROOSENDAALSE UND STEENBERGSE VLIET

Andries Vierlingh, Gutsverwalter der Oranjes in Steenbergen, nennt die Dintel in seinem 'Traktaat van Dijkage' einen fetten holländischen Strom. Im Gegensatz dazu kennzeichnet er die Vliet als mageres seeländisches Gewässer, das durch die Schorren strömt. Die Schorren wurden im Lauf der Jahrhunderte bedeicht, und 1823 wurde die Vliet von der Volkerak mit einer Kammer- und Entwässerungsschleuse mit Sturmflut- und Fächertoren, der jetzigen Benedensas, abgeschlossen. Auf halbem Wege der Vliet wurde dieses Gewässer mittels der Kammerschleuse 'Bovensas' in zwei Abschnitte unterteilt.

Bis in die siebziger Jahre hatte die Roosendaalse und Steenbergse Vliet eine große Bedeutung für die Berufsschifffahrt, und zwar aufgrund der Zuckerfabriken, Sand- und Kieselbetriebe, einer Betonmörtelzentrale und einem Öldistributionszentrums in Roosendaal. Bevor der Mark-Vlietkanal 1982 in Betrieb genommen wurde, war die Vliet ein Fluss, in den ein Gebiet von rund 33.000 ha abfloss. Er eignete sich für Schiffe bis zu 500 Tonnen. Jetzt hat die Roosendaalse und Steenbergse Vliet nur mehr wenig Bedeutung für die Berufsschifffahrt. Durch die Entstehung von alternativem Gütertransport - über die Straße - und Betriebsverlagerungen reduzierte sich der Frachttransport per Schiff über die Vliet in nicht einmal 25 Jahren auf Null. Durch den kurvigen Charakter eignet er sich jedoch sehr gut für die Freizeitschifffahrt, und er bietet dem Freizeitschiffer sehr abwechslungsreiche Ausblicke auf die Polderlandschaft und die Dörfer, die etwas von diesem Fluss entfernt liegen.

Der Hafen von Stampergat, ländlich gelegen

Die Schleuse bei Bovensas

Terrasse im Zentrum von Roosendaal

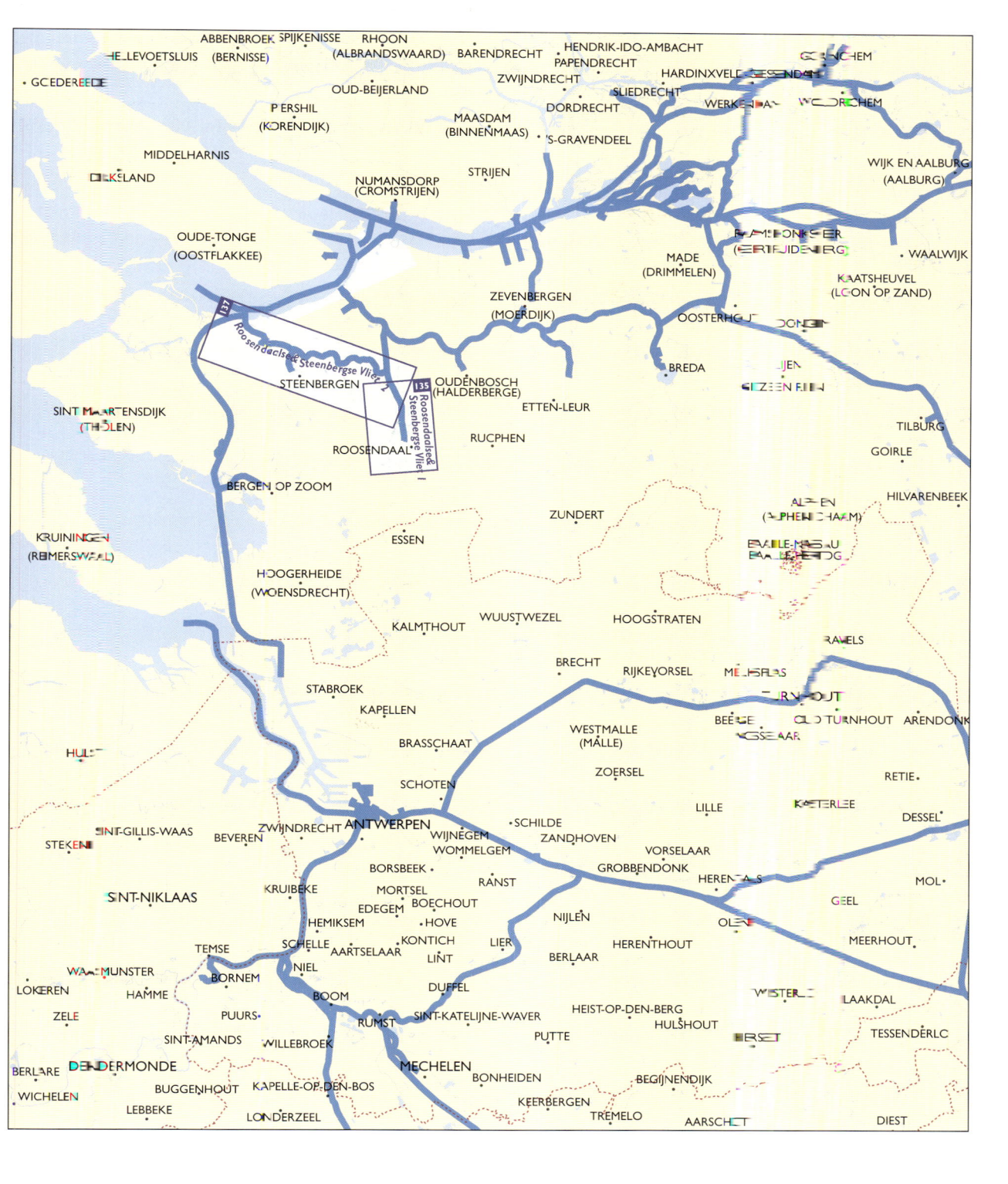

ROOSENDAALSE UND STEENBERGSE VLIET

Ein schmaler, mäandernder Fluss, umgeben von niedrigen Deichen, mit schöner Aussicht über die Westbrabanter Polder. An den Ufern breite Schilfgürtel mit vielen Wasservögeln. Wenig bis gar keine Frachtschiffe

Länge der Strecke:	20 km
Betreiber:	Hoogheemraadschap West-Brabant, Postbus 2212, 4800 CE Breda,
	Tel. 00 31 (0)76 564 10 00
Geringste Fahrrinnentiefe:	von Roosendaal bis Bovensas 1,40 m
	van Bovensas bis Benedensas 2,40 m
Geringste Durchfahrtshöhe:	3 m
Anzahl der Schleusen:	Schleusen nicht mehr in Betrieb
Brücken- und Schleusenzeiten:	normalerweise immer geöffnet
Sprechfunkanal:	-
Besonderheiten:	Bewegliche Fußgängerbrücke Benedensas immer geöffnet, sofern sie nicht vom Ufer aus bedient wird.

OUD GASTEL

Der Mark-Vlietkanal ist der längste große Kanal, der Ende der siebziger Jahre in den Niederlanden ausgehoben wurde, um Roosendaal eine Wasserverbindung zur Route Rotterdam-Antwerpen zu bieten, und zwar über die Volkerak. Um die Polder gegen hohe Wasserstände zu schützen, liegen örtlich hohe Deiche entlang den Ufern. Die wichtigsten Einkommensquellen von Oud Gastel sind Landwirtschaft und Gartenbau sowie Industrie. Im Dorf herrscht eine gemütliche Brabanter Atmosphäre. Die Umgebung kennzeichnet sich durch eine schöne Polderlandschaft. Der ausgedehnte Außenbereich eignet sich folglich hervorragend für Fahrrad- und Wandertouren.

Besichtigungstipps

• Pädagogischer Bauernhof und Seidenraupenzucht 'De Schans', Peter Ceelen Keetweg 1, Tel. 00 31 (0)165 32 00 95, www.zijdemuseum.com. Seidenraupenzucht seit 2000 Jahren bis heute. Auch junge, seltene Bauerhoftiere und Käse, Bier und Wein aus eigener Herstellung.
• Reformationskirche, Dorpsstraat 13, Tel. 00 31 (0)165 51 12 86. Klassizistische Saalkirche aus dem Jahr 1809, mit silbernem Abendmahlbecher und Wandmalerei.

ROOSENDAAL

An der Stelle, an der Wald und Heidefelder in der Polderlandschaft aufeinander treffen, liegt Roosendaal. Roosendaal ist die Stadt der Geselligkeit, nur einen Katzensprung von der belgischen Grenze entfernt. Hier erleben Sie die Gastfreundschaft eines einladenden gastronomischen Angebots. Im Factory Outlet Village Rosada (Roosendaal West) lohnt sich ein Einkaufsbummel: In luxuriösen Boutiquen finden Sie bekannte Modemarken, Sportkleidung, Accessoires und Tafelgeschirr zu stark ermäßigten Preisen. Auch im Zentrum können Sie nach Herzenslust einkaufen, und der Stadtkern ist regelmäßig Dekor für populäre Festlichkeiten. Neue Roosendaaler Veranstaltungen bringen jährlich viele Menschen in Bewegung. Roosendaal hat eine moderne Ausstrahlung, verfügt aber auch über schöne Denkmäler. Das alte Rathaus und die Johanneskirche verleihen dem Markt eine besondere Atmosphäre. Rund um die nahegelegenen Kirchdörfer Nispen, Heerle, Moerstraten, Wouw und Wouwse Plantage finden Sie die Ruhe und die Weitläufigkeit einer ausgedehnten grünen Umgebung. Das Waldgebiet der Wouwsen Plantage weist eine außergewöhnliche Schönheit auf, und ist relativ unberührt, da es erst 1987 der Öffentlichkeit zugänglich gemacht wurde. Mitten am Landgut liegt das Plantage-Zentrum

Museum De Ghulden Roos

(Privatbesitz) mit dem Feuerwehrmuseum.

Besichtigungstipps:

• Museum Tongerlohuys, Molenstraat 2, Roosendaal, Tel. 0031 (0)165 53 69 16. Ein ehemaliges Pfarrhaus aus dem Jahr 1762, derzeit Museum. Devotionalien, Westbrabanter Mützen, Spielzeugsammlung, Gemäldesammlung, antike Keramik und Steingut.
• Hofje van Mariagaard mit Kapelle, Nieuwstraat 1-19.
• Graphisches Museum 'In den Groenen Zonck', Roosendaalsestraat 43, Wouw, Tel. 0031 (0)165 30 22 90. Geschichte der Buchdruckkunst
• Katholische St. Lambertuskirche, gotische Kirche aus dem 15. Jahrhundert.
• Feuerwehrmuseum, Plantage-Centrum 1, Wouwse Plantage: Nur für Gruppen nach Voranmeldung beim Verkehrsverein Roosendaal.

Veranstaltungen:

Kulturelle Kundgebung: März
Geranienmarkt: Wouw, Mai Hap Stap-Festival: Roosendaal Mai
Roosendaal singt, KadeBoule/Kaaike Boven, Halbmarathon/10 km von Roosendaal: Juni
Beachvolleyball-Turnier, BHV Expo Gruppenrallye: Juni
Frauenhofkonzerte, Sommerstadtrundgänge, Führungen
Landgut Wouwse Plantage: Juli und August
Draai van de Kaai: August
Kirmes Roosendaal, KunstMonat Roosendaal,

Markt in Wouw

Straßenspektakel: September
Weitere Informationen:
Verkehrsverein Roosendaal, Markt 71, 4701 PC Roosendaal.
Tel. 00 31 (0) 165 55 44 00, info@vvvroosendaal.nl, www.vvvroosendaal.nl.
Büro Wouw: Roosendaalsestraat 58, 4724 AD Wouw. Tel. 00 31 (0) 165 30 32 52.

FR
• Grenzenlose Route, 42 km, Start beim Verkehrsverein Roosendaal, ca. 1 km von der Anlegestelle entfernt
• Rondje Roosendaal, 56 km, Start bei der Kreuzung Jan Vermeerlaan/Westelijke Havendijk, Roosendaal, ca. 1 km von der Anlegestelle entfernt
Beim Verkehrsverein ANWB Roosendaal erhältlich.

FN Roosendaal und Umgebung ist am Fahrradwegenetz Brabanter Delta angeschlossen. Diese Karte ist bei den Verkehrsvereinen in der Region erhältlich.

FV Rijwielshop Station Roosendaal, Stationsplein 1, Roosendaal, Tel. 00 31 (0)165 53 72 28
Van Winden Tweewielers, Plantagebaan 2, Wouw. Tel. 00 31 (0) 165 30 15 76.

Landgut Wouwse Plantage

Musikanten am Ufer

Brücke A17 Fest 7 m

BB

W.S.V. Vliet Tel. +31 (0)165 55 20 68

ROOSENDAALSE UND STEENBERGSE VLIET 1

135

SCHLEUSENKOMPLEX BENEDENSAS

In der Nähe von Steenbergen befindet sich der historisch gesehen bedeutende Schleusenkomplex Benedensas. Das Wort 'sas' ist ein Synonym für 'Schleuse', das wiederum vom lateinischen 'exclusa' (aqua exclusa = ausgeschlossenes Wasser) stammt. Die erste Schleuse des Komplexes Benedensas ist die so genannte Kammerschleuse aus dem Jahr 1824, die in den Sechziger Jahren prachtvoll restauriert wurde. Diese Schiffsschleuse sollte den Fluss vom Außenwasser abschließen, damit das Wasser bei Flut nicht landeinwärts fließen konnte. Gleichzeitig konnte dadurch die Entwässerung der Polder erheblich verbessert werden. Bei Ebbe wurde das überschüssige Wasser der Vliet in die Volkerak abgeleitet. Daraufhin fungierte die Vliet wieder als eine Art Sammelbecken für das Polderwasser.

1913 wurde die Schleusenkapazität des Benedensas erheblich vergrößert, und zwar durch den Bau eines sogenannten 'Binnenhauptes'. Dadurch entstand zwischen der alten Schleuse - dem 'Außenhaupt' - und dem neuen Binnenhaupt eine 'grüne Schleusenkammer' mit einer Länge von 70 Meter und einer Breite von 25 Meter. Ab diesem Zeitpunkt konnte eine entsprechende Anzahl großer (oder größerer) Schiffe gleichzeitig geschleust werden. Am Anfang der sechziger Jahre musste das Außenhaupt gründlich renoviert werden. Anfänglich wollte man die relativ kostbaren Fächertore durch die gängigeren Stemmtore ersetzen. Glücklicherweise für das Benedensas beteiligte sich der Denkmalschutz zu 50% an den zusätzlichen Kosten. Dadurch konnte die Kammerschleuse in

Benedensas

ihrem ursprünglichen Zustand erhalten werden. Das Benedensas wurde daraufhin als zweites wasserbautechnisches Objekt in den Niederlanden unter Denkmalschutz gestellt. Das Lelygemaal (Pumpwerk) bei Medemblik ist übrigens das erste.

Der Schleusenkomplex Benedensas ist ein romantischer Ort, an dem unter anderem der Film 'Merijntje Gijzen' gedreht wurde. Unter Begleitung der Naturdenkmälervereinigung werden in diesem prachtvollen Gebiet der Schlicken van de Heen und der Dintelsen Groden (Tages-) Ausflüge ab der Fußgängerbrücke bei der Schleuse Benedensas organisiert.

DE HEEN

De Heen ist ein typisches Brabanter Dorf. Es liegt am Benedensas, wo die Schleuse Zugang zur Krammer-Volkerak bietet. De Heen ist von Naturgebieten umgeben, wie beispielsweise den Schlicken van de Heen und den Dintelsen Groden, mit ausgetrockneten Platten und Schlammgebieten. In diesem unberührten Gebiet kommen viele verschiedene Vögel vor, wie beispielsweise der Zaunkönig und der Kormoran. Im Hafen von de Heen können Sie darüber hinaus ein Flüsterboot mieten, um so die Gewässer und die Natur auf eine attraktive Art und Weise zu entdecken.

STEENBERGEN

Im 14. Jahrhundert war Steenbergen ein bedeutender Seehafen an der Steenbergse Vliet. Als der Hafen versandete, verlegte sich die Bevölkerung mehr auf den Torfstich, die Landwirtschaft und die Viehzucht. Im Achtzigjährigen Krieg war Steenbergen durch seine optimale Lage eine gefürchtete Festungsstadt. Steenbergen ist für seine schönen Jachthäfen mit dem Fort Henrica bekannt: u.a. dem einzigartigen Jachthafen im Zentrum und angenehmen Häfen in den anderen Zentren von Steenbergen. Das charakteristische Zentrum ist einen Besuch wert, und bietet viele Einkaufsmöglichkeiten. Steenbergen liegt in einer einzigartigen Umgebung, mit Wäldern an der Ostseite und einer Polderlandschaft mit, von Pappeln umsäumten Deichen an der Westseite. In der Umgebung von Steenbergen sind vor allem die alten Schleusenkomplexe Beneden- und Bovensas und das Gebiet von Merijntje Gijzen in und rund um Nieuw-Vossemeer sehenswert.

Besichtigungstipps
- St. Gummaruskirche, Westdam 83, Tel. 00 31 (0)167 56 31 29. Dreischiffige Basilika mit runden Kreuztürmen und viereckigen Ecktürmen.
- Reformationskirche, Kerkplein 7. Dreischiffiges Gebäude mit klassizistischer Fassade, errichtet 1834.
- Kinderbauernhof/Vogelbetreuung De Lindehof, Drielindekensweg 5b, Tel. 00 31 (0)167 56 74 56.

Veranstaltungen
Jahrmarkt von Steenbergen: September
Braderie Welberg: Letzter Sonntag im Juni

Jachthafen von Steenbergen

Weitere Informationen über Benedensas, De Heen und Steenbergen:
Verkehrsverein Steenbergen, Kaaistraat 47, 4651 BM Steenbergen.
Tel. 00 31 (0)167 54 34 34.

FR Radfahren von Steenbergen aus
- Boonhilroute, 30 km, ab dem Afgeslechtedijk, Steenbergen, ca. 2 km vom Jachthafen entfernt
- Heense Deichenroute, 31 km, ab West Havendijk, Steenbergen, < 1 km vom Jachthafen entfernt

FN Steenbergen und De Heen sind am Fahrradwegenetz Brabanter Delta angeschlossen. Diese Karte ist bei den Verkehrsvereinen in der Region erhältlich.

FV Akkermans Outdoor Centre, Heense Molenweg 23, De Heen, 00 31 (0)167 50 26 21.

Schleusenkomplex Benedensas

W.S.V. Volkerak Tel. +31 (0)167 56 71 80

BB Fußgängerbrücke (Benedensas)

Schleuse benedensas (Immer offen)

W.S.V. de Vliet bv Tel. +31 (0)167 50 29 14

Jachthaven De Schapenput www.schapenput.nl Tel. +31 (0)6 51 51 72 17
max. 15 ton

Jachthaven Steenbergen Tel. +31 (0)167 56 58 54
max. 1 ton

Fest T

Schleuse bovensas (Immer offen)

Brücke Schleuse Fest 3 m

ROOSENDAALSE UND STEENBERGSE VLIET 2

SCHELDE-RIJN-KANAAL&KREEKKRAKSLUIZEN 2

KRAMMER-VOLKERAK

SCHELDE-RIJN-KANAAL&KREEKKRAKSLUIZEN 3

Prins Hendrikpolder

Heensche Molen

Watergang

De Heen

Zwarte Ruiter

Steenbergsche Haven

STEENBERGEN

Breede Watergang

De Barend

Potmarkreek

Boomvaart

Welberg

Breede Watergang

Wiel aan de Drenkhoos

De Roode Weel

Polderwatering

Nauw Beek

Blauwe Sluis

Kruisbeek

Vierhoevensche Watergang

De Beek

Zwarte Wiel

Lage Derriekreek

Zwarte Wiel

Tuimelaars Kreek

Hoge Derriekreek

Kruisland

Bansloot

ROOSENDAALSE&STEENBERGSE VLIET 1

MARK&DINTEL 2

MARK&DINTEL 3

Vlietj

Bansloot

Oud Gastel

Mark-Vlietkanaal

Krammer

137

RUPEL UND UNTER-NETE

RUPEL
Die Rupel verbindet einige Gewässer mit dem obersten Teil der Seeschelde in Wintam, wie beispielsweise die Unter-Nete und die Unter-Dijle. Zudem bildet die Rupel die Verbindung zwischen Brüssel und der Nordsee, als Bestandteil des Seekanals Brüssel-Rupel-Schelde. Die Rupel ist ein natürlicher Fluss, bei dem die Wirkung der Gezeiten noch spürbar ist. Großteils befinden sich entlang dem Fluss alte industrielle Bebauungen (industrielle Archäologie), die an die frühere Ziegelindustrie erinnern. Damals war dies hier eine Aktivität in großem Ausmaß. Der seicht liegende Rupel-Lehm war von einer außergewöhnlichen Qualität und eignete sich somit hervorragend zur Ziegelherstellung. Entlang beiden Ufern trifft man auch noch Reste verschiedener alter Schiffswerften an, eine Tätigkeit, die für diese Region ebenso kennzeichnend war. Ein kleiner Teil der Rupel weist noch einen grünen Charakter auf.

Beginenhof in Lier

NETEKANAL
Der Netekanal verbindet den Albertkanal mit der Unter-Nete. Wie der Name schon sagt, handelt es sich um einen Kanal, der in den fünfziger Jahren völlig künstlich ausgehoben wurde. Der Netekanal wurde angelegt, um die Verbindung für die Schifffahrt zwischen der Seeschelde und dem Industriebecken in Lüttich und den Kempen zu vereinfachen. Durch die Anlage des Kanals mussten die Schiffe nicht mehr den Umweg über Antwerpen machen.

Zum Großteil wird der Kanal von schönen grünen Ufern umrahmt, und es gibt nur an einigen Stellen Bebauung und Industrie. Dieser Kanal dient sogar als Wassergewinnungsgebiet für Trinkwasser. Man muss also darauf achten, dass keine Stoffe in den Kanal gelangen, die das Ökosystem des Wassers beeinträchtigen könnten.

Radfahren auf den Netedeichen

UNTER-NETE
Ebenso wie die Rupel ist die Unter-Nete ein natürlicher Fluss, bei dem die Gezeiten zweimal täglich spürbar sind. Dadurch entstehen bei Ebbe verschiedene trockene Stellen. In den sechziger Jahren wurde die Unter-Nete ab dem Schleusenkomplex in Duffel für die Schifffahrt korrigiert. Der Fluss wird großteils von grünen Ufern umfasst, und Bebauung und Industrie findet man nur an manchen Stellen.

Sicht auf die Nete in Lier

Hafen Klein-Willebroek

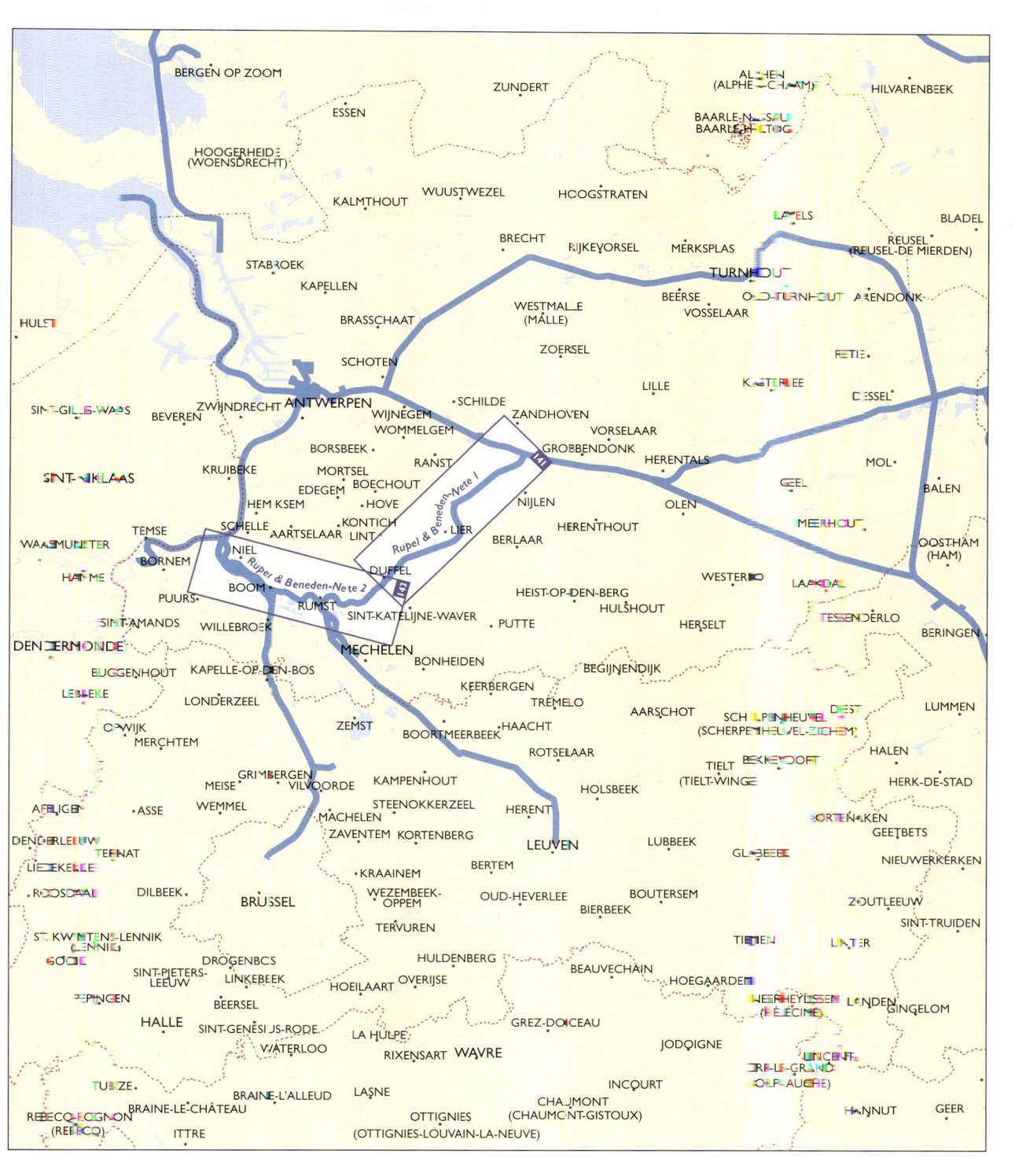

RUPEL UND BENEDEN-NETE UND NETE-KANAAL

Die Rupel und die Beneden-Nete sind Gezeitenflüsse mit starkem Tidenhub. Der Nete-Kanal zwischen Duffel und dem Albertkanal ist ein Kanal mit hohen Ufern, der durch eine attraktive Landschaft führt.

Länge der Strecke:	27,3 km + 15,1 km		
Betreiber:	Waterwegen & Zeekanaal NV Afdeling Zeeschelde, Vlaams Adm. Centrum, Copernicuslaan 1, bus 13, 2018 Antwerpen, Tel. 00 32 (0)3 224 67 11		
Geringste Fahrrinnentiefe:	veränderlich, da Gezeitenfluss		
Geringste Durchfahrtshöhe:	4,20 m		
Anzahl der Schleusen:	2 Schleusen		
Brücken- und Schleusenzeiten:		**ganzjährig**	**1.5. bis 30.9.**
	Mo. – Sa.	06.00 - 22.00	
* Auf der Bahnbrücke Boom	So. und Feiert.	geschlossen	10.00 - 18.00*
Sprechfunkkanal:	VHF 22		
Besonderheiten:	Unübersichtliche Kurven auf der Beneden-Nete. Hupe und VHF 10 benutzen! Untiefen durch wechselnden Gezeitenstrom Beneden-Nete bei Niedrigwasser schwer befahrbar Rupel und Beneden-Nete unterliegen dem Gezeitenstrom		

VIERSEL (Zandhoven)

Viersel, eine Teilgemeinde von Zandhoven, ist ein wichtiges Wassersportzentrum entlang dem Albertkanal. Über den ausgeschilderten Hovorstweg wandern Sie bis zum teilweise umwallten Schloss von Hovorst.

Besichtigungstipps
• Verkehrsverein Kempen, Albertkanal, Massenhoven, Tel. 00 32 (0)3 485 76 79. Schnellfahrt und Wasserski.

Veranstaltungen
Diamond Race Viersel: Pfingsten

Weitere Informationen:
Tourismus Zandhoven, Liersebaan 12, 2240 Zandhoven. Tel. 00 32 (0)3 484 30 20, web@zandhoven.be, www.zandhoven.be.

> **FN** Anschluss an das Fahrradwegenetz über Knotenpunkt 74.

Provinzialdomäne Kesselse Heide in Nijlen

NIJLEN

Gemeinde am niedrigen Interfluvium zwischen Kleiner und Großer Nete, bestehend aus den Kernen Nijlen, Bevel und Kessel.

Besichtigungstipps
• Provinzdomäne Kesselse Heide, Koningsbaan, Tel. 00 32 (0)3 360 52 16, www.kesselseheide.be. Heide (43 ha), unterbrochen durch kleine Sandebenen, einen Moorsee, Wälder und freistehende Bäume.
• Kruiskensberg, Kruiskensbaan, Bevel. Wandergebiet (14 ha) und Wallfahrtsort.

Veranstaltungen
Gartentage im Friedenshof Kessel: Frühling
Kruiskensmarkt: Wallfahrt und Jahrmarkt Kruiskensberg: Karfreitag

Weitere Informationen:
Gemeindeverwaltung, Kerkstraat 4, 2560 Nijlen. Tel. 00 32 (0)3 410 02 13.

> **FR** • Mühlenroute, 48 km
> • Diamantroute, 30 km
> Erhältlich bei der Gemeinde Nijlen
>
> **FN** Anschluss an das Fahrradwegenetz über Knotenpunkt 75 und 76. .

LIER

Reizvolle Provinzstadt am Zusammenfluss von Großer und Kleiner Nete. Der Beginenhof, die gotische Gummaruskirche, der Zimmerturm und das Rathaus stellen die Blickfänger dar. Lier ist die Geburtsstadt vieler bekannter Schriftsteller und Künstler, unter anderem Felix Timmermans. Auf einer der zahlreichen Terrassen können Sie die regionale Biersorte Caves und die Lierse Vlaaikes (Süßspeise) verkosten.

Besichtigungstipps
• Beginenhof. Erbaut im 13. Jahrhundert, wobei die jetzigen Gebäude hauptsächlich aus dem 17. Jahrhundert stammen. Ein monumentales Tor bietet Zugang zum vollständig geschlossenen Hof mit mehreren Straßen und Stegen. Die Grachtseite ist ein schönes Beispiel Brabanter Architektur: Die Beginenhofkirche besitzt ein reiches Interieur und eine monumentale Orgel.
• Gummaruskirche Brabanter Hochgotik (1412-1540), reich an Kunstschätzen.
• Zimmerturm, Zimmerplein 18, Tel. 00 32 (0)3 800 03 95. Astronomisches Studio mit Planetarium von Louis Zimmer, untergebracht im mittelalterlichen Corneliusturm.
• Stadtmuseum Wuyts-Van Campen und Baron Caroly, F. Van Cauwenberghstraat 14, Tel. 00 32 (0)3 800 03 96. Gemälde von der Renaissance bis zur 1. Hälfte des 20. Jahrhunderts, alte und moderne Bildhauerei, Aquarelle, Radierungen, Gravuren und prachtvolle Silbersammlung von Baron Caroly.
• Timmermans-Opsomer-Haus, Netelaan 4, Tel. 00 32 (0)3 800 03 94. Werk von Künstlern aus Lier, mit u.a. literarischen und plastischen Werken von Timmermans, Gemälden von Baron Opsomer und Kunstschmiedearbeiten von Van Boeckel.
• Liers Zentrum für Textilkunst 'Spitzenzimmer', Begijnhofstraat 1, Tel. 00 32 (0)3 480 04 30. Ausstellung alter und zeitgenössischer Spitze aus Lier in der Sint-Anna-Kapelle, Vorführungen in der Werkstätte.

Veranstaltungen
Stadtrundgänge mit Stadtführer 'Lier fünfmal anders': Mai-Oktober
Taubenmarkt: Jeder Sonntag
Lier Kirmes: 2. Wochenende nach Pfingsten
Festkonzerte: Donnerstag abend im Juli und August
Glockenspielkonzerte: Sonntag abend im Juli und August
Sint-Gummarus-Prozession: 3. Sonntag im Oktober

Der Zimmerplatz mit Zimmerturm in Lier

Weitere Informationen:
Tourismus Lier, Rathaus, Grote Markt 57, 2500 Lier. Tel. 00 32 (0)3 800 05 55, toerisme@lier.be, www.lier.be.

> **FR** • Netelandroute, 44 km
> • Arkelroute, 42 km
> • Diamantroute, 30 km
> • Obstgartenroute, 29 km
> • Abraham Hansroute, 40 km
> Erhältlich bei Tourismus Lier.
>
> **FN** Anschluss an das Fahrradwegenetz über Knotenpunkt 88 und 20.
>
> **FV** Bahnhof (NMBS), Leopoldplein 1, Lier, Tel. 00 32 (0)3 229 55 02.

Schleuse Viersel
Tel. +32 (0)3 485 51 27 VHF 22
Brücke Schleuse Viersel Fest 5,75 m

Brücke E313 Fest 7,40 m

Passantenhafen Lier Tel. +32 (0)477 44 06 22

Brücke N116 Mol-ter-Nete Fest 5,60 m

Bahnbrücke Emblem Fest 7,25 m

V.V.W. Emblem Tel. +32 (0)3 271 00 82

Eisenbahnbrücke Nazareth Fest 7,00 m

Brücke 1 Kesselsesteenweg Fest 6,90 m

Brücke 2 Berlaarsesteenweg Fest 6,90 m

Brücke 3 Aarschotsesteenweg Fest 7,00 m

Brücke 4 Waversesteenweg Fest 7,00 m

V.V.W. Nete Tel. +32 (0)476 62 52 78

Schleuse Duffel
Tel. +32 (0)15 31 01 99 VHF 22

Brücke Duffel Fest 4,20 m (GHW)

RUPEL UND BENEDEN-NETE 1

DUFFEL

Duffel erlebte im 16. Jahrhundert eine Blütezeit, und zwar aufgrund des hier produzierten Wollstoffs, nach dem später der 'Duffelcoat' benannt wurde. Geburtsort des Sprachwissenschaftlers Cornelius Kilianus, Korrektor bei Plantijn in Antwerpen.

Veranstaltungen
Kaarskens-Prozession: 14. August
Ballonnekes-Umzug: Letzter Samstag im September

Weitere Informationen:
Gemeindeverwaltung, Gemeentestraat 21, 2570 Duffel.
Tel. 00 32 (0)15 31 12 02.

Museum 't Geleeg in Rumst

Fußgängerfähre von Boom nach Klein-Willebroek

RUISBROEK (PUURS)

Ruisbroek, südlich der Rupel, litt lange Zeit erheblich unter Deichbrüchen. 1976 machte Ruisbroek Schlagzeilen durch eine Überschwemmung, welche die ganze Gemeinde und Umgebung unter Wasser setzte. Das Museum De Bres illustriert diese Katastrophe anhand von Fotomaterial.

Besichtigungstipps
• Museum De Bres, Ruisbroekdorp, Tel. 00 32 (0)3 886 48 95. Regionale Geschichte und die Überschwemmung im Jahr 1976.
• Kommunaldomäne Hof ter Zielbeek (5 ha), Sint-Katharinastraat.

Weitere Informationen:
Touristischer Dienst, Rathaus, Hoogstraat 29, 2870 Puurs.
Tel. 00 32 (0)3 890 76 76,
toerisme@puurs.be, www.puurs.be.

RUPEL-GEBIET

Das Rupel-Gebiet liegt entlang der Grenzen der Flüsse Rupel und Schelde, und umfasst die Gemeinden Hemiksem, Schelle, Niel, Boom und Rumst.
Die einzigartige Landschaft macht aus einem Besuch des Gebiets etwas Besonderes. 'Die Schatzkammer der industriellen Archäologie': So könnte man das Rupel-Gebiet umschreiben. Drei Museen erzählen die Geschichte vom Lehn bis zum Ziegel: Das Ökomuseum und Archiv des Ziegels aus Boom (EMABB), das Ziegelbrennereimuseum des Rupel-Gebiets 't Geleeg und das Museum Rupellehm. Das Provinziale Freizeitzentrum De Schorre ist eine alte Lehmgrube, die in ein besonderes Erholungsgebiet verzaubert wurde.
Ein Ausflug in das Rupel-Gebiet ist voll angenehmer Kontraste. Sie können die Natur auf den Deichen von Rupel und Schelde genießen, entlang ruhigen Wegen wandern und Rad fahren, Museen und Denkmäler entdecken, gastronomisch tafeln,....

Besichtigungstipps
• Ziegelbrennereimuseum des Rupel-Gebiets 't Geleeg, Steenberghoekstraat 20, Rumst, Tel. 00 32 (0)3 844 49 74. Die Ziegelbrennerei früher und heute, untergebracht in einer rekonstruierten Handziegelbrennerei aus dem Jahr 1880.
• Museum Rupelklei (Rupellehm), Kloosterstraat, Terhagen (Rumst), Tel. 00 32 (0)3 888 19 51. Darstellung der Lehmgewinnung und Herstellung von Ziegeln anhand von Objekten und Bildern.
• Ökomuseum und Archiv der Ziegel aus Boom (EMABB), Noeveren 196, Boom,
Tel. 00 32 (0)3 888 15 58, www.emabb.be. Industriell-archäologischer Ziegelbrennereikomplex des Rupel-Gebiets.
• Provinziales Freizeitzentrum De Schorre, Kapelstraat 83, Boom, Tel. 00 32 (0)3 880 76 00, www.deschorre.be. Freizeitzentrum in alter Lehmgrube mit wertvollem Naturgebiet, Minigolf, Ruderteich mit Tretbooten, Spielplatz, Angel- und Wandermöglichkeit sowie Sportplätzen.
• Naturgebiet Walenhoek, Niel. Gebiet (46,5 ha) eines alten Lehmabbaus mit naturpädagogischem Zentrum De Paardestal, Boomsestraat 221, Niel, Tel. 00 32 (0)3 888 39 44.
• Heemmuseum Bysterveld, Peperstraat 48, Schelle, Tel. 00 32 (0)3 887 61 32. Regionalgeschichte, Interieurs, Folklore und alte Handwerke

Veranstaltungen
Übersommern im Rupelgebiet: Dutzende Aktivitäten in den fünf Rupelgemeinden im Juli und August
Veranstaltungen im Freizeitzentrum De Schorre in Boom, u.a. Mano Mundo Festival: 2. Sonntag im Mai

Weitere Informationen:
Tourismus Rupelgebiet, Provinciaal Recreatiecentrum De Schorre, Kapelstraat 83, 2850 Boom.
Tel. 00 32 (0)3 880 76 25, toerup@pandora.be, www.toerismerupelstreek.be.

FR
• Backsteinroute, 49 km
• Abraham Hansroute, 40 km
Erhältlich bei Tourismus Rupelgebiet.

FN Anschluss an das Fahrradwegenetz über die Knotenpunkte 51, 50, 26, 28, 29 und 34.

FV Freizeitzentrum De Schorre, Kapelstraat 83, Boom, Tel. 00 32 (0)3 880 76 25.

Provinziales Freizeitzentrum De Schorre in Boom

RUPEL UND BENEDEN-NETE 2

Eisenbahnbrücke Fest 4,20 m (GHW)
Betonbrücke Sidal Fest 6,20 m (GHW)

Brücke N1 Fest 4,44 m (GHW)

Brücke E19 Fest 7,14 m (GHW)

Schleuse Zennegat
Tel. +32 (0)15 27 12 57 VHF 20

Fußgänger- und Fahrradbrücke Walem - Rumst Fest 8,44 m (GHW)
Fußgänger- und Fahrradbrücke Walem - Heindonk Fest 8,44 m (GHW)

RYCV / Rupel Yacht club Tel. +32 (0)3 886 06 06

BS Brücke Klein Willebroek
Schleuse Klein Willebroek:
Zugang nur zwischen 3 Stunden vor und 3 Stunden nach Ebbe

Kommunaler Anlegesteg Boom

Jachtwerft
BS Brücke Schleuse Vredesbrücke
Fußgänger- und Fahrradfähre Klein-Willebroek - Boom

BS Brücke Boom VHF 20

Tunnel
BS Eisenbahnbrücke VHF 20
In geschlossenem Zustand sehr geringe Durchfahrtshöhe bei Flut!
KWYC / Klein Willebroek Yacht club Tel. +32 (0)475 35 86 29

FEVACA Tel. +32 (0)3 844 20 00

Cothilde Ski Club Tel. +32 (0)3 88 64 979

Fußgänger- und Fahrradfähre Niel - Hingene

Schleuse Wintam
Tel. +32 (0)3 860 62 93 VHF 68 Verfall ca. 5 m

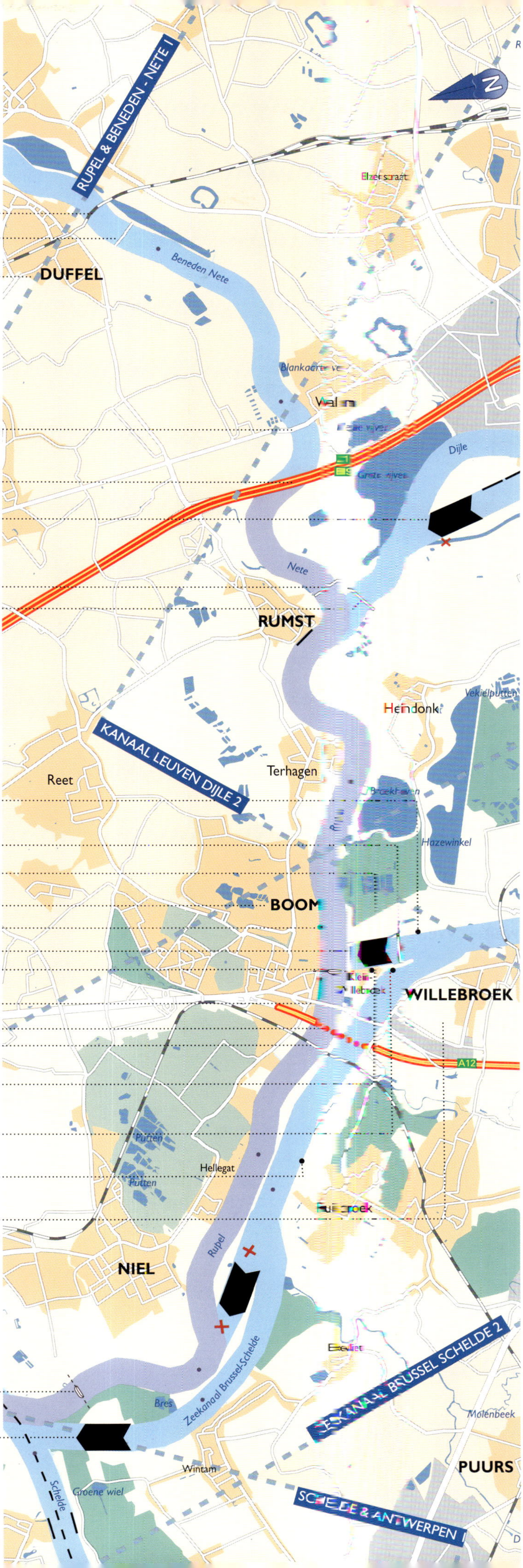

SCHELDE & ANTWERPEN

SCHELDE / SEESCHELDE

Die Seeschelde ist ein Teil der Schelde, die sich von der Hochebene von Sint-Quentin in Frankreich bis zur niederländischen Grenze erstreckt. Über die Westerschelde fließt sie weiter in die Nordsee. Die Schelde verbindet verschiedene Städte miteinander, wie beispielsweise Gent, Dendermonde, Sint-Amands, Temse, Rupelmonde und Antwerpen. Die Ufer des Flusses sind bereits seit vielen Jahrhunderten bebaut.« Bereits zur Zeit der römischen Besatzung kommen der Name Schelde und verschiedene Stadtnamen vor.

Ein russisches Schiff mit Holz erregt großes Aufsehen in der Seeschleuse von Wintam

Die Seeschelde ist ein natürlicher Fluss, bei dem die Wirkung der Gezeiten noch spürbar ist. Um den Fluss besser befahrbar zu machen, wurde die Seeschelde zwischen der Jahrhundertwende und dem Zweiten Weltkrieg an verschiedenen Stellen korrigiert. Obwohl nach dem Zweiten Weltkrieg keine Korrekturen mehr auf der Seeschelde stattgefunden haben, hat sich die Fahrrinne des Flusses an einigen Stellen verlagert (unter anderem in Mariakerke, wo man bis rund 1950 noch um eine Insel herumfahren musste) und vertieft.

Großteils liegt der Fluss zwischen schönen grünen Ufern und Poldern, die ökologisch sehr wertvoll sind. Aufgrund der großen Vielfalt an Organismen, aber auch durch das sich landeinwärts verschiebende Gradient (Vermischung) von Salz- zu Süßwasser, ist das Gebiet weltweit nahezu einzigartig. Charakteristisch ist die Kombination der natürlichen Qualitäten und die Entstehung von Städten und industriellen Siedlungen. Diese konnten sich durch die großen Möglichkeiten, die der Transport auf dem Wasser bietet, entwickeln. Ein Zusammenspiel von Ökologie und Wirtschaft. Der Fluss ist besonders schön, wenn man ihn bei Flut befährt.

ANTWERPEN

Die Stadt Antwerpen kann auf eine wohlhabende und ruhmreiche Vergangenheit zurückblicken. Seit der Entstehung des internationalen Handels in Europa ist Antwerpen ein bedeutendes kommerzielles Zentrum, in dem mit einer enormen Vielfalt an Waren gehandelt wird. Im goldenen 16. Jahrhundert war die Stadt das Handelszentrum der westlichen Welt schlechthin. Auch jetzt noch werden bedeutende Mengen an mineralischen Brennstoffen, Kaffee, Tee, Gewürzen, Zucker und Obst in Antwerpen gehandelt. Durch die wirtschaftliche Blütezeit von Antwerpen zwischen 1800 und 1900 drängte sich die Erweiterung des Hafens auf. Im 20. Jahrhundert verschlang der Hafen immer größere Teile der angrenzenden Polderlandschaft. Durch die Erweiterung des Antwerpener Hafens in Richtung Niederlande verschwanden die Dörfer Oosterweel (1958), Oorderen (1966), Wilmarsdonk (1966) und Lillo (1966, nur das Fort blieb erhalten) von der Karte. Straßen, Häuser, Schulen und das Land verschwanden unter mehreren Metern Sand. Wo vor einigen Jahrzehnten eine Polderlandschaft lag, werden heute riesige Schiffe be- und entladen und haben sich Dutzende Unternehmen niedergelassen. Das Hafengebiet erstreckt sich über eine Entfernung von rund zwanzig Kilometer entlang der Schelde und befindet sich siebzig Kilometer von der

Gildenhäuser Antwerpen

Nordseemündung entfernt. Antwerpen ist einer der größten Häfen der Welt und der zweitgrößte Hafen Europas.

Naturschutzgebiet Hobokense Polder

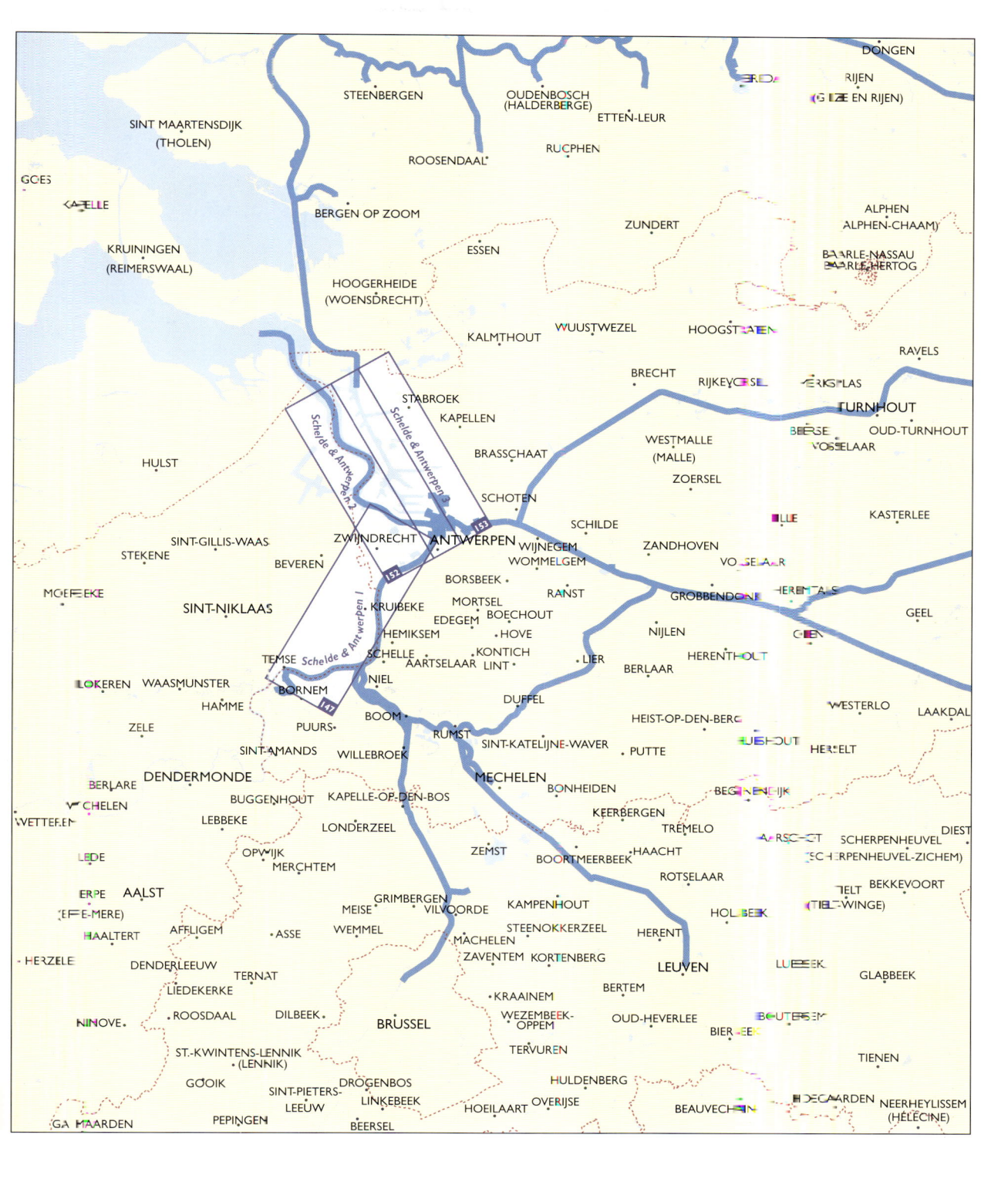

SCHELDE/ZEESCHELDE UND ANTWERPEN

Die Zeeschelde verläuft von Gent über Antwerpen zur niederländischen Grenze/Westerschelde. Es handelt sich um einen Gezeitenfluss, der rege von der Berufsschifffahrt genutzt wird. An vielen Stellen breite Wasserstraße mit attraktiven Ufern.

Länge der Strecke:	58 km
Betreiber:	Waterwegen & Zeekanaal NV Afdeling Zeeschelde, Vlaams Adm. Centrum, Copernicuslaan 1, bus 13, 2018 Antwerpen, Tel. 00 32 (0)3 224 67 11
Geringste Fahrrinnentiefe:	veränderlich, da gezeitenabhängig
Geringste Durchfahrtshöhe:	5,90 m
Anzahl der Schleusen:	keine, außer im Hafengebiet von Antwerpen
Brücken- und Schleusenzeiten:	jederzeit auf Anfrage
	Temse-Brücke: Mo. - Sa. 06.30 Uhr 20.00 Uhr
Sprechfunkkanal:	VHF 12 / VHF 20 / VHF 22 / VHF 71 / VHF 69 / VHF 74 / VHF 3
Besonderheiten:	Die Zeeschelde unterliegt dem Gezeitenstrom

ANTWERPEN ZUID (SÜD)

In der Nähe des zugeschütteten Dockhafens für Binnenschiffer entstand eine lebendige Wohn- und Hafengegend, in der Kunst und Kultur prominent anwesend sind. 'Het Zuid' verfügt über drei große Museen, zahlreiche Galerien und bemerkenswerte Architektur.

Besichtigungstipps
• Königliches Museum für Schöne Künste, Leopold De Waelplaats, Tel. 00 32 (0)3 238 78 09. Gemälde, Zeichnungen und Plastiken bieten eine faszinierende Übersicht über die flämische Kunst von ca. 1350 bis heute.
• FotoMuseum Provinz Antwerpen, Waalse Kaai 47, Tel. 00 32 (0)3 242 93 00, www.fotomuseum.be. Eine der bedeutendsten Fotografiesammlungen Europas, sowohl Apparatur als auch Bildmaterial. Gleichzeitig Heimat des Antwerpener Filmmuseums.
• MUHKA Museum für zeitgenössische Kunst Antwerpen, Leuvenstraat 32, Tel. 00 32 (0)3 238 59 60, www.muhka.be. Sammlung zeitgenössischer Kunst ab 1970 und Sonderausstellungen.
• Antwerpen Miniaturstadt, Hangar 15A-Scheldekaai, Tel. 00 32 (0)3 237 03 29, www.miniatuurstad.be.

Veranstaltungen
Sommer in Antwerpen: Juli und August
Sinksenfoor (Kirmes): Pfingsten und die 6 darauf folgenden Wochen

Weitere Informationen

Haus im Zuid

Tourismus Antwerpen, Grote Markt 13, 2000 Antwerpen. Tel. 00 32 (0)3 232 01 03, visit@stad.antwerpen.be, www.visitantwerpen.be.

FR	• Architekturroute, 37 km Erhältlich bei Tourismus Antwerpen.
FN	Anschluss an das Fahrradwegenetz über Knotenpunkt 27 und 44.
FV	De Fiets-Dokter, Verschansingstraat 48, Tel. 00 32 (0) 3 237 82 54 De Windroos, Steenplein 1,Tel. 00 32 (0) 3 480 93 88 De Ligfiets, Steenhouwersvest 22, Tel. 00 32 (0)3 293 74 56.

HEMIKSEM

Die ehemalige Sint-Bernardus-Abtei, von der Schelde aus sichtbar, ist die bemerkenswerteste Sehenswürdigkeit in Hemiksem.

Besichtigungstipps
• Sint-Bernardus-Abtei, Nijverheidsstraat. Ehemalige Zisterzienserabtei (1244) mit Park (16 ha) Die Gebäude beherbergen heute u.a. das Roelantsmuseum (Keramikplatten und Gussformen) sowie das Heimatkundliche Museum Heymissen, Tel. 00 32 (0)3 887 70 59 oder 288 16 57.

Sint-Bernardus-Abtei in Hemiksem

Veranstaltungen
Übersommern im Rupelgebiet: Juli und August

Weitere Informationen:
Tourismus Rupelgebiet, Provinciaal Recreatiecentrum De Schorre, Kapelstraat 83, 2850 Boom.
Tel. 00 32 (0)3 880 76 25, toerup@pandora.be, www.toerismerupelstreek.be.

FR	• Backsteinroute, 49 km • Architekturroute, 37 km Erhältlich bei Tourismus Rupelstreek in Boom.
FN	Anschluss an das Fahrradwegenetz über Knotenpunkt 70.

HINGENE (Bornem)

Hingene umfasst die drei Pfarreien Hingene-Zentrum, Eikevliet und Wintam. Einzigartige Natur mit Schorren und Deichen.

Besichtigungstipps
• De Notelaer, Notelaarsdreef 2, Tel. 00 32 (0)3 889 69 20, www.notelaer.be.
Touristisches Freizeitzentrum Schelde, Ausstellung über die Scheldelandschaft.
• Schloss d'Ursel, W. d'Urselstraat 9, Tel. 00 32 (0)3 820 60 11, www.dursel.be. Adelige Sommerresidenz aus dem 18. Jahrhundert, von der Antwerpener Provinzverwaltung als Erbgutzentrum aufgewertet. Das Schloss ist anlässlich verschiedener kultureller Aktivitäten zugänglich. Park (28 ha) mit schönem französischem Garten.
• Seeschleuse von Wintam. Der neue Kanalarm verbindet den Seekanal Brüssel-Willebroek direkt mit der Schelde. Die Seeschleuse kann Schiffe bis zu 10.000 Tonnen schleusen.

Veranstaltungen
Havesdonckhoeve-Fest: Sonntag nach dem 15. August

Weitere Informationen:
Verkehrsverein Klein-Brabant/Scheldeland, Het Landhuis, Boomstraat 1, 2880 Bornem.
Tel. 00 32 (0)3 899 28 68, landhuis@toerismekleinbrabant.be, www.toerismekleinbrabant.be.
Heimatmuseum De Zilverreiger, Scheldestraat 18, 2880 Weert-Bornem.
Tel. 00 32 (0)3 889 06 03,
zilverreiger@toerismekleinbrabant.be.

FR	• Spargelroute, 51 km • Scheldedeichroute, 43 km Erhältlich bei Verkehrsverein Klein-Brabant/Scheldeland.
FN	Anschluss an das Fahrradwegenetz über Knotenpunkt 01.
FV	De Notelaer, Notelaarsdreef 2, Hingene, tel. 00 32 (0)3 889 69 20.

ANTWERPEN

SCHELDE

| i | 🚲 | 🏛 | 🚂 | ⛵ |

V.V.V. Schelde Tel. +32 (0)3 669 63 64

Hobokense Wassersportverein Tel. +32 (0)3 827 76 41

Yachting Club Cockeril Tel. +32 (0)3 827 53 48

Fußgänger- und Fahrradfähre Kruibeke - Hoboken
V.V.V. Kruibeke Tel. +32 (0)3 775 60 08

Fußgänger- und Fahrradfähre Bazel - Hemiksem

W.S.V. Rupelmonde Tel. +32 (0)3 218 76 14

Restaurant mit Anlegesteg
W.S.V. Steendorp Tel. +32 (0)3 774 33 50

W.S.C. Temse VZW Tel. +32 (0)3 711 06 21

max. 20 ton

Basroodse Wassersportverein Tel. +32 (0)52 33 79 82
Bei Scheldebrücke Temse VHF 20

Anlegeplätze mit Slipanlage

Eendracht Club Branst Tel. +32 (0)3 88 97 890

ZWIJNDRECHT

KRUIBEKE

TEMSE

LILLO (Antwerpen)

Ehemaliges Polderdorf, im Zuge der Hafenerweiterung an Antwerpen angeschlossen. Prachtvolle Aussicht auf die Schelde, kleiner Hafen und malerischer Dorfkern mit Fort, Marktplatz und gemütlichen Terrassen.

Besichtigungstipps

- Poldermuseum Lillo, Tolhuisstraat 10-16, Tel. 00 32 (0)3 321 61 86 (Konservator). In mehr als 30 Räumen bekommen Sie ein Bild über die Geschichte und das Leben der Polderbevölkerung.
- Fähre Lillo-Doel: Von Ostern bis Ende September an Samstagen, Sonn- und Feiertagen sowie Fenstertagen, im Mai auch am Montag, Tel. 00 32 (0)3 750 15 80.

Evenementen

Sjachermarkt Lillo: zondag na 15 augustus

FN Lillo Fort verfügt über einen Anschluss an das Fahrradwegenetz

Hafen von Lillo

ANTWERPEN

Antwerpen ist die größte Stadt Flanderns. Berühmtheiten wie Rubens, Van Dyck, Jordaens, Bruegel und Plantijn haben hier gearbeitet. Antwerpen kann sich als zweitwichtigster Hafen Europas und als Weltzentrum des Diamants bezeichnen. Verschiedene kunsthistorische Kirchen, worunter die Marienkathedrale, und zehn Jahrhunderte Architektur zeugen von einem eindrucksvollen kulturellen Erbgut. Der kosmopolitische Charakter, die vielen attraktiven Ecken und Plätze, die unzähligen Restaurants und Cafés verleihen der Stadt einen besonders geselligen Charakter.

Besichtigungstipps

- Marienkathedrale, Handschoenmarkt, Tel. 00 32 (0)3 213 99 40. Eine der majestätischsten gotischen Kirchen (14. Jhdt.) mit vier bedeutenden Rubens-Gemälden.
- Nationales Schifffahrtsmuseum Steen, Steenplein 1, Tel. 00 32 (0)3 201 93 40, http://museum.antwerpen.be. Geschichte der Schifffahrt, illustriert anhand von Schiffsmodellen, Gemälden und Instrumenten. Marinepark mit industriell-archäologischem Material und echten Schiffen.
- Rubenshaus, Wapper 9, Tel. 00 32 (0)3 201 15 55, http://museum.antwerpen.be. Wohnhaus und Atelier von P.P. Rubens, Werke von Rubens und seinen engsten Mitarbeitern.
- Museum Plantin-Moretus, Vrijdagmarkt 22, Tel. 00 32 (0)3 221 14 50/51, http://museum.antwerpen.be. Patrizierwohnung mit authentisch erhaltener Druckerei von Christoffel Plantin aus dem 16. Jhdt.
- Museum Mayer van den Bergh, Lange Gasthuisstraat 19, Tel. 00 32 (0)3 232 42 37, http://museum.antwerpen.be. Werk aus dem 14., 15. und 16. Jhdt. mit u.a. Gemälden, Plastiken, bebilderten Handschriften, Wandteppichen und Mobiliar.
- Rockoxhaus, Keizerstraat 12, Tel. 00 32 (0)3 201 92 50, www.rockoxhuis.be. Restaurierte Patrizierwohnung von Bürgermeister Nicolaas Rockox aus dem 17. Jhdt.
- Diamantmuseum Provinz Antwerpen, Koningin Astridplein 19-23, Tel. 00 32 (0)3 202 48 90, www.diamantmuseum.be. Der Diamant steht im Mittelpunkt: Bearbeitung und Fachkunde in den Kempen, Handel und Verkauf in der Metropole. In jedem Stockwerk befindet sich eine Schatzkammer, in der das Museum seine wertvolle und einzigartige Juwelensammlung zeigt, und in der auch Ausstellungen stattfinden.

Nationales Schifffahrtsmuseum Steen

- MoMu ModeMuseum Provincie Antwerpen, Nationalestraat 28, Tel. 00 32 (0)3 470 27 70, www.momu.be. Vielfältige Sammlung von Kleidung, Spitze, Stickereien, Geweben und Werkzeugen für die handwerkliche Textilbearbeitung. Jährlich zwei Themenausstellungen. Mit Randprogramm.
- Museum für Binnenschifffahrt, Bonapartedok, Nieuwpoortkade, Kaai 10, Tel. 00 32 (0)3 225 00 15. Schiffsmodelle, alte Drucke und Fotos, Schiffswerkzeuge und Gebrauchsgegenstände der Binnenschifffahrt, untergebracht in drei Binnenschiffen.
- Zoo Antwerpen, Koningin Astridplein 26, Tel. 00 32 (0)3 202 45 40, www.zooantwerpen.be. Eine der modernsten Tiergärten mit Tausenden Tieren in einem schönen Park.
- Aquatopia, koningin Astridplein 7, Tel. 00 32 (0)3 205 07 50, www.aquatopia.be. Mehr als 35 Aquarien mit einer faszinierenden Sammlung exotischer Fische und Tiere in ihrem natürlichen Biotop.

Veranstaltungen

Geführte Stadtrundgänge Juli und August
Rubensmarkt: 15. August
Sommer in Antwerpen: Juli und August
WaterkAntwerpen im Willemdock: Letztes Wochenende im September bis zum 2. Wochenende im Oktober

Weitere Informationen:

Tourismus Antwerpen, Grote Markt 13, 2000 Antwerpen. Tel. 00 32 (0)3 232 01 03, visit@stad.antwerpen.be, www.visitantwerpen.be

FR	• Sint-Annekesroute, 33 km • Architekturroute, 37 km Erhältlich bei Tourismus Antwerpen.
FN	Anschluss an das Fahrradwegenetz über Knotenpunkt 27 und 44.
FV	De Fiets-Dokter, Verschansingstraat 48, Tel. 00 32 (0) 3 237 82 54 De Windroos, Steenplein 1, Tel. 00 32 (0) 3 480 93 88.

ANTWERPEN

Willemdok

Königliches Museum für Schöne Künste

Rubenshaus

Großer Markt

ANTWERPEN, KREUZUNGSPUNKT FÜR DEN FREIZEITSCHIFFER

Der Hafen von Antwerpen begrüßt immer mehr Jachten, und macht die Durchreise und den Aufenthalt so einfach wie möglich. Aber ein betriebsamer Seehafen erfordert bestimmte Verfahren, auch für die Freizeitschiffer. Es empfiehlt sich, einen Teil der Verwaltung zu erledigen, bevor Sie sich mit Ihrer Jacht vor einer Schleuse oder Brücke anmelden. Alles wird in der Hafenverwaltung Antwerpen, dem weißen Gebäude beim Willemdock - bekannt als 'Het Havenhuis' - zentralisiert. Sie können dort zum Verwaltungsdienst Hafengebühren gehen, oder alles telefonisch oder per E-Mail erledigen
Tel. 00 32 (0)3 205 21 20 oder 00 32 (0)3 205 21 21.
havenrechten@haven.antwerpen.be

Flandriaboot auf der Schelde, in Höhe von Sint-Anneke

FD-Nummer, für alle vorgeschrieben
Jedermann, der nach Antwerpen kommt oder durch Antwerpen fährt, benötigt eine Finanzdienst-Nummer (FD-Nr.). Diese kann telefonisch oder per E-Mail beantragt werden (siehe oben). Wenn Sie sich im Jachthafen Willemdock aufhalten, können Sie diese Nummer auch auf der Website des Jachthafens beantragen.
www.jachthaven-antwerpen.be

An- und Abmelden
Wenn Sie in den Hafen von Antwerpen kommen (über eine Schleuse, von der Schelde-Rhein-Verbindung über die Noordlandbrücke oder über das Straatsburgdock ab dem Albertkanal), müssen Sie sich anmelden. Sie müssen die FD-Nummer bekannt geben, sowie Ihre Herkunft und Bestimmung, und den beabsichtigten Aufenthaltszeitraum. Wenn Sie sich nicht korrekt an- und abmelden, werden Aufenthaltsgebühren (ca. 25) fällig.
NB: Beim Bunkern im Straatsburgdock muss man sich zwischenzeitlich ab- und wieder anmelden.

Durchfahrts- und Aufenthaltsgebühren
Wenn Sie im Hafen ohne Aufenthalt durchreisen, werden Durchfahrtsgebühren fällig. Diese betragen 3,03 und werden im nachhinein an Sie fakturiert. Wenn Sie sich länger aufhalten, müssen Sie den Jachthafen in Willemdock nutzen, www.jachthaven-antwerpen.be. Die Hafengebühren sind dann im Preis des Jachthafens inbegriffen. Für Schiffsreparaturen gelten wohl Aufenthaltsgebühren. Erkundigen Sie sich bei der Schiffswerft.

Kurze bevorzugte Route
Der Hafen schreibt auch eine kurze bevorzugte Route für Jachten von der Schelde Richtung Albertkanal und umgekehrt vor. Sie läuft von der Royers-, Van Cauwelaert oder Boudewijn-Schleuse zum Straatsburgdock. In weniger als zwei Stunden können Sie von der Schelde aus beim Albertkanal sein, abhängig vom Betrieb bei den Brücken und Schleusen. Die Schleusen gehen erst in Betrieb, wenn die Schleusenkammer voll ist. Sie dürfen jedoch nicht vergessen, sich an- und wieder abzumelden.

Schifffahrtsvignette
Jachten, die auf den Flämischen Binnengewässern fahren, müssen über eine Wasserstraßenvignette verfügen. Dies ist jedoch nicht der Fall für den Hafen von Antwerpen, wodurch Jachten - ohne die Vignette zu bezahlen - bis zum Straatsburgdock fahren können und die Vignette an der ersten Schleuse des Albertkanals kaufen müssen. Oder Sie können - wenn Sie vom Schelde-Rheinkanal kommen - den Hafen durchfahren, die Boudewijn-, Van Cauwelaert- oder Royers-Schleuse passieren und weiter stromaufwärts entlang der Schelde fahren, um weiter in Mechelen, Hingele (Seekanal nach Brüssel) oder Gent eine Vignette zu kaufen.

Sicher durch den Hafen fahren
Sie dürfen im Hafen nicht segeln oder rudern, und Sie werden ersucht, die Geschwindigkeit Ihres Motors und die Bildung von Heckwellen an die Umstände anzupassen. Wenn Sie den Hafen durchfahren möchten, ist eine gute Karte nützlich. Sorgen Sie dafür, dass Sie besonders lange Haltetaue an Bord haben. Alle Poller entlang den Kais und Schleusen sind für die Berufsschifffahrt ausgelegt und in dementsprechendem Abstand voneinander montiert. Einige tüchtige Fender gegen brüske Manöver, auch von der Berufsschifffahrt, sind nötig. Und natürlich muss der Schiffsfunk mit dem ATIS-System ausgestattet sein, mit oder ohne 'Killer'. Fahren in einem Seehafen heißt Umgang mit den 'Großen' - Kenntnis der akustischen und visuellen Signale und ein entsprechender Einsatz des Schiffsfunks ist eine Notwendigkeit.

Weitere Informationen:
Havenbedrijf Hoofdkantoor, Havenhuis, Entrepotkaai 1, 2000 Antwerpen,
Tel. 00 32 (0)3 205 21 20 oder 00 32 (0)3 205 22 89,
Fax 00 31 (0)3 205 22 99.

Kattendijkdock mit Schultjalken

Hafen

Sicht auf Antwerpen von der Schelde aus

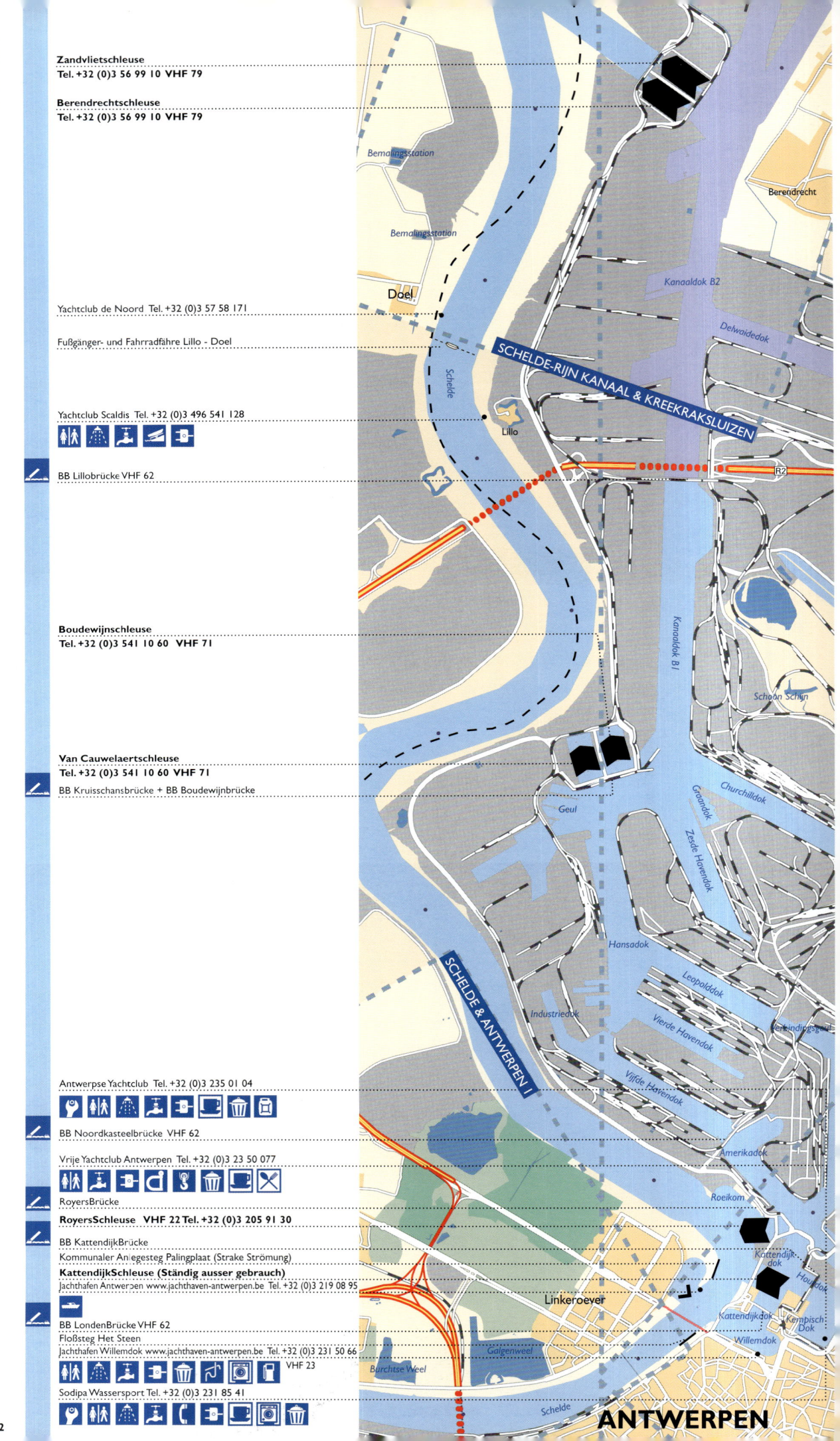

ANTWERPEN

Zandvlietschleuse
Tel. +32 (0)3 56 99 10 **VHF 79**

Berendrechtschleuse
Tel. +32 (0)3 56 99 10 **VHF 79**

Yachtclub de Noord Tel. +32 (0)3 57 58 171

Fußgänger- und Fahrradfähre Lillo - Doel

Yachtclub Scaldis Tel. +32 (0)3 496 541 128

BB Lillobrücke VHF 62

Boudewijnschleuse
Tel. +32 (0)3 541 10 60 **VHF 71**

Van Cauwelaertschleuse
Tel. +32 (0)3 541 10 60 **VHF 71**

BB Kruisschansbrücke + BB Boudewijnbrücke

Antwerpse Yachtclub Tel. +32 (0)3 235 01 04

BB Noordkasteelbrücke VHF 62

Vrije Yachtclub Antwerpen Tel. +32 (0)3 23 50 077

RoyersBrücke

RoyersSchleuse **VHF 22** Tel. +32 (0)3 205 91 30

BB KattendijkBrücke

Kommunaler Anlegesteg Palingplaat (Starke Strömung)

KattendijkSchleuse (Ständig ausser gebrauch)
Jachthafen Antwerpen www.jachthaven-antwerpen.be Tel. +32 (0)3 219 08 95

BB LondenBrücke VHF 62
Floßsteg Het Steen
Jachthafen Willemdok www.jachthaven-antwerpen.be Tel. +32 (0)3 231 50 66
VHF 23

Sodipa Wassersport Tel. +32 (0)3 231 85 41

152

ANTWERPEN

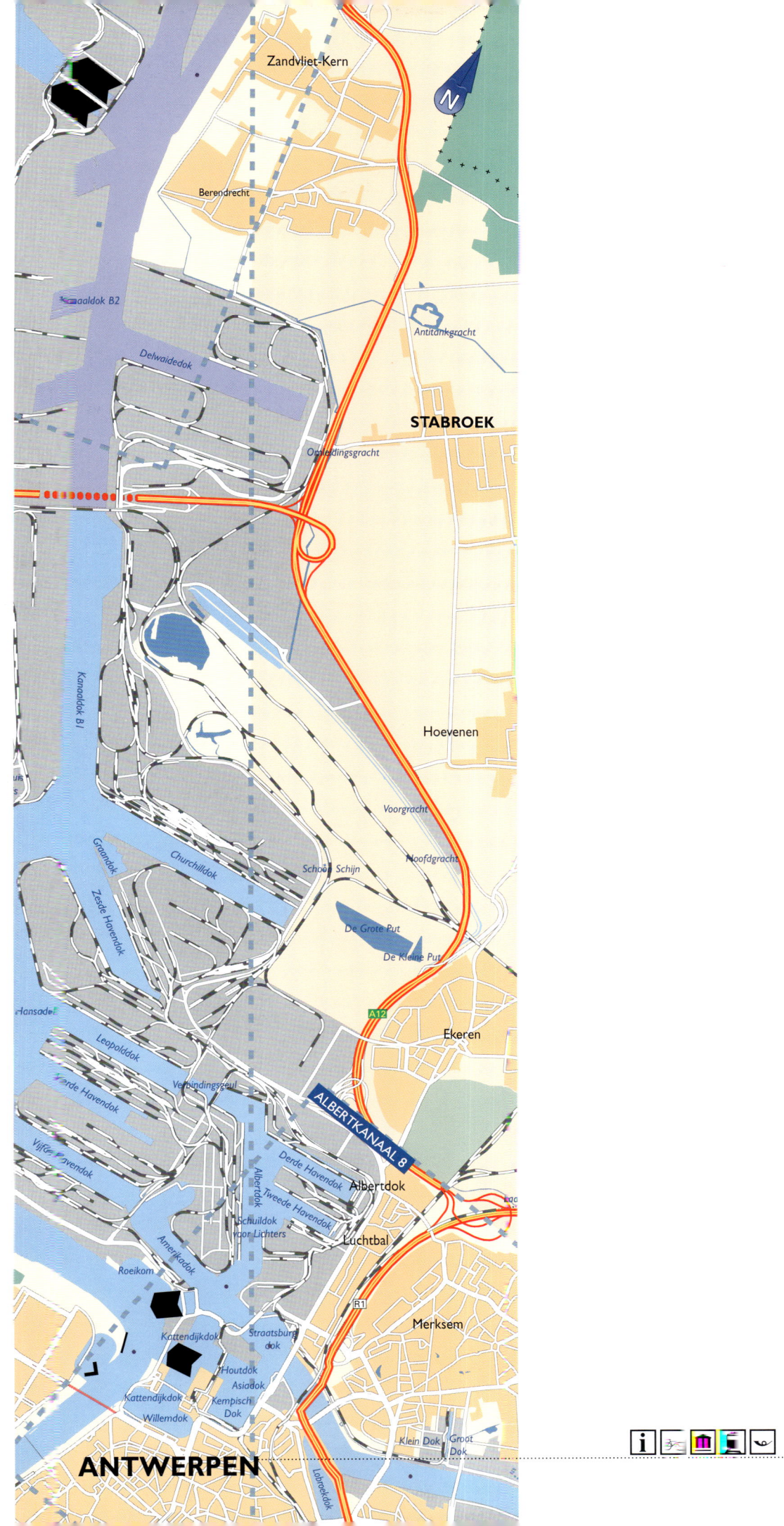

ANTWERPEN

SCHELDE-RHEIN-KANAL UND KREEKRAKSCHLEUSEN

Ein alter Wunsch: Eine gute Verbindung zwischen Antwerpen und dem Rhein.

In der Vergangenheit wurde häufig und lang über den Wunsch Belgiens gesprochen, eine gute Verbindung zwischen der Hafenstadt Antwerpen und der Schlagader Europas - dem Rhein - zu bekommen. Bereits im Mittelalter war diese südniederländische Stadt eines der bedeutensten Handelszentren unseres Weltteils. Antwerpen hatte nicht nur eine offene Verbindung zur Nordsee, sondern auch eine natürliche Verbindung mit dem Rhein für die Binnenschifffahrt. Die Schiffe konnten über die Kreekrak (zwischen Nordbrabant und Süd-Beveland) oder durch das Sloe (zwischen Süd-Beveland und Walcheren) in die Oosterschelde fahren. Von dort aus konnten sie über die Eendracht (zwischen Nordbrabant und Tholen) oder durch Keeten, Mastgat und Zijpe (zwischen Tholen und Schouwen-Duiveland) die Fahrstraßen Krammer, Volkerak und Hollandsch Diep erreichen. In späteren Jahrhunderten begannen Kreekrak und Sloe jedoch zu verschlammen, und nach 1800 gab es eigentlich kaum mehr eine Verbindung zwischen Wester- und Oosterschelde. Durch diese natürlichen Einflüsse, aber mehr noch durch die politische Situation seit dem Achtzigjährigen Krieg, ging die Schifffahrt in Antwerpen stark zurück.

Kanäle durch Süd-Beveland und Walcheren zur Kompensierung

Nach der Trennung von Belgien und Niederlande im vorigen Jahrhundert schienen sich für Antwerpen bessere Zeiten anzukündigen. Im Trennungsvertrag, der am 19. April 1839 in London unterzeichnet wurde, wurde festgelegt, dass die Schifffahrt auf der Schelde und auf den Binnengewässern zwischen Schelde und Rhein frei bleibt. Sollten diese Binnengewässer unbrauchbar werden, wären die Niederlande verpflichtet, Ersatz-Schifffahrtsstraßen anzugeben, die genauso sicher, gut und einfach sein sollten. Da nach dem Vertrag von 1839 noch verschiedene Probleme bestehen blieben, wurde 1842 ein neuer Vertrag abgeschlossen, bei dem auch einige Schifffahrtsangelegenheiten näher geregelt wurden.
Die Bestimmung, dass die Niederlande eventuell für Ersatzschifffahrtswege sorgen musste, wurde aktuell, als Pläne für eine Eisenbahnlinie zwischen Roosendaal und Vlissingen auftauchten. Für die Anlage dieser Linie mussten nämlich sowohl die Kreekrak als auch das Sloe abgedämmt werden. Belgien legte dagegen Beschwerde ein. Zur Kompensierung der Sperre von Kreekrak und Sloe wurden der Kanal durch Süd-Beveland und der Kanal durch Walcheren ausgehoben, die 1866 bzw. 1873 fertiggestellt wurden. Die Kanäle bedeuteten jedoch einen Umweg für die Schiffe. Antwerpen, das sich wieder zu einem wichtigen Durchzugshafen in das deutsche Hinterland entwickelte, war damit nicht so glücklich.

Belgisch verlangen eindelijk in vervulling

Nach dem Ersten Weltkrieg brachte Belgien erneut den Wunsch nach einer kürzeren Schelde-Rheinverbindung vor. Aus diesem Anlass entstand der Plan für einen Kanal, der vom Antwerpener Hafengebiet aus durch den westlichen Teil von Nordbrabant gegraben werden sollte, und zwar nach Moerdijk am Hollandsch Diep. Er musste so breit sein, dass drei große Rheinkähne nebeneinander durchfahren können. Das belgische Parlament und die niederländische Zweite Kammer genehmigten den Plan, aber die Erste Kammer lehnte den Vorschlag ab. Die Angelegenheit zögerte sich hinaus, und konnte erst nach dem Zweiten Weltkrieg wieder in Angriff genommen werden. Es wurden verschiedene Trassen studiert, und auch ein Kanal durch Nordbrabant in das Hollandsch Diep kam wieder zur Sprache. In den fünfziger Jahren spielte jedoch eine neue Entwicklung eine Rolle.
Nach der Überschwemmungskatastrophe im Jahr 1953 entstand der Deltaplan für die seeländischen und südholländischen Gewässer. Durch den Deltaplan wurde es möglich, die Aufopferung kostbaren Landwirtschaftsgrundes für den Kanalbau zu vermeiden und eine hauptsächlich außerhalb des Deichs liegende Trasse zu wählen, und zwar durch Wasser, das schließlich gezeitenfrei werden würde. Dies führte zur jetzigen Trasse: Eine Fahrstraße von Antwerpen über die Polder von Ossendrecht und Woensdrecht, den Kreekrakpolder, die Oosterschelde und die Eendracht sowie durch den Prins-Hendrikpolder bei Sint-Philipsland zur Volkerak. Der Vertrag, in dem beide Königreiche ihre Vereinbarungen über den Bau dieses Kanals festlegten, wurde am 13. Mai 1963 geschlossen und ging am 24. April 1965 in Kraft. Beim seinem Zustandekommen ließen sich die beiden Partner unter anderem vom Bewusstsein leiten, dass die zwei Beneluxländer ihre Position in der Welt nur aufrechterhalten können, wenn sie möglichst eng zusammenarbeiten.

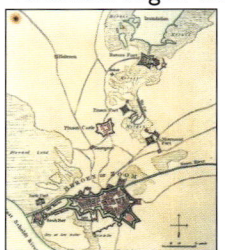

Historische Karte von Bergen op Zoom

Schelde-Rheinkanal 1

Jachthafen Lillo mit dem alten Zollamt rechts im Hintergrund

SCHELDE-RHEIN-KANAL

Von großen Frachtschiffen zwischen Antwerpen und Rotterdam sehr rege befahrener Kanal. Wegen der steilen Ufer verursachen die Frachtschiffe starken Wellenschlag.

Länge der Strecke:	32 km	
Betreiber:	Rijkswaterstaat Directie Zeeland, Postbus 5014, 4330 KA Middelburg,	
	Tel. 00 31 (0)118 68 60 00	
	NV De Scheepvaart, Havenstraat 44, 3500 Hasselt, Tel. 00 32 (0)11 29 84 00	
Geringste Fahrrinnentiefe:	4 m	
Geringste Durchfahrtshöhe:	9,10 m	
Anzahl der Schleusen:	1 Schleuse	
Brücken- und Schleusenzeiten:		Kreekrakschleusen
	täglich	00.00 - 24.00
Sprechfunkkanal:	VHF 18	
Besonderheiten:	An den Kreekrakschleusen ist eine Anmeldung über VHF 20 oder die Rufsäule an den Leitwerken erforderlich.	

Fortsetzung der Einleitung Schelde-Rhein-Kanal

Vereinbarungen zwischen Niederlande und Belgien

Die Schelde-Rhein-Verbindung, die 1975 eröffnet wurde, ist ungefähr 37 Kilometer lang. Fünf Kilometer des Kanals liegen auf belgischem Grundgebiet. Es wurde vereinbart, dass Belgien den größten Teil der Baukosten des Kanals, der Schleusen und Brücken auf seine Rechnung nimmt. Von den Arbeiten auf belgischem Gebiet und nördlich des Bergschen Diep bei Bergen op Zoom sollte Belgien hundert Prozent bezahlen, und vom dazwischen liegenden Teil fünfundachtzig Prozent. Dies bedeutet, dass von den Baukosten der Arbeiten auf niederländischem Grundgebiet (rund 270 Millionen Euro) rund 245 Millionen Euro zu Lasten von Belgien fielen. Man fand, dass diese Verteilung der Baukosten mit dem Verhältnis der gegenseitigen Interessen übereinstimmt. «Jedes Land trägt die Kosten der Wartung, Renovierung und Bedienung der Arbeiten auf eigenem Grundgebiet. Ferner wurde unter anderem vereinbart, dass Belgien die Kompensationsprämien und andere Unterstützungsmaßnahmen für die Schifffahrt zwischen der Schelde und dem Rhein abschaffen würde, wenn die neue Wasserstraße in Betrieb genommen wird.

Die neue Verbindung musste als dreibahnige, für die Schubschifffahrt geeignete Fahrstraße angelegt werden. Nach einer Untersuchung mit frei fahrenden Modellschiffen wurde die Bodenbreite des Kanals auf 120 Meter festgelegt. Die Tiefe der Fahrstraße beträgt fünf Meter. Es war ein Schleusenkomplex erforderlich, und darüber wurde im Vertrag bestimmt, dass dieser mit einer Versalzungsbekämpfung versehen sein musste. Ferner mussten über die Fahrstraße feste Brücken gebaut werden.

Lesen Sie mehr über die Kreekrakschleusen bei ‚Schelde-Rhein-Kanal', Karte 3

WOENSDRECHT

Zwischen den Ebenen und Poldern entlang der Oosterschelde und den Wäldern, Heidefeldern und Moorseen des Brabanter Plateaus liegt Woensdrecht. Naturschönheit gibt es dort im Überfluss. In Hoogerheide gibt es den Freizeitpark 'Familyland', mit vielen Freizeitmöglichkeiten, wie z.B. Schwimmen, Bowling und Spielplatz.

Besichtigungstipps
- Käserei de Zuidgeest, Zuidgeest 15, Hoogerheide
- Freizeitpark 'Familyland', Groene Papegaai 19, Hoogerheide, Tel. 00 31 (0)164 61 31 55, www.familyland.nl.
- Die Volksabtei mit authentischer Kapelle, für Mittag- und Abendessen, O.L.V. ter Duinenlaan 199, Ossendrecht, Tel: 0031 (0)164 67 25 46, www.devolksabdij.nl.

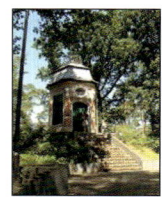

Weitere Informationen:
Verkehrsverein Woensdrecht, Huybergseweg 3, 4631 GC Hoogerheide,
Tel. 00 31 (0)164 60 44 29,
info@vvvwoensdrecht.nl.

Kapelle Gloriette

FR
- Brabanter Wall, 36 km
- Grenzparkroute de Zoom Kalmthoutse Heide, 32 km
Erhältlich beim Verkehrsverein Woensdrecht.

FN Woensdrecht ist am das Fahrradwegenetz Brabanter Delta angeschlossen. Die Fahrradwegenetzkarte ist bei den Verkehrsvereinen in der Region erhältlich.

POLDERGEMEENTEN

Am rechten Ufer der Schelde, nördlich von Antwerpen, befand sich vor mehreren Jahrhunderten bereits eine Polderlandschaft. Das vom Wasser eroberte Land lieferte fruchtbaren Boden. Die kleinen selbständigen Landwirtschaftsgemeinschaften hatten seit ihrer Entstehung eine enge Beziehung zur Stadt. Diese war für ihre Bevorratung in erheblichem Ausmaß vom Ertrag der Polder abhängig. Diese Beziehung blieb Jahrhunderte lang unverändert. Kurz nach 1900 sah der Polder noch aus wie vor einigen Jahrhunderten. Durch die wirtschaftliche Blütezeit von Antwerpen zwischen 1800 und 1900 drängte sich die Erweiterung des Hafens auf. Der Bau des Bonaparte- und Willemdocks basierte auf diesem Plan. Im 20. Jahrhundert verschlang der Hafen immer größere Teile der angrenzenden Polderlandschaft. Durch die

Mühle in Zandvliet: Mit Mühlenliebe und etwas Glück wird die Außenmühle nie mehr kaputt

Erweiterung des Antwerpener Hafens in Richtung Niederlande verschwanden die Dörfer Oosterweel (1958), Oorderen (1966), Wilmarsdonk (1966) und Lillo (1966, nur das Fort blieb erhalten) von der Karte. Straßen, Häuser, Schulen und das Land verschwanden unter mehreren Metern Sand. Die anderen Polderdörfer wurden nicht abgerissen, aber die Aussicht von Zandvliet, Ekeren oder Berendrecht veränderte sich tiefgreifend. Wo vor einigen Jahrzehnten eine Polderlandschaft lag, werden heute riesige Schiffe be- und entladen, und haben sich Dutzende Unternehmen niedergelassen.

Besichtigungstipps
- Poldermuseum, Lillo.
- De Eenhoorn, Lillo. Steinerne Windmühle (1735).
- West- oder Außenmühle, Berendrecht. Galerieholländer aus Stein

Veranstaltungen
Gänsereiten in den Poldergemeinden: Februar-März-April

Weitere Informationen:
Tourismus Antwerpen, Grote Markt 13, 2000 Antwerpen.
Tel. 00 32 (0)3 232 01 03, visit@stad.antwerpen.be, www.visitantwerpen.be.

FR
- Gänsereiterroute, 49 km
Erhältlich bei Tourismus Antwerpen.

FN Lillo-Fort, Zandvliet und Berendrecht verfügen alle über einen Anschluss an das Fahrradwegenetz.

SCHELDE-RHEIN KANAL 1

BB Brücken Kreekrakschleusen

Kreekrakschleusen
Tel. +31 (0)11 355 90 00 VHF 20
BB Brücken Kreekrakschleusen

SCHELDE-RIJN KANAAL & KREEKRAKSLUIZEN 2

Fest 0,90 m

Fest 10,90 m

Noordlandbrücke Fest 10,90 m aushören und mitteilen VHF 2

WSV Natuurvrienden Prosperpolder Tel. +32 (0)3 755 17 35

Zandvlietschleuse
Tel. +32 (0)3 569 91 15 VHF 79
Berendrechtschleuse
Tel. +32 (0)3 541 10 60 VHF 79

SCHELDE & ANTWERPEN 3

SCHELDE & ANTWERPEN 2

157

OUD-VOSSEMEER

Das seeländische Dorf Oud-Vossemeer ist von Poldern umgeben, in denen Ruhe und Stille sehr charakteristisch sind. Sehenswert ist unter anderem die niederländische Reformationskirche, die rund 1450 erbaut wurde. Eine Inschrift im silbernen Taufbecken erinnert an die Regentenfamilie Roosevelt. Wahrscheinlich kamen die Vorfahren des amerikanischen Präsidenten Roosevelt von der Insel Tholen. Das Gildenhaus wurde vor einigen Jahren restauriert. Am Südrand finden Sie die Kornmühle 'De Jager'. Das Naturgebiet 'De Rammegors' ist ein altes Schor mit interessanter Flora und Fauna und einer Vogelobservationsstelle.

Das Ambachtshuis-Herrenhaus in Oud-Vossemeer, ehemaliges Gericht und Rathaus

THOLEN

Die Insel Tholen ist mit ihren malerischen Städten und Dörfern eine besondere Insel. Die vielen Blumendeiche und die schmalen Polderstraßen sind ein ideales Gebiet für Radfahrer und Wanderer. Der rund vierzig Kilometer lange Damm schützt das Land vor dem Wasser. Die Oosterschelde ist bei Fischern und Wassersportlern sehr beliebt. Heutzutage ist Tholen von allen Seiten erreichbar. Die Insel Sint Philipsland ist über den Philipsdamm mit Schouwen-Duiveland verbunden, und die Insel Tholen über den Oesterdam mit Süd-Beveland. Drei Brücken verbinden Tholen und Sint Philipsland mit der Provinz Nordbrabant.

Die Landschaft auf der Insel Tholen wurde stark vom Menschen beeinflusst und kultiviert. Vor allem die Südseite der Insel ist nach der Überschwemmungskatastrophe im Jahr 1953 enorm gewachsen. Die Nordseite der Insel ist weniger entwickelt. Es gibt hier Deiche mit Pappeln, Ulmen und Weiden. Die Schlicke und Schorren außerhalb des Deichs sind Rastplätze für Blässhühner, Enten und Stelzenläufer. Der Kern von Tholen ist durch eine sternförmige Festung umgeben.

Besichtigungstipps
• Kornmühle "De Hoop", Oudelandsepoort, Tel. 00 31 (0)166 60 21 87. Runde steinerne Mühle, mit Zinkplatten gedeckt
• Heimatmuseum "De Meestoof", Bierenstraat 6, Sint-Annaland, Tel. 00 31 (0)6 2282 6192. Eingerichtetes Bauernzimmer mit Kleidertracht und einer alten Schulklasse. Seeländische Scheune mit alten Landwirtschaftswerkzeugen.

Veranstaltungen
Braderie Stadt Tholen: Letztes Wochenende im August
Nasse Stiefel-Tour: Juni bis September
'Uit op Tholen': September bis April

Für weitere Informationen:
Verkehrsverein Eiland Tholen, Haven 10, 4695 CP Sint Maartensdijk. Tel. 00 31 (0)166 66 37 71,
vvvzbt@zeelandnet.nl, www.vvvzuidbevelandentholen.nl.

BERGEN OP ZOOM

Bergen op Zoom begrüßt Sie das ganze Jahr über fürstlich! Die vielen Sehenswürdigkeiten, die einzigartige Lage, die noch lebende reiche Vergangenheit der Festungsstadt Bergen op Zoom mit mehr als 600 Denkmälern sind Garant dafür. Die schmalen Straßen, alte Plätze und die vielen Denkmäler erzählen die Geschichte von einer reichen und bewegten Vergangenheit.

Neben der historischen Innenstadt und den vielen Veranstaltungen hat Bergen op Zoom eine sehr vielfältige Umgebung, bestehend aus ruhigen Wäldern, Heidefeldern

Anschovis, Erdbeeren und Spargel

und Sandwehen, die zu ausgedehnten Fahrrad- und Wandertouren einladen. Im Mai und Juni können Sie in den vielen Restaurants die drei berühmten Spezialitäten der Stadt genießen, nämlich Spargel, Anschovis und Erdbeeren (das AAA-Menü).

Der Jachthafen liegt ca. 2,5 km von der Schiffsroute entfernt, und eignet sich dadurch für Wassersportler, die es gerne ruhig haben. Das historische Zentrum von Bergen op Zoom liegt nur einen Katzensprung vom Jachthafen entfernt: Zu Fuß sind Sie in 10 Minuten am Großen Markt.

Besichtigungstipps
• Het Markiezenhof, Steenbergsestraat 8, Tel. 00 31 (0)164 277 077. Ehemaliger Wohnsitz der Markgrafen von Bergen op Zoom, 1485-1525 erbaut. 1485-1525. Stilzimmer mit Silber, Gemälden, Keramik, Porzellan und einer permanenten Weihnachtsausstellung.
• Denkmalbesichtigung St. Gertrudis-Kirche, Gefangenentor, Synagoge und Rathaus. Zudem Turmbesteigung des Peperbus.

Stadtpalais Der Markiezenhof

Besucherzentrum de Kraaijenberg, Fianestraat, mit Info über den Brabanter Wall und Startpunkt-Wanderungen.

Veranstaltungen
Jazz-Wochenende: Woche nach Pfingsten
Historisches Klang- und Lichtspiel: Anfang Mai
Marienprozession: Letzter Sonntag im Juni
Burgundischer Krabben-Jahrmarkt: Ende Juli

Für weitere Informationen:
Tourismus Bergen op Zoom, Grote Markt 1, 4611 NR Bergen op Zoom. Tel. 00 31 (0)164 277 482,
touristinformation@bergenopzoom.nl, www.bergenopzoom.nl.

FR
• Brabanter Wall, zwei Routen von jeweils 27 km
• Alte Mühlenroute, 22 km
• Plantageroute, 39 km
• Heense Deichenroute, 31 km
Erhältlich bei Tourismus Bergen op Zoom

FN Bergen op Zoom liegt 2 km vom Fahrradwegenetz Brabanter Delta entfernt. Diese Karte ist bei Tourismus Bergen op Zoom erhältlich.

SCHELDE-RHEIN KANAL 2

Fest 9,85 m

Fest 9,85 m
Jachtwerft Duivendijk Tel. +31 (0)166 60 23 69

W.V. De Kogge www.wsvdekogge.nl Tel. +31 (0)6 531 711 10

Bergsche Diepschleuse
VHF 18

Peterschleuse
Tel. +31 (0)164 21 05 97 VHF 22

Jachthafen W.V. de Schelde Tel. +31 (0)164 23 74 72

max. 2,5 ton

🅱 Brücken Kreekrakschleusen

Kreekrakschleusen
Tel. +31 (0)11 355 90 00 VHF 20

🅱 Brücken Kreekrakschleusen

159

SINT PHILIPSLAND

Die Insel Sint Philipsland wurde 1487 zum ersten Mal eingedeicht. Sie wurde nach Überschwemmungen im Jahr 1530 und 1532 dem Meer preisgegeben. Das jetzige Sint-Philipsland wurde 1645 eingepoldert. Der Krabbenkreek ist ein Ausläufer der Oosterschelde, gelegen zwischen Tholen und Sint Philipsland. In diesem Ausläufer kommt das Gezeitenwasser zur Ruhe, so dass sich mit dem Wasser mitgeführter Sand und Schlamm setzt. Dadurch haben sich ausgedehnte Schlicke gebildet, die bei Niedrigwasser austrocknen. Auf den Schlicken befinden sich ausgedehnte Seegrasfelder, die als Nahrung für die Ringelgans und für verschiedene Entenarten wichtig sind. Seegras ist eine in den Niederlanden seltene Wasserpflanze, die nur in Salzwasser vorkommt. An einigen Stellen ist das Watt so hoch gewachsen, dass sich Pionierpflanzen niederlassen konnten. Auf den sandigen Teilen wächst Queller, auf den schlammreicheren Teilen das englische Schlickgras. Diese Pflanzen legen als Sand- und Schlamm-Bindemittel die Basis für die Entstehung eines Schors. Der Krabbenkreek ist von den angrenzenden Deichen gut einsehbar. Es ist verboten, dieses Stadtnaturdenkmal bei Niedrigwasser zu betreten, damit die nahrungssuchenden Vögel nicht gestört werden.

NIEUW-VOSSEMEER

Diese Gemeinde liegt in einem, im 15. Jahrhundert eingepolderten Gebiet, am westlichsten Punkt Nordbrabants. Der alte Kern ist gut erhalten, wodurch man sich in Nieuw-Vossemeer manchmal um Jahrhunderte zurückversetzt fühlt. Dieser Ort am Schelde-Rheinkanal dankt seine Bekanntheit vor allem dem Schriftsteller A.M. de Jong, jenem Mann, der Nieuw-Vossemeer zum 'Dorf von Merijntje Gijzen' machte. Merijntje ist in diesem Dorf in Form einer Statue verewigt. Die Deiche entlang der Eendracht bilden ein fantastisches Wandergebiet, ebenso wie die Wanderwege entlang De Kreek.

Besichtigungstipps

- Reformationskirche, Voorstraat 45, Tel. 00 31 (0)167 50 25 93. 1649 erbaut.
- Mühle Assumburg, Rijksweg 1, Tel. 00 31 (0)167 50 23 02. Windmühle, Galerieholländer
- A.M. de Jongmuseum, Voorstraat 29, Tel. 00 31 (0)167 50 23 02. Ausstellung über das Leben und Werk des Schriftstellers A.M. de Jong, Autor von 'Merijntje Gijzens Jeugd'.
- Mühlenmuseum Nederland, Veerweg 1, Tel. 00 31 (0)167 50 23 02. Verschiedene Miniaturmühlen, Fotos, Zeichnungen und eine Übersicht über die Restaurierung.

Weitere Informationen:

Verkehrsverein Steenbergen, Kaaistraat 47, 4651 BM Steenbergen, Tel. 00 31 (0)167 54 34 34, fax 00 31 (0)167 54 34 99.

Fortsetzung von Schelde-Rheinkanal, Karte 1

Die Kreekrakschleusen

Nachdem die Vorbereitungen 1964 begannen, startete der eigentliche Bau des Schelde-Rhein-Kanals 1967 mit den Arbeiten im Aushub für die Kreekrakschleusen. Diese Schleusen stellen das spektakulärste Werk der Schelde-Rhein-Verbindung dar. Diese Schleusen mussten aus zwei Gründen gebaut werden.

Der Kanal beginnt auf belgischem Gebiet und schließt an die Antwerpener Hafendocks an. Zwischen diesen Docks und der Oosterschelde bestehen Niveauunterschiede. Auch nach Aufhebung der Gezeitenwirkung auf der Oosterschelde (in den siebziger Jahren entschied man, die Gezeitenwirkung auf der Oosterschelde mittels Teildämmen (siehe Krammer-Volkerak) zu erhalten) wird es weiterhin Höhenunterschiede geben. Diese mussten durch Kammerschleusen überbrückt werden. Vorläufig wurden zwei Schleusen gebaut, aber der Komplex ist so entworfen, dass bei laufender Schifffahrt eine dritte Schleuse daneben gebaut werden kann.

Beim Entwurf der Kammerschleusen wurde auch der wasserwirtschaftliche Zustand berücksichtigt, der gemäß dem Deltaplan entstehen würde. Sowohl bei der Ausführung des ursprünglichen Plans als auch bei der Unterteilung der Oosterschelde wird nördlich der Schleusen ein Süßwasserbecken (Zoommeer) entstehen. Mit diesem Süßwasser will man sparsam sein. Durch die Verbindung mit den Antwerpener Hafendocks enthält der südliche Kanalabschnitt jedoch Brackwasser. Beim Schleusen würden jedes Mal große Mengen dieses Wassers in die Oosterschelde gelangen, während Süßwasser im Kanal verloren gehen würde. Um diese Versalzung von den Antwerpener Docks aus zu vermeiden, mussten die Schleusen gleichzeitig eine Salzbarriere bilden. Dies ist durch eine Reihe besonderer Vorkehrungen möglich, wodurch die Kreekrakschleusen stark von normalen Kammerschleusen abweichen.

Doppelter Boden

Für das Getrennthalten des Salz- und Süßwassers verfügen die Kreekrakschleusen über einen doppelten Boden. Vom Platz zwischen diesen Böden aus läuft ein Rohrsystem, das in Verbindung mit einem Auffangbecken (Speicherbecken) und dem Schelde-Rheinkanal steht. Im obersten Boden der Schleuse befinden sich Öffnungen, durch die Wasser durch die Rohre von und in den Kanal und das Auffangbecken fließen kann.

Ein Schiff aus Antwerpen muss einen Höhenunterschied von rund zwei Meter zwischen dem Schelde-Rhein-Kanal (hier auch Antwerpener Kanal genannt) und dem

6B Fußgängerbrücke (Benedensas)
Schleuse benedensas (Immer offen)

W.S.V. de Vliet bv Tel. +31 (0)167 50 29 14

Fest 9,85 m

SCHELDE-RHEIN KANAL 3

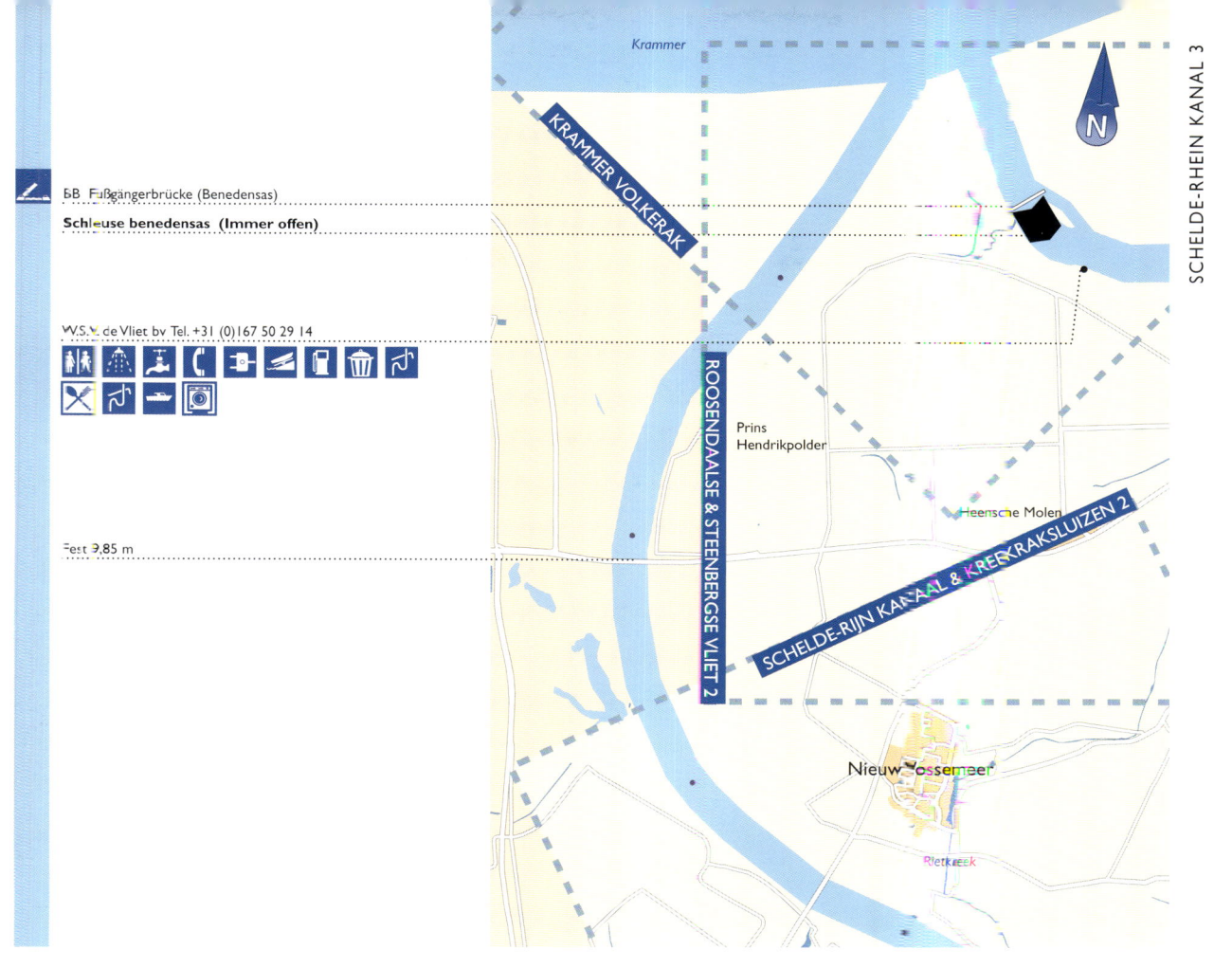

Zoommeer überbrücken. Nachdem ein von Antwerpen kommendes Schiff in eine Schleuse eingefahren ist, schließt das Hubtor die Schleuse. Von der Schleuse läuft das Wasser durch die Rohre in das Auffangbecken. Es sackt damit auf das Niveau des (süßen) Zoommeers, wonach das Schiff wieder weiterfahren kann. Für ein Schiff, das in umgekehrter Richtung fährt, wird über Rohre, die mit dem Schelde-Rheinkanal verbunden sind, Wasser in die Schleuse geleitet, um die Schiffe 'auf Höhe' zu bringen.
Bei den Kreekrakschleusen darf absolut kein salziges und verschmutztes Wasser aus dem Schelde-Rheinkanal in das süße Zoommeer gelangen. Bis 1996 wurde das Süßwasser aus der Schleuse über das Auffangbecken zurück in den Schelde-Rheinkanal gepumpt. Derzeit steht das Auffangbecken nicht nur mit den Schleusen in Verbindung, sondern auch mit dem Zoommeer. Das Pumpwerk pumpt jetzt permanent Süßwasser aus dem Auffangbecken in den Schelde-Rhein-Kanal, wodurch das Süßwasser bis auf sechs Kilometer von der Schleuse zurückgedrängt wird.

Entlang dem nördlichen Teil des Schelde-Rheinkanals

WILHELMINAKANAL

Die Eröffnung des Markkanals am 14. Oktober 1915 als Teil des Wasserweges der Amer nach Breda war der erste Schritt zur Verwirklichung eines Plans, der eine lange Geschichte hinter sich hatte. Diese Geschichte begann mit der Vollendung der Zuid-Willemsvaart.
1826 wurde die Zuid-Willemsvaart in Gebrauch genommen, wodurch eine wichtige Verbindung zwischen Rhein und Maas entstanden war. Der östliche Teil von Nord-Brabant wurde auf diese Weise von den großen internationalen Fahrwassern aus erreichbar. Es dauerte nicht lange, bis die ersten Stimmen laut wurden, eine Ost-West-Verbindung quer durch Brabant zu schaffen. Diese sollte einerseits eine Verbindung zur Zuid-Willemsvaart und andererseits zu den Zuidhollandse Deltawateren bilden. Dabei ging es vor allem um eine Anbindung der Stadt Tilburg, die schon früh eine wichtige Industriestadt war.
Als im Laufe des 19. Jahrhunderts das Geschäftsleben in Brabant mehr und mehr in Gang kam, nahm auch die Notwendigkeit guter Wasserverbindungen zu. 1889 führte dies schließlich zu der Initiative, eine Ost-West-Verbindung per Wasserweg zu planen. Lange wurde über die Aufteilung der damit verbundenen Kosten zwischen Staat und Provinzen diskutiert. Schließlich wurde am 17. Juni 1905 gesetzlich festgelegt, einen Schifffahrtskanal zu bauen, der erst die Zuid-Willemsvaart mit der Mark verbinden sollte und diese dann wiederum mit der Amer. Dieser Kanal erhielt per ministerieller Verfügung vom 28. Februar 1906 den Namen Wilhelminakanal.
Am 15. Mai 1912 wurde der erste Teil (der Unterabschnitt bis Oosterhout) für die Schifffahrt freigegeben. Das Graben des Markkanals wurde 1913 ausgeschrieben. Inzwischen wurde hart an der Kammerschleuse bei Oosterhout, den Brücken über den Kanal und der Verbreiterung der Mark gearbeitet. Im Oktober 1915 konnte die gesamte Wasserstraße der Amer bis nach Breda eröffnet werden.
1914 hatte man mit dem Graben des Teils des Wilhelminakanals östlich von Oosterhout bis nach Tilburg begonnen. 1916 begann man mit den Kanalgrabungen vom östlichen Ende aus. Inzwischen war der Erste Weltkrieg ausgebrochen, was die Arbeiten deutlich verzögerte. Es dauerte noch bis 1921, bis der Kanalabschnitt zwischen Best und Beek en Donk vollendet war. Da der Bau viel länger als veranschlagt dauerte, sich der Wert des niederländischen Guldens inzwischen verändert hatte, die Löhne und die Materialkosten nach dem Krieg stark gestiegen waren, kostete der Bau des Kanals rund 24 Millionen Gulden, dreimal so viel wie ursprünglich angenommen. Es dauerte noch bis 1923, bis auch der Kanalabschnitt östlich von Tilburg ganz fertig war. Der Wilhelminakanal wurde am 4. April 1923 offiziell eingeweiht.

Schleuse bei Haghorst

Naturschutzgebiet am Kanal im Osten von Haghorst

Uferschutz zugunsten der Natur

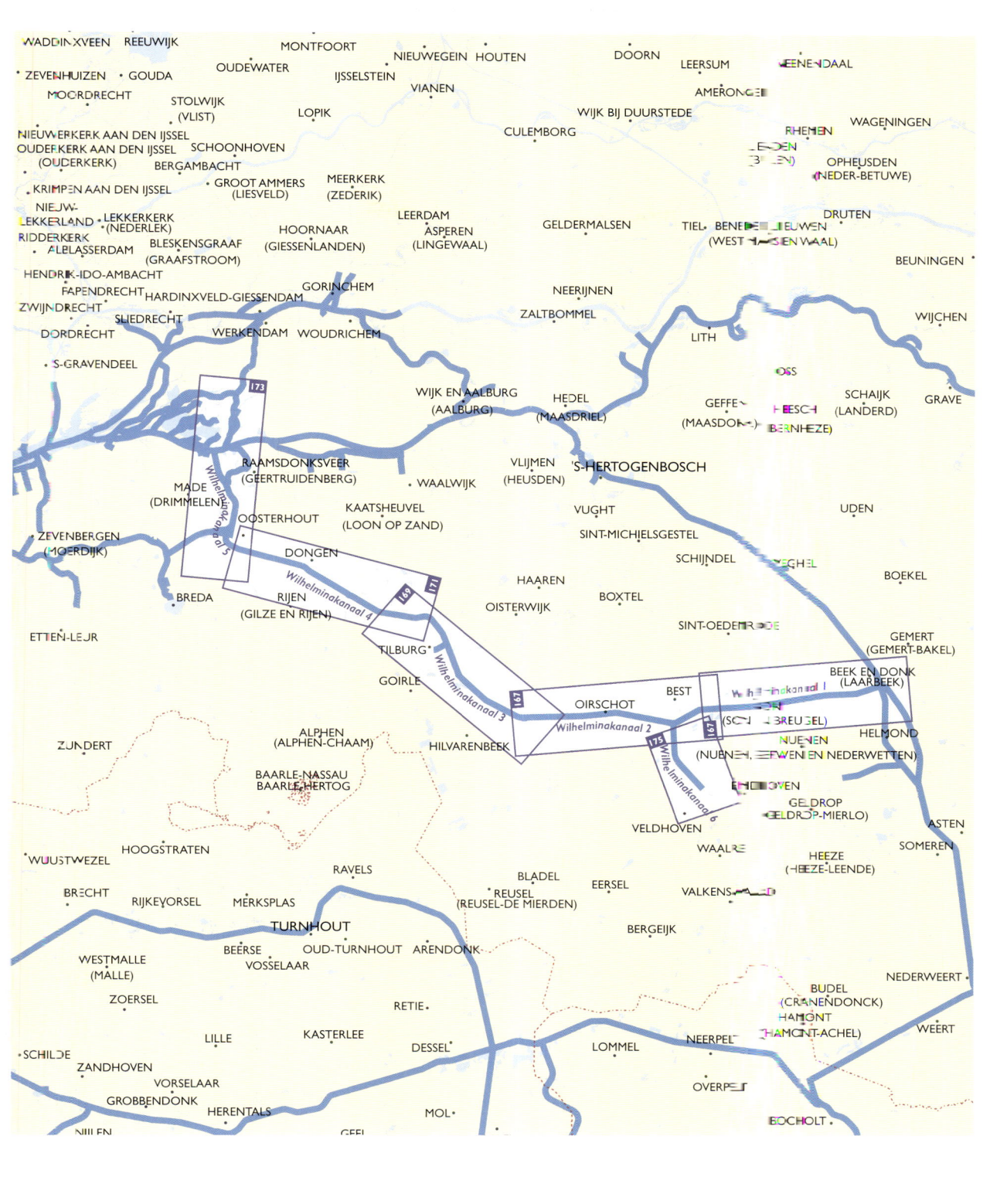

WILHELMINAKANAL

Gerade verlaufender Kanal durch Brabant mit schönen Ufern, bewaldeter Umgebung und Ländereien. Dieser Kanal wird von der Berufsschifffahrt nicht so intensiv genutzt, etwas höher ist das Verkehrsaufkommen zwischen Tilburg und der Amer. In den letzten Jahren fahren mehr Containerschiffe auf den Kanälen. Für Freizeitkapitäne bedeutet dies aufgrund des toten Winkels dieser Schiffe, dass sie doppelt vorsichtig sein sollten.

Länge der Strecke:	73 km		
Betreiber:	Rijkswaterstaat Directie Noord-Brabant, Postbus 90157, 2=0 MJ, 's Hertogenbosch, Tel. 00 31 (0)73 681 73 41		
Geringste Fahrrinnentiefe:	1,90 m		
Geringste Durchfahrtshöhe:	4,90 m		
Anzahl der Schleusen:	5 Schleusen, Lieshout normalerweise geöffnet		
Brücken- und Schleusenzeiten:		1.4. bis 1.11.	1.11. bis 1.4.
	Mo. - Fr.	06.00 - 22.00	06.00 - 22.00
	Sa.	07.00 - 16.00	06.00 - 14.00
	So. und Feiert.	09.00 - 17.00	geschlossen
Sprechfunkkanal:	VHF 18 / VHF 20 / VHF 22		
Besonderheiten:	Brücken und Schleusen zu Hauptverkehrszeiten kurzzeitig geschlossen		

163

WILHELMINAKANAL I

SON & BREUGEL

Son und Breugel sind beides Kirchdörfer. Der Name Son kommt vermutlich von vorgermanisch ‚Sunna'; der Ort liegt am linken Ufer der Dommel. Breugel bzw. ‚Brogilio', ‚eingezäuntes Jagdgebiet', liegt am rechten Ufer der Dommel. Dieses Gebiet ist schon seit 1000 n. Chr. bewohnt. 1107 wurde erstmals eine Kirche in Son erwähnt. Dies ist merkwürdig, da es sich um ein Kirchdorf handelt, das eigentlich schon viel früher eine Kirche hatte. 1958 fiel die Kirche einem Brand zum Opfer, bei dem nur der Turm verschont blieb. Der Turm in Son ist genau wie die ebenso schön gelegene Dorfkirche in Breugel denkmalgeschützt. Auch das Rathaus aus dem 18. Jh., das den Markt in Son dominiert, steht unter Denkmalschutz. Auf dem Soner Markt ist auch ein Teil der alten Lindenbepflanzung erhalten geblieben. Im Sommer kann man überall draußen sitzen und die Sonne und die Gastfreundschaft der örtlichen Bevölkerung genießen.

Im Krieg wurde in dieser Gegend heftig gekämpft, so spielte sich hier die ‚Operation Market Garden' ab. Das zwischen Son und Best gelegene Museum Bevrijdende Vleugels vermittelt einen guten Eindruck von dieser Zeit.

Von Son kommt man bequem mit öffentlichen Verkehrsmitteln nach Eindhoven. In der größten Stadt Brabants gibt es ein großes Zentrum mit Geschäften und kleineren Läden sowie viele Galerien und Museen. Außerdem eignet sich diese Region hervorragend für Tagesausflüge. Es stehen einem buchstäblich alle Richtungen offen: Breugelse Heide, Campina und 't Ouwe Meer bei Son.

Die Linden am Markt von Son

Besichtigungstipps
- Turm St. Petrusbanden, Kirchplatz, Tel. 00 31 (0)499 47 45 55.
- Ehemaliges Gemeindehaus, Markt 1, Son. Typisches Gebäude von 1750 mit Halsgiebel und Fenster mit Bleiverglasung.

Veranstaltungen
Jahrmarkt: im Juli

Weitere Informationen:
VVV Eindhoven, Stationsplein 17, 5611 AC Eindhoven. Tel. NL 0900 112 23 63, Tel. B 00 31 (0)40 297 91 00, www.vvveindhoven.nl.

LIESHOUT

Dieses Dorf ist hauptsächlich wegen der Bavaria Bierbrauerei bekannt. Außerdem gibt es eine hübsche Dorfstraße mit typischen Häusern und Läden. Die Mühlen Vogelenzang und Leest sind ebenfalls schön anzusehen.

Die Umgebung von Lieshout und das nahe gelegene Aarle-Rixtel haben den Touristen viele lohnende Ziele zu bieten, so die Naturlandschaften De Eeuwsels in Lieshout und De Biezen in Aarle-Rixtel. In diesen Gebieten kann man sehr schön wandern. Unterwegs kommt man an prächtigen Gebäuden vorbei, z.B. an dem alten Missionskloster in Aarle-Rixtel und den beiden restaurierten Windmühlen in der Umgebung von Lieshout.

Besichtigungstipps
- Bavaria Brauerei, Heuvel 5, Tel. 00 31 (0)499 42 12 09. Café Morees, wo man noch das traditionelle berühmte Bier der Brabanter Brauerfamilie findet.
- 't Herenhuis, Havenweg 10. Auch bekannt als 't Kasteeltje. Ehemalige Wohnungen von Grundbesitzern aus dem 19. Jh.
- Hafen von Binderen, Burg van de Heuvelstraat 1. Alter monumentaler Zugangshafen zur ehemaligen Abtei von Binderen aus dem Jahr 1474.
- Keramikatelier De Hoeve Schoot, Vogelenzang 34, Tel. 00 31 (0)499 42 22 25. Keramikatelier, Kunsthandwerk, Glaskunst und Bilder mit Bleiverglasung.

Mühlen de Leest

Veranstaltungen
Oranjeloop: Königinnentag
Lieshouts Klankfestijn: Ende Juni

Weitere Informationen:
VVV-Agentur Lieshout, Heuvel 11, 5737 BX Lieshout. Tel. 00 31 (0)499 42 58 00, www.zobrabant.nl

FN Die Radwege-Knotenpunktkarte der Region Kempen ist für € 5,00 in VVV-Büros der Region erhältlich.

FV Schepers Lieshout BV, Heuvel 6, Lieshout, tel. 00 31 (0)499 42 12 31
Fa. Kwanten, Nieuwestraat 4, Son, tel. 00 31 (0)499 47 25 19.

WILHELMINAKANAAL 1

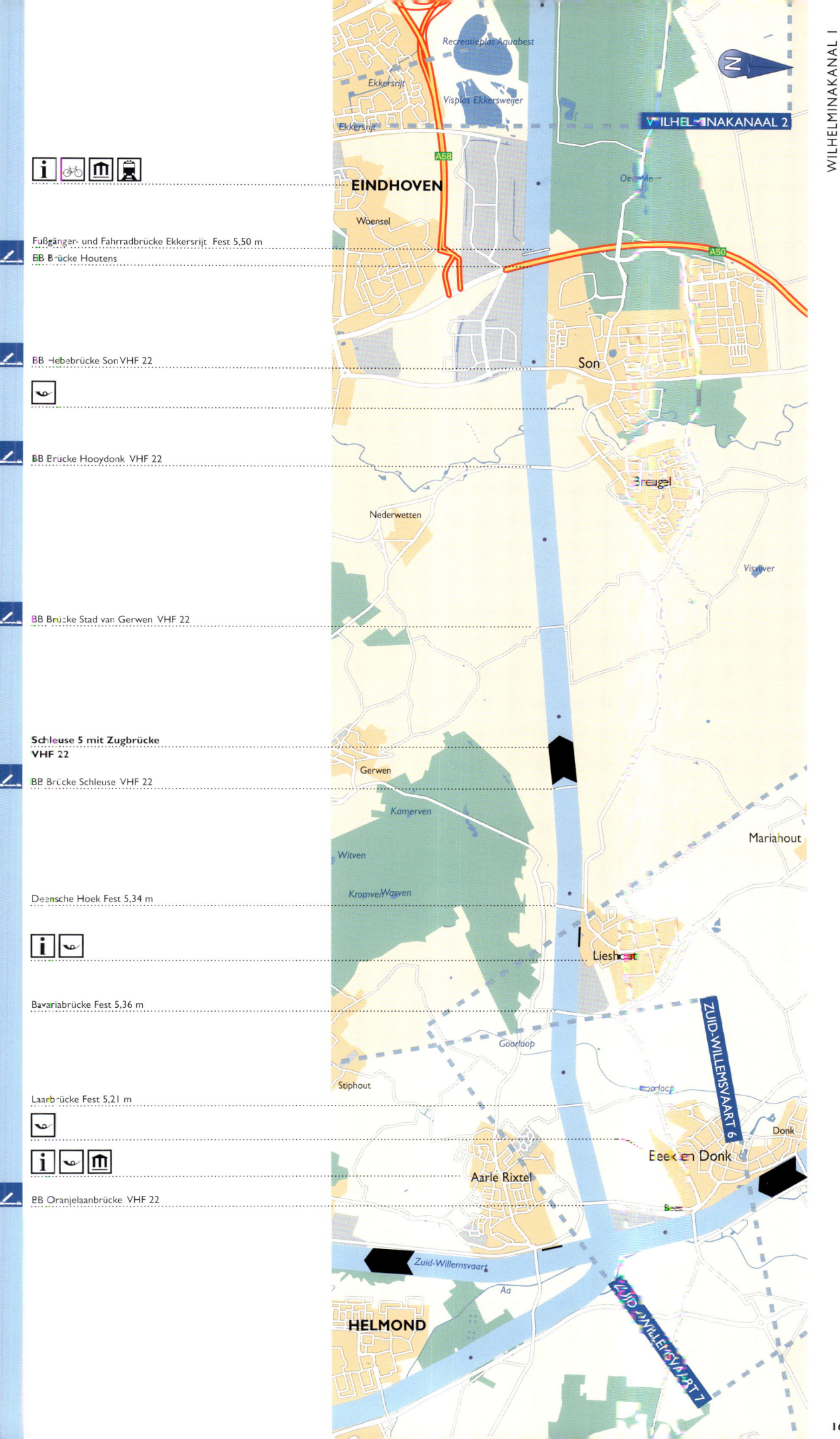

Fußgänger- und Fahrradbrücke Ekkersrijt Fest 5,50 m
BB Brücke Houtens

BB Hebebrücke Son VHF 22

BB Brücke Hooydonk VHF 22

BB Brücke Stad van Gerwen VHF 22

Schleuse 5 mit Zugbrücke
VHF 22
BB Brücke Schleuse VHF 22

Deensche Hoek Fest 5,34 m

Bavariabrücke Fest 5,36 m

Laarbrücke Fest 5,21 m

BB Oranjelaanbrücke VHF 22

WILHELMINAKANAL 2

OIRSCHOT

Oirschot, das ‚Baudenkmal im Grünen', ist eine Gemeinde, in der sich Baudenkmäler und Naturschönheit treffen. An diesem Ort gibt es ca. 300 Monumente, eine ruhige Umgebung mit viel noch unberührtem Wald und Heide und zahlreichen Möglichkeiten für Erholung und Ruhe. Oirschot liegt in einem der ältesten bäuerlichen Landschaften Brabants, wo man noch viele typische Beispiele für Brabanter Bauernhoftypen findet. Besonders gut zum Wandern geeignet sind die Naturlandschaften Mortelen, Oirschotse Heide, Baest, Oostelbeersche Heide, Kuikseindsche Heide, Spreeuwelse Heide, Heerebeek, 's-Heerevijvers, Straatsche Heide und Aarlese Heide. Nach einer Wanderung oder Fahrradtour kann man sich herrlich in einem der zahlreichen Cafés von Oirschot ausruhen.

In Oirschot gibt es das erste Wanderroutennetz der Niederlande, das auf Knotenpunkten aufbaut. Die Gesamtlänge des Netzes beträgt 180 km.

Auf dem Marktplatz steht die von 1462 stammende St. Peter-Kirche mit ihrem 72 Meter hohem Turm. Das sehenswerte alte Gemeindehaus mit Ratskeller wurde 1463 erbaut. Auf dem Vrijthof befindet sich eine kleine romanische Kirche aus dem 12. Jh. Im Zentrum, dessen Dorfansicht unter Denkmalschutz steht, findet man noch zahlreiche alte Gebäude, darunter den Hof von Solms, die Lateinschule und Huyze Groenberg. Brabant ist stolz auf seine traditionelle Industrie. Ein Beispiel hierfür findet man in Form des größten Stuhls Europas, der in der Gasthuisstraat steht.

Museum de Vier Quartieren

Besichtigungstipps
• Stuhlflechterei S. van Loon, Eindhovensedijk 16, Tel. 00 31 (0)499 57 22 25. Geflochtene Korbstühle und Wiener Geflecht für Stühle.
• Museum De Vier Quartieren, Sint Odulphusstraat 11, Tel. 00 31 (0)499 55 05 99. Land- und Stadtleben in der Region Kempen zwischen 1800 und 1950. Auch Devotionalien, landwirtschaftliches Gerät und Spielzeug aus dieser Zeit.

Zuschauer

Oirschotese Heide

Weitere Informationen:
VVV Oirschot, Sint Odulphusstraat 11, 5688 BA Oirschot. Tel. 00 31 (0)499 55 05 99, www.vvvoirschot.nl.

FR • Heilige Eik' und ‚Kerkenroute', 18,5 bzw. 41,5 km in der Umgebung von Oirschot, Spoordonk, ‚De Beerzen'. Preis: € 1,15. Die Route wurde anhand von Knotenpunkten markiert. Die Karte ist beim VVV-Büro Oirschot erhältlich.

FN Die Karte der Region Kempen ist beim VVV-Büro Oirschot erhältlich.

FV Profile Smetsers Oirschot BV, Spoordonkseweg 28, tel. 00 31 (0)499 57 12 31
R. van Overdijk Tweewielers, Spoordonkseweg 91, tel. 00 31 (0)499 57 29 59.

Anlegen und gemütlich Rad fahren

BEST
Auch dieser Ort liegt inmitten einer Wald- und Naturlandschaft und eignet sich somit gut als Ausgangspunkt für eine schöne Wanderung durch die Natur. Im Zentrum von Best gibt es ein großes Ladenzentrum, wo von herrlichen Baudenkmälern bis hin zu hypermodernen Gebäuden alles vorhanden ist. Der nahe gelegene Freizeitsee Aquabest bietet Jung und Alt viel Wasserspaß. Außerdem gibt es hier das einzige niederländische Holzschuhmuseum, einen botanischen Pfarrgarten mit 2 000 Pflanzenarten, einen Golfplatz und eine Skipiste.

Besichtigungstipps
• Museum Bevrijdende Vleugels, Sonseweg 39,
Tel. 00 31 (0)499 32 97 22. Audiovisuelle Präsentationen informieren über die Befreiung der Niederlande im Zweiten Weltkrieg. Umfassendes Dokumentationszentrum.
• Holzschuhmuseum De Platijn, Broekdijk 12,
Tel. 00 31 (0)499 37 12 47. Sammlung von altem Handwerkzeug, Maschinen, Dokumentationsmaterial und Beispiele für Holzschuhe aus mehr als 40 Ländern. Täglich handwerkliche Demonstrationen.
• Tierpark De Vleut, Broekdijk 15,
Tel. 00 31 (0)499 37 17 06. Tierpark
• Freizeitsee Aquabest, Ekkersweijer 2,
Tel. 00 31 (0)499 39 22 36. Freizeitsee mit vielen Wassersportmöglichkeiten.

Weitere Informationen:
VVV-Agentur Best, Oranjestraat 12, 5682 CC Best.
Tel. 00 31 (0)499 37 41 77, vvvbest@planet.nl, www.zob-rabant.nl.

FN Die Radwege-Knotenpunktkarte der Region Kempen ist für € 5,00 bei der VVV-Agentur in Best erhältlich.

FV Toon Vertier, Broekdijk 13b, 00 31 (0)499 31 01 81
W. Esman, Oirschotseweg 1, 00 31 (0)499 39 94 87.

BB Brücke Schleuse VHF 20

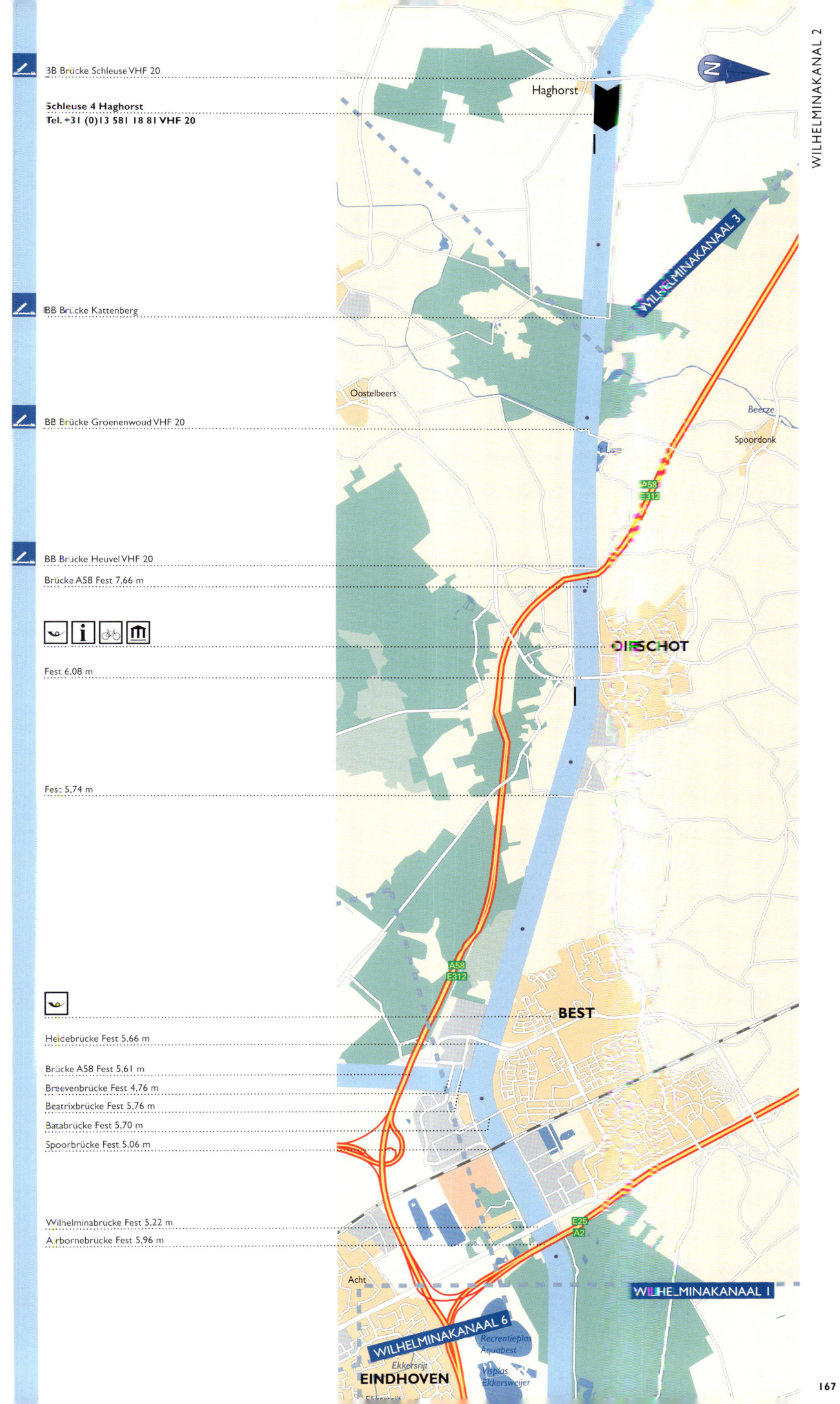

Schleuse 4 Haghorst
Tel. +31 (0)13 581 18 81 VHF 20

BB Brücke Kattenberg

BB Brücke Groenenwoud VHF 20

BB Brücke Heuvel VHF 20
Brücke A58 Fest 7,66 m

Fest 6,08 m

Fest 5,74 m

Heidebrücke Fest 5,66 m
Brücke A58 Fest 5,61 m
Breevenbrücke Fest 4,76 m
Beatrixbrücke Fest 5,76 m
Batabrücke Fest 5,70 m
Spoorbrücke Fest 5,06 m

Wilhelminabrücke Fest 5,22 m
Airbornebrücke Fest 5,96 m

WILHELMINAKANAAL 2

WILHELMINAKANAL 3

TILBURG

Tilburg ist die sechstgrößte Stadt der Niederlande. Schon aus der Ferne sieht man eines der höchsten Hochhäuser der Niederlande: Westpoint.
Bis in die 60er-Jahre war Tilburg die wichtigste Textilstadt der Niederlande. Überall in der Stadt findet man noch Erinnerungen an diese Zeit. Viele alte Textilfabriken wurden durch moderne Wohngebiete ersetzt. Eine Reihe von Fabrikgebäuden erhielten eine neue Funktion, so zogen z.B. das Niederländische Textilmuseum, das Museum für zeitgenössische Kunst De Pont und das Atelier Het Duvelhok ein. Tilburg ist eine moderne Stadt, doch werden die Erinnerungen an die Vergangenheit sorgsam bewahrt. Der Dialekt, die Volkskultur und alte Straßen wie die ‚Herdgangen' verweisen in die Geschichte.
Fabrikantenpaläste, alte Weberhäuschen, typische kleine Läden, neue Bürogebäude und ein lebhaftes Stadtzentrum bilden ein multikulturelles Ensemble.
In der Umgebung von Tilburg gibt es viel zu erleben. Man kann dem Trappistenkloster in Berkel-Enschot einen Besuch abstatten, wo das einzige niederländische Trappistenbier gebraut wird. Für eine schöne Wanderung bieten sich die Loonse und Drunense Dünen sowie die Oisterwijkse Wälder und Moorgebiete an. Nur einen Steinwurf von Tilburg entfernt laden De Efteling (Kaatsheuvel), Het Land van Ooit (Drunen) und Safaripark und Spielland Beekse Bergen (Hilvarenbeek) zu einem Familienausflug ein.

Piushafen Tilburg

Besichtigungstipps

• Niederländisches Textilmuseum, Goirkestraat 96, Tel. 00 31 (0)13 549 45 64, www.textielmuseum.nl. Geschichte und Verwendung von Textil. Kinderaktivitäten.
• Nordbrabanter Naturmuseum, Spoorlaan 434, Tel. 00 31 (0)13 535 39 35. Riesiger Mammutschädel, leuchtende Steine, ein Ichthyosaurus- Fossil und bunte Schmetterlinge.
• De Pont, Stichting voor Hedendaagse Kunst, Wilhelminapark 1, Tel. 00 31 (0)13 543 83 00. Ausdrucksformen zeitgenössischer Kunst.
• Puppenmuseum, Telefoonstraat 13-15, Tel. 00 31 (0)13 543 63 05.
• Museum Scryption, Spoorlaan 434a, Tel. 00 31 (0)13 580 08 21. Geschichte der schriftlichen Kommunikation.
• De Efteling, Europalaan 1, Kaatsheuvel. Tel. 00 31 (0)416 28 81 11, www.Efteling.nl. Viele Attraktionen wie Märchenwald, Traumflug, Villa Volta, Vogel Rok und Python.
• Het Land van Ooit, Parklaan 40, 5151 DG, Drunen, Tel. 00 31 (0)416 37 77 75, www.ooit.nl. Hier stehen Theater und Fantasie im Mittelpunkt und haben Kinder das Sagen.

Veranstaltungen

Hap Stap Festival: Mitte Mai/Himmelfahrt
Festival Mundial: Juni
Tilburger Jahrmarkt: letztes Wochenende im Juli
Tilburg Weinstadt/Culinair: Ende September
Marivin: 1. Wochenende im August

Weitere Informationen:
VVV Tilburg, Spoorlaan 364, 5038 CD Tilburg.
Tel. NL 0900 202 08 15 (0,35 p/m), stadsvvv@tilburg.nl, www.vvvtilburg.nl.

FR	Beim VVV Tilburg sind verschiedene schöne Routenbeschreibungen erhältlich.
FN	Tilburg ist an das Radwegenetz Midden-Brabant angeschlossen. Karte erhältlich beim VVV Tilburg.
FV	Fietspoint Derks, Spoorlaan 35a, 00 31 (0)13 543 61 94.

HILVARENBEEK

Das perfekte Beispiel eines alten Kempener Dorfes. Im Mittelpunkt steht der einmalige Vrijthof, ein fränkischer Marktflecken in einer denkmalgeschützten Dorfansicht. Der Hof ist von Schatten spendenden Linden umgeben.

Safaripark Beekse Bergen

Besichtigungstipps

• Safaripark Beekse Bergen, Beekse Bergen 31, Tel. 00 31 (0)900 233 57 32, www.beeksebergen.nl. Tierpark mit über 125 Tierarten, Besuch zu Fuß, mit Safaribus oder –boot oder im eigenen Auto.
• Spielland Beekse Bergen, Beekse Bergen 1, Tel. 00 31 (0)900 233 57 32, www.beeksebergen.nl. An einem großen Strandbad gelegen, viele Attraktionen.
• Nationales Likörmuseum Isidorus Jonkers, Goirlesedijk 12, Hilvarenbeek, Tel. 00 31 (0)13 505 31 19. Likörbrennerei aus dem Jahr 1833.

Weitere Informationen:
VVV Hilvarenbeek, Paardenstraat 1, 5081 CG Hilvarenbeek.
Tel. 00 31 (0)13 505 24 58, vvvhilvarenbeek@hetnet.nl, www.vvvhilvarenbeek.nl.

FR	Vom Hafen bei Biest-Houtakker aus zum hübschen Landgut De Utrecht.
FN	Hilvarenbeek ist an das Radwegenetz Midden-Brabant angeschlossen. Karte erhältlich beim VVV Hilvarenbeek.
FV	Profile van Dijck, Diessenseweg 64, tel. 00 31 (0)13 505 20 10.

Textilmuseum Tilburg

WILHELMINAKANAL 3

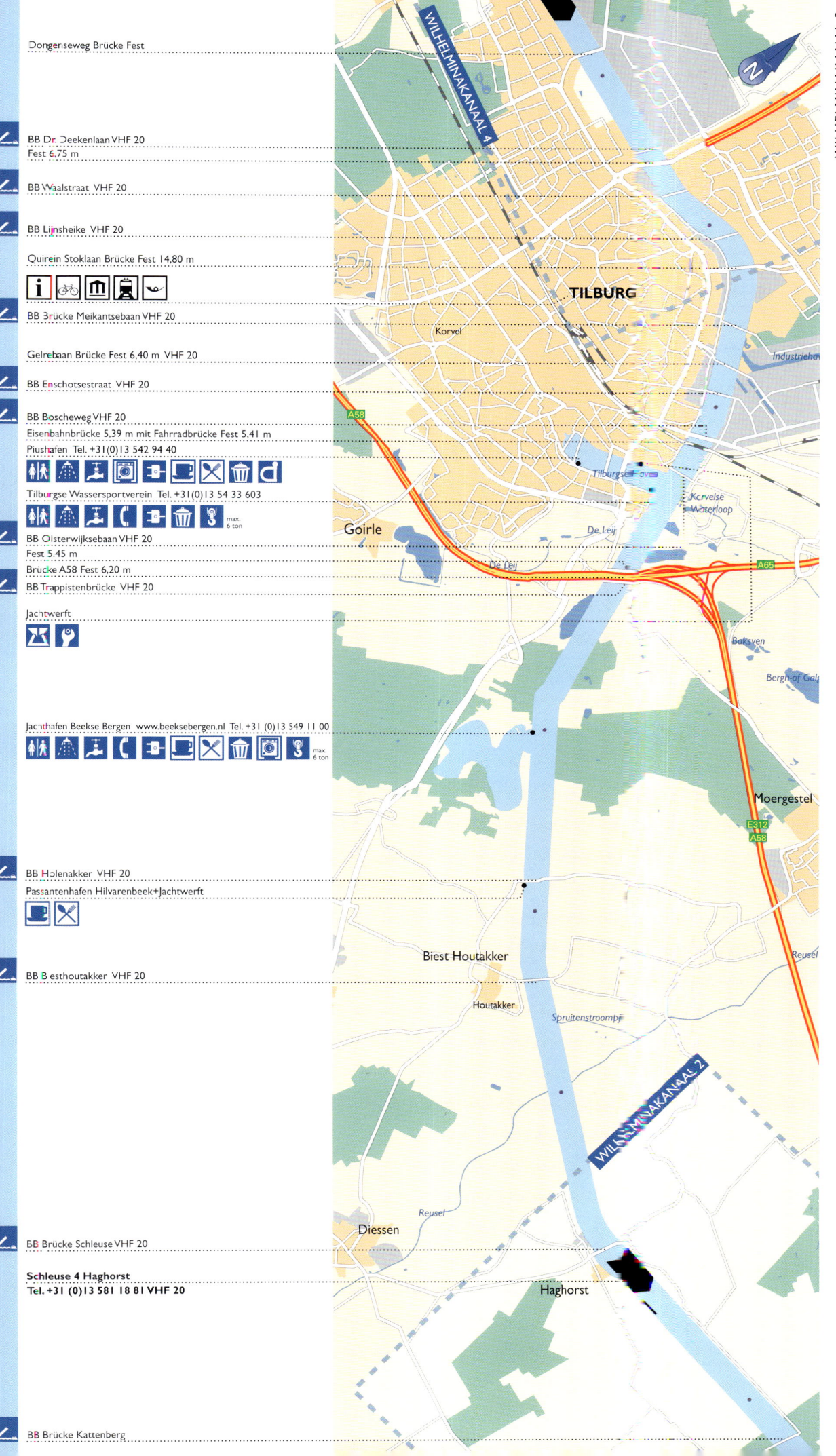

Dongenseweg Brücke Fest

BB Dr. Deekenlaan VHF 20
Fest 6,75 m

BB Waalstraat VHF 20

BB Lijnsheike VHF 20

Quirein Stoklaan Brücke Fest 14,80 m

BB Brücke Meikantsebaan VHF 20

Gelrebaan Brücke Fest 6,40 m VHF 20

BB Enschotsestraat VHF 20

BB Boscheweg VHF 20
Eisenbahnbrücke 5,39 m mit Fahrradbrücke Fest 5,41 m
Piushafen Tel. +31(0)13 542 94 40

Tilburgse Wassersportverein Tel. +31(0)13 54 33 603

BB Oisterwijksebaan VHF 20
Fest 5.45 m
Brücke A58 Fest 6,20 m
BB Trappistenbrücke VHF 20

Jachtwerft

Jachthafen Beekse Bergen www.beeksebergen.nl Tel. +31 (0)13 549 11 00

BB Holenakker VHF 20
Passantenhafen Hilvarenbeek+Jachtwerft

BB Besthoutakker VHF 20

BB Brücke Schleuse VHF 20

Schleuse 4 Haghorst
Tel. +31 (0)13 581 18 81 VHF 20

BB Brücke Kattenberg

169

DONGEN

Ursprünglich ist Dongen eine Agrarsiedlung, die sich ab 1700 zu einem Zentrum der Leder- und Schuhindustrie entwickelte. Der durch Dongen fließende kleine Fluss Donge eignete sich hervorragend zum vor dem Gerben notwendige Einweichen der Häute. Dieses Handwerk führte dazu, dass insbesondere entlang der Ufer der Donge zahlreiche Gerbereien entstanden. Aber auch anderswo in Dongen gibt es hie und da noch alte Gerbereien und Schuhfabriken. Dongen besitzt schöne Kirchen, so die Oude Kerk und die schon von weither sichtbare Koepelkerk.

Für Radfreunde gibt es in der Umgebung von Dongen mehrere Radrouten. Direkt vor Dongen liegt der Waldkomplex De Duiventoren, der sich hervorragend für längere Wanderungen eignet. Die dortigen Sandverwehungen sorgen immer wieder für schöne Panoramen.

Zu der Gemeinde gehört auch 's-Gravenmoer. Dieses Dorf wird aufgrund der Wasserläufe mit Brückchen in einem Teil des Dorfes zuweilen das Giethoorn Brabants genannt. Insbesondere bei einem Spaziergang über die Deiche kann man so richtig die Ruhe genießen. Bei einem Spaziergang durch den Dorfkern trifft man vor allem an der Hauptstraße auf viele historische Gebäude.

Besichtigungstipps
• NH Kerk, Kerkstraat 56, Tel. 00 31 (0)162 31 50 67. Diese Kirche aus dem 15. Jahrhundert ist teils Ruine und teils in Gebrauch. In der Kirche befindet sich eine besondere Orgel, die mit einem so genannten Nachtigallenregister ausgestattet ist, das in den Niederlanden sehr selten ist.
• Koningin Wilhelmina, Windmolenweg 4, Tel. 00 31 (0)161 22 20 59. Windmühle, Holländermühle.

Veranstaltungen
Avondvierdaagse: im Juni
Dongens Kapellenfestival: letztes Wochenende im Oktober

Weitere Informationen:
VVV-Folderservice Dongen, Hoge Ham 120, 5104 JK Dongen.Tel. 00 31 (0)162 31 34 31.

Platz genug am Wilhelminakanal bei Dongen

RIJEN

Die Gemeinde Rijen, die man auch in der Kombination Gilze-Rijen kennt, liegt ganz zentral in Brabant in einer schönen, waldreichen Umgebung. Gilze und Rijen liegen genau zwischen Breda und Tilburg, und große Freizeitparks wie Efteling, Beekse Bergen und das Naturschutzgebiet Biesbosch sind schnell erreichbar. In den Wäldern, die die Gemeinde umgeben, sind verschiedene Rad- und Wanderrouten ausgeschildert. Die Gemeinde verdankt ihre Bekanntheit auch einem militärischen Flugplatz in der Nähe. Man trifft dort fast immer auf Spotter, die auf Flugzeuge warten.

Besichtigungstipps
• Hl. Maria Magdalena-Kirche, Hoofdstraat 60, Tel. 00 31 (0)161 22 28 33. Kirche aus dem Jahr 1905.

Veranstaltungen
Jahrmarkt: Mitte Juni

Weitere Informationen:
VVV-folderservice Rijen, Stationsstraat 114, 5121 EE Rijen. Tel. 00 31 (0)161 22 01 00.

Forstrevier Dorst

BOSWACHTERIJ DORST

Dieses Waldgebiet entstand dadurch, dass die großen Flüsse über die Jahrtausende enorme Mengen an Sand und Lehm ablagerten. Insbesondere die Lehmablagerungen waren für die Entwicklung des Gebiets von großer Bedeutung. Es war das erste, das im Jahr 1899 von der Staatlichen Forstverwaltung übernommen wurde.

Da das Gebiet Anfang des 20. Jh. völlig dicht zu wachsen drohte, wurde eine Reihe von Weidetieren angesiedelt. Seither laufen hier Highländer herum, Ziegenböcke und Geißen. Hierdurch wurde auch ein Stückchen Geschichte wieder belebt. Früher hielten die Waldarbeiter sich nämlich auf eine kleinen Weide Ziegen. Der Weg, der dorthin führt, heißt noch immer ‚Bokkeweidedreef'. Durch dieses Gebiet führt eine Radroute.

Weitere Informationen:
VVV Oosterhout/Dorst, Bouwlingplein 1, 4901 KZ Oosterhout. Tel. NL 0900 20 22 550, info@vvvoosterhout.nl, www.vvvoosterhout.nl.

FN Dieses Gebiet ist Teil des Radwegenetzes Midden-Brabant. Die Karte kann bei den örtlichen VVV-Büros erworben werden.

FV Profile Paul in 't Groen, Rembrandtlaan 60, Rijen, tel. 00 31 (0)161 22 25 06.

WILHELMINAKANAL 4

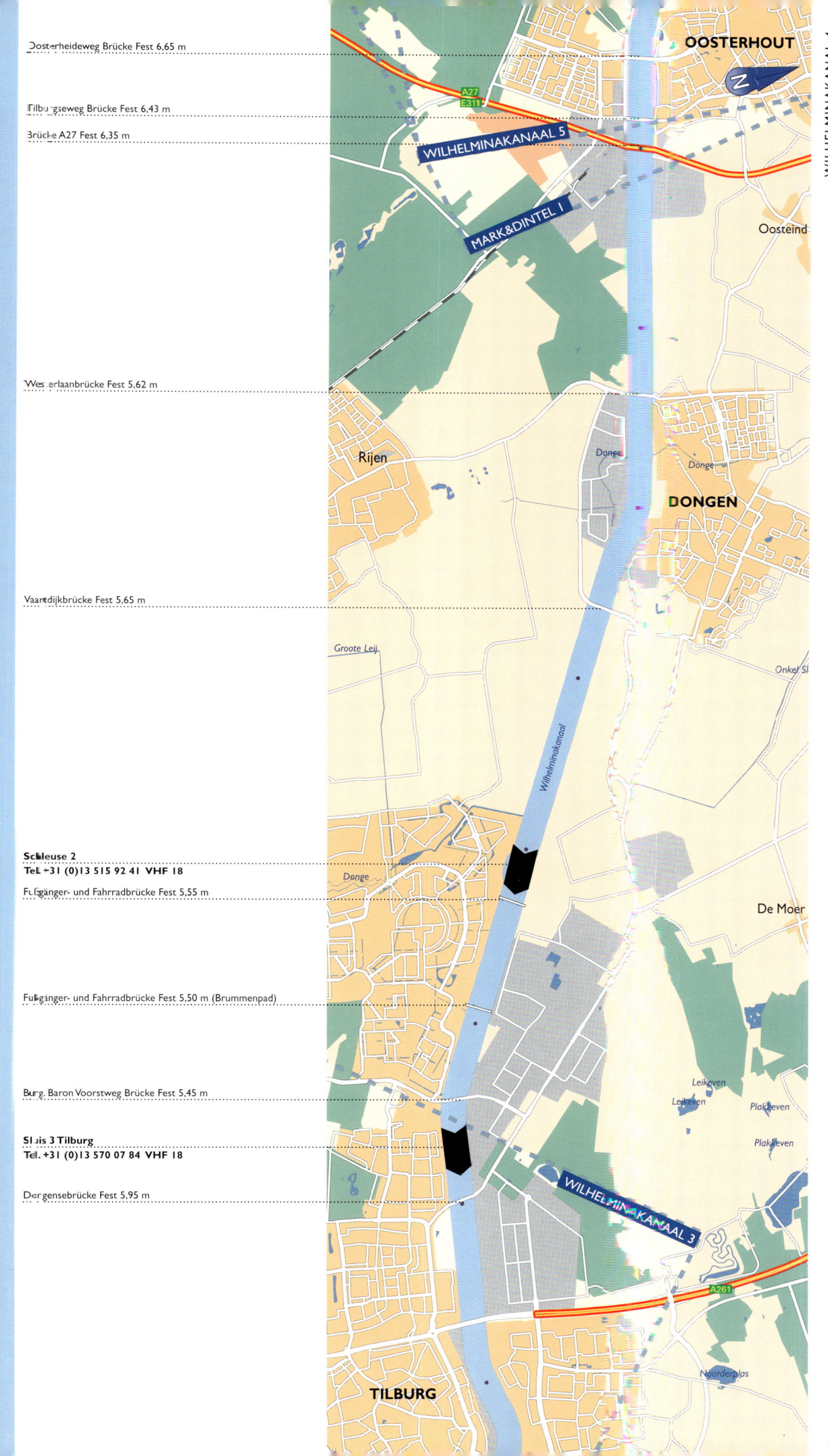

Oosterheideweg Brücke Fest 6,65 m

Tilburgseweg Brücke Fest 6,43 m

Brücke A27 Fest 6,35 m

Westerlaanbrücke Fest 5,62 m

Vaartdijkbrücke Fest 5,65 m

Schleuse 2
Tel. +31 (0)13 515 92 41 VHF 18

Fußgänger- und Fahrradbrücke Fest 5,55 m

Fußgänger- und Fahrradbrücke Fest 5,50 m (Brummenpad)

Burg. Baron Voorstweg Brücke Fest 5,45 m

Sluis 3 Tilburg
Tel. +31 (0)13 570 07 84 VHF 18

Dongensebrücke Fest 5,95 m

WILHELMINAKANAL 5

OOSTERHOUT

Oosterhout ist eine Stadt, in der man all die Ruhe und Weite Brabants findet. Auch an den Sehenswürdigkeiten kann man nicht einfach vorbeifahren. Die robuste St. Johannes-Basilika, Abteien, Klöster und die Burganlage De Slotjes mit Park bestimmen die Stadtansicht. Oosterhout wurde durch das Kloster St. Catharinadal bekannt. Die Schwestern des Norbertiner-Ordens wurden mit ihren Kalligraphiekünsten und durch die Restaurierung alter Bücher berühmt.

Zentrum von Oosterhout

Wer gerne einkauft, ist im lebhaften Oosterhout richtig. Neben kleinen Läden in stimmungsvollen Gassen gibt es auch große, moderne Einkaufsstraßen mit Warenhäusern. Auch wer die Ruhe sucht, findet in Oosterhout vieles nach seinem Geschmack, z.B. bei einem Rundgang über den hübschen Marktplatz oder den stimmungsvollen Platz De Heuvel und in gemütlichen Innenhöfen.
Auch die Umgebung von Oosterhout ist besuchenswert. Oosterhout liegt auf der Grenze der holländisch Brabanter Polderlandschaft mit großer Weite und den

Rund um Oosterhout können Sie hervorragend Rad fahren

höher gelegenen Brabanter Flugsandgebieten mit Heide, Wäldern, Äckern, Feldern und Bauernhöfen. Eine Gegend, die man wunderbar mit dem Fahrrad erkunden kann.

Besichtigungstipps

• Spielzeugmuseum ‚Op Stelten', St. Vincentiusstraat 86, Tel. 00 31 (0)162 45 28 15. Sammlung von altem Spielzeug aus dem 18. Jh. bis 1950.

Spielzeugmuseum in Oosterhout

• Bäckereimuseum, Klappeijstraat 47-49, Tel. 00 31 (0)162 42 97 00. Spekulatiusbretter, Kuchenformen, Marzipan- und Zuckerformen sowie verschiedene alte Maschinen.
• St. Johannes-Basilika, Markt, Tel. 00 31 (0)162 42 23 23. Fünfschiffige Kreuzkirche aus dem 17. Jh. Im Innern findet man eine Reihe seltener alter Gegenstände. Außerdem prächtige Glasfenster, die die Geschichte der Stadt darstellen.
• Brabants Museum Oud-Oosterhout, Bredaseweg 129, Tel. 00 31 (0)162 42 68 15.
Miniaturen von Oosterhouter Häusern und Gebäuden aus der Zeit um 1900. In den Innenräumen findet man eine Ausstellung zu alten Handwerken.

Veranstaltungen

Jahrmarkt Den Hout: Himmelfahrt
Oosterhouterie: Wochenende nach Himmelfahrt
Internationales Floralia Country-Festival: Mitte August
Bluesfestival: 2. Wochenende im September
Musentag: Ende September
Abrahamtag: 1. Samstag im Oktober

Weitere Informationen:

VVV Oosterhout/Dorst, Bouwlingplein 1, 4901 KZ Oosterhout. Tel. NL 0900 20 22 550, info@vvvoosterhout.nl, www.vvvoosterhout.nl.

FR • Vrachel- en Dongeroute, 48 km. Durch Oosterhout, Vrachelse Heide, Polder von Made und das historische Geertruidenberg.
• Op de grens van Land en Water, 30 km. Durch das Ackerland des Kirchdorfes Oosteind. Beschreibungen dieser und weiterer schöner Themenrouten sind beim VVV Oosterhout erhältlich.

FN Oosterhout ist an das Fahrradwegenetz De Wijde Biesbosch angeschlossen. Karte erhältlich beim VVV Oosterhout.

FV Camping de Katjeskelder, Katjeskelder 1, tel. 00 31 (0)162 45 35 39
Tulip Inn Hotel, Beneluxweg 1a, tel. 00 31 (0)162 45 36 43.

Markschleuse bei Oosterhout

WILHELMINAKANAL 5

Jachthafen Vissershang Tel. +31 (0)162 40 22 00

W.S.V. De Donge

Gras Hafen

W.S.V. Geertruidenberg Tel. +31 (0)162 51 31 67

Neuer Jachthafen Tel. +31 (0)162 68 31 66

Scheepsdiep

Amertakbrücke Fest 7,95 m
Jachthafen de Meerpaal Tel. +31 (0)162 52 20 24 www.jachthavenmeerpaal.nl

Ir. Hamersbrug Brücke A59 Fest 7,95 m

Westlandschleuse Fest 7,25

Markschleuse
Tel. +31 (0)162 45 51 11 VHF 18

Jachthafen W.V. Schleuse 1

Eb brug schleuse VHF 18

Schleuse 1 Oosterhout
Tel. +31 (0)162 45 42 41 VHF 18

Bredaseschleuse Fest 6,35 m

173

EINDHOVEN

Eindhoven unterscheidet sich von anderen Städten in Brabant durch sein modernes Aussehen. Die Stadt ist großzügig angelegt und international orientiert, jung und aktiv. Der aparte, zeitgenössische Charakter von Eindhoven rührt von der explosiven Entwicklung des Provinzstädtchens zu einer der modernsten regionalen Hauptstädte Europas her. Eindhoven verdankt seine Bekanntheit hauptsächlich der Tatsache, dass Philips hier 1891 mit der Herstellung von Glühlampen begann. Und ein weiteres wichtiges niederländisches Produkt erblickte in Eindhoven das Licht der Welt. Nach dem Zweiten Weltkrieg gründete die Familie Van Doorne eine Automobilfabrik für Lastwagen.

Das Angebot an Geschäften in der Innenstadt ist sehr groß, allein über 100 Läden in dem Einkaufszentrum Heuvel Galerie. Spezial- und Kunstgeschäfte findet man hauptsächlich in den Straßen Grote- und Kleine Berg. Auch auf kulturellem Gebiet hat Eindhoven einiges zu bieten, viele Museen sind einen Besuch wert. Ein gutes Beispiel hierfür ist das Historische Freiluftmuseum, in dem man vorgeführt bekommt, wie der Mensch in vorgeschichtlicher Zeit lebte. Ein Besuch dieses Museums ist auch für Kinder ein Erlebnis.

Historisches Freilichtmuseum Eindhoven

Rund um Eindhoven liegen die Brabanter Kempen! Entdecken Sie in aller Ruhe, warum ‚De Contente Mens' (der zufriedene Mensch) in Eersel steht. Obwohl in den Brabanter Kempen früher bittere Armut herrschte, ist der Kempener ein geborener Optimist. Stellen Sie ihm die obligatorische Frage „Wie geht's?", und die Antwort lautet immer: „Och…. 't Kos kaojer", was aus dem Dialekt übersetzt bedeutet „Och… es könnte schlimmer sein". Es sind keine armen Schlucker, sondern sie haben Spaß am Leben und lassen andere daran gerne teilhaben. Also schnell aufs Rad oder in die Wanderschuhe und ab in die Brabanter Kempen!

Besichtigungstipps

- Historisches Freiluftmuseum Eindhoven, Boutenslaan 161b, Tel. 00 31 (0)40 252 22 81.
In dem Dorf Eversham kann man sich anschauen, wie unsere Vorfahren in der Eisenzeit lebten (750-50 v. Chr.). Bauernhöfe, Boote und Äcker und prähistorische Bewohner.

Fahrradwegenetz

- Van Abbemuseum, Vonderweg 1, Tel. 00 31 (0)40 275 52 75. Moderne und zeitgenössische Kunst.
- DAF Museum, Tongelresestraat 27, Tel. 00 31 (0)40 244 43 64. Die erste DAF-Werkstatt mit einer Sammlung der meisten historischen DAF-Fahrzeuge ab 1928 bis heute.
- Museum Kempenland Eindhoven, St. Antoniusstraat 5-7, Tel. 00 31 (0)40 252 90 93.
Steentjeskerk mit niederländischer und flämischer Bildhauerkunst aus dem 19. und 20. Jahrhundert.
- ‚De Collse Watermolen', Collseweg 1, Tel. 00 31 (0)40 281 21 46 / 00 31 (0)40 281 78 18.
Wasser(rad)mühle, Schlagmühle.
- Edelsteinschleiferei De Steenarend, Strijpsestraat 63-65, Tel. 00 31 (0)40 252 92 83.
In den Sommerferien jeden Samstag Schleifdemonstrationen.
- Glasbläserei Gilbert, Bleekstraat 23-25, Tel. 00 31 (0)40 213 85 10.
- Philipsstadion, Frederiklaan 10a, Tel. 00 31 (0)40 250 55 12. Heimstadion des bekannten Fußballclubs PSV.

DAF-Museum

Veranstaltungen

Eindhoven Culinair: Mai
Concours Hippique: Mitte Mai
Fiësta del Sol: Ende Juni
Park Hilaria (Jahrmarkt): August
Jazz & Blues Festival: Ende August
Lichtjesroute: September
Week van het Ontwerp: Oktober
Alex Tennis Classics: Oktober

Weitere Informationen:

VVV Eindhoven, Stationsplein 17, 5611 AC Eindhoven.
Tel. NL 00 31 (0)900 112 23 63, tel. B 00 31 (0)40 297 91 00
info@vvveindhoven.nl, www.vvveindhoven.nl.

> **FR** 3x Groen Eindhoven, Radroute auf Basis von Knotenpunkten. Preis: € 1,15. Erhältlich beim VVV Eindhoven.
>
> **FN** Eindhoven ist Teil des Fahrradwegenetzes Kempen. Karte erhältlich beim VVV Eindhoven.

Gemütlich einkaufen in De Bergen, Eindhoven

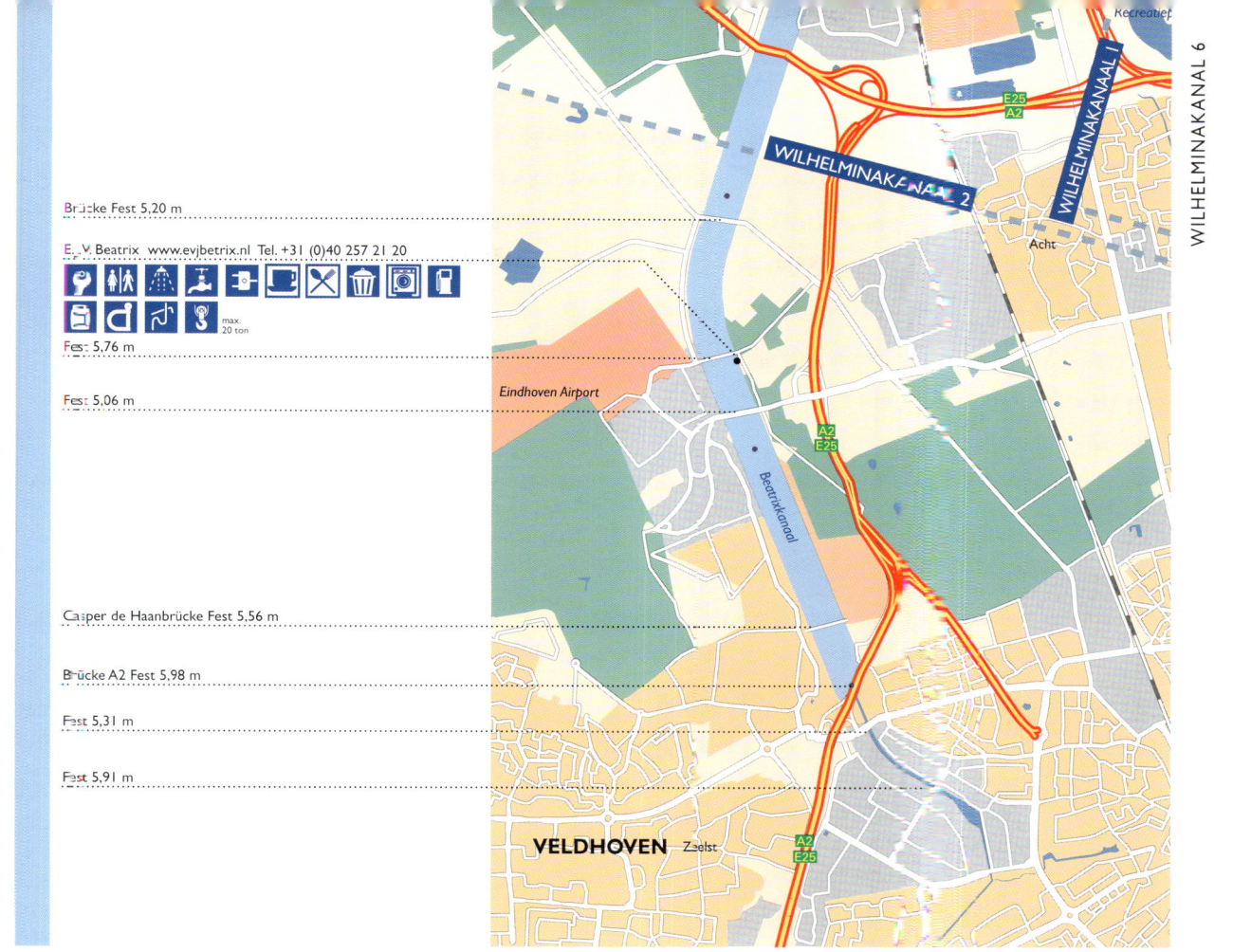

Brücke Fest 5,20 m

E.V. Beatrix www.evjbetrix.nl Tel. +31 (0)40 257 21 20

max. 20 ton

Fest 5,76 m

Fest 5,06 m

Eindhoven Airport

Casper de Haanbrücke Fest 5,56 m

Brücke A2 Fest 5,98 m

Fest 5,31 m

Fest 5,91 m

VELDHOVEN Zeelst

WILHELMINAKANAL 6

FV	Peter Heerings & Zn, Moreelselaan 56, tel. 00 31 (0)40 211 20 32
	Rijwielshop Kortland en partner, Stationsplein 22, tel. 00 31 (0)40 243 66 17
	Sportieve Vrije Tijd Eindhoven, Wassenaarstraat tel. 30, 00 31 (0)40 368 10 66.

Rad fahren entlang dem Kanal

Van Abbemuseum

ZEEKANAAL BRÜSSEL-SCHELDE

Wie die meisten Weltstädte entstand auch Brüssel am Wasser, genauer gesagt auf der Insel St. Goriks in dem Gezeitenfluss Zenne.

Ursprünglich diente die Zenne als Belieferungsweg für Brüssel. Mitte des 16. Jahrhunderts wurde die Zenne als Transportweg zwischen Antwerpen und Brüssel durch die Willebroekse Vaart ersetzt, die direkt in die Rupel mündet. Das starke Wachstum der Brüsseler Bevölkerung und die steigende Nachfrage der Brüsseler Gilden und Händler nach den verschiedensten Gütern und Grundstoffen machte einen regelmäßigen Schiffsverkehr mit größeren Schiffen erforderlich. Die Zenne konnte diese Anforderungen nicht mehr erfüllen.

Das Wirtschaftswachstum der Stadt Brüssel führte Anfang des 19. Jahrhunderts zu einer ersten Vergrößerung des Kanals, der 1922 zu einem richtigen Zeekanal wurde. Daraufhin siedelten sich entlang des gesamten Kanals sofort zahlreiche neue Industriezweige an. 1935 hatten sich an den beiden Ufern des Zeekanals schon über 150 neue Betriebe niedergelassen, insbesondere zwischen Brüssel Zeehaven und der ‚Verbrande Brug' in Grimbergen sowie in Willebroek.

Nach dem Zweiten Weltkrieg stieg der Gütertransport auf dem Zeekanal deutlich von knapp 3,5 Millionen Tonnen im Jahr 1940 auf ca. 14 Millionen Tonnen im Jahr 1970. Die Schifffahrt passte sich den Anforderungen mit dem Bau neuer Binnenschiffe mit immer größerem Frachtvolumen an.

Aufgrund dieses Wachstums und der Tatsache, dass die Kanalstrukturen veraltet waren, wurde 1967 mit den notwendigen Modernisierungsarbeiten am Zeekanal begonnen. König Albert II. eröffnete Ende November 1997 die neue Seeschleuse in Wintam. Seeschiffe von bis zu 10 000 Tonnen können nun direkt von der Schelde in den Kanal fahren.

Rathaus von Brüssel

Am 16. Juni 2000 bestand der Zeekanal genau 450 Jahre. NV Zeekanaal organisierte im Laufe dieses Jahres zahlreiche Veranstaltungen, um auf diese Tatsache aufmerksam zu machen.

Am 30. Juni 2004 fusionierte NV Zeekanaal mit den Abteilungen Bovenschelde und Zeeschelde des Ministeriums der flämischen Gemeinschaft. Sie nennen sich seitdem ‚Waterwegen en Zeekanaal NV' und verwalten alle schiffbaren Wasserwege in West- und Zentralflandern, also auch den Zeekanal Brüssel-Schelde.

Der Verkehr auf dem Zeekanal hat nach einer vorübergehenden Abnahme in den letzten Jahren wieder stark zugenommen. 2004 wurde ein Betrieb von 11,5 Millionen Tonnen registriert, eine Steigerung um fast 20 Prozent im Vergleich zu 2003.

Wünschen Sie weitere Informationen über die vielen Facetten der Wasserwege und insbesondere des Zeekanals Brüssel-Schelde, so wenden Sie sich an das Zeesluis Wintam Onthaalcentrum (ZWOC). Sie können Kontakt aufnehmen mit der ‚Cel Communicatie van Waterwegen en Zeekanaal NV', Tel. 00 32 (0)3 860 62 62/61, info@wenz.be.

Der Kanal bei Grimbergen

Seeschleuse bei Wintam

ZEEKANAAL BRÜSSEL-SCHELDE
Von Frachtschiffen stark befahrener Kanal, der auch für Sportboote eine wichtige Verbindung darstellt.

Länge der Strecke:	27 km
Betreiber:	Waterwegen & Zeekanaal NV, Afdeling Zeekanaal, Oostdijk 110,
	2830 Willebroek, Tel. 00 32 (0)3 860 63 21
Geringste Fahrrinnentiefe:	5,80 m
Geringste Durchfahrtshöhe:	30 m bis Brüssel
Anzahl der Schleusen:	2 Schleusen
Brücken- und Schleusenzeiten:	ganzjährig rund um die Uhr
Sprechfunkkanal:	VHF 68 / VHF 20 / VHF 68
Besonderheiten:	Sportboote werden nur zusammen mit Frachtschiffen geschleust
	Lichtsignale an den Schleusen beachten

GRIMBERGEN

Beigem und Humbeek gehören zu Grimbergen, einer ländlichen Gemeinde mit Blick auf die Brüsseler Skyline. Die barocke Basilika im Zentrum ist einen Besuch wert. Nahe beim Kirchplatz befindet sich der Prinsenbos mit der Ruine einer Wasserburg aus dem 17. Jh. und dem Kutscherhaus Guldendal, in dem eine Abteilung des Museums für Ältere Technik untergebracht ist. Weitere Abteilungen befinden in den Mühlen Liermolen und Tommenmolen. In der Liermolen kann man einen funktionierenden Mahlmechanismus anschauen. In der Volkssternwarte Mira kann man einen Blick ins Weltall werfen. Es gibt auch ein kleines Brauereimuseum über das Grimbergen-Abteibier.

Abteikirche in Grimbergen

Besichtigungstipps
• Nationaler botanischer Garten Belgiens, Domein van Bouchout, 1860 Meise, Tel. 00 32 (0)2 269 09 70, www.br.fgov.be. Park van 93 ha mit einer der größten Sammlungen lebender europäischer Pflanzen, Freiluftsammlung und Palast mit tropischen und subtropischen Pflanzen. In dem Schloss Bouchout finden botanische Ausstellungen statt.

Veranstaltungen
Sint-Servaasevocatie: 1. Wochenende am/nach dem Tag des Heiligen Servatius im Mai
Weihnachtsmarkt: 2. Wochenende im Dezember
Jahrmarkt: Samstag vor dem 1. Sonntag im September

Weitere Informationen:
DVT Grimbergen, Gemeindeladen, Prinsenstraat 22, 1850 Grimbergen.
Tel. 00 32 (0)2 260 12 99, www.grimbergen.be.

VILVOORDE

Auf halbem Wege zwischen Mechelen und Brüssel entwickelte sich Vilvoorde zu einer Handels- und Industriestadt, ohne jemals deren Bedeutung zu erreichen. Derzeit profiliert sich die Stadt als Medienstadt und Handelszentrum. Maschinenteile werden aus den Fabriken geholt und verzieren die Straßen. Ein Bild huldigt auch dem Brabanter Zugpferd. In Vilvoorde kann man auch noch ein leckeres Pferdesteak genießen. Der gesellige Marktplatz ist zudem der Ausgangspunkt der Kanalroute, einer 39 km langen Radtour durch Grimbergen, Zemst und Vilvoorde.

Das Brabanter Zugpferd

Besichtigungstipps
• William Tyndalemuseum, Lange Molensstraat, Tel. 00 32 (0)2 251 39 45 of 00 32 (0)2 267 96 04. Geöffnet: Sonntag nach dem 10-Uhr-Gottesdienst oder nach Voranmeldung.
• Kirche Unsere liebe Frau der guten Hoffnung, Heldenplein.
• Kirche Unsere liebe Frau vom Trost, Leuvensestraat.
• Domäne Drie Fonteinen, Koningslosesteenweg. Ehemaliges Landgut von 140 ha mit Wald, Weiden, einem französischen Garten, Pavillon und Bauernhof aus dem 19. Jh., Überreste eines Schlosses.
• ‚Het huis van de toekomst' (Haus der Zukunft), Living Tomorrow 2, Indringingsweg 1, Tel. 00 32 (0)2 263 01 33, www.livtom.com. Wohnung mit allerlei Besonderheiten an technologischem Wohnkomfort. Für Rollstuhlfahrer zugänglich.

Veranstaltungen
Fastnacht: Karnevalsumzug
Jahrmarkt mit Vieh- und Pferdewettbewerb: 3. Montag nach Ostern
Wochenmarkt: Mittwoch- und Samstagvormittag

Weitere Informationen:
Cultuurdienst, Bergstraat 1, 1800 Vilvoorde.
Tel. 00 32 (0)2 255 46 91, Fax 00 32 (0)2 251 58 89.
www.vilvoorde.be.

BRUSSEL

Hat man nur einen Tag für Brüssel, sollte man sich auf die Klassiker beschränken: Grote Markt, Manneken Pis, Atomium, Mini-Europa und die Kathedrale. Bleibt man länger, kann man auf Entdeckungstour gehen: ein kleines Restaurant in der Beenhouwersstraat, ein Souvenir in der schicken St. Hubert-Galerie, Kunst in den zahlreichen Museen, Geselligkeit in den vielen Straßencafés und auf den Plätzen, wo ein Musikfestival das andere jagt, Kultur in einem der Theater. Nach all dem kann man sich in Warande in den geometrischen Alleen, im Park um den chinesischen Pavillon oder im Schatten des japanischen Turms ausruhen.

Der Große Markt, einer der Klassiker

Besichtigungstipps
Besichtigungstipps findet man in dem bei der Touristeninformation Brüssel erhältlichen Führer und Stadtplan. Eine kleine Auswahl aus dem Angebot: Das Museum für Alte Kunst bietet nach Wien die schönste Übersicht an Bruegelgemälden. Das Gemeindemuseum von Elsene präsentiert 30 der 32 Plakate von Toulouse-Lautrec. Für Liebhaber von Fauna und Flora bietet das Museum des Königliche belgische Institut für Naturwissenschaften eine Überraschung: 30 Skelette des Iguanodons. Die größte Comicsammlung der Welt im Belgisch Centrum van het Beeldverhaal (Comic-Museum) befindet sich in einem prächtigen Jugendstilgebäude. Ein wenig durstig nach all diesen Besichtigungen? Warum nicht im Museum van de Geuze Kulinarisches und Kultur verbinden, wo man den Nachmittag mit einem typischen lokalen Bier beschließen kann.
Im April kann man die Königlichen Gewächshäuser besichtigen, und im August öffnet der königliche Palast seine Tore.

Weitere Informationen:
Toerisme Informatie Brussel, Stadhuis, Grote Markt, 1000 Brüssel. Tel. 00 32 (0)2 513 89 40,
www.brusselsdiscovery.com.

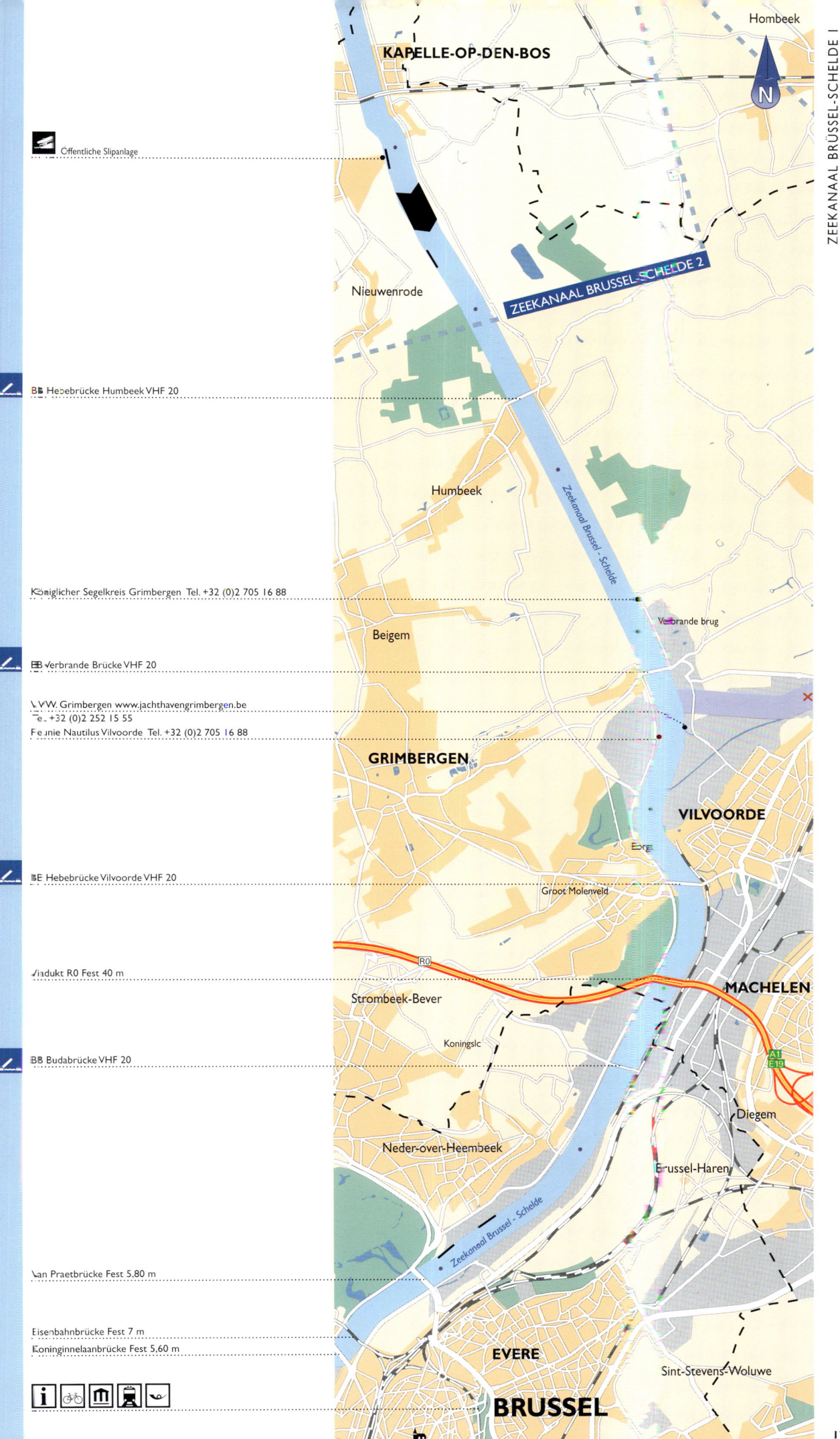

ZEEKANAAL BRÜSSEL-SCHELDE 1

KAPELLE-OP-DEN-BOS

Hombeek

ZEEKANAAL BRUSSEL-SCHELDE 2

Öffentliche Slipanlage

Nieuwenrode

Hebebrücke Humbeek VHF 20

Humbeek

Königlicher Segelkreis Grimbergen Tel. +32 (0)2 705 16 88

Beigem

Verbrande brug

Verbrande Brücke VHF 20

VVW. Grimbergen www.jachthavengrimbergen.be
Tel. +32 (0)2 252 15 55
Fa. nie Nautilus Vilvoorde Tel. +32 (0)2 705 16 88

GRIMBERGEN

VILVOORDE

Hebebrücke Vilvoorde VHF 20

Groot Molenveld

Viadukt R0 Fest 40 m

Strombeek-Bever

MACHELEN

Budabrücke VHF 20

Koningslo

Diegem

Neder-over-Heembeek

Brussel-Haren

Van Praetbrücke Fest 5,80 m

Eisenbahnbrücke Fest 7 m
Koninginnelaanbrücke Fest 5,60 m

EVERE

Sint-Stevens-Woluwe

BRUSSEL

179

WILLEBROEK

An der Rupel und an beiden Seiten des Kanals Brüssel-Schelde gelegen. In der Gemeinde findet man schöne Grünflächen, Wassersportmöglichkeiten und das ehemalige Konzentrationslager Fort van Breendonk.

Besichtigungstipps
• Provinciedomein Broek De Naeyer, Heindonkstraat, Klein Willebroek, Tel. 00 32 (0)15 45 13 80 (Vrijbroek). Naturschutzgebiet, nur mit Führung zugänglich.
Ehemaliges Fabrikgelände (67 ha) mit Teichen und hauptsächlich nassem, sumpfigem Boden; Angelmöglichkeit und ausgeschilderte Wanderungen.
• Bloso-Sportcentrum Hazewinkel, Beenhouwersstraat 28, Heindonk, Tel. 00 32 (0)3 886 64 64, www.bloso.be. Topsportzentrum für Wassersportarten mit olympischem See und internationaler Wassersportbahn.
• Naturgebiet Het Broek, Broekstraat, Blaasveld. Naturlandschaft (145 ha) mit Wäldern und Seen, 4 ausgeschilderte Wanderwege, 15 Teiche, Picknickplätze und Erholungszentrum.

Jachthafen Klein-Willebroek

• Gedenkstätte Fort van Breendonk, Brandstraat 57, Tel. 00 32 (0)3 860 75 25, www.breendonk.be. Von 1906 bis 1914 gebautes Fort. Nazikonzentrationslager von September 1940 bis August 1944.
• Gemeindemuseum Sashuis, Sasplein, Klein-Willebroek, Tel. 00 32 (0)3 860 97 91 (CC De Ster). Geschichte von Willebroek und dem Kanal zwischen Brüssel und Willebroek.

Veranstaltungen
Internationale watersportwedstrijden in Bloso-Sportcentrum Hazewinkel.

Voor meer informatie:
TD/VVV Vaartland, Sasplein 18, 2830 Willebroek, tel. 00 32 (0)3 886 22 66, sandra.vandensande@willebroek.be, www.willebroek.be.

Gemeindemuseum Sashuis, Klein-Willebroek

FR • Broekroute, 41 km
Erhältlich bei TD/VVV Vaartland.

FN Anschluss an das Fahrradwegenetz via Knotenpunkt 38, 39 und 86.

KAPELLE-OP-DEN-BOS

Legt man hier an, befindet man sich direkt im Zentrum. Durch die Einkaufsstraße gelangt man zu der gekrönten St. Nikolaus-Kirche. Reicht die Zeit für einen Spaziergang, so kann man zu den ländlichen Teilgemeinden gehen. In Ramsdonk kann man entlang des Schlosses von Houtem spazieren. Man gelangt so zum Hof Berenbroeck, einem von einem Wall umgebenen Gehöft, über das es Akten aus dem Jahr 1447 gibt. In Nieuwenrode kommt man über einen Steg ins Kulturzentrum Oude Pastorie, das aus dem 11. Jh. stammt. Das große Fabrikgebäude am Kanal ist das bekannte N.V. Eternit, wo Baumaterialien hergestellt werden.

Veranstaltungen
Ferynpijl: 1. Wochenende im Juni, Samstag für Radfahrer und Sonntag für Motorradfahrer.
Straßenmarkt + Feuerwerk auf dem Kanal: Freitagabend Ende August - Anfang September

Weitere Informationen:
Gemeentehuis, Marktplein 29, 1880 Kapelle-op-den-Bos. Tel. 00 32 (0) 15 71 32 71, Fax 00 32 (0) 15 71 37 25. www.kapelle-op-den-bos.be.

Der Seekanal in der Nähe von Klein-Willebroek

ZEEKANAAL BRÜSSEL-SCHELDE 2

| i | 🏠 | 🚊 | ⚓ |

Meerschleuse Wintam
Tel. +32 (0)3 860 62 93   VHF 68

Fußgänger- und Fahrradfähre Niel - Hingene

| i | 🚊 | ⚓ |

Cothilde Ski Club Tel. +32 (0)3 88 64 979

| i | 🚲 | 🏠 | 🚊 | ⚓ | ⛴ | Kommunaler Anlegeplätze Boom

Bв Eisenbahnbrücke Ruisbroek VHF 20

Tunnel

BB BoulevardBrücke VHF 20

KWYC / Klein Willebroek Yacht club Tel. +32 (0)475 35 86 29

| 🚻 | 🚿 | 🔌 | ☕ | ✕ | 🗑 |

FEVACA Tel. +32 (0)3 844 20 00
BB Brücke Klein Willebroek
RYAC / Rupel Yacht club Tel. +32 (0)3 886 06 06

| 🚻 | 🚿 | 🚰 | 🔌 | ☕ | ✕ | 🗑 | ⛴ |

BB Eisenbahnbrücke Willebroek VHF 20

Schleuse Klein Willebroek: Zugang nur zwischen 3 Stunden vor und 3 Stunden nach Ebbe.
BB Vredesbrücke VHF 20

HB Tisselt Expreßweg Hebebrücke VHF 20

BE Tisselt Dorf Hebebrücke VHF 20

BB Eisenbahnbrücke / Straßenbrücke VHF 20

⛴ Öffentliche Slipanlage

Schleuse Zemst Bedien allein für Freizeitschifffahrt verbunden mit Frachtschiffe
Tel. +32 (0)3 860 62 98   VHF 68

181

ZUID-WILLEMSVAART

1815 wurde Wilhlem I. nach dem Fall von Kaiser Napoleon Bonaparte König der Nord- und Südprovinzen der Niederlande. Er setzte sich besonders für den wirtschaftlichen Aufbau ein, wobei die Land- und Wasserwege eine bedeutende Rolle spielten. Schon bald wurde ein Plan zur Verbindung von Hertogenbosch - Maastricht - Lüttich ausgearbeitet. Der Ausbau der Maas kam aufgrund der hohen Kosten nicht in Frage. Es erschien günstiger, ein unvollendetes Kanalprojekt zu verwenden. Der schon gegrabene Teil des Canal du Nord (siehe Kempener Kanäle / Kanal Bocholt-Herentals) mit

Sicht auf Oud-Rekem (Süd-Willemskanal in Belgien)

dem zugehörigen Zufahrtskanal wurde in den Plan für die Zuid-Willemsvaart eingebunden, außerdem, soweit möglich, das Flusstal der Aa. Die Fahrstrecke des neuen Kanals, der Zuid-Willemsvaart, betrug ungefähr die Hälfte der Strecke, die auf der Maas zurückgelegt werden musste. Seit der Unabhängigkeit Belgiens vom Königreich der Niederlande ist der Abschnitt Smeermaas (bei Maastricht) bis nach Lozen belgisch. Sämtliche Arbeiten wurde in dem Zeitraum von 1822 bis 1826 durchgeführt.

Die Differenz der Wasserstandshöhe zwischen Anfangs- und Endpunkt des Kanals betrug 39 Meter. Seinerzeit wagte man es nicht, in einer Kammerschleuse mehr ca. zwei Meter Höhe zu überbrücken. Dies hatte zur Folge, dass der Kanal in 20 Abschnitte eingeteilt werden musste, was zum Bau von 19 Kammerschleusen führte. Die Schleusen wurden von Nord nach Süd durchgehend nummeriert. Wann immer möglich, wurde als Ort der Schleuse eine Kreuzung mit einem schon vorhandenen Weg gewählt. Der Vorteil bestand darin, dass die (Zug)Brücke auf diesem Weg auf der Schleuse gebaut werden konnte. Durch die Verbindung von Brücke und Schleuse wurde auch kein zusätzlicher Brückenwärter notwendig. Der Schleusenwärter bediente auch die Brücke.

Kurz vor dem Ersten Weltkrieg war auf der Zuid-Willemsvaart sehr viel los. Damals waren noch immer Segelschiffe unterwegs. Gab es nicht genug Wind, wurden die Schiffe geschleppt. Für ein normales Binnenschiff war ein Dampfantrieb zu teuer, außerdem ging er zu Lasten des Ladevermögens. Im Zweiten Weltkrieg wurden eine Reihe von Brücken und Schleusen zerstört. Nach 1946 ging es durch den Wiederaufbau in den Niederlanden mit dem Transport auf dem Wasser wieder aufwärts. 1982 wurde der Beschluss gefasst, die Zuid-Willemsvaart weiter auszubauen. Seit den 80er-Jahren besteht die

3 belgische Jachten werden nach oben geschleust (Schleuse 15 bei Weert)

Umfahrung um Helmond und wurde bei Veghel ein Teil des Kanals verbreitert. Bei Schijndel wurden zwei Schleusen durch eine ersetzt.

Die Zuid-Willemsvaart ist ein relativ schmaler Kanal. In der Sommerhochsaison sind etwas weniger Berufsschiffer unterwegs und gibt es somit mehr Platz für Freizeitschiffer. Bei der Kanalpolitik wird die Freizeitschifffahrt durchaus berücksichtigt, doch hat die Berufsschifffahrt nun mal Vorrang. Die Schleusen 11 und 13 wurden renoviert und zur Klasse III hochgestuft. In Kürze wird mit der Renovierung der Schleusen 10 und 12 begonnen. Ab Mitte 2006 werden alle Schleusen und Brücken in Nord-Brabant von 5 Schaltzentralen aus gesteuert. Die Schleusen 15 in Nederweert, 16 in Weert sowie in der Gemeinde liegende bewegliche Brücken und die Schleuse Panheel werden in Zukunft ferngedient. Für die durchgängige Berufsschifffahrt prüft man derzeit Pläne zur Verbindung zwischen der Zuid-Willemsvaart und der Maas bei Empel, östlich der Autobahn A2. Die heutige Route durch das Zentrum von 's Hertogenbosch soll damit entlastet werden.

Die Zuid-Willemsvaart ist mit dem Albertkanal via Kanal Brigden-Neerharen verbunden.

Die Jachten sind nach oben geschleust (Schleuse 15 bei Weert)

ZUID-WILLEMSVAART

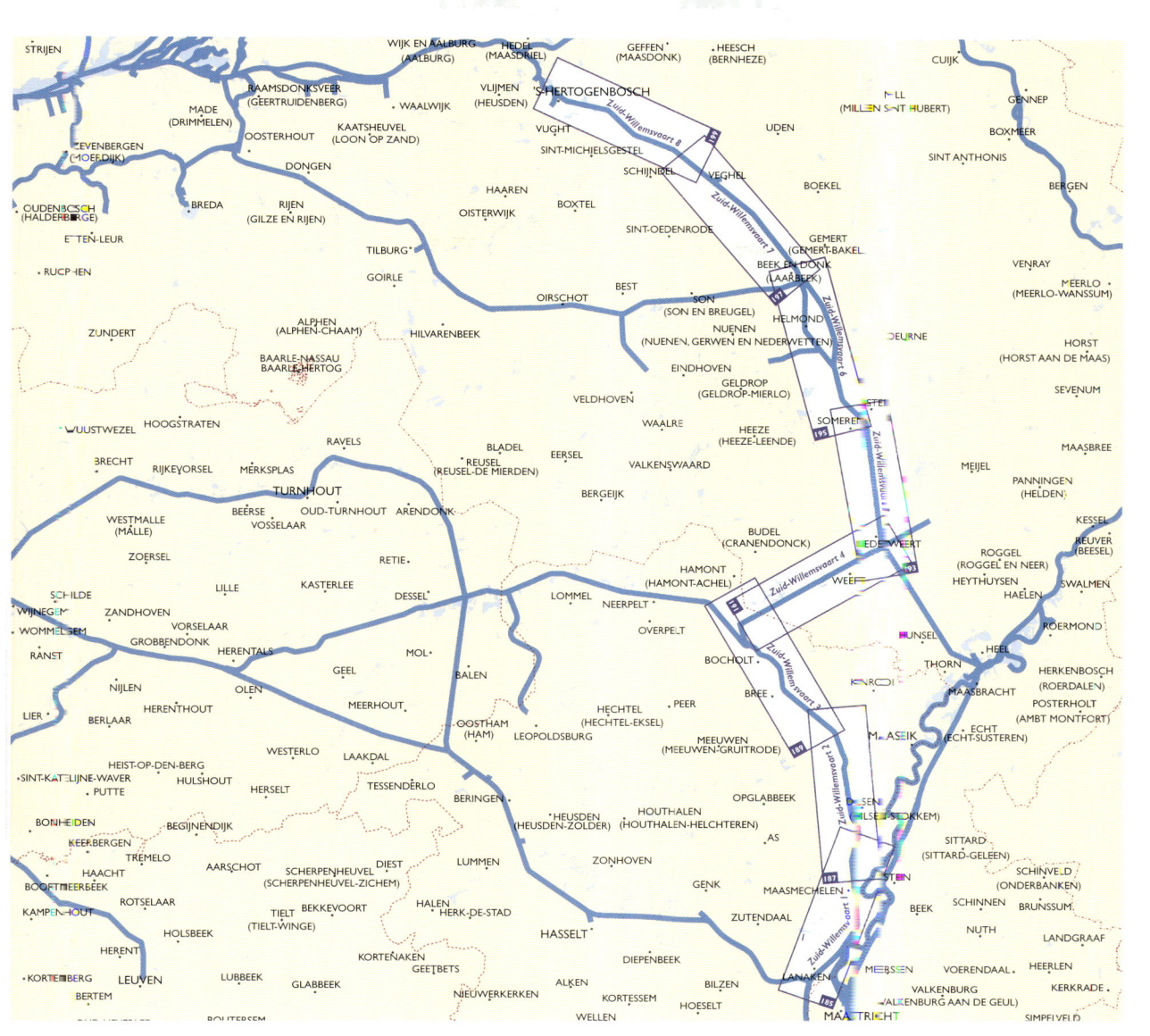

Die Zuid-Willemsvaart ist größtenteils ein ruhiger Kanal, der durch eine abwechslungsreiche Landschaft führt. Er wird auch von der Berufsschifffahrt genutzt. Der Kanal verläuft teils durch Belgien, teils durch die Niederlande. An diversen Schleusen gibt es Anlageplätze. Das Ankern ist im gesamten Kanal verboten. Seit 2005 kann in der Zeit vom 1. April (Belgien: 1. Mai) bis 1. November (Belgien: 1. Oktober) auch sonntags gefahren werden. Dies eröffnet z. B. die Möglichkeit, an einem Wochenende auf der historischen Schifffahrtsroute durch Maastricht zu fahren.
Im niederländischen Weert und im belgischen Bocholt entstanden mit europäischer Unterstützung zwei Jachthäfen, die allen erdenklichen Komfort bieten. Außerdem kann im Prinzip vor jeder Schleuse übernachtet werden.

Länge der Strecke:	103 km
Betreiber:	Von 's Hertogenbosch bis einschließlich Schleuse 13: Rijkswaterstaat Directie Noord-Brabant, Postbus 90157, 5200 MJ 's Hertogenbosch, Tel. 00 31 (0)73 681 73 41 Von der Schleuse Bosscheveld bis zur belgischen Grenze bei Smeermaas und von der Schleuse 13 bis zur belgischen Grenze: Rijkswaterstaat, Directie Limburg, Postbus 25, 6200 MA Maastricht, Tel. 00 31 (0)43 329 44 44 Belgien: NV De Scheepvaart, Havenstraat 44, 3500 Hasselt, Tel. 00 32 (0) 11 29 84 00
Geringste Fahrrinnentiefe:	1,90 m
Geringste Durchfahrtshöhe:	5,00 m
Anzahl der Schleusen:	17 Schleusen

Brücken- und Schleusenzeiten (außer Schleuse Bosscheveld)	(Niederlande)	1.4. bis 1.11.	1.11. bis 1.4.	(Belgien)	16.3. bis 30.9.	1.10. bis 15.3.
Mo. - Fr.	06.00 - 24.00	Mo. - Fr.	06.00 - 22.00	06.00 - 22.00	Mo. - Fr.	06.00 - 22.00	06.00 - 21.00
Sa.	06.00 - 22.00	za	07.00 - 17.00	06.00 - 12.00	Sa.	07.00 - 15.00	07.00 - 15.00
So. und Feiert.	09.00 - 17.00	So. und Feiert.	geschlossen	geschlossen	So. und Feiert.	geschlossen	geschlossen

Sprechfunkkanal:	Schleuse 0, 5, 13, 16, 17 und neue Schleuse Helmond: VHF 18 Schleuse 15, 18 und Schleuse Bosscheveld: VHF 20 Stadsbrug und Biesterbrug Weert: VHF 22
Besonderheiten:	Sonntagsbetrieb nur für Sportboote vom 1.5. bis 30.9. von 10.00 Uhr bis 18.00 Uhr.

BRIEGDEN-NEERHAREN-KANAAL

Länge der Strecke:	4,8 km			
Betreiber:	NV De Scheepvaart, Havenstraat 44, 3500 Hasselt, Tel. + 32 (0)11 29 84 00			
Geringste Fahrrinnentiefe:	2,10 m			
Geringste Durchfahrtshöhe:	6,05 m			
Schleusen:	2			
Brücken- und Schleusenzeiten:		16.3. bis 30.9.	1.10. bis 15.3.	1.5. bis 1.10.
	Mo. – Fr.	06.00 - 22.00	06.00 - 21.00	
	Sa.	07.00 - 15.00	07.00 - 15.00	
* Schleuse Lanaken und Schleuse Neerharen	So. und Feiert.			10.00 - 18.00*
Sprechfunkkanal:	VHF 80 / VHF 20			
Besonderheiten:	Sonntagsbetrieb nur für Sportboote			

DAS MAASLAND

Da wo die Maas Belgien und die Niederlande trennt, findet man auf der belgischen Seite ein unvergleichliches Wasserparadies: das Maasland. Ein sich schlängelnder Fluss, prächtige Fauna und Flora sowie malerische Maasdörfer bieten alles, was man für einen herrlichen Ausflug braucht. Ob mit dem Segelboot, Kajak oder einfach zu Fuß. Doch ist das Maastal nicht nur ein Traum für Wanderer und Wassersportler. Auch mit dem Fahrrad kommt man voll auf seine Kosten. Man durchquert hübsche Dörfer und malerische Landschaften. Die Leinwände der Gebrüder Van Eyck sind hier niemals fern… Und zu Tisch kann man sowohl heimische Küche wie auch mit Michelin-Sternen Ausgezeichnetes genießen. Und haben Sie danach Lust auf noch mehr Maasland, so machen Sie einen Einkaufsbummel in Maasmechelen Village oder lassen Sie sich einfach überraschen. Herrlich abenteuerlich.

MAASMECHELEN

Maasmechelen ist eine typische Limburger Minengemeinde. Nach der Entdeckung der Steinkohle im Limburger Boden begann man 1923 mit deren Abbau. Schon bald kamen Gastarbeiter aus ganz Europa. Man findet hier über zwanzig verschiedene Nationalitäten und die exotischsten Restaurants: von der hervorragenden Maasländer Küche bis hin zu u.a. griechischer, türkischer, italienischer und chinesischer Küche. Das Straßenbild spiegelt ebenfalls die bunte Mischung verschiedener Kulturen mit südländischem Einschlag wider. Maasmechelen gehört zu der Regionallandschaft Kempen en Maasland. Man kann hier unter idealen Bedingungen radeln und wandern. Die Wandergebiete Maaswinkel, Leut, Mechels Bos und Onder de Berg bieten abwechslungsreiche Naturlandschaften. Die einzelnen Wanderungen können zu Tagesausflügen oder mehrtägigen Wanderungen verbunden werden. Eine Wanderung in dem Wandergebiet Mechelse Heide ist vor allem in den Monaten Juli und August bei der Heideblüte empfehlenswert. Zwar ist die Maas hier nicht für Motor- oder Segelboote befahrbar, doch kann man eine Fahrt im Kajak unternehmen.

Besichtigungstipps
- Mijncité. Gebäudekomplex mit Magazinen, Schachtblöcke, Maschinenraum und Direktionsgebäude.
- Minenarbeiterwohnung/Museum, Marie-Joséstraat 3, Tel. 00 32 (0)89 76 96 16. Komplett eingerichtete Wohnung von 1930.

Bergbaugelände Eisden

Weitere Informationen:
VVV Maasmechelen, Heirstraat 239, 3630 Maasmechelen.
Tel. 00 32 (0)89 76 96 16, vvvmaasmechelen@skynet.be, www.maasmechelen.be.

LANAKEN

Lanaken bildet die Grenze von Maasland und Hespengau. Maastricht liegt einen Steinwurf entfernt. Sie finden hier vier Naturreservate, darunter die Hochter Bampd zwischen Maas und Zuid-Willemsvaart. Halbwilde Gallowayrinder und Königspferde grasen hier frei und sorgen für den natürlichen Erhalt des Biotops. Die Grafenstadt Oud-Rekem ist ein regerechtes Freiluftmuseum. Die kleine Stadt mit stattlichen Herrenhäusern hat ihre Stadtansicht aus dem 19. Jh. bewahrt. Der Groenplaats mit der St.-Peter-Kirche, das Apothekenmuseum und das Schloss bestimmen das Stadtbild. Das monumentale Schloss d'Aspremont-Lynden wurde restauriert und beherbergt nun eine Taverne und ein Restaurant. Auf der Monumentenroute erfahren Sie alles Wissenswerte über

Schloss Pietersheim in Lanaken

diese hübsche Stadt.
Die Knotenpunkte 58-54-59-66-65-62-63-58 (28 km) des Radwegenetzes führen rund um Lanaken. Bei Knotenpunkt 58 in Oud-Rekem kann man anlegen und sich in das Radwegenetz begeben. Aber auch mehrere Wanderwege laden zu angenehmer Entspannung ein. Und in Smeermaas kann man auf der Maas Kajak fahren.

Besichtigungstipps
- Domein Pietersheim, Waterstraat 54, Tel. 00 32 (0)89 71 20 21. Die Domäne umfasst einen 80 ha großen Naturpark mit Spazierwegen durch den Wald und entlang der alten Burgruine. Für Kinder gibt es einen Kinderbauernhof mit Spielplatz und verschiedenen Tieren.

Weitere Informationen:
VVV Lanaken, Jan Rosierlaan 28, 3620 Lanaken.
Tel. 00 32 (0)89 72 24 67, info@vvvlanaken.be, www.lanaken.be.

ZUID-WILLEMSVAART 1

Fest 7,45 m

Passantenhafen Maasmechelen Tel. +32 (0)89 76 96 16

Fest 7,20 m

Fest 6,12 m

Fest 7,05 m

Fest 6 m

Brücke E314 Fest 7,05

Fest 6,80 m

Fest 5,85 m

Fest 6,28 m

Fest 5,90 m

Brücke Schleuse Fest 8 m

Schleuse Neerharen Schleuse 18
Tel. +32 (0)89 71 44 84 VHF 20 Verfall ca. 8,50 m

Brücke N766 Fest 6,05 m

Fest 5,36 m

Fußgänger- und Fahrradbrücke Fest 9,38 m

Fest 5,98 m

Eisenbahnbrücke Fest 11,82 m

Schleuse Lanaken Schleuse 19
Tel. +32 (0)89 71 41 45 VHF 80 Verfall ca. 8,50 m

NEEROETEREN - OPOETEREN

Neeroeteren ist eine Teilgemeinde von Maaseik, an der Oeter, der Itter und Zuid-Willemsvaart gelegen. Das Freizeitgelände 't Eilandje ist eine echte Insel, die bei der Begradigung der Zuid-Willemsvaart entstanden ist. Man kann hier verschiedene Wassersportarten ausüben; für Kinder gibt es einen Spielplatz und ein Kinderbad. Vom Jachthafen aus kann man im Wandergebiet Bergerven wandern, das zu der Regionallandschaft Kempen en Maasland gehört (Wanderungen zwischen 2 und 9 km). Außerdem kann man im Radwegenetz radeln, z.B. entlang der Zuid-Willemsvaart nach Opoeteren: 44-42-41-60-55-48-44 (30 km). In Opoeteren liegt der Wouterbron, ein See von über 10 000 m2, wo 20 Brunnen täglich ca. 1 000 000 Liter trinkbares Wasser liefern. Angler kommen an den Forellenteichen des Schlosses De Schans, Bergeinde und Flamingo, auf ihre Kosten.

Besichtigungstipps
- Klaaskensmolen, Plattenhof z/n, Neeroeteren, Tel. 00 32 (0)89 56 68 90. Alte restaurierte Holzsägemühle auf Wasserkraftbasis.
- Neermolen, Elerweg z/n, Neeroeteren, Tel. 00 32 (0)89 56 68 90. Alte restaurierte Kornmühle auf Wasserkraftbasis.
- St.-Lambertus-Kirche, Neeroeteren. Spätgotische Kirche mit Schiff, aus Steinmergel erbaut, mit einem Backsteinturm aus dem Jahr 1721.

Weitere Informationen:
Toerisme Maaseik, Markt 1, 3680 Maaseik.
Tel. 00 32 (0)89 81 92 90, toerisme.maaseik@maaseik.be, www.maaseik.be.

DILSEN-STOKKEM

Stokkem ist eine der 10 alten Loonse Städte mit eigenen Stadtrechten. Das alte Städtchen mit schmalen Gassen und Stadtwällen war bis zu Beginn des letzten Jahrhunderts das Zentrum der Rohrflechtkunst. Ein Stadtspaziergang führt an allen Sehenswürdigkeiten der Stadt vorbei. Außerdem gibt es mehrere Wandergebiete in der Region Kempen en Maasland: Oude Maas, Negenoord und Schootshei. Die Wanderungen lassen sich zu herrlichen Tagesausflügen kombinieren.
Auch in Dilsen-Stokkem kann man in dem Radwegenetz radeln, z.B. in Dilsen anlegen und entlang der Zuid-Willemsvaart und der Maas nach Stokkem: 48-49-50-56-55-48 (27 km).
In Lanklaar steht das älteste Hotel von Limburg, Beau Séjour. Dieses Hotel im Époque-Stil liegt an einem alten Kanalarm der Zuid-Willemsvaart.

Besichtigungstipps
- De Wissen, Maaspark, Tel. 00 32 (0)89 75 21 71. Dieses Besucherzentrum über die Maas ist kein muffiges Museum. Mit modernen audiovisuellen Mitteln werden die verschiedenen Aspekte der Maas von ihrer Quelle in Frankreich bis zur Mündung in den Niederlanden gezeigt. In dem Flechtzentrum kann man die Flechtkunst aktiv erleben. Man verfolgt die Entstehung eines Korbs, dem Erfolgsprodukt der Stokkemer Korbflechter, und entdeckt die heutige Flechtkunst auf aktive Weise. Vielleicht möchten Sie selbst unter Anleitung eines erfahrenen Flechters etwas gestalten?

In dem Naturlehrpark, einer Art Freiluftmuseum mit den typischen Landschaftselementen der Maasuiterwaarden, kann man schön spazieren gehen.

Interieur Korbflechter, De Wissen

Veranstaltungen
Pflanzenmesse: Tag vor Muttertag
Wissendag: 15. August

Weitere Informationen:
VVV Dilsen-Stokkem, Maaspark, 3650 Dilsen-Stokkem.
Tel. 00 32 (0)89 75 21 71, vvv@dilsen-stokkem.be, www.dilsen-stokkem.be.

Sie folgen dem Fahrradwegenetz

Fest 4,15 m

Fest 5,45 m

Fest 5,5 m

V.V. Oeterdal Tel. +32 (0)11 86 38 28
Fest 5,25 m

Fest 5,52 m

Fest 5,80 m

Brucke Fest 6,65 m

Fest 5,95 m

Fest 6,70 m

Maaslander Wassersportverein Tel. +32 (0)89 76 30 39

Fest 7,45 m

Fassantenhafen Maasmechelen Tel. +32 (0)89 76 96 16

ZUID-WILLEMSVAART 2

Tongerlo
Opitter
Voorshoven
ZUID-WILLEMSVAART 3
Neeroeteren
Waterloos
Opoeteren
Zuid-Willemsvaart
Rotem
Dilsen
Lanklaar
ZUID-WILLEMSVAART 1
MAAS & JULIANAKANAAL 3
Meeswijk
Tuinwijk
Leut
Eisden
Vucht
Maasband
MAASMECHELEN

187

BOCHOLT

Bocholt liegt an der Kanalgabelung von der Zuid-Willemsvaart und dem Kanal Bocholt-Herentals. 1910 wurde die Gemeinde bekannt, als die Bevölkerung den Turm der St. Laurentius-Kirche versetzte. Das Gebäude war nämlich denkmalgeschützt, aber zu klein geworden. Der Turm wurde einfach verschoben und das Schiff erweitert. Seitdem nennt man die Bocholter ‚Turmverschieber'. Bocholt ist auch für die Brauerei ‚Martens' am Brauereimuseum bekannt. Hier wird das frische Sezoensbier gebraut. Die Sezoensroute (53 km) führt von der Brauerei u. a. entlang der Kluis van Achel, wo seit kurzem wieder ein Trappistenbier gebraut wird. Die Rond-in-Bocholt-Route (40 km) führt ab Schleuse 18 durch die herrliche Natur rund um Bocholt. Vor allem den Kanälen wird hier viel Aufmerksamkeit geschenkt. Man kann auch auf dem Radwegenetz Kempen en Maasland sowie Limburgse Kempen weiterfahren und entlang der Zuid-Willemsvaart (08-75-85-87-09-07-08, 26,5 km) eben mal über die Grenze radeln.

Besichtigungstipps
- Brauereimuseum, Dorpsstraat 53. Tel. 00 32 (0)89 46 04 83. Geschichte der handwerklichen Braukunst und Industrie-Archäologie. Einmalige Sammlung an Familienstücken, die die Geschichte des Bierbrauens erzählen, von der Mälzerei, dem Brauraum, den Spül- und Flaschenbefüllungsanlagen bis hin zu alten Brauereikarren.
- Torenverplaatsingsmuseum, Dorpsstraat 2.

Veranstaltungen
Bocholter Karneval: Montag vor Aschermittwoch
St. Christophorus-Wallfahrt: letzter Sonntag im Juni
Festement: letztes Juliwochenende
St.-Martinsfeuer: 10. November
Weihnachtsspiel: alle drei Jahre am 24. und 25. Dezember

Weitere Informationen:
Gemeentelijk Dienst voor Toerisme, Dorpsstraat 16, 3950 Bocholt. Tel. 00 32 (0)89 46 04 94, toerisme@bocholt.be, www.bocholt.be.

BREE

Im Zentrum von Bree, beim Markt und auf dem Vrijthof prangen die wichtigsten Baudenkmäler der Stadt: die gotische St. Michaelskirche (15. Jh.), das Augustinerkloster (1659) und das alte Rathaus mit Heimatmuseum. Es gibt mehrere Rad- und Wanderrouten. Bree ist an das Radwegenetz Kempen en Maasland angeschlossen. Via die Knotenpunkte 07, 11, 12 und 36 kann man entlang der Zuid-Willemsvaart zu den Teilgemeinden Beek, Tongerlo und Opitter radeln. Die St. Martinskirche (1450) von Beek mit einem romanischen Turm (1000) und einem Schatz an spätgotischen Bildschnitzereien ist immer einen Besuch wert. Luysen ist ein 40 ha großes Natur- und Wandergebiet. In Tongerlo findet man entlang dem Itterbeek noch mehrere Wassermühlen und die gotische St. Peter-Kirche (15. Jh.). Auch in Opitter befindet sich eine gotische Kirche sowie eine würdevoll restaurierte Liebfrauenkapelle, Trösterin der Betrübten (14. Jh.), mit alten und modernen Glasfenstern.

Des Weiteren kann man bei der Pollis-Mühle herrlich in üppiger Natur wandern. Die Brauerei Sint-Jozef braut typische lokale Biere. Das Zentrum ist vom Kanal aus schnell erreichbar, und man kann im Fahrradwegenetz radeln.

Besichtigungstipps
- Kaffeerösterei De Gulden Tas, Nieuwstadstraat 9, Tel. 00 32 (0)89 46 72 66. In dem hübschen Laden im Stil der 20er-Jahre haben die Kaffeeröster noch Zeit, bei einer herrlich duftenden Tasse frisch gebrühten Kaffees über Kaffee zu plaudern.
- Fahrzeugmuseum, Gruitroderkiezel 66, Tel. 00 32 (0)89 46 44 53.
- Kräutergarten Stukkenheidehof, Grensstraat 2, Tel. 00 32 (0)89 46 16 08. 1 ha heilkundliche Kräuter und Pflanzen.

Braukessel im Brauereimuseum

Weitere Informationen:
Toerisme Bree, Oud Stadhuis Markt z/n, 3960 Bree. Tel. 00 32 (0)89 84 85 61, toerisme@bree.be, www.bree.be.

Der Passantenhafen in Bocholt

ZUID-WILLEMSVAART 3

Brücke Schleuse
Schleuse 18 Bocholt
Tel +32 (0)11 44 83 65 VHF 20

Brücke Schleuse
Schleuse 17 Lozen
Tel +32 (0)11 44 70 35 VHF 18

Fasantenhafen Heuvelzicht www.bocholt.be
Fahrradbrücke Fest 7,10 m
Fest 6,40 m

Fest 5,25 m

Yachtclub Bree Tel. +32 (0)89 46 21 66

Fest 7,35 m

Fest 5,15 m

Fest 5,45 m

Fest 5,15 m

189

WEERT / NEDERWEERT

Nederweert weist noch deutliche Merkmale der Region Peel auf, während der ‚Hafen Limburgs', äußerlich eher den Orten in den Brabanter Kempen gleicht. Weert kommt von ‚Werta', was ‚von Wasser und Sümpfen umgebenes Land' bedeutet. Die Stadt lag früher inmitten des recht unzugänglichen Peelgebietes. Und doch lebten dort, wie aus Funden ersichtlich, schon vor unserer Zeitrechnung Menschen. Vom 14. bis zum 16. Jh. entwickelte sich Weert zu einer Stadt mit eigenem Münzrecht, Schloss und Stadtwall. Damals wurden auch das Minoritenkloster und die St. Martinskirche gebaut. Durch die Abtrennung der nördlichen Niederlande im Achtzigjährigen Krieg geriet Weert wieder etwas in die Isolation Der Bau der Zuid-Willemsvaart im Jahr 1825 veränderte dies. Das heutige Weert ist eine der größten Städte Limburgs, mit belebten Einkaufsstraßen, Straßencafés und dem Einkaufszentrum De Munt, in welches das historische Münzgebäude integriert wurde.

Besichtigungstipps
- St. Martinskirche, Markt, Tel. 00 31 (0)495 53 59 14. Spätgotische Hallenkirche aus dem 15./16. Jh. mit 72 Meter hohem Turm, der mehrmals pro Jahr bestiegen werden kann.
- Gemeindemuseum De Tiendschuur, Recollectenstraat 5a, Tel. 00 31 (0)495 52 56 10, www.museumweert.nl. Geschichte des Lebens und Arbeitens in Weert und Umgebung, wechselnde Ausstellungen zeitgenössischer Kunst.
- Gemeindemuseum für religiöse Kunst Jacob van Horne, Markt 7, Tel. 00 31 (0)43 53 19 20, www.museumweert.nl. Sammlung religiöser Gegenstände aus dem religiösen Leben in Weert und Umgebung.
- Freizeitpark De IJzeren Man, Geurtsveldweg 1,

Schloss in Weert

Tel. 00 31 (0)495 53 71 70. Subtropisches Wellenbad, Freibad, Kindervergnügungsland (überdachter Spielplatz), Tier-, Vogel- und Hirschpark, Wanderrouten und Natur- und Umweltzentrum mit wechselnden Ausstellungen.
- Wasserkraftzentrale Roeven, Roeven 19 (bei Schleuse 15), Neder-weert, Tel. 00 31 (0)495 63 46 97. Komplett restaurierte Wasserkraftzentrale von 1920. Außenanlage täglich zu besichtigen. Führungen nach Voranmeldung.
- Limburgs Freiluftmuseum Eynderhoof, Milderspaat 1, Nederweert-Eind, Tel. 00 31 (0)495 62 65 07, www.eynderhoof.nl. Feldofen, Bienenhalle, Moorhütte, Schmiede, Torfstecherei, Holzsäge, Böttcherei, Schuhmacherei, Museumsscheune, Kleinvieh und Naturlehrgarten. Sonntags werden alte Handwerke ausgeübt.
- Kinderpretland, Geurtsvenweg 2a Weert Tel. 00 31 (0) 495 54 91 18, www.kinderpretland.nl. Großer überdachter Spielplatz.

De Groote Peel bei Ospel

Veranstaltungen
Jahr- und Pferdemarkt: Freitag nach dem 12. März
Großer Straßenmarkt: 1. Freitag im Juli
Bospop: 2. Wochenende im Juli
Jahrmarkt: zweitgrößter Jahrmarkt in den NL, letzter Sonntag im September
Moulin Blues: Ospel, 1. Wochenende im Mai
Festeynder: Freilichtmuseum Nederweert-Eind, 2. Sonntag im August

Weitere Informationen:
VVV/ANWB Weert, Maasstraat 18, 6001 EC Weert. Tel. 00 31 (0)495 53 68 00, weert@regiovvv.nl, www.lekker-genieten.nl.

FR
- ‚Noordervaartroute', eine Radroute auf den Spuren Napoleons
- Mountainbikeroute durch Weert und Stramproy
- ‚Op de fiets door de Tuin van Limburg'
- Radkarte ‚Fietsen in Limburgs Land Peel en Maas en De Maasduinen'
Information und Verkauf VVV Weert.

FV Ferienpark Weerterbergen, Trancheeweg 7 Weert, Tel. 00 31 (0)495 58 47 77

Süd-Willemskanal bei Weert

Brücke 14 Fest 5,30 m

Brücke 15 Fest 5,27 m
Landwegbrücke Fest 5,90 m

Brücke Schleuse Fest 5,90 m
Schleuse 15
Tel. +31 (0)43 329 44 44 VHF 20

Brücke A2 Fest 5,29 m

Laarderbrücke Fest 5,71 m

BB Biesterbrücke VHF 22
Neuer Passantenhafen Tel. +31 (0)495 57 53 25

BB Stadtbrücke Weert VHF 22

Boshoverbrücke Fest 5,80 m

Eisenbahnbrücke Fest 5,44 m

Brücke Schleuse Fest 5,23 m
Schleuse 16
Tel. +31 (0)43 329 44 44 VHF 18

ZUID-WILLEMSVAART 4

HET EINDHOVENS KANAAL

Zwischen Asten und Helmond (Schleuse 8 und 9) liegt der Abzweig nach Eindhoven: der Eindhovens Kanal. Während der Planung des Baus der Zuid-Willemsvaart versuchte Eindhoven zu erreichen, dass dieser Kanal an der Stadt entlang führt. Der Fahrweg wäre hierdurch allerdings sehr viel länger geworden. Der Antrag wurde abgelehnt, da die Stadt schon durch den Steenweg 's Hertogenbosch - Best Vorteile hatte. Als die Zuid-Willemsvaart fertiggestellt war, schlug Eindhoven König Wilhelm I. vor, einen Verbindungskanal zu bauen. Dies geschah in der Zeit der Auseinandersetzungen zwischen den Niederlanden und Belgien. Die niederländischen Reichsgelder wurden damals vor allem für militärische Zwecke ausgegeben. Erst nach der Unabhängigkeit Belgiens gelang es Eindhoven im Jahr 1843, eine befriedigende Absprache mit dem Königreich zu treffen. Der Kanalplan wurde auf einen Betrag von 68 000 Euro abgespeckt. Eindhoven musste sich hierfür Geld leihen. Das Königreich wollte sich mit keinen Cent beteiligen. Es wurde jedoch abgesprochen, dass die Schleusengelder, die auf der Zuid-Willemsvaart von den Schiffen mit dem Ziel Eindhovens Kanal erhoben wurden, der Gemeinde zugute kommen. Diese Einkünfte sollten für den Unterhalt des Kanals und für Zins und Tilgung verwendet werden. Zum Pech für Eindhoven wurde 1900 für alle Reichskanäle das Recht zum Erheben von Zollgeldern abgeschafft. Eindhoven verlor eine Einnahmequelle, die bis dahin gut 270 000 Euro eingebracht hatte.

Inzwischen genügt der Kanal nicht mehr den Anforderungen der Zeit. Laut der Schiffervereinigung ist der Kanal zu schmal, nicht tief genug, sind die Brücken zu niedrig und ist er viel zu teuer. Als immer mehr Betriebe auf den Gütertransport per LKW überwechselten, nahte das Ende. Am 1. Juli 1974 wurde der Kanal - nicht ohne die Proteste einiger Betriebe - offiziell für die Schifffahrt geschlossen. Der Schwerpunkt liegt nun bei den Freizeitmöglichkeiten und dem landschaftlichen Wert. Angesichts des Zustands des Kanals ist es nicht ratsam, den Kanal mit einem Freizeitboot zu befahren!!

SOMEREN

Die älteste bekannte Erwähnung von Someren stammt aus dem Jahr 1212. In einer Akte aus dem Archiv der Abtei von Postel ist von Sumeren die Rede. In anderen alten Archivschriftstücken tauchen Benennungen wie ‚Zomeren' und ‚Zoemeren' auf. Manche leiten den Namen von So-ma-ren ab, was Wasser-Land-Grenze bedeutet.
Someren liegt inmitten der Natur in der Nähe der Naturlandschaften Baksenberg, Somerense-, Stabrechtse- und Lieropse Heide.

Besichtigungstipps
• Mühle Den Evert, Einhoutsestraat 8, Tel. 00 31 (0)493 49 47 61. Bockmühle.
• Mühle De Victor, Kerkstraat 31, Tel. 00 31 (0)493 49 54 21. Beltkorenmühle aus dem Jahr 1853.
• Museum für Flugsimulation, Half Elfje 10, (Industriegelände Sluis XI), Tel. 00 31 (0)40 25 37 183. Man kann ein ca. dreistündiges Flugprogramm für zwei Personen mitmachen.

Veranstaltungen
Kennedymarsch: Juli.
Hubertusjagd: November.

Knuppelbrücke in De Peel

Bockmühle Den Evert

Weitere Informationen:
VVV-Büro Someren, De Meer 21a, 5711 XC Someren. Tel. 00 31 (0)493 49 68 88.

> **FR** In der Umgebung von Someren lässt es sich gut radeln. 14 ausgeschilderte Radrouten, deren Beschreibung man bei der VVV-Agentur Someren erhält.
>
> **FN** In Someren kann man im Fahrradwegenetz Peel radeln. Die Karte kann in den örtlichen VVV-Büros erworben werden.
>
> **FV** Sonnemans Warenhuis, Kerkstraat 30, Tel. 00 31 (0)493 49 12 27.

ASTEN

Asten beherbergt eine der beiden Glockengießereien des Landes. Außerdem gibt es hier das berühmte Nationale Glocken- und Naturmuseum. Der Nationalpark De Groote Peel liegt teilweise auf dem Grundgebiet von Asten. Kurz und gut, ein lohnendes Ziel für Naturliebhaber, Radfahrer und Feinschmecker.

Besichtigungstipps
• Glocken- und Naturmuseum Asten, Ostadestraat 23, Tel. 00 31 (0)493 69 18 65.
• Botanischer Garten bei der Kirche Heusden, Asten/Heusden. Nur nach Voranmeldung, Tel. 00 31 (0)493 69 20 93.
• Galerie Grégoire, Kleine Marktstraat 13, tel. 00 31 (0)493 69 28 68.
• an Paagman Sternwarte, Ostaderstraat 28, Tel. 00 31 (0)493 69 18 65, nur nach Voranmeldung.

Veranstaltungen
Pompoen en Kalebasdagen: Oktober.

Weitere Informationen:
VVV Asten, Burgemeester Wijnenstraat 1, 5721 AG. Tel. 00 31 (0)493 69 29 99, winkel@vvv-asten.nl, www.vvv-asten.nl.

> **FR** • Boomen, Beuven en Beiaardroute, 26 km, Zugang bei Knotenpunkt 40 oder 99.
> • Boerenlandroute, 22-40 km, Zugang in Asten bei Knotenpunkt 48.
> Erhältlich beim VVV Asten.
>
> **FN** Auch Asten gehört zu dem Radwegenetz Peel. Die Karte ist in den örtlichen VVV-Büros erhältlich.

REGION PEEL

Der Begriff Peel bezeichnete früher einen Sumpfgebiet, die heutige Region stellt jedoch viel mehr dar. Nur der im NO von Weert gelegene Nationalpark ‚De Groote Peel' vermittelt noch einen Eindruck vom früheren Peelgebiet.

Besichtigungstipps
• Nationalpark De Groote Peel/Besucherzentrum Mijl op Zeven, Moostdijk 28, Ospel, Tel. 00 31 (0)495 64 14 97, www.staatsbosbeheer.nl. Ausgeschilderte Wanderrouten und Besucherzentrum mit Ausstellung über die Region Peel.

Weitere Informationen:
VVV/ANWB Weert, Maasstraat 18, 6001 EC Weert. Tel. 00 31 (0)495 53 68 00, weert@regiovvv.nl, www.lekker-genieten.nl.

> **FN** Die Radkarte ‚Fietsen in Limburgs Land Peel en Maas en De Maasduinen' ist in allen regionalen VVV-Läden erhältlich.

Brücke Someren Fest 6,10 m

Schleuse 11
Tel +31 (0)492 52 33 15 VHF 22

EB Halfwaartse Brücke (Immer offen)

BE Brücke Schleuse

Schleuse 12
Tel +31 (0)493 49 15 81 Kein sprechfunk!

B3 Brücke Schleuse VHF 22

Schleuse 13
Tel +31 (0)492 52 33 15 VHF 22

ZUID-WILLEMSVAART 5

AARLE-RIXTEL

Aarle-Rixtel ist ein Dorf mit Charakter. Insbesondere das zwischen zwei dreieckigen Plätzen gelegene Zentrum hat eine besondere Ausstrahlung. Das Dorf hat historisch wie auch in Bezug auf Baudenkmäler viel zu bieten. Viele Gebäude stehen unter Denkmalschutz, so das Schloss Croy, die Waterstaat-Kirche, die Marienkapelle, das Hagelkreuz, verschiedene alte Bauernhöfe und eine Dorfpumpe. Am bekanntesten ist vermutlich die Jahrhunderte alte königliche Glockengießerei Petit en Fritsen, die ihre Produkte weltweit exportiert.

Besichtigungstipps
• Heimatmuseum 't Pumpke, Wilhelminalaan 2, Tel. 00 31 (0)492 38 14 05. Im alten Stil restaurierter Lebensmittelladen aus dem 17. Jh.
• Heemkamer Barthold van Heessel, Bosscheweg 14a, Tel. 00 31 (0)492 38 35 53. Im Mittelpunkt stehen das Dorfleben, Wohnen und Arbeiten in Aarle-Rixtel im 19. und 20. Jh. Umfangreiche Sammlung von Gebrauchs- und religiösen Gegenständen, Gilde-Attributen und Werkzeugen. Archäologische Funde und ein Modell von Aarle-Rixtel von vor 200 Jahren.
• Museum Theodorus, Dorpsstraat 25C, Tel. 00 31 (0)492 38 28 48. Handwerkliche Werkzeuge aus alten Zeiten. Alte Beschläge, Steckdosen, Schalter etc. Geöffnet nach Voranmeldung.

Regionalmuseum in Aarle-Rixtel

Veranstaltungen
Blaskapellenfestival: Ende Mai

Weitere Informationen:
VVV-Agentur Aarle-Rixtel, Dorpstraat 9, 5735 EA Aarle-Rixtel. Tel. 00 31 (0)492 38 16 84.

HELMOND

Helmond liegt im Südosten von Nord-Brabant inmitten einer schönen Naturlandschaft. Das wichtigste Naturgebiet ist die waldreiche Gegend Stiphoutse Bossen. Bäume wechseln sich mit herrlichen Moorgebieten und weitläufigen Heideflächen ab. Die zweite Naturlandschaft ist das Groot Goor. Hier kann sich der Naturliebhaber an selten vorkommenden Pflanzen und Tieren erfreuen. De Bundertjes ist ein naturhistorisch wertvolles Gebiet mit einem Naturgarten. Helmond ist eine lebhafte Stadt mit einer reichen Vergangenheit, die sich in dem schönen Schloss (um 1400 als Wasserschloss erbaut) im Zentrum manifestiert. Die Kellerverliese, die der Öffentlichkeit zugänglich sind, lassen noch mittelalterliche Atmosphäre spüren. Auch diejenigen, die gerne einkaufen oder im Café sitzen, sind in Helmond richtig. In dem großen Einkaufszentrum mit der Elzaspassage kann man bei jedem Wetter bummeln. Auf dem Markt und dem Havenplein gibt es viele einladende Cafés und Restaurants. Neben der reichen Vergangenheit kennt Helmond auch moderne Architektur; die bekannten Kubuswohnungen des Architekten Piet Blom stammen aus den 70er-Jahren, wirken jedoch noch stets modern. Das Viertel Brandevoort kombiniert alte Baustile mit heutigem Wohnkomfort. Die kleinen, winkeligen Gassen und malerischen Giebel vermitteln das Gefühl, im Goldenen Zeitalter gelandet zu sein.

Schloss Croy

Besichtigungstipps
• Gemeindemuseum Helmond, Kasteelplein 1, Tel. 00 31 (0)492 58 77 16, www.gemeentemuseumhelmond.nl. Geschichte des Textilhandwerks, internationale Sammlung bildender Kunst mit dem Thema ‚Mensch und Arbeit'.
• Jan Vissermuseum Van De Landbouw, Keizerin Marialaan 5, Tel. 00 31 (0)492 54 85 04. Landwirtschaftliche Geräte, Gebrauchsgegenstände und Hausrat aus der Zeit vor 1900.
• Gaviolizaal, Torenstraat 36a, Tel. 00 31 (0)492 52 49 37. Drehorgeln, Grammofone, Fonografe und historische Akkordeons, Tanzorgeln und Handdrehorgeln.
• Liebfrauenkapelle Binderen auf dem Gelände der ehemaligen Abtei Binderen, Tel. 00 31 (0)492 52 47 93. Die Kapelle befindet sich in einem Schafsstall, der Anfang des 19. Jahrhunderts gebaut wurde.

Veranstaltungen
Artimond: Ende Mai
Truckersday: Helmond-Stiphout, Mitte Juni
Schlosshofkonzerte: Juli und August
Jazz in Catstown: Anfang August

Weitere Informationen:
ANWB/VVV Helmond, Markt 213, 5701 RJ Helmond. Tel. 00 31 (0)492 54 31 55, vvvhelmond@anwb.nl, www.vvvhelmond.nl.

FR Kastelenroute, 29-44 km, Zugang von Aarle-Rixtel bei Knotenpunkt 59 und von Helmond bei 60. Routenbeschreibung bei ANWB/VVV Helmond erhältlich.

FN Die Karte des Fahrradnetzes De Peel ist in den regionalen VVV-Büros erhältlich.

FV Eetcafé De Barrier, Houtsestraat 64, Helmond, tel. 00 31 (0)492 55 43 60
Spierings Stationsplein 1a, Helmond, tel. 00 31 (0)492 52 33 33.

Kapelle von Binderen

Wohngegend de Veste in Brandevoort

B3 Brücke VHF 22

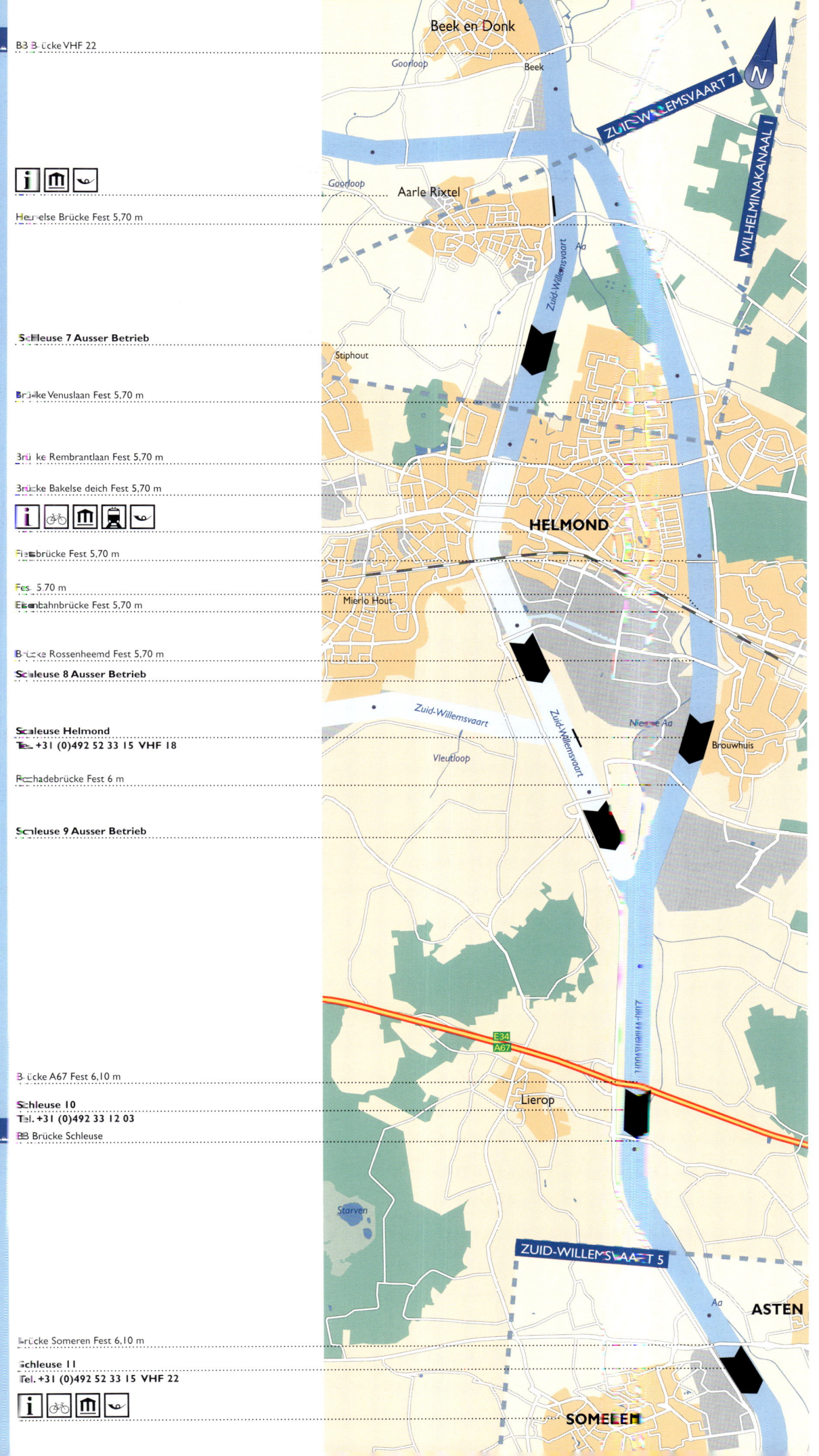

Heuelse Brücke Fest 5,70 m

Schleuse 7 Ausser Betrieb

Brücke Venuslaan Fest 5,70 m

Brücke Rembrantlaan Fest 5,70 m

Brücke Bakelse deich Fest 5,70 m

Fietsbrücke Fest 5,70 m

Fest 5,70 m

Eisenbahnbrücke Fest 5,70 m

Brücke Rossenheemd Fest 5,70 m

Schleuse 8 Ausser Betrieb

Schleuse Helmond
Tel. +31 (0)492 52 33 15 VHF 18

Rochadebrücke Fest 6 m

Schleuse 9 Ausser Betrieb

Brücke A67 Fest 6,10 m

Schleuse 10
Tel. +31 (0)492 33 12 03
BB Brücke Schleuse

Brücke Someren Fest 6,10 m

Schleuse 11
Tel. +31 (0)492 52 33 15 VHF 22

VEGHEL

Die Gemeinde Veghel ist eine moderne, dynamische Gemeinde mit einem lebhaften Zentrum. Zu der Gemeinde gehören auch die Kirchdörfer Eerde, Mariaheide, Zijtaart, Erp, Boerdonk und Keldonk. Früher befassten sich die Bauern aus Veghel mit der Kälberzucht und -mast. Diese werden hier ‚Kuuskes' genannt. Daher nennt sich Veghel im Karneval das ‚Kuussegat'. Veghel hat einen schönen Binnenhafen, wohl einer der geschäftigsten der Niederlande, wo auch viele Freizeitschiffer gerne anlegen.

Besichtigungstipps

- St. Lambert-Kirche, Deken van Miertstraat, Tel. 00 31 (0)413 36 31 15. Neogotische Kirche aus dem 19. Jh. An der Innenseite Silber- und Kupferverzierungen aus dem 18. und 19. Jh.
- Kriegsdenkmal, Kolonel Johnsonstraat, Denkmal zu Ehren der 101-Airborne Division, ein auf einem 12 000 kg schweren Findlingsblock stehendes Känguru (Bronze).

Veranstaltungen

Kulturwochenende: Juni
Jahrmarkt: September

Weitere Informationen:

VVV-Agentur Veghel, Markt 1, 5461 JJ Veghel.
Tel. 00 31 (0)413 35 35 40, info@uitinveghel.nl.

> **FR** Es gibt mehrere, nicht weit vom Hafen entfernte Routen in der Meierij. Routenbeschreibung bei den örtlichen VVV-Büros oder via www.regio-vvv.nl.
>
> **FN** Ab Passagierhafen Veghel ist das Fahrradnetz vom Weg ins Zentrum aus zu erreichen. Karte erhältlich bei den VVV's und via www.regio-vvv.nl.
>
> **FV** Kuyper, Hoogstraat 6, 00 31 (0)413 36 31 89

SINT-OEDENRODE

Sint-Oedenrode verdankt seinen Namen der heiligen Oda. Nach der Legende wurde die schottische Prinzessin in der Nähe von Lüttich auf dem Weg zu dem Grab des kurz zuvor verstorbenen Heiligen Lambertus von ihrer Blindheit geheilt. Als ihr Vater sie verheiraten wollte, flüchtete sie zurück auf das Festland und ließ sich schließ-

Dommel in der Nähe von Sint-Oedenrode

lich in Sint-Oedenrode nieder. 726 verstarb sie hier im Alter von 36 Jahren. Aus den Reliquien der Heiligen Oda, die bis vor kurzem in der St. Martinskirche in Sint-Oedenrode aufbewahrt wurden, lässt sich schließen, dass es hier im Mittelalter eine bedeutende Kanonikergemeinschaft gab.

Sint-Oedenrode hat einen großen Dorfkern mit zwei Schlössern: Henkenshage und das Museum von H.J. van de Kamp, wo zu sehen ist, wie ein Brabanter Schmied Anfang des 20. Jahrhunderts arbeitete. Rooi, wie es im Volksmund genannt wird, liegt inmitten von Tausenden von Pappeln. Pappelholz ist Holzschuhholz. Es erstaunt daher nicht, dass Rooi früher ein Holzschuhmacherdorf war. In den Anlagen bei der Dommelbrug steht ein riesiger Holzschuh.

Besichtigungstipps

- Museum St. Paulusgasthuis, Kerkstraat 20, Tel. 00 31 (0) 413 47 41 00. Sammlung Brabanter Bauernmöbel und ‚Poffer'.

Der Holzschuh

Veranstaltungen

Jahrmarkt: Juni
Klumpkesmarkt: November

Weitere Informationen:

VVV Sint-Oedenrode, Kerkstraat 20, 5492 AH Sint-Oedenrode. Tel. 00 31 (0)413 47 41 00, vvvsintoedenrode@regio-vvv.nl, www.regio-vvv.nl.

> **FV** Adventure Trips/Rofra, Dommelstraat 18, tel. 00 31 (0)40 204 25 93
> Goliat, Kofferen 19, tel. 000 31 (0)413 47 77 22
> Kienehoef, Zwembadweg 35-37, 00 31 (0)413 47 28 77.

BEEK EN DONK

Beek en Donk ist ein Dorf mit zwei Ortskernen, Beek und Donk. Beide haben ein lebhaftes Ladenzentrum. Beek wird mit Donk durch die Koppelstraat verbunden, an der der Muziektuin liegt, ein schöner, 1928 auf sumpfigem Untergrund auf einer Insel im Teich angelegter Park mit einem Musikpavillon. Heute ist er mit seinen alten Bäumen, Denkmälern und Bänken ein angenehmer und sehr hübscher kleiner Park. Die Bäche und Wasserläufe, die das Dorf durchkreuzen, sind für dieses Gartendorf charakteristisch. Für Geschichtsinteressierte hat Beek en Donk ein prächtiges Schloss mit Gracht, das Schloss Eeykenlust. Es stammt aus dem 17. Jh. und wurde auf den Fundamenten des zerstörten Schlosses Treurenberg gebaut.

Besichtigungstipps

- De Mandenman, Pater Becanusstraat 5, Tel. 00 31 (0)492 46 34 96. Korbmacherei und Rattanmöbelbetrieb. Es werden Stuhlgeflechte, Wiener Geflecht und sonstige Flechtarbeiten erstellt. Laden mit Rattan-, Rohr- und Manau-Möbeln sowie Geschenkartikeln.

Veranstaltungen

Oranjemarkt: 30. April
Jahrmarkt: Anfang September

Weitere Informationen:

VVV-Agentur Lieshout, Heuvel 11, 5737 BX Lieshout.
Tel. 00 31 (0)499 42 58 00, www.zobrabant.nl.

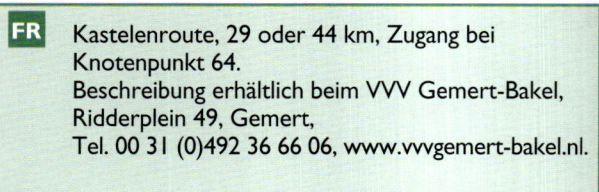

> **FR** Kastelenroute, 29 oder 44 km, Zugang bei Knotenpunkt 64.
> Beschreibung erhältlich beim VVV Gemert-Bakel, Ridderplein 49, Gemert,
> Tel. 00 31 (0)492 36 66 06, www.vvvgemert-bakel.nl.
>
> **FN** Alle sonstigen Knotenpunkte finden Sie auf der Karte des Radwegenetzes, die bei den regionalen VVV's erhältlich ist.

Fußgängerbrücke Fest 6,40 m
EB Eisenbahnbrücke

ℹ️ 🚲 ⚓

Schleuse 4
Tel. +31 (0)413 34 43 87

Maxwell Taylerbrücke Fest 5,90 m

Passantenhafen Veghel   www.watersportvereniging-veghel.nl

🚻 🚿 🗑 ⚡ 🚰 📞 🚽 ⚓
Tel. +31 (0)6 15 55 45 97

B3 Erpse Brücke

EB Brücke Schleuse
Schleuse 5
Tel. +31 (0)413 20 93 77

EB Brücke Schleuse

ℹ️ ⚓

Schleuse 6
Tel +31 (0)492 46 13 06

ZUID-WILLEMSVAART 7

WILLKOMMEN IN DER REGION MEIERIJ

Das Gebiet zwischen Tilburg, Eindhoven und 's Hertogenbosch wird ‚Meierij' genannt. Eine große, äußerst abwechslungsreiche Region mit ausgedehnten Wäldern und Moorgebieten, blühender Heide, stattlichen Landgütern, malerischen Bauernhöfen und gemütlichen Brabanter Dörfern und Städten. Viele Bauern heißen Gäste herzlich auf ihrem Hof willkommen und führen sie stolz durch ihren Betrieb. Es gibt es gute Radfahrmöglichkeiten. Lassen Sie sich von der Brabanter Gastfreundlichkeit überraschen.

Weitere Informationen:
VVV 's-Hertogenbosch, Markt 77, 5211 JX 's-Hertogenbosch. Tel. NL 0900 11 22 334, tel. B 00 31(0)73 613 96 29, info@regio-VVV.nl, www.regio-VVV.nl.

BERLICUM

Ein typisches Berg- und Taldorf mit Reihenbebauung. Ein Eldorado für Wanderer. Auf dem Landgut De Wambuis und im nahe gelegenen Middelrode bei Seldensate kann man die Natur so richtig genießen.

Besichtigungstipps
- Röm.-kath. Kirche, Raadhuisplein 4, Tel. 00 31 (0)73 521 62 86. Backsteinchor aus dem 15. Jahrhundert, mit dreiseitigem Abschluss und einem kleinen Glockenturm.
- Kaasboerderij De Beekveldse Hoeve, Beekveld 30, Tel. 00 31 (0)73 503 16 71.

Weitere Informationen:
VVV-Folderservice Berlicum, Mercuriusplein 55, 5258 AX Berlicum.Tel. 00 31 (0)73 503 31 96.

ST. MICHIELSGESTEL

St. Michielsgestel, im Volksmund ‚Gestel' genannt, ist ein prächtiges Dorf an der Dommel. Der allein stehende Kempische Turm im Herzen der Stadt, der künstlerische Brunnen vor der Bibliothek, das Archäologie- und das Schmiedemuseum sind einen Besuch wert. Das ehemalige Seminar Beekvliet ist denkmalgeschützt. In den Kriegsjahren war es eine Haftanstalt, woran eine Tafel erinnert.
In dem Dorf gibt es außerdem zwei Mühlen, ein Landhaus und ein kleines Schloss. Die herrliche Natur rund um Gestel lädt zu schönen Ausflügen ein.
Sind die Gestelnaren dickköpfig? Tatsache ist, dass St. Michielsgestel in der Karnevalszeit Bokkendonk heißt, ‚Sumpf sturer Böcke'. Und früher sang die Jugend aus dem nahen Den Dungen angeblich ein Scheltlied: „Die Gestelse Böcke, die laufen auf Socken, die laufen über den Dungense Deich und holen die Schnecken aus dem Schlamm, die braten sie in der Asche und fressen sie ungewaschen".

Besichtigungstipps
- Oudheidkundig Museum, Theerestraat 42, Tel. 00 31 (0)73 551 79 03. Funde aus der Römerzeit aus dem Flussgebiet der Dommel.

Weitere Informationen:
VVV-folderservice St. Michielsgestel, Petrus Dondersplein 1, 5271 AA St. Michielsgestel, tel. 00 31 (0)73 553 11 11.

HEESWIJK-DINTHER

Schloss Heeswijk ist eines der schönsten Schlösser in Nord-Brabant. Die Restaurierung des Schlosses wird demnächst abgeschlossen. Die Vergangenheit ist nicht im Schloss spürbar, sondern auch in den Schlossgärten. Regelmäßige Ausstellungen, Informationen erteilt der VVV.

Besichtigungstipps
- De Eynderic, 't Dorp 92, Heesch. Restaurierter Bauernhof aus dem 17. Jh. im Dorfzentrum, heute soziokulturelles Zentrum.

Schloss Heeswijk

- Kasteel Heeswijk, Kasteel 4. Dieses Schloss aus dem 14. Jh. ist eine viereckige Burg mit Schlossgraben.
- Sternwarte Halley, Halleyweg 1, Heesch, Tel. 00 31 (0)412 45 49 99.
- Skulpturengarten Interart, Gouverneursweg 6/c, Heeswijk-Dinther, Tel. 00 31 (0)413 29 33 28.

Weitere Informationen:
VVV Heeswijk-Dinther, Abdijstraat 51, 5473 AC Heeswijk-Dinther.
Tel. 00 31 (0)413 29 28 84, vvvheeswijkdinther@regio-VVV.nl, www.regio-vv.nl.

SCHIJNDEL

In diesem Ort fallen die vielen Pappelwälder und Eichen auf. Die Eichenrinde wurde in den Gerbereien gebraucht, die hier früher zahlreich angesiedelt waren. Das Pappelholz war für die Holzschuhindustrie. In der Gegend gibt es auffallend viele Skulpturen, für die eine spezielle Route ausgearbeitet wurde. In der Kirche aus dem 15. Jh. befindet sich das Grab des Kapitäns Jan van Amstel mit einem Grabgedicht von Joost van den Vondel.

Irgendwo in der Meierei

Veranstaltungen
Paaspop: Musikfestival, April.
Hartemert: August

Weitere Informationen:
Gemeente Schijndel, Markt 20, Schijndel.
Tel. 00 31 (0)73 544 09 99, www.schijndel.nl

FR Auswahl von 21 Routen in der Meierij nahe beim Hafen. Verkauf beim VVV 's-Hertogenbosch und VVV-ANWB Oss sowie via www.regio-vvv.nl.

FN Das Fahrradnetz in der Meierij wird 2006 vervolIständigt. Die Karte ist dann bei den örtlichen VVV-Büros und via www.regio-VVV.nl erhältlich.

FV Van Beek, De Morgenstond 27, Heeswijk-Dinther, tel. 00 31 (0)413 29 36 48
Van Esch Biketotaal, Abdijstraat 28, Heeswijk-Dinther, 00 31 (0)413 29 30 54
Wielerhuis Harry Kemps, Hoofdstraat 5, Schijndel, tel. 00 31 (0)73 549 35 18.

W.V. Neptunus www.wvneptunus.nl Tel. +31 (0)73 621 79 17

Eisenbahnbrücke Fest 5,80 m
Diezebrücke Fest 6,20 m
Binnenhafen Tel. +31 (0)73 615 51 55

BE Orthenbrücke
BE Kasterenbrücke (kmr 121,3)
BE Hinthamerbrücke
Schleuse 0 (kmp 121.2) VHF 18
BE St. Anthoniebrücke VHF 18

Burg Lambooybrücke Fest 5,50 m
W.V. de Waterpoort Tel. +31 (0)73 503 00 99

S.V. Viking www.viking.nl Tel. +31 (0)73 641 18 18

Bosscheveldbrücke A2 Fest 5,50 m

BS Dungense Brücke

Middelrooysebrücke Fest 5,30 m

Schleuse Schijndel (kmp 111.2) VHF 18

Heeswijkse Brücke Fest 7,79 m

ZUID-WILLEMSVAART 8

199

'S HERTOGENBOSCH

's Hertogenbosch, im Volksmund Den Bosch genannt, ist die historische und kulturelle Hauptstadt der Provinz Nord-Brabant. 's Hertogenbosch verdankt seinen offiziellen Namen dem Herzogenwald. Herzog Heinrich I. von Brabant verlieh der Stadt im Jahr 1185 die Stadtrechte. Dies geschah aus reinem Eigennutz, da Heinrich ein starkes Bollwerk gegen Gelderland und Holland benötigte. Die Stadt hatte nicht nur Vorteile von ihrer Sonderposition. Den größten Teil des Achtzigjährigen Krieges herrschten die Spanier und wurde 's Hertogenbosch von Prinz Maurits belagert. 1794 fiel die Stadt in die Hände der Franzosen, die erst 1814 von den preußischen Truppen vertrieben wurden.

Die Festungsanlagen von 's Hertogenbosch spielten also eine wichtige Rolle in der Geschichte des Landes. Bemerkenswert ist, dass große Teile erhalten geblieben sind. Innerhalb der noch immer vorhandenen Stadtmauern ist die mittelalterliche Struktur der gewundenen Gassen noch gut zu erkennen. Das Herz der Stadt bildet der dreieckige Marktplatz, dem ältesten Platz der Stadt. Hier befindet sich das sehenswerte Rathaus sowie wie das älteste Backsteinhaus ‚De Moriaan'. Das wichtigste architektonische Baudenkmal der Stadt ist die spätgotische St. Johannes-Kathedrale, die in der Blütezeit der Stadt erbaut wurde.

In den kommenden 15 Jahren soll in den Erhalt der Verteidigungswälle investiert werden. Blickt man vom Grote Hekel über das Gebiet Bossche Broek, fühlt man sich wie in die Vergangenheit versetzt. Jahrhunderte lang galt die Stadt als uneinnehmbare Festung. Aufgrund der sumpfigen Lage im Deltagebiet der Dommel und der Aa erhielt sie den heroischen Spitznamen ‚unüberwindbarer Sumpfdrache'.

's Hertogenbosch steht an fünfter Stelle der Liste der schönsten und lebendigsten Einkaufstädte der Niederlande. Kommen Sie nach 's Hertogenbosch, um Bossche Bollen zu essen. Sitzen Sie gerne in einem Straßencafé? Dann finden Sie in den zahlreichen Gassen und auf dem Marktplatz und der Parade bestimmt etwas nach Ihrem Geschmack.

Eine gute Alternative zu der Fahrt mit dem eigenen Boot ist eine Rundfahrt mit dem ‚Fluisterboot' über die Binnendieze, bei der man sogar unter der Stadt hindurch fährt. Oder erFahren Sie den Groote Stroom mit Kunstobjekten am Wegesrand.

Alle zwei Jahre findet im September im Zentrum die Maritiem 's Hertogenbosch statt. Daran nimmt eine große Zahl historischer Schiffe teil, 2003 waren es gut 550. Traditionsgetreu ergänzen die Anwohner und der örtliche Mittelstand dieses Hafenfest mit Lifemusik und traditionellen Leckereien.

Im Norden von 's Hertogenbosch, wo der Fluss Dieze in den Kanal Henriëttewaard übergeht, liegt das kleine Dorf Engelen. Der hübsche alte Kern direkt am Wasser lohnt

Johanneskathedrale

Rundfahrt auf der Binnendieze

Breiter Hafen 's Hertogenbosch

einen Umweg. Man kann auch wunderbar an Naturdenkmälern vorbei zu dem kleinen Wandergebiet beim Engelermeer wandern oder radeln. Dieser Freizeitsee entstand durch Sandabbau. Am Rand hat sich ein Weide- und Sumpfgebiet entwickelt. Das feuchte Gelände liegt etwas höher als die umgebenden Polder. Früher lag es wie eine Insel inmitten eines Gebiets, das bei hohem Flusspegel unter Wasser stand. In dem Gelände gibt es einen Entenstall, der noch zum Beringen von Vögeln verwendet wird.

FR	‚Fietsen vanuit 's-Hertogenbosch': ein Führer mit 9 Radrouten, Start- und Verkaufspunkt VVV 's-Hertogenbosch. Schneller Zugang zu den Routen von den verschiedenen Bos'schen Häfen aus.
FN	2006 wird das Radwegenetz in der Region Meierij vollendet, man kann an die Netze bequem auf den Verbindungen von Neptunus, Waterpoort und Vikinghaven zum Zentrum erreichen. Die entsprechende Karte ist bei den VVV-Büros in der Region sowie via www.regio-VVV.nl erhältlich.
FV	Rijwielshop van Deursen, Stationsplein 77, tel. 00 31 (0)73 613 47 37

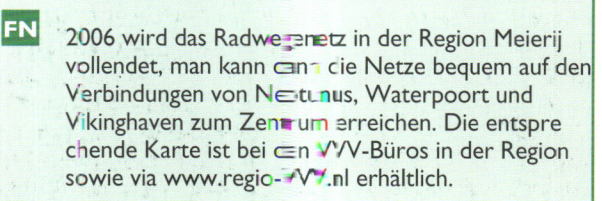

Kreuzung Süd-Willemskanal und Dommel bei der Zitadelle

Schleuse Engelen, am Weg nach 's Hertogenbosch

Besichtigungstipps
- Gouvernementshuis / Noordbrabants Museum, Verwersstraat 41, Tel. 00 31 (0)73 687 78 00, www.noordbrabantsmuseum.nl. In den Jahren 1768-1769 in dem anmutigen Patrizierstil des späten 18. Jahrhunderts erbaut. Der Palast beherbergt eine Sammlung von Kultur, Geschichte und Bildender Kunst aus Zuid-Nederland.
- St. Johannes-Kathedrale, Torenstraat, Tel. 00 31 (0)73 614 41 70. Spätgotische Kreuzbasilika mit über 50 Glocken, die jeden Mittwochmorgen vom städtischen Glockenspieler gespielt werden.
- (St. Johannes-) Museum de Bouwloods, Torenstraat 16, Tel. 00 31 (0)73 612 68 79. Bau- und Restaurierungsgeschichte, mittelalterliche Bildhauerarbeiten.
- Zitadelle, Citadellaan/Zuid-Willemsvaart. Fünfeckige Schanze mit Bastionen, 1637 am nördlichen Punkt der Festung von 's Hertogenbosch am Zusammenfluss der Dommel und der Aa in die Dieze erbaut.
- Schwanenbrüderhaus, Hinthamerstraat 94. Neogotisches Bruderhaus der illusteren Liebfrauenbruderschaft mit u.a. Jahrhunderte alten Musikbüchern.
- Rundfahrt auf der Binnendieze / Groote Stroom, Molenstraat 15a, Tel. 00 31 (0)73 612 23 34.
- Sportiom, Victorialaan 10, Tel. 00 31 (0)73 646 46 46. Badeparadies und Freizeit-Schlittschuhbahn.
- Autotron, Graafsebaan 133, Rosmalen, Tel. 00 31 (0)73 523 33 00. Das ganze Jahr hindurch Veranstaltungen und Messen.

Veranstaltungen
Befreiungsfestival: 5. Mai
Jazz in Duketown: Pfingstwochenende
Theaterfestival Boulevard: August
Maritiem 's Hertogenbosch: jedes ungerade Jahr im September
Burgundisches 's Hertogenbosch: September
Ordina Open: Rosmalen, Anfang Juni
Musikfest Exempel: Empel, Ende Mai

Weitere Informationen:
Regio-VVV Meierij & Noordoost-Brabant, Markt 77, 5211 JX 's Hertogenbosch.
Tel. NL 0900 11 22 334, tel. B 00 31(0)73 613 96 29, vvvs-hertogenbosch@regio-VVV.nl, www.regio-VVV.nl.

INDEX DER GEWÄSSER

Ortsname..Wasserstraße....Seite

A

Afgedamde Maas	siehe Biesbosch und Merwede 1	39
Albertkanaal		18
Amer		44
Andelse Maas (Afgedamde Maas)	siehe Biesbosch und Merwede 1	39
Antwerpen-Hafen	siehe Schelde und Antwerpen 2	144

B

Beatrixkanaal	siehe Wilhelminakanaal 6	175
Beneden-Merwede	siehe Biesbosch und Merwede	43
Beneden-Nete	siehe Rupel und Beneden-Nete Nr. 2	143
Bergse Diepsluis (Oesterdam)	siehe Schelde-Rijn-Kanaal 2	159
Bergse Maas	siehe Maas 14	121
Biesbosch	Biesbosch und Merwede	42
Biesbosch, Brabantse	siehe Biesbosch und Merwede, Karte Biesbosch	42
Biesbosch, Dordtse	siehe Biesbosch und Merwede, Karte Biesbosch	42
Biesbosch, Hollandse	siehe Biesbosch und Merwede, Karte Biesbosch	42
Biesbosch, Sliedrechtse	siehe Biesbosch und Merwede, Karte Biesbosch	42
Boven Merwede	siehe Biesbosch und Merwede 1	39
Bovenschelde	siehe Schelde und Antwerpen Nr. 1	147

C-D

Dintel	siehe Mark und Dintel 3	129
Donge	siehe Maas 14	121
Dijle	siehe Leuven-Dijle-Kanaal 2	81

E-F-G

Gouden Ham	siehe Maas 11	115

H-I-J

Heusdensch-Kanaal	und Maas 13	119
Hollandsch Diep		44
Julianakanaal	siehe Maas 1, 2 und 3	95 ff.

K

Bocholt-Herentals-Kanaal		50
Brüssel-Schelde-Kanaal	siehe Zeekanaal Brüssel-Schelde	179
Dessel-Kwaadmechelen-Kanaal		62
Dessel-Turnhout-Schoten-Kanaal		64
Henriëttewaard-Kanaal	siehe Zuid-Willemsvaart 8	199
Leuven-Dijle-Kanaal		76
Kanal nach Beverlo	siehe Bocholt-Herentals-Kanaal 5	61
Kanal von Briegden nach Neerharen	siehe Zuid-Willemsvaart 1 und Albertkanaal 1 und Maas 1	185/21/93
Wessem-Nederweert-Kanaal		82
Kempener Kanäle	siehe Bocholt-Herentals-Kanaal	59
Kraaijensbergse Plassen	siehe Maas 9	111
Krammer-Volkerak		86
Kreekrak-Schleusen	siehe Schelde-Rijn-Kanaal 1	156

L

Leukermeer	siehe Maas 7	107
Leurse Vaart / Leurse Haven	siehe Mark und Dintel 1 und 2	125
Leuvense Vaart (= Leuven-Dijle-Kanaal)	siehe Leuven-Dijle-Kanaal 1	79

M

Maasplassen	siehe Maas 3 und 4	99 & 101
Maas		90
Maas-Waal-Kanaal	siehe Maas 9	111
Markiezaatsmeer	siehe Schelde-Rijn-Kanaal 2	159
Mark und Dintel		122
Markkanaal	siehe Mark und Dintel 1	125
Mark-Vliet-Kanaal	siehe Mark und Dintel und Roosend. und Steenbergse Vliet 2	127 & 137
Merwede	siehe Biesbosch und Merwede 2 und 3	42
Mookerplas	siehe Maas 9	111

N

Netekanaal	siehe Rupel und Beneden-Nete 1	141
Nieuwe Merwede	siehe Biesbosch und Merwede 3	42

O

Oude Maasje	siehe Maas 14	121

P-Q-R-S

Pieterplas	siehe Maas 1	93
Roode Vaart	siehe Mark und Dintel 2	127
Roosendaalse und Steenbergse Vliet		132
Rupel und Beneden-Nete		138
Schelde	siehe Schelde und Antwerpen 1	144
Schelde-Maas-Verbindung	siehe Bocholt-Herentals-Kanaal	50
Schelde-Rijn-Kanaal		154
Schelde-Rhein-Verbindung	siehe Schelde-Rijn-Kanaal	154
Schelde/Zeeschelde und Antwerpen		144
Steenbergsche Vliet	siehe Roosendaalse und Steenbergse Vliet	132

U-V-W

Vliet	siehe Roosendaalse und Steenbergse Vliet	132
Volkerak	siehe Krammer-Volkerak	89
Volkerak-Schleusen	siehe Krammer-Volkerak	89
Waal	siehe Biesbosch und Merwede 1	39
Wantij	siehe Biesbosch und Merwede, Karte Biesbosch	43
Wilhelminakanaal		162
Wintam, Seeschleuse von	siehe Zeekanaal Brüssel-Schelde 2	181

X-Y-Z

Zeekanaal Brüssel-Rupel-Schelde		176
Zuid-Willemsvaart		182
Zeeschelde	siehe Schelde und Antwerpen	144
Zeekanaal Rupel-Brüssel	siehe Zeekanaal Brüssel-Schelde	176

ADRESSENLIJST VERHUURSECTOR

NORD-BRABANT

	ADRESSE	CODE & ORT	TELNR FAXNR	ART DER VERMIETUNG
ANDEL				
Zeil- en Vaarinstituut Holland	Maasdijk 49	4281 NE Andel	T 00 31 (0)183 44 14 12	Offenes Motorboot / offenes Segelboot
DINTELOORD				
VW Charters	Sasdijk 2	4671 RN Dinteloord	T 00 31 (0)252-374114	Kajütensegeljacht
Fleet Services Yachting p/a Waterkant Ships	Sasdijk 2a	4671 RN Dinteloord	T 00 31 (0)165 51 30 46 F 00 31 (0)165 51 30 46	Kajütensegeljachten
Postadresse:	Stoofstraat 28,	4751 WD Oud Gastel		Kajütensegeljachten
DRIMMELEN				
Café Watersport	Havenkade 25	4924 BC Drimmelen	T 00 31 (0)162 682397	Kanus, Motor- und Kajütenboote
Drima Watersport	Havenkade 3	4924 BC Drimmelen	T 00 31 (0)162 682400	Kanus, Segelboote, Motor- und Kajütenboote
Eerste Brabantse Zeilschool De Biesbosch	Biesboschweg 3	4924 BB Drimmelen	T 00 31 (0)162 682266	Segelboote
Van den Diepstraten	Biesboschweg 6	4924 BB Drimmelen	T 00 31 (0)162 682385	Kanus, Ruderboote, Motor- und Kajütenboote
Zijlmans Watersport	Havenkade 1	4924 BC Drimmelen	T 00 31 (0)162 682541	Kanus, Ruderboote, Motor- und Kajütenboote
HANK				
Fam. Weterings VOF	Vissershang 2	4273 PE Hank	T 00 31 (0)162 40 24 50	Motorboot/Ruderboot/Kanu
KATWIJK				
Jachtwerf Gebr. Vissers	Keersluisweg 15	5433 NM Katwijk	T 00 31 (0)485 320168	Bootsvermietung
OSS				
ReFe Bootverhuur	A. v. Schuurmansstraat 434	5344 TW Oss	T 00 31 (0)412 495026	Motorboote und Segeljachten
OUD GASTEL				
Fleet Service Yachting	Stoofstraat 28,	4751 WD Oud Gastel	T 00 31 (0)6 51306554	Jachten
VUGHT				
Own Ship Verhuurbemiddeling	Klein Brabant 31	5262 RL Vught	T 00 31 (0)73 6570607	Segeljachten, Motorjachten, Flachbodenboote
WERKENDAM				
Jachthaven De Steur	Bandijk 2	4251 NT Werkendam	T 00 31 (0)183 501812	Ruder- und Motorboote
Jachthaven van Oversteeg	Spieringsluis 5	4251 MR Werkendam	T 00 31 (0)183 501633	Kanu/Kajak/Motorboot

ZEELAND

TERNEUZEN				
Oelco Yacht Charter	Joh. Vermeerstraat 64	532 HE Terneuzen	T 00 31 (0)115 69 46 28 F 00 31 (0)115 69 46 28	Motorjachten

LIMBURG

ROERMOND				
Vaarschool Manfred Müllenschläder bij Marina Oolderhuuske	Oolderhuuske 1	Roermond	T 00 31(0)6 51316818 info@seebaer.net www.seebaer.net	Offene Segel- und Motorboote
Watersportschool Frissen	Hatenboer 57	Roermond	T 00 31(0)475 327873 T 00 31(0)6 20393648 www.watersportschool.nl	Offene Segel- und Motorboote und Kanus
Windsurfcenter Oolderplas	Dagstrand Ool	Herten	T 00 31(0)6 55143048	Kanus, Kajaks und Surfbretter Auch Vermietung von Surfanzügen.
Van Ass	De Weerd 3	Roermond	T 00 31(0)475 581283.	Ruderboote
Outdoor Sports Survival Adventures (OSSA)	Rijksweg 1	Herten	T 00 31(0)475 328012 T 00 31(0)6 25060698	Kanus und Kajaks
HEEL				
Fun Beach	Velkenskamp 1	Panheel	T 00 31(0)475 579080.	Kanus (organisierte Kanutouren/ Floßfahren)

ROGGEL
Vonken Nature Sport	Nijken 6	Roggel	T 00 31(0)475 494478 T 00 31(0)475 492084.	Kanus, Kajaks, Motorschaluppen (4-Personen),8-Personen-Wildwasserraft.

BERGEN
Leukermeer	De Kamp 5	Wel	T 00 31 (0)478 502 444	Kajaks, Kanus und Motorboote

GENNEP
Roepaen	Kleefseweg 9	Ottersum	T 00 31 (0)485.516.070 www.roepaen.nl	Kajaks und Kanus

MAASTRICHT
Kanoverhuur Maastricht			T 00 31(0)43 4071954 T 00 31(0)6 15052903 www.kanoverhuur-maastricht.nl

BELGIË

Belgian Yaght Chartering Liberty	Ullenshofstr. 5 Bus 5	Ab Antwerpen	T 0032 (0)3 646 04 28 2170 Merksem	Motorboot
De Vloot	Hertshage 29	9300 Aalst Ab Aalst - Gent	T 00 32 (0)53 71 15 74 www.de-vloot.be	Motorboot
De 4 jaargetijden	Postbus 56	3665 As Verschiedene Ablegestellen	T 00 32 (0)477 69 63 62 www.de4vaargetijden.com	Motorboot
Sailcenter Limburg bvba	Maasdijk 1 bus 2	Kinrooi (Ophoven) Ab Ophoven	T 00 32 (0)89 56 52 84 www.sailcenterlimburg.com	Rudern, Kajak, Kanu, Segeln, Motorboote, Tretboote, Floß Bau, Material für Wassersechskampf
Top service	Pr. Cuypersstraat 3	1040 Brussel Verschiedene Ablegestellen	T 00 32 (0)2 741 24 05 www.crownblueline.com topservice	Motorboot
Albatros Sail-Charter bvba	F. Timmermansstraat	Ab Oostende	T 0032 (0)15 51 17 52 33191 Hever	Segelboot www.charterone.com
Altaïr bvba	Het Eiken 11	2930 Brasschaat Ab: Nieuwpoort	T 00 32 (0)3 651 40 62 www.altairvaarschool.com	Segelboot
Antwerp Flyer nv	K. Oomsstraat 22	2018 Antwerpen Ab: Nieuwpoort	T 00 32 (0)3 216 99 00 www.antwerpflyer.com	Segelboot
Aqua fit	Bierbeekstraat 19	3052 Oud-Heverlee Ab: Nieuwpoort	T 00 32 (0)16 40 47 33 home.planet.be~aquafit	Segelboot
Be.sailing-yachting	Doriksveld 21	9300 Aalst Ab: Blankenberge	T 00 32 (0)53 78 52 81 www.sail-yachting.be	Segelboot
Jabberwocky bvba	Weerstandersstr.	35 2180 Ekeren Ab: Niederlande	T 00 32 (0)3 633 00 63 www.jabberwocky.be	Segelboot
Safely Sailing bvba	Drève du Renard 3	1430 Bierges Ab: Oostende	T 00 32 (0)2.395 46 57	Segelboot
Sail-on bvba	Berthoudersplein 29	2800 Mechelen Ab: Ophoven	T 00 32 (0)15 28 63 80 www.sail-on.net	Segelboot
Lumma Ski LFWS	Industriestraat 10a	3560 Lummen	T 00 32 (0)11 42 19 48	Motorboote, Wasserski, Jetski
Marec – Heerenlaak	Heerenlaakweg 100	3680 Maaseik	T 00 32 (0)89 56 75 05	Motor- und Speedboote, Wasserski
Chart-around	Weg naar As 66	3600 Genk	T 00 32 (0)89 36 23 60	Luxusjacht

WICHTIGE PUBLIKATIONEN

Schifffahrt in Flandern:
Dreiteilig, mit einer Kurzübersicht über die Freizeitmöglichkeiten der flämischen Wasserstrassen + nützliche Adressen. Gratis.
Kann online über www.binnenvaart.be – Freizeit - Dokumente und Info oder bei Promotie Binnenvaart Vlaanderen, Kempische Kaai, 57, 3500 Hasselt, Tel. 00 32 (0)11 23 06 06, Fax 00 32 (0)11 23 06 09, pbv@binnenvaart.be bestellt werden.

Leitfaden der Freizeitschifffahrt in Belgien:
Zuverlässige und vollständige Broschüre mit Übersicht über die wichtigsten Vorschriften für den Wassersportler (Anmeldung, Geschwindigkeit, Flaggenbrief, Schiffsmessbrief, Steuer etc.). Gratis.
Kann aus dem Internet über www.mobilit.fgov.be/nl/aqua/aqua.htm heruntergeladen oder online über die Website www.binnenvaart.be – Freizeit - Dokumente und Info bzw. bei Promotie Binnenvaart Vlaanderen, Adresse wie oben, bestellt werden.

Die Freizeitschifffahrt auf den befahrbaren Wasserstraßen in Flandern:
Broschüre mit einer Kurzübersicht über die geltenden Reglementierungen auf den flämischen Wasserstraßen mit Vorschriften bezüglich Anmeldung, Schiffsmessbrief, Erkennungszeichen, Flaggenbrief Wasserstrassen, Pflichtausstattung, Kapitänspatent. Gratis.
Kann online über www.binnenvaart.be –Freizeit - Dokumente und Info oder über
Federale Overheidsdienst Mobiliteit en Vervoer, Maritiem Vervoer, Aarlenstraat 104, 1040 Brüssel,
Tel. 00 32 (0)2 233 13 21, Fax 00 32 (0)2 230 19 69, shipsafety@mobilit.fgov.be, www.mobilit.fgov.be oder Promotie Binnenvaart Vlaanderen, siehe oben, bestellt werden.

Bedienungszeiten von Schleusen und Brücken auf den befahrbaren Wasserwegen in Flandern:
Kann aus dem Internet in PDF-Format über www.binnenvaart.be – Freizeit - Dokumente heruntergeladen werden sowie Info über Promotie Binnenvaart Vlaanderen, siehe oben. Gratis.

Zusatzkarten für angrenzende Gebiete:
Touristischer Schifffahrtsführer für West- und Ostflandern, Hennegau und Nord-Pas-de-Calais, Westtour, Koning Albert1-laan 120, 8200 Sint-Michiels, Tel: 00 32 (0)50 30 55 0, info@westtoer.be, www.westtoer.be.

Offizielle Zusatzinformation über Schifffahrt in den Niederlanden:
- Almanach für Wassertourismus, Teil 1 (Vorschriften etc), zweijährliche Erscheinung
- Almanach für Wassertourismus, Teil 2 (Schifffahrtsdaten etc.), jährliche Erscheinung
- Fahrroutenkarte sichere Schifffahrt, Ausgabe von SVV-23, Postbus 1031, 3000 BA Rotterdam.

Zusatzkarten für das Schifffahrtsgebiet und angrenzende Gebiete:
- ANWB-VVV Wasserkarten J, K, L, M und N
- Hydrographische Karte 1807: Zoommeer, Volkerak und Spui, Haringvliet, Hollandsch Diep, herausgegeben vom Hydrographischen Dienst der Königlichen Marine.
- Strömungsatlas HP 15: Westerschelde und Oosterschelde, herausgegeben vom Hydrographischen Dienst der Königlichen Marine.

Oben genannte Ausgaben sind bei den ANWB-Niederlassungen und ANWB-Vertretungen bei Verkehrsvereinen erhältlich aber auch in vielen Wassersportgeschäften im ganzen Gebiet. Eine Übersicht über die ANWB-Niederlassungen und -Vertretungen finden Sie unter www.ANWB.nl.

Offizielle Instanzen Belgien:
- www.mobilit.fgov.be: Generaldirektorat Maritimtransport (Bundesbehörde)
- www.toerismevlaanderen.be: Tourismus Flandern (Bewerbung von Flandern als touristische Bestimmung)
- www.lin.vlaanderen.be/awz: Abteilung Häfen, Wasserstraßen und Seewesen (Flämische Region)
- www.descheepvaart.be: De Scheepvaart (Verwaltung folgender Wasserstraßen: Schelde-Rhein-Verbindung, Albertkanal, Kempische Kanäle und Gemeinschaftliche Maas in Limburg)
- www.zeebruggeport.be: Brugse Zeevaartinrichtingen NV (Verwaltung von Brügge und Zeebrügge)
- www.zeekanaal.be: Wasserwege und Seekanal (Verwaltung der übrigen Wasserstraßen)
- www.binnenvaart.be: Bewerbung Binnenschifffahrt Flandern

Offizielle Instanzen Niederlande:
- www.rijkswaterstaat.nl: Schifffahrtsverwaltung des Großteils der Wasserwege im Fahrgebiet
- www.minvenw.nl: Ministerium für Verkehr- und Wasserwirtschaft
- www.schuttevaer.nl: Berufsvereinigung für Schiffsführer, Information über Stauungen etc.

Andere nützliche Websites:
- www.vlaanderen-vakantieland.be (B), www.vlaandereneenverademing.nl (NL), www.flandern.com (D)
- www.vlaanderenwaterland.be oder www.nautiv.be: Vereinigung der flämischen nautischen Unternehmen
- www.varen.be: Informative Website mit Online-Buchhandel
- www.vvw.be: Verband für Freizeitwassersportler
- www.vpf.be: Website des flämischen Freizeitschifffahrtsverbands
- www.vyf.be: Flämischer Yachting-Verband für Segeln und Surfen in Flandern
- www.hiswa.nl: Vereinigung der niederländischen nautischen Unternehmen
- www.watersportverbond.nl: Website Wassersportverband Niederlande
- www.anwb.nl: Website ANWB mit Online-Shop

Kooperierende Werbepartner im Benelux-Zentralgebiet
- www.vlaamsbrabant.be/toerisme: vzw Toerisme Vlaams-Brabant
- www.tpa.be: Tourismus Provinz Antwerpen
- www.toerismelimburg.be: Tourismus Limburg
- www.bijzonderbrabant.nl: Brabanter Tourismusbüro
- www.lekker-genieten.nl, www.vvvzuidlimburg.nl, www.vvvmaastricht.nl: Regionale Verkehrsvereine Limburg

Sonstige Partner im Benelux-Mittelgebiet:
- www.toerismevlaanderen.be: Tourismus Flandern
- www.binnenvaart.be: Tourismuswerbung Binnenschifffahrt Flandern